黃嫣梨 著

蔣春霖評傳

選堂署

文史哲學集成

文史哲出版社印行

蔣春霖評傳 / 黃嫣梨著. -- 初版. -- 臺北市：
文史哲，民82
面；公分. -- (文史哲學集成；289)
參考書目：面
ISBN 957-547-791-X(平裝)

1. 蔣春霖(1818-1868) - 傳記 2. 蔣春霖 - 學識 - 詞學

782.88

㉘⑨ 文史哲學集成

蔣春霖評傳

著者：黃嫣梨
出版者：文史哲出版社
登記證字號：行政院新聞局局版臺業字五三三七號
發行人：彭正雄
發行所：文史哲出版社
印刷者：文史哲出版社
台北市羅斯福路一段七十二巷四號
郵撥○五一二八八一二彭正雄帳戶
電話：三五一一○二八

實價新台幣五二○元

中華民國八十二年七月初版

ISBN 957-547-791-X

作者簡介

　　作者黃嫣梨爲香港大學哲學博士，香港浸
會學院歷史系講師。講教“中國文化與社會史
”、“中國近代史之基礎”及“中國歷史專題
講論”等科目。主要著作有：《從詩詞看中國
婦女心態》（香港波文書局，1983年）、《
漢代婦女文學五家研究》（香港東亞大學出版
社，1990年、中國河南大學出版社，1993年
）、《朱淑眞及其作品》（臺灣新文豐出版社
、香港三聯書店、上海三聯書店，1991年）
、《中國文化專題》（與林啓彥博士合作，香
港商務印書館，1992年）、《三餘筆錄》（
香港現代教育研究社，1993年）、《中國文
化與婦女》（香港教育圖書公司，1993年）
等。

蔣春霖評傳摘要

　　清道咸詞家巨擘蔣春霖，以其《水雲樓》詩詞感詠洪楊太平軍之內亂，英法聯軍之戰禍及滿清政權之敗窳，以文載史，誠有一代「詞史」之美譽，其《水雲樓集》實爲清代咸同年間眞實之歷史圖卷，是後人直接了解近代歷史的第一手珍貴資料。本書作者窮多年精力，通過蔣春霖之詩詞傑構，詳細分析蔣氏之時代、生平、交游；並條分縷析《水雲樓》詩詞之寫作方法與心態，試圖從這一位落難文士的思想及其作品，釐析清代中葉社會低層官僚的知識分子底辛辣遭遇，進而窺探一個大時代的盛衰起跌、食貨經濟、士氣學風、官場實況等等。本書引證資料四百餘種，注文千條，實爲研究清代思想史者必需參考的學術專著。

ABSTRACT

Chiang Chun-lin, a native of Kiangsu (江蘇) and lived during the Hsien-feng (咸豐) and Tung-chih (同治) periods (1851-1874), was the author of Shui-yun-lou-tz'u (水雲樓詞), Shui-yun lou-tz'u-hsu (水雲樓詞續) and Shui-yun-lou sheng-kao (水雲樓賸稿). Chiang was one of the most outstanding lyric-poem composers of the Ch'ing Dynasty, at least as reputable as Na-lan Hsing-te (納蘭性德) and Hsiang Lien-sheng (項蓮生).

Chiang Chun-lin's life spanned through the western imperialistic aggression, the Taiping (1851-1864) and the Nien Rebellion (1853-1868) periods — a time of external invasions and internal great upheavals against the Ch'ing Manchu regime in China. While he never directly and personally involved in any of the military and political activities, he, however, shared the deep feeling of turmoil and dislocation, and his writings reflected these feelings. As such, his works expressed very realistic and true emotions of the time, and therefore regarded by his contemporaries as "lyric-poem history"

Because of his rather miserable life with no position of high standing, Chiang left very few biographical records and materials behind. Living at a time when the Ch'ing government was deteriorating and falling, Chiang was faced with many contradictions related to class and race. During that time, intellectuals had to either affiliate with a privileged political group or social class in order to survive. For the political group, it would either be a part of the Taiping Kingdom, or a part of the Ch'ing establishment. For the social class, it would either be the ruling class or the rich merchants. Chiang Chun-lin belonged to those intellectuals who affiliated with the high officials and rich salt merchants. As such, his friends and associates also belonged to this group of intellectuals, many of them actively supported the Ch'ing Dynasty. For this reason, the study of Chiang Chun-lin's life, his thought and associations, enables us to understand the mentality of many of the Chinese traditional intellectuals during the chaotic times of the mid and late 19th century.

This study provides a biographical and intellectual study of Chiang Chun-lin. A detailed analysis of his writings is also provided in order to illustrate its historical significance as related to the Taiping and late Ch'ing developments.

蔣春霖評傳

目　錄

饒宗頤教授序

　　鹿潭爲道咸詞家巨擘，世無間語。譚仲修推挹尤至。惟朱彊翁稍嫌其「氣格駁而未純」，謂「正惟其才僅足爲詞」而已；雖溯寫風流，時極溫深怨慕，而詞外無物，要其器識度量，有以限之也。余少誦水雲樓詞而悲之，惜其能爲撫時感事嘆老嗟卑之詞，而不能抗志高曠，爲他人莫能追躡之詞，蓋徒沈溺於詞之中，而不能自拔於詞之外，靡有會於坡老所指向上一路，宜其侘傺早死，詞有以促之。蓋才人而力僅足爲詞，其遇之蹇，爲害有如此者！復翁特許之爲詞人之詞，余則憐其仍未脫才人窠臼，去婉約遙深之高境尚遠，猶有待于衡量也。嫣梨於《水雲》諸作，浸淫者久，考其行事，與僚友往還，事跡甚詳悉，足爲讀其詞者之助，誠鹿潭之功臣。其書既付剞劂，屬爲一言，因畧抒所見，爲論治詞必求於詞之外，庶幾可造乎高夐，嫣梨倘亦以爲然乎？

癸酉上元饒宗頤

王慶成教授序

　　譚獻稱蔣春霖詞爲詞史，余觀蔣氏《水雲樓詞》，其果詞史乎！方洪楊之起義也，所向披靡，越二年而建都南京，然後西征北伐。當其時，蘇浙多爲太平軍有，獨泰州以東，戰火並未波及，而附近之揚州三復三失，泰州之危困，固已知矣。蔣春霖時居東台，往來泰州間，蘇杭之易手也，社會震蕩，人物四散，蔣氏雖居東台，而其所聞諸友人者，自亦良多，故雖未經戰火，而其事之施諸筆墨之間，蓋與親受無異也。其詩詞之記述，心志之感慨者，多此之類，則爲詞史無疑矣。

　　嫏梨女士學史亦頗習文辭，其《兩漢婦女文學五家研究》及《朱淑眞研究》(皆已出版)偏重文學，此書則文史交證，所謂學有所專也。余治太平天國史有年，讀女士此著，太平天國史事，又歷歷眼前矣。

　　嚮讀咸同間文集，記洪楊事者，又有金和《秋蟪吟館詩鈔》，人亦以詩史稱之，詩詞雙璧，女士旣疏春霖，復有意於此乎？

王慶成
北京中國社會科學院
近代史所太平天國歷史研究會
一九九三月二月

孫國棟教授序

前年多天，香港中文大學歷史系邀我作一次演講，我與香港睽隔八年，乍然重聚，就所見所聞，產生一種強烈的感覺，覺得香港人的心思與以前不同——向外追逐多，向內涵詠少，生命的內與外失去平衡。於是我臨時擬了一道講題：「生命的內與外」。其實生命的內外失調，不僅今日的港人如此，凡當時局不安、社會動盪、或官場腐化、風氣敗壞；或經濟困難，生計艱苦；或外患內憂、流離顛沛；或人口過剩、生存競爭激烈……等情況，一般人為求生存以自保，於是隨俗浮沉、輕內重外，常易流於鄉愿世故，或卑躬屈節，或投機鑽營、或舞弊營私、或欺詐作偽、或巧取豪奪，雖各人所追逐的目標與方式不同，而磨損性靈、摧抑內心則一。當此之時，凡有風骨真情、不屑阿世媚俗的人往往終生挫折。中國自清代嘉慶道光以下，政治的暴惡、官吏的貪黷、內憂外患的深重、社會風氣的敗壞、讀嘉慶以下幾朝學者的筆記，真使人驚心駭魄，這是一個陰霾滿佈、人生內外嚴重失調的悲慘時代。詞人蔣春霖正生逢此時，他「少負雋才，不拘繩尺」(注)坦率真情，跌宕自嬉，孤傲不阿時俗，於是一生寥落坎坷，以五十一歲的壯年，於憂患流離，窮途挫折之餘，自沉而死。這不僅是春霖一人的悲劇，亦是時代的大悲劇。春霖雖死，但他真摯之情、才華之筆，留下《水雲樓詞》，與納蘭容若的《飲水詞》，項蓮生的《憶雲詞》成為清代三大詞家。我們讀《水雲樓詞》，幾乎無語不真摯，或詠物寄情、或敘人生離合、或寫男女幽情，或記江湖浪迹，都散發一種溫馨風韻，帶領讀者進入一彩色而深情的世界。尤其他敘戰爭亂離之作，更蒼涼感慨、動人魂魄。如洪楊之亂，揚州幾度兵燹，春霖賦《一萼紅》詞云：

「……烽火連江，河山滿眼，那處登臨。回首東園舊路，剩幾分流水，幾樹寒岑。冷雨宮垣，斜陽喬木，還聽笳鼓沈沈……」

咸豐三年,清軍收復揚州。春霖賦《揚州慢》詞:

「……月黑流螢何處?西風黯黯鬼火星星,更傷心南望,隔江無數峰青。」

咸豐十年,英法聯軍陷北京,焚圓明園,咸豐帝避難熱河,春霖賦《渡江雲》詞:

「……秋生淮海,霜冷關河,縱青山無恙,換了二分明月,一角滄桑。雁書夜寄相思淚,更莫談,天寶淒涼。殘夢醒,長安落葉啼螢!」

眞蒼蒼鬱鬱,扣人心弦!

《水雲樓集》不載文章,但從詞的短序,知春霖亦必能文。世稱白石道人的詞序獨步千古,《水雲樓集》的詞序,實不讓白石專美。如《甘州詞》短序:

「余少識劉梅史於武昌,不見且二十年,辛亥余爲淮南鹽官,梅史自吳來訪,秋窗話舊,清淚盈睫,其飄泊更不余若也。」

又《玲瓏四犯》短序:

「湘文既之淅,余亦東遊,江空歲寒,念湘文當過常熟,結鄰之約,幾時可遂!」

雖寥寥數語,而情高意眞,別有深致,於白石不遑多讓。

春霖的生平,軒昂磊落,清狂似杜牧之;春霖的情詩,深婉蘊藉,纏綿似李義山。牧之、義山、春霖俱深於情而又俱懷才不遇、鬱抑侘傺以終。義山詩云:「春蠶到死絲方盡,蠟炬成灰淚始乾」,不僅是義山的自傷,抑亦可爲春霖的一生寫照。春霖以生命凝注的春絲紅淚,結集而成

《水雲樓詞》，爲晚清一代大詞人。春霖藉此詞而不朽。使春霖稍稍阿合時俗，磨損性靈，必不能於文學上有此成就，是春霖的一生坎坷，不爲不幸。而尤可慶幸的，於春霖自沉之後百年，嫣梨博士詳攷他的生平，闡發他的心志，詮釋他的詩句，引證資料多至四百餘種，注文千條，使嫣梨非傾心敬慕春霖，何能精勤如此？《水雲樓集》必因嫣梨而更傳播久遠，春霖得此知己，於泉下當必莞爾。

孫國棟
一九九三年一月於美西

注：據宗源瀚《水雲樓詞續序》

自　序

　　蔣春霖的研究，是我在香港大學修讀博士學位時選擇的課題。從一九八九年至一九九二年，我以三年之時間，搜集、考據、分析及申論，撰寫了「蔣春霖之生平與著述」的長篇。《蔣春霖評傳》就是我依據「蔣春霖之生平與著述」匡補修訂而成的。

　　我在攻讀大學及碩士學位的期間，都是專攻婦女文學及婦女史的。研究蔣春霖是一個新的嘗試。

　　我以往既是研究婦女的，為何這次會選擇男性作家蔣春霖為研究的對象呢？

　　第一，我在研究的方針上，一直堅守文史共冶的精神，我的兩篇碩士論文，《漢代婦女文學五家研究》與《朱淑真及其作品》，雖然皆以很大的篇幅去闡釋婦女的文學成就及著作，但從她們的成就及著作中，我也同時透視了當時的時代背景和社會思想種種的問題。蔣春霖是清代咸同年間之大詞家，譚仲修謂其詞為「倚聲家之老杜」，甚至美其詩餘曰「詞史」。讀《水雲樓詩詞》，咸同之外患內憂，民生苦困，社會動亂等等，無不情見乎詞。蔣氏之詞作，無論其感詠嘆息的是洪楊太平軍之內亂，英法聯軍之戰役，或滿清政權的敗竄，都是一個當代見證者及知識分子發自內心的真實聲音；也都是後人直接了解近代歷史的一手資料。「以文證史」、「以史證文」，蔣春霖所遺留下來的珍貴資料，都是最好的研究素材。第二，我在人生的路途上，轉轉折折，接觸的朋友中頗多蹭蹬奔波、落拓坎坷的文士。我曾經有過一段時期，極度沉鬱徬徨，不但沒有安身立命的事業可言，即連一份職業，也無所依着，故對悽愴困抑，懷才不遇底文人的心態，實在有過切膚刻骨的感受。在中國漫長的歷史文壇上，固然有不少名實相符，一生風光的文人學士。但是，更多的是富有才情與理想之士，困於種種因素，無法一展所長，卒之默默地度過淒涼的一生而齎恨入冥。就如杜甫、談遷、曹雪芹、蒲松齡等匡世之才，或文學、或史學，儘管給後人留下了不朽的巨獻，但他們的才華在生時卻得不到社會的合理承認，以

至窮困潦倒。與此相反，大批攀龍託鳳，趨炎附勢而竊取高位的不學無術之輩，在當時卻駟馬高車，名重一時，命歟？運歟？誠令人不勝感嘆係之。我讀《水雲樓詩詞》，悲其際遇，憐其才華，敬其風骨，對他那一份落難文士的「彷徨沉鬱」（《清史稿・本傳》以「彷徨沉鬱」四字形容蔣氏，可謂正中肯綮）的心境，感受尤深。我爲蔣春霖而悲痛，我爲千古品格高尙，然終身懷才不遇的讀書人而氣憤。我潛心於蔣春霖的研究，不啻是我對千古落難文士的一種至誠的敬禮。

劉勰云：「才自內發，學以外成」，由於先天生理的影響，也由於後天客觀環境的薰鑄，在中國傳統男女兩性的作品表現中，女子大概多以才勝。男子則以內發之才，加上淵博深厚的學養，所以在內容及氣魄方面，男子一般而論是較女子爲勝的。當然，主要的原因，乃是女子的生活圈子，學習機會，社會交際等等，有着必然的囿限性。在人生際遇方面，傳記名世的女性作者，每多遇人不淑，傷離別恨；被選入宮中或豪族的婦女，則多是着意於爭寵奪權，終至哀傷怨慕之類，人生格局總是有限。男子在仕途、經濟、家國等經歷方面多，感受更大，所以男子的作品的表現，也是較爲多樣化的。這是我在研究漢宋兩代婦女文學與研究蔣春霖及其僚友的思想及作品後，獲得的一點心得。我雖然多年醉心於中國婦女的研究，但我希望能夠把我的視野，盡量擴闊，了解蔣春霖及其六十多位友朋的心態與才華，對我以後繼續中國婦女的研究，肯定是會更加深切的。這也可以說是我選擇研究男性作者爲我的博士論文題材的一個主要原因。

歷代男性作家綦多。高才志大的知識分子，在中國歷史上，多不勝數。我爲何要研究清代太平天國時期的一位小小鹽官，一位極不得意的知識分子蔣春霖呢？除上述我已說過的幾點因素外、讓我再扼要切題的說說：㈠我感覺清代是一個民族矛盾，社會矛盾十分嚴重的時代，而且清代的歷史直接影響近百年現今中國的歷史，所以我在立題時放眼清代。㈡又感到清代在太平天國時期，社會最爲混亂，知識分子心態亦最爲複雜。以往研究此一時代的人，多研究在政治上有大成就之人，如曾國藩、李鴻章、洪秀全、楊秀清等，而我則覺得沉寂下僚的那一批文士，更能確切的反映當時大多數知識分子的心態。㈢在衆多沉寂下僚之知識分子之中，蔣春霖有很獨特的一面，他的詩詞，幾乎首首扣切時事，最能眞實地反映時代，而且吐屬大雅，同時作者，鮮能步及。我是學歷史的，又是攻文學

的，我研究的蔣春霖正是兼具文史兩方面意義的人物。

其實，學者之以文證史，或以史釋文，以往可見的事例很多。五代十國的詞人孫光憲，主輯隋唐五代史。宋代詩人劉辰翁，晚年詩作，句句皆史。金朝元好問、清代王夫之、全祖望、章學誠、王國維皆博通文史，章學誠之「六經皆史」（其源本自陽明），把史學與文學的範疇廣爲推潤。近代史學大師陳寅恪，於文史出入無間，其《秦婦吟箋疏》、《庾信哀江南賦》、《杜甫詠懷古跡》，史文互證，旁徵博引，稽索鈎沉，不只見其史學功力，亦顯出了其文學造詣。試觀他的《王觀堂先生輓詞》，史事縱橫捭闔，詞藻工妙，可說盡得文史融合之勝。今之學者每好畛域之分，專家自比，治史者不足以言文，治文者不足以論史。孔子編《詩經》、楊愼編《古今風謠、古今諺》、郭沫若編《紅旗歌謠》，都是文史上功德無量的事業。因爲這些歌謠風諺，也一如歷代的詩歌詞賦一樣，不但是文學史的組成部分，也該是社會史、政治史、文化史的組成部分。我對中國文史合流的傳統，心嚮往之，故喜歡選擇既有歷史意義，又有文學價值的人物作爲對象。

我對蔣春霖的詩詞，是以清代太平天國時期第一手的歷史資料看待的，這不僅在於蔣氏是一個把生活經驗融會在其作品裏的作者，他的作品既反映當時國家社會戰禍的實況，亦透徹地使我們看到當時傳統典型知識分子在時代底巨輪中的內心彷徨與悲哀。蔣氏生逢中國的大動亂時期，外則有英法之入侵，蘇俄之強併；內則有太平天國之起義，而稔黨回民，天地會等等邦會之相繼而作。太平天國之十四年中，正是蔣氏由三十四歲至四十七歲的盛年。太平天國之後的四年間是蔣氏生命最後的幾年，太平天國雖被敉平，但清朝元氣已傷，民生凋殘，政事日乖，一蹶已不可復振。蔣氏所居之泰州、東臺等地，儘管未遭太平軍直接侵擾，但波濤所及，經濟衰退，生計苦艱。蔣氏雖未直接居於戰火之地，但戰地去其所居最近，他的友人亦多爲戰亂區的逃難者。因此蔣氏以其所聞諸友人及其所身感者記述之，此固不必有切膚之痛，然內心之惶恐及戰爭之慘酷，宣諸文字，化爲詩詞，所痛所感，與身受者並無異致。所以，蔣春霖之《水雲樓詩詞》，可說是清代咸同間眞實的歷史圖卷，包羅着那一時代政治社會經濟文化景象的史實，其價值之珍貴，無可置疑！

從蔣春霖遺留下來的珍貴史料中，我們不僅可以見出清代咸同年間外患內憂的苦痛，當時知識分子對太平天國所持的態度，及當時江浙流寓揚

州泰州等地文人之生活、思想、行事、心態，以至當時之食貨經濟、文化
政策、士氣學風、官場實況等等，亦一一可以窺見。

　　《蔣春霖評傳》雖然不是我的第一部著作，但我對它的重視與內心的興
奮，卻是前所未有的。一九八三年，我首先出版了《從詩詞看中國婦女心
態》的論文輯集，當時懷着的僅是一股對中國古籍文史的熱誠，努力於爭
取自己的作品能與愛好這方面的朋友共享的心態。從一九八三年至一九九
二年，剛好十年，我在艱辛的背景中取得進修碩士、博士學位的機會，鶉
居鷇食，窮年累月，在積案如山的文件裏旦夕爬梳，默默耕耘。一九九〇
年，我得到東亞大學出版部的熱心支持，出版了拙著《漢代婦女文學五家
研究》，使我在學術研究的路途中，獲得莫大鼓舞（河南大學出版社決定將
在大陸重版）。香港及台灣版的《朱淑眞及其作品》、大陸版的《朱淑眞研
究》相繼面世後，我內心的信念（對宏揚中國文化的志業，對無涯學海的心
儀神往），更爲堅定。現在能夠見到自己三年苦心經營的博士論文，得以
整理成書，付之剞劂，到底是一大樂事。我以往出版的書，幾乎全都是婦
女研究的著作，以男性爲研究中心，並從一個落難文士的詩詞中去分析社
會低層官階的知識分子底辛辣遭遇，進而窺見一個大時代的盛衰起跌底專
題研究的著作，這還是我的「第一本」呢！

　　「文章千古事，風雨十年人」，十年來，我一直無視於世俗名位榮辱的
譭譽以及人爲制度的左右，我好任性選讀自己喜歡閱讀的書籍，撰寫自己
敝帚自珍的文字。我之寫班昭、蔡琰，因爲我景仰她們；我之研究朱淑
眞，是因爲我喜愛她。對蔣春霖，我對他的景仰與喜愛，比之我以前研究
的人物是更爲遠勝的。完成蔣春霖長篇時，我剛好踏上不惑之年，從閱世
的經驗中，我對蔣春霖的個人與時代底交錯的抑鬱，是有着透澈底體驗
的。

　　我的學習路途並不如一般學子的順利，從大學畢業到我再進入研究
院，其間有着漫長的八個年頭，爲了生計，我在中學，夜中學和成人夜學
院教過不少學科，每天工作超過十二小時，每週高達六十多節，親身體驗
了營營於生計，壯志難伸的知識分子的辛酸與悲哀。進入研究院之後，我
仍然擔任專上學院名下的兼職教職，也同時在成人教育的夜校講課，心理
壓力與生活担子的沉重，令我更爲沉默，更爲踏實，更爲生活得戰戰慄
慄。慶幸的是，我在這樣的環境下，使我得以結識不同類屬的人士，顯貴

的學府士大夫，及落魄的文人學者，他們都帶給我在閱覽世途的性靈感悟中，得到很大的啓示。世情之冷暖，生活之悲酸，社會之不平，人性之險詐，不閱世、不涉世，是無以體會的。在洞悉這種種世情之後，我成熟的心境與思想，正好使我能恰當的進入蔣春霖的內心世界，使我能夠在蔣春霖的研究工作上，不僅僅限於冗贅資料的排比與詮釋，而實在的，能夠直逼作者的時代，這也眞正賦予了我的論文一股生命活力。《蔣春霖評傳》固然是學術研究論文，但卻不僅僅是這樣，它是(至少我希望是)蔣春霖心與血的時代呼聲，代表着當時以及每一個時代落難文士的呼聲，也是從我心底內所發出的風雨呼號！

蔣春霖的研究是我從事學術研究工作中極重要的一環，我當然十分希望這研究的成果，可以公諸同好。台灣文史哲出版社願意出版這樣冷僻的書，內心實在不勝感紉。

饒宗頤教授的題籤和序文，孫國棟教授、王慶成教授的序文及業師羅忼烈教授的題跋，是《蔣春霖評傳》莫大的榮譽，對師長們的隆情厚意，我實在畢生銘感。

「風雨多經人漸老，關山頻渡路猶艱」，外子的書法對聯，是我這多年來的眞實寫照。但我確實明白到，要成爲一個生活於現今社會下的傳統讀書人，而又要有拔脫世俗氣格的，這種遭遇，這種心境，是必然的。也只有在這種境況下，才可以遯世無悶而惕厲自進。

外子兆顯對我這愚昧魯鈍，性格倔強的妻子，多方提點指正，更在我疏於照顧的家庭中，百般容忍協助。其實，「風雨多經人漸老，關山頻渡路猶艱」，旣是寫我，也正正寫他自己，更可說寫我們二人的。我對他的知己之感實不待文字語言來表達的了。這篇序文剛寫好的時候，正是我女兒二十一歲的生辰，我在此遙祝遠在美國求學的她快樂外，更希望成長了的女兒，文德與時並進，無論生活何處，也是一個捱得起風浪，經得起霜雪，克勤克艱，堂堂正正的中華兒女。

是爲序。

黃嫣梨
於香港大學馮平山圖書館
一九九三年三月五日

前　言

　　蔣春霖(一八一八 —— 一八六八)，字鹿潭，淸咸同年間人，江蘇江陰
(今江蘇江陰縣)人氏。寄大興(今河北北京市大興縣)籍。有《水雲樓詞》二
卷、《詞續》一卷、及《水雲樓賸稿》一卷存世。

　　蔣氏生活於英法聯軍侵入中國及太平天國(一八五〇 —— 一八六四)、
捻軍(一八五三 —— 一八六八)反淸的動亂時代，其一生，正經歷太平天國
與捻軍從起義至終止及外患頻仍之十數年間。蔣氏雖無直接參加當時之任
何軍事或政治活動，但身處內憂外患之際，遭逢喪亂，流離江北，憂國憂
家，以其一生備嘗，發爲悽苦忧慨，感離傷亂之篇什。以其歷叙時事，實
感眞情，世以杜甫「詩史」比並，目爲「詞史」。唐氏圭璋更以爲「與屈靈均杜
少陵如出一轍。」(《蔣鹿潭評傳》)譚獻謂：「水雲樓詞，與成容若、項蓮生，
二百年中，分鼎三足。」(《篋中詞》)吳梅更謂：「有淸一代，以水雲爲冠。」
(《詞學通論》)其詞風與地位，可見一斑。

　　由於蔣春霖終生潦倒，窮居下僚，有關其事蹟之資料極少，雖有片言
隻字，究是難識全豹。如《淸史稿・文苑傳》對其記載，只七十餘字。《江陰
縣續志》亦不過百餘字。《續碑傳集》載金武祥撰《蔣君春霖傳》，固是傳記方
式，雖得梗概，但仍是語焉不詳，對蔣氏全副精神所在及其生平事蹟、政
治思想、寫作背景等等，自然無由探究。本書擬通過蔣氏全部作品與有關
資料，先尋繹其生平履迹，從而對其政治思想及社會意識等等作一全面之
探討。並析論其著作中之史料價值及其對以後研究洪楊事件的貢獻，一一
析而述之。

　　蔣氏之籍貫家世依現存資料所載，大抵無大問題，但若須知人論世，
雖纖微錙銖，亦必在考究之列。蔣氏作品之內涵乃受時代背景之影響爲主，
故本書於闡釋其篇什以前，對其所處之時代背景，悉意分析，然後復對其
身世、籍貫、婚姻、戀情、官祿、性格、思想、交遊等等，依次考述。蔣

氏身處於滿清王朝腐敗統治之時代，階級矛盾與民族矛盾因時相生，以當時社會而言，知識分子總要依附一個政治集團或社會階級始能生存。以政治集團言之，一爲依附太平天國，一爲隸屬滿清之沒落統治階級。以社會階層而言，則所依附者或爲官吏或爲商人。蔣氏乃依於滿清統治階層中之高官及鹽商之知識分子，其師友亦大抵多屬此輩，又多是清王朝政權之積極支持者。因此在考察蔣氏身世與交遊方面，除了解其本人外，仍須對其友朋有其深切之了解，然後可以對蔣氏有所印證，從而更可以由側面考察到十九世紀後半期之中國知識分子在社會大動亂中之民族意識及其對家國之心態。

蔣春霖之死，向以視爲文士之悲哀，金武祥《蔣君春霖傳》及宗源瀚《水雲樓詞續序》皆過於簡略，或似有所諱言而忽其翔實。故後世臆測紛紜，莫衷一是。且蔣氏愛妾黃婉君殉節一事更爲一大冤案。二人之死，有說蔣氏因疑黃婉君不安於室，悲憤赴死（見張孟劬《近代詞人逸事》），婉君亦以死殉（見金武祥《蔣君春霖傳》）；有說爲蔣氏欲投靠好友杜文瀾而遭拒絕（見《江陰縣續志》），於此打擊下，憤然自殺。杜文瀾爲保存令譽，竟串通陳百生逼死黃婉君，以黃氏畏罪殉節作爲其不義之掩飾（見張孟劬《與龍楡生書》及吳眉孫《與龍楡生言蔣鹿潭遺事書》）。以上說法孰是孰非，未有定讞。本書擬從現存史料及學者研究之成果，排比考證，探微索隱，試圖作一更深入及更精確之分析。

水雲樓詩詞，其在史料上及社會、經濟上之重要性早有「詞史」之目，無庸置喙。其在文學上之地位亦非清代其他詩詞作者可以企及。蔣詞沉鬱悽惋、聲情激越、哀感頑艷、蒼涼忼慨，集北宋之婉約與南宋之清空於一身，故後世論詞者於蔣氏大多推崇備至，以至有「有清一代，以水雲爲冠」之美譽。且以詞人兼詩人，古今並不多見，蔣氏《東臺雜詩》不減杜甫秦州篇什，《無題詩》直追李商隱。風骨遒尙，詩詞並善，所謂間氣所鍾，不數數見。

其他如《水雲樓詞》之命名，詩詞之輯佚，詩詞之內容分析，詩詞之影響及評價等等，本書並在研究之列。

　　本書將分六章論述。一為蔣氏之生平行誼及其思想事跡之考述，二為闡釋蔣氏之寫作時代背景，並析論太平天國時代及捻軍起義對蔣氏創作思想之影響。三為詞之探究，四為詩之研討，其中蔣氏在詞史詩史上所有之重大意義將一併申述。五為對蔣氏交遊之探索，以此並察核清代知識分子之社會意識及其對家國之心態。六為對蔣氏作品之價值及其文學地位與歷史地位之綜合叙述。

　　又蔣氏詩詞特色，除來自其本身耿介之性情外，亦皆受當時環境，如社會經濟及國家動亂之影響，因此本書寫作時，對當時政治之因素，社會之環境，經濟之狀況及文士之思潮，皆在錯綜徵考究引之列。

　　本書乃採用水雲樓詩詞之不同版本及近人搜輯之蔣氏佚作為基本，其他有關史籍、詩文總集、別集、選集、詩話、詞話、小說筆記、政治思想論集、清代咸同年間之政論、實錄、太平天國史討論文集、劄記、檔案，以至經濟、社會、心理、地理志、縣志、方志、地圖等百數十種以及有關期刊、論文等等均在參用之列。冀能對蔣春霖之生平及其思想著述等等，作一全面性之研究。所有根據資料將附注於每章之後。

　　寫作本書所遇到之最大困難，是資料之短缺。清咸同年間本是一個動亂時期，而蔣春霖在其家道中落前基本是一個「公子哥兒」，家道中落後又沉於下僚，落魄窮途，因此有關之文獻記載，實在遠遠不能滿足我們之研究需要，蔣氏之時代去今不過百餘年間，其事口耳相傳，異說紛紜，未衷一是。況且，蔣春霖基本又只有詩詞傳世，並無其他述作可徵，可說是困難重重。不過，本書將會盡筆者最大之努力，盡量以其本身之詩詞篇什，鉤玄探隱，以求對蔣春霖之家世、生平事蹟、思想交遊等等之存疑問題，作出定讞。

　　本書所引蔣春霖詞二卷，係據曼陀羅華閣咸豐辛酉(一八六一年)仲夏開雕之蔣春霖自定《水雲樓詞》刻本。所引詩，則據上海有正書局之《水雲樓詩詞稿合本》鉛字排印本(未署年月，估計當在民國初年印行)。　至於所引

蔣氏《水雲樓詞續》之詞，乃據上海漢文正楷印書局於民國二十二年(一九三三)十二月出版之排印本。又本書所引金武祥《蔣君春霖傳》版本，係採用《續碑傳集》卷八十，於注釋中將不逐一說明，以免累贅。

第一章　蔣春霖之生平及思想

　　蔣春霖，字鹿潭，清咸同年間人，江蘇江陰(今江蘇江陰縣)人氏，寄大興(今河北北京市大興縣)籍①。有《水雲樓詞》二卷，《詞續》一卷，及《水雲樓賸稿》一卷傳世。蔣氏是清代傑出詞人之一，甚至有人以他和納蘭性德、項蓮生為有清一代最突出的詞家②。由於蔣氏生當太平天國(一八五○── 一八六四)及捻軍(一八五三 ── 一八六八)反清的動亂時代，他的作品反映流離喪亂之家國情懷至多，所以譚獻認為蔣氏生當「咸豐兵事，天挺此才」而尊他的詞為「倚聲家杜老」③的「詞史」。

　　鹿潭雖文才俊彥，但終身潦倒，沉抑下僚。他的生平事蹟，清代文獻記載極少。如《清史稿‧文苑傳》所記僅七十餘字。《江陰縣續志》亦不過百餘字，《續碑傳集》載金武祥所撰《蔣君春霖傳》文字雖較前者為長，仍是語焉不詳，又後人於輯錄鹿潭的詩詞時，亦多注重賞析，對他的事蹟，大都寥寥數語，零星瑣屑。因此有關蔣春霖事蹟的記載是十分不完整的，今據蔣氏的作品及其相關資料，作一全面之探討。本章依次考述蔣鹿潭的籍貫居里、生卒年代及其家世官祿，進而窺探他的婚姻及戀愛軼事。又鹿潭一生的坎坷與他的性格相互影響，他的死於非命，直接因其蹇遇所促成，而且其中又涉及愛妾黃婉君殉節事，至今尚屬存疑的冤案。本章在考述蔣氏生平事蹟中，將特意分析鹿潭的性格及論證他的致死原因。最後並以編年表列其一生行實。對蔣春霖事蹟的詳細考述，是深入探究他底思想所必要。

一、籍貫及生卒年代

　　《清史稿》對蔣春霖生平事蹟，記述甚畧，但一開始，即已說明他的籍

貫：

> 「江陰人，寄籍大興。」④

《江陰縣續志》亦云：

> 「蔣春霖，字鹿潭，寄籍大興。」⑤

二書均明載鹿潭爲江陰人，寄籍於大興。鹿潭摯友杜文瀾，在其《憩園詞話》卷四裏，也有同樣的說法：

> 「蔣鹿潭醴參軍春霖，江蘇人，寄籍順天。」⑥

至於與鹿潭爲好友而替他的詞集寫序的宗源瀚，在《水雲樓詞續鈫》中則云：

> 「鹿潭，名春霖，江陰人。」⑦

沒有說他寄籍大興。金武祥在《粟香室叢書》裏輯有鹿潭詩《水雲樓爐餘稿》，並在稿前替鹿潭做了一篇傳記。這篇《蔣君春霖傳》一開始就說明：

> 「蔣君春霖，字鹿潭，江陰人。」⑧

但亦沒有說鹿潭寄籍大興。

　　綜合以上資料，可見鹿潭之籍貫爲江陰，是可以確定的。《清史稿》、《江陰縣續志》及《憩園詞話》說他寄籍大興，相信也是可信的。

　　據《清史稿‧地理志》，江陰於清時屬江蘇省常州府⑨。民國初屬江蘇蘇常道⑩。今爲江蘇省起卸貨物的重要口岸之一。

　　大興縣有二。一在今陝西長安縣治，隋前爲萬年縣，隋改稱大興，唐
復爲萬年。一在今北京市，春秋時爲燕之國都，秦置薊縣，遼初改曰薊
北，金始改曰大興。明洪武初爲北平府治，永樂中爲順天府治。清因之。民國
置北平市，移縣治黃村，屬河北省。⑪

　　在蔣春霖的作品及有關他的記述中，完全沒有提及他在流寓的居所及
其戶籍的事蹟。《清史稿》本傳所說的「寄籍大興」，相信是其先祖寄籍的。
《江陰縣續志》卷十《氏族門》有云：

> 「蔣氏世居邑城蔣家巷。蔣春霖，清咸同時官兩淮鹽大使，著《水雲
> 樓詞》，入文苑傳。」⑫

這裏有說及他的先祖及居里。據「世居」二字，則鹿潭的先祖，應一直居於
江陰邑城蔣家巷。爲何《清史稿》本傳及《江陰縣續志》卷十五《人物》又說
他「寄籍大興」？金武祥《蔣君春霖傳》載鹿潭父親「尊典，官荊門知州。」
考《湖北通志‧職官志》九《職官表》⑬，蔣尊典爲大興舉人，官湖北荊門直
隸州知州。《陔餘叢考‧寄籍》條云：

> 「蘇叔黨本東坡子，蜀人也，而在杭州發解，然則唐宋時，解送舉子，
> 不必皆本籍也。或解送雖不必本籍，而其人之籍貫亦不必改從取解
> 之地耳。……今江南人多有寄籍，順天屢禁不上，蓋時際昇平士，
> 皆自奮於功名之路，固非條教所能盡絕也。」⑭

據以上所引資料推知，鹿潭父親蔣尊典當曾在大興發解，以舉人身份官湖
北荊門知州。於此，鹿潭的「寄籍大興」，相信是由父親的寄籍所至。鹿潭
先祖應一直居於本籍江陰，至鹿潭父親，因奮於功名之路，寄籍大興，以
大興的籍貫應試，得舉人後，移居湖北荊門爲知州。鹿潭年輕時，跟隨父
親在荊門任所居住和讀書⑮。荊門鍾郢漢之精英，鬱江山之靈秀，鹿潭自
少濡染其間，復廁身官門騷人墨客人林⑯，對他日後寫作之靈秀，當有很
大的影響。

　　再據金武祥《蔣君春霖傳》：

　　　　「父歿，家中落，奉母游京師。⋯⋯既連不得志於有司，乃棄制舉業。」
　　⑰

的記載，可知鹿潭亦曾經應試，但屢遭失敗，不得不「棄制舉業」。鹿潭報
考科舉，相信也是以寄籍的大興發解的。上述大興縣有陝西長安縣治及河
北直隸順天府二處。據上引的資料，如：

　　趙翼《陔餘叢考・寄籍》：

　　　　「今江南人多有寄籍，順天屢禁不上。」

　　金武祥《蔣君春霖傳》：

　　　　「奉母游京師。」

等記述，鹿潭寄籍的大興，當爲河北直隸順天府。再證以《兩淮鹽法志》卷
一三四《職官門・職名表》四的原注「順天大興縣人，監生」⑱，則鹿潭本籍
江蘇江陰，隨父寄籍河北順天大興，是可以確定的。

　　鹿潭究竟生於江陰，抑是大興？已無法考得。但據以上的考述，可推
測鹿潭父親蔣尊典，必在應舉之前，已從江陰遷居順天大興縣，鹿潭幼年
或已隨父居於大興，後再隨父往荊門任所。父親歿後，奉母居住京師，所
以他的青少年時期都應該是流寓在北方的。鹿潭詩詞，反映的卻幾乎全是
他在南方居處的心跡軼事。由此亦可證他的作品，多爲中年應舉失敗，南
歸之後所寫的⑲。

　　蔣春霖的生卒年月，根據現存的資料記載，他的卒年是清同治七年戊
辰（一八六八）之冬，這是可以確定的。至於其生年，則有二說。這裏先抄
錄有關鹿潭卒年記載的資料，然後再考述他的生年。

　　記載鹿潭死事的，首見宗源瀚於同治十二年冬所撰之《水雲樓詞續序》，但只說及鹿潭致死的原因⑳，並沒有說明卒年。《清史稿・文苑傳・蔣春霖傳》只云：

> 「因於卑官，孤介忤時，益侘傺，舟經吳江，一夕暴卒。」

亦沒有卒年的記載。再看《江陰縣續志》卷十五《人物志・文苑傳・蔣春霖傳》：

> 「欲往浙，舟過吳江東門外垂虹橋，上有鱸鄉亭，爲白石塡詞地，春霖抑鬱侘傺，暴卒舟中，人多美其材而傷其遇。」

記載雖稍見詳細，但也沒有說明鹿潭的卒年。後人研究鹿潭之死，有冒鶴亭、張孟劬、吳眉孫、秦嬰庵、龍沐勛及周夢莊等㉑。大抵鹿潭之死，向以視爲文士之悲哀，而且又涉及其愛妾殉節一事，所以自清末民初以來，一直都爲仰慕鹿潭情才者所熱衷討論的詞壇悲劇。不過，綜觀後人對鹿潭之死的研究，也全部集中在其致死原因的問題上，對其卒年鮮有提及。這可能是後人一致確信金武祥《蔣君春霖傳》裏面關於鹿潭卒年的記載。金氏的鹿潭傳記，可說是現存清代文獻資料中，惟一有說明蔣春霖的卒年的一篇文章，傳云：

> 「同治戊辰冬，將訪上元宗兵備源瀚於衢州，道吳江艤舟垂虹橋，一夕而卒，年五十一。」㉒

這段資料，不僅說明鹿潭卒年，而且說明他死時是五十一歲。所以這段文字，不只提供了後代研究蔣春霖卒年(同治七年戊辰，一八六八年)的惟一證據，同時也是後人考證蔣氏生年的惟一可依賴的資料。因爲《清史稿》、《江陰縣續志》、《水雲樓詞》的序文及《水雲樓詞續》的序文，都沒有蔣春霖的生年的記述。

後人得知蔣春霖的生年，大抵都是以金武祥《蔣君春霖傳》中的記載：
「同治戊辰冬，……一夕而卒，年五十一。」若以同治戊辰(一八六八)上推
五十一年的方法計算。後人得出的結果有二。

> (1)蔣春霖生於清仁宗嘉慶二十三年戊寅(一八一八)㉓。周夢莊《蔣鹿潭
>   年譜》㉔、馮其庸《蔣鹿潭年譜》㉕、唐圭璋《蔣鹿潭評傳》㉖及現今一
>   般的詩詞選輯㉗，皆採取這個說法。

> (2)蔣春霖生於清仁宗嘉慶二十二年丁丑(一八一七)。楊蔭深《中國文學
>   家列傳》採取這個說法。㉘

這兩個說法，以第一個說法爲合。不過兩者計算所得的年份差距也僅是一
年，問題實在不大。可確證的，就是後人推算鹿潭的生年，必定以金武祥
《蔣君春霖傳》的同治戊辰年，上推五十一年的計算方法。金武祥與蔣春霖
同鄉里㉙，宦游桂粤有年㉚，而且認識鹿潭的姪兒蔣玉棱㉛，這篇傳記的
大部份材料也是蔣玉棱提供的㉜，所記載的當爲可信。蔣春霖卒年可確知
爲清同治七年戊辰(一八六八)，卒年五十一歲，上推五十一年，當生於清
仁宗嘉慶二十三年戊寅(一八一八)，與詩人金和㉝、薛時雨㉞同年出生，
可爲確證。

二、家世考

上節考述蔣春霖的籍貫及其生卒年份所引用的資料，同時亦可見出他
的家世。《江陰縣續志》卷十《氏族》載《蔣氏》條謂：

> 「蔣氏世居邑城蔣家巷。」㉟

對於氏族之名謂，《江陰縣續志》有清楚說明：

「氏族之辨，古人所尚，太平寰宇記采入地理，乾隆間章實齋纂永清
縣志列爲專門，以爲齊民之標準。我邑濱江小縣，宋元以來始有世
胄，今采列百餘前代故家近時茂族，無不臚陳。由職官而留居者，
核之前志職官表。有科第而顯達者，證之前志選舉表。事必核實，
語不虛張。取各家譜牒，證諸縣志昭信也。其譜未列，而無可證者，
姑從蓋闕之義。若歷代有名人而縣志不載者，或他邑有名人而本邑
則無者，則去之，以示限制，兼取全謝山甬上族望表例，非敢創作
也。」㊱

據此，蔣春霖的先祖，若非世胄，也必是茂族，絕非市井小姓。又卷十五
《人物・蔣春霖傳》云：

「蔣春霖，字鹿潭，寄大興籍。」㊲

上章已考述鹿潭的寄籍大興，乃由父親而來。他的父親「尊典，官荊門知州。」
（見前節考述）而且能夠在清直隸的順天府取得發解應舉，可見他的父親決
不是無識的普通民家。

再據金武祥《蔣君春霖傳》載鹿潭：

「幼隨荊門公任所，久涉郢漢，得江山騷賦之氣爲多。道光中葉，海
寓清晏，士夫雍容樽俎，文燕稱盛。君周旋先輩間，嘗登黃鶴樓賦
詩，老宿斂手，一時有乳虎之目。」㊳

這裏不僅見出鹿潭少年隨父居湖北荊門任所的優越生活。更重要的，是可
以進一步考證其家世。記載中，蔣尊典與兒子廁身騷人墨客之林，恆與文
酒之會，當筵賦詠。這不正是「官宦望族」的典型生活嗎？鹿潭家世之豐厚，
文獻所載無庸置疑。

可惜自蔣春霖父親死後，家道便開始中落：

「父歿，家中落，奉母游京師。」㉟

蔣尊典約死於道光二十五年至二十八年(一八四五——一八四八)數年間，這時候清廷已愈來愈腐敗，南方以洪秀全、馮雲山為領導核心的漢族、僮族和瑤族人民已蠢蠢欲動。咸豐元年(一八五一)，太平天國起義後，全國更陷於內憂動亂之中，經濟失調，人民流離。鹿潭亦落拓江北，流寓江南一帶(詳見下節考述)，自身生活也難以保障，欲要振興家世，談何容易？所以蔣尊典的死，亦正代表着江陰縣蔣氏家族的從此低落，一蹶不振。蔣鹿潭潦倒終生，窮居下僚，抑鬱以終。周夢莊《水雲樓詞話》云：

> 「鹿潭死後，有子名子璠，落拓淮上，幸遇一楊州妓女，感當年鹿潭恩遇，為納粟求一雜職，聊以維持生活。鹿潭有侄，名玉棱，字頻青，亦字苦壺，工詞，居公卿幕，垂五十年。後累保至直隸州知州。著有《冰紅詞》十卷，《南北宮詞》八卷。」㊵

於此得知鹿潭兒子，一如父親的坎坷。其侄際遇較好，但亦未能重振蔣氏門閥。至「民國紀元之歲，蔣氏盡室北遷。」㊶鹿潭後裔的情形，就無從探悉了。

從周夢莊說的「鹿潭有侄」及金武祥《蔣君春霖傳》中的「余獲交君猶子玉棱，得君生平出處較悉。」可證鹿潭有兄弟。金氏在鹿潭的傳記中清楚說及鹿潭父親「有三子，君仲也。」即鹿潭有兄弟各一人，他排行第二。不過，對於鹿潭兄弟的記載，《蔣君春霖傳》中再沒有一字說及。翻閱鹿潭的作品，也沒有寫及他的兄弟的片言隻字。在他的交遊如趙敬甫、周弢甫、杜文瀾、宗湘文、陳百生等的作品裏，甚或徐鼏、何咏、李肇增、褚榮槐所撰的幾篇《水雲樓詞》及《水雲樓詞續》的序文中，亦沒有有關鹿潭兄弟的任何資料。鹿潭兄弟是否早死，未可知悉，至後來鹿潭窮困，賒借度日，亦不見兄弟急難之文字記載。其中情況如何，不得而知。所以，鹿潭兄弟的名字行誼等已不可考了。㊷

《蔣君春霖傳》對鹿潭母親的記載有二：

(1)「父歿，家中落，奉母游京師。」

(2)「丁巳，遭母憂，始去官。」

這兩段資料也是現存資料中僅有的說及蔣春霖母親的文字載述。據此，鹿潭在父親死後，奉養着母親，在北京生活。其後南下爲鹽官，至咸豐七年丁巳（一八五七），因母親去世而辭官㊸，當時鹿潭四十歲。這裏得知鹿潭母親大約於其丈夫死後十年逝世，在這十年中，蔣氏家境一日不如一日，而供奉母親的職責，亦只落到鹿潭的肩膊上，所以鹿潭父親之死，可說是他一生由優越生活轉向貧窮生活的轉捩點，加上國事日蹙，社會凋殘，生計困難，內外相煎，鹿潭的愁苦日深，但「詩窮而後工」，一代詞人的誕生，可能也正因爲如此境況以促成。鹿潭家道的中落，對他在詞壇事業的影響上，相信是起着鞭策作用的。

至於鹿潭母親爲何由他奉養？他的兄長是否也有供養一部份？他的弟弟命運又如何？是否兄弟早死，由他負起奉母的全責？又他的母親家世姓名行事等等，由於資料缺乏，現存有關文獻，未見隻字提及，亦是無從稽考了。

三、官祿考

《清史稿・文苑傳》本傳云：「咸豐中，官東臺場鹽大使。」㊹《江陰縣續志》云：「官兩淮鹽大使，權東臺場。」㊺宗源瀚《水雲樓詞續序》云：《仍俛就鹽官，嘗權東臺場。」㊻《兩淮鹽法志》謂蔣氏權富安場大使爲咸豐元年至咸豐六年㊼。《東臺縣志》記東臺縣有十鹽場，東臺、富安即其中之二，兩鹽場各屬其本鎮㊽。金武祥《蔣君春霖傳》載：

「咸豐壬子，權富安場大使，綱政稱最。蒲圻但運使明倫器之，久任不調。丁巳，遭母憂，始去官。君伉直不諧俗，人多忮之，又勇施

　　予，廉俸所入，薪水外悉以資人緩急，坐是重困，貧不得歸，挈家
　　揚州之東臺居焉。」⑭

又《水雲樓詞》卷二《少年游》云：

　　「十年夢似朝雲散，花落水空流。燕子歸來，淡煙微雨，寂寞盡春愁。」
　　⑳

李肇增序蔣春霖詞云：

　　「與世牴牾，官鹽曹十年，不合，以事去。」㉑

依以上資料推斷，蔣春霖於咸豐元年辛亥爲鹽大使於富安場，至咸豐六年
丙辰因與衆不合，去官㉒，共爲鹽大使六年，而於辛亥之前之三四年間則
爲小官於東臺鎮，前後爲官九至十年。《兩淮鹽法志》記蔣氏爲官六年者，
乃指其爲大使之年數，大使乃一極低之官㉓，在此之前其官更小，鹽法志
自然不與記錄。馮其庸《蔣春霖年譜考畧》推定蔣氏於道光二十八年戊申（一
八四八年）已爲官，大概不差㉔。但由東臺鎮之小官升往富安場爲大使，究
爲誰人之力？依金武祥《蔣君春霖傳》推測，似爲但明倫無疑，但明倫升蔣
氏爲大使，乃因愛其才所致。《蔣君春霖傳》云：「久任不調。」則但明倫升
蔣氏後，大概因愛其幫己，久不調蔣氏他官，似亦可能，唐圭璋以爲「咸豐
二年，但明倫運使升他做富安場大使。」㉕是由此而推斷的。但爲富安場大
使在元年，非在二年。蔣氏去官後，由富安場返最初爲官之東臺鎮幽居，
故於《少年游》中云：「十年夢似朝雲散。」又云：「燕子歸來。」若東臺鎮非
蔣氏最初爲官之地，詞無由說「歸來」二字。《蔣君春霖傳》既云：「去官，貧
不得歸，挈家揚州之東臺居焉。」則必非歸江陰可知。富安場乃東臺縣中之
一小鎮，離富安，若東臺以縣言，則不得言「之（往）東臺居」。當乃離富安
「之東臺鎮」居爲合。而金氏云：「挈家揚州」者，東臺屬揚州，金氏蔣君傳
在此記載之前未有對東臺作任何介紹，行文若只言「之東臺」，則後人不知
此東臺爲何地，而東臺縣既屬揚州，則敘蔣氏「去官」後，挈家人往隸屬揚
州之東臺縣中之東臺鎮居住，當爲合理。周夢莊氏以爲蔣鹿潭去官，可能

與上司不合，亦可能發生重大之差錯而失職㊼。若然，則蔣氏去官，自然必離富安場而他往，蔣氏窮不得歸，又須依賴他人過活，不返東臺鎮，似乎暫無地以容身。詞集卷二《拜星月慢》序云：「予事羇東淘，遇丙辰除夕，春事蕭條，不似往歲。」㊿《兩淮鹽法志》記蔣氏官大使至丙辰而止。依此，則蔣氏於丙辰歲晚已離富安返東臺鎮，而中途過東淘（即安豐鎮，在富安北，東臺南，參附錄三：清代兩淮鹽場署圖。）。又依《少年游》所叙，乃春天景物，則知蔣氏除夕在安豐，春，則已返東臺鎮矣，於時地頗合。

前面說蔣氏在咸豐元年辛亥至六年丙辰爲富安場鹽大使，又於辛亥之前於東臺曾做三四年之小官。何以必要說曾爲小官三四年，如只爲六年大使，是否不可以？必言蔣氏曾爲小官於東臺鎮者，其解說有二：一、李肇增序云：「與世牴牾，官鹽曹十年，不合，以事去。」蔣氏詞集《少年游》云：「十年夢似朝雲散……燕子歸來。」如只爲大使六年，必不能以十年成數代替㊽，六年與十年相差極大之故。二、如前面所說，蔣氏於富安場去官後歸東臺，如蔣氏從未曾官於東臺鎮，蔣氏去官後，對東臺鎮而言，自然陌生，無理言「歸」也。且如蔣氏只曾居東臺鎮，未曾爲官於此，則蔣氏《少年游》云：「十年夢」之「夢」字當無着落。故蔣氏於六年鹽大使之前必曾於東臺鎮作小官。但何以必於鹽大使之前爲小官，若於六年後爲小官，是否可以成說。答曰：否。李肇增序云：「與世牴牾，官鹽曹十年，不合，以事去。」若於去富安場大使後又爲小官數年，則李氏必不如是成文，如何可說「十年，不合，以事去。」呢？故爲此小官必在往任富安場大使之前爲合。

以上已證蔣氏大概於道光二十八年戊申（一八四八年）爲鹽小官三四年於東臺鎮，又於咸豐元年辛亥（一八五一年）至六年丙辰（一八五六年）爲富安場鹽大使，則以後是否蔣氏絕未曾爲官？此言亦非。蔣氏自去富安場任後，即返東臺鎮，以後來往珠谿、泰州、揚州等地。其剩稿《春日詩》云：「漸衰宜散地，多感避歡場。」詩既言「漸衰」必爲年紀稍長之日，自非任富安場大使之時，更必不是前於富安場大使於東臺鎮之時。此詩復云：「將雛餘一燕，寂寞住雕梁。」㊾則蔣夫人已經去世。蔣妻逝於蔣氏離任富安場之後，故此「漸衰」乃去富安場之後無疑。「散地」謂閒官，《舊唐書·郭子儀傳》云；「子儀有社稷大功，今殘孽未除，不宜置之散地。」㊿杜甫詩亦謂：「散

地逾高枕，生涯脫要津。」⑥依此，蔣春霖曾於離富安場之後再爲一極閒亦極低之小吏無疑。但此官起訖於何年，在於何地，則不可考得。

鹽大使之官職究竟屬何種官？其俸祿又如何？其職責又如何？今略考之如次：

《清史稿・職官志三》云：「鹽課司大使正八品。」此爲雍正六年所定之品秩⑥。雍正之前是一個「未入流」之官階，雍乾年間，此職每年俸銀四十兩⑥，但除年俸外，清又有養廉銀之設，課鹽大使之養廉銀年達紋銀五百兩⑥。則蔣氏每年入息凡五百四十兩之數，即每月約紋銀四十五兩。蔣春霖時，大抵一兩可換錢一千文，而米價爲每石約一千五百錢⑥，即蔣氏每月可得三十石之米，此收入則於中等人家亦可溫飽有餘。但蔣氏「廉俸所入，薪水外悉以資人緩急。」⑥而且，此鹽大使之官僅任六年，則以後艱難，賒借度日而已！⑥

鹽課大使之職守如何？據《清朝通典》：

> 「鹽課大使掌其池場之政令與場地之徵收，其有井者分掌其政令，皆治其交易，審其權衡，而平準之日，稽其所出之數，以杜私販之源。」⑥

《歷代職官表》又云：

> 「鹽課大使正八品，掌鹽場及池井之務，凡直省有沿海及有池之地，聽民闢地爲場，置莥開畦，爲鹽而授之商。或官出帑收監，授之商而行之。以鹽課大使掌其池場之政令，與場地之徵收，其有井者分掌其政令，皆治其交易，審其權衡而平準之，日稽其所出之數，以杜私販之源。」⑥

《鹽政辭典》又云：

「揆其立意，未嘗不重場務，但既以鹽課名官，故實際上惟以徵課爲事，而場務非其所計。」⑦

依以上所述，則鹽課大使主要在乎徵課，其次則旁及池場及交易等事。清代鹽政收入是國家財政之重要支柱，而「淮南鹽課，號甲天下」⑦揚州更爲其首要。蔣氏爲此六年之官，所交之鹽商自然不少，其去官以後，賒借以度日者，亦多賴鹽商之照顧耳！

四、婚姻及戀情

有關蔣春霖的婚姻及戀情事，除了他和愛妾黃婉君的死，曾爲當時及後世的一些文士詠歎外，其它有關他的妻子、戀人或姬妾等，文獻隻字不提。因此，這方面的考述，只有從他本人的詩詞作品中去探究。

《水雲樓詞》及《水雲樓剩稿》現存的作品裏，蔣春霖寫及他妻子的詞三或四首，詩有二首。四首詞分別爲《瑤華》（簾櫳未捲）、《慶春宮》（蚓曲依墻）、《霜葉飛》（岸雲湖草秋無際）及《四字令》（釵邊淚紋）。詩作則爲《思婦曲》一首及《東台雜詩》（第十四首）一首。這些作品，不僅見出鹿潭對其夫人的深情，同時亦可考見其夫人的卒年。至於鹿潭與其夫人如何認識？其夫人的背景爲何？他們的婚前戀情如何？甚麼時候結婚等等諸問題，則無從稽考。

《慶春宮》一詞小序云：「秋宵露坐，時婦亡四月矣。」明顯地說出此詞的寫作背景。此詞刻於《水雲樓詞》卷二中。《水雲樓詞》卷二爲曼陀羅華閣所刻，刻年爲咸豐十一年辛酉（一八六一年）。據此，則鹿潭夫人亡，當在辛酉或辛酉以前。再據馮其庸先生考證：

「金武祥《粟香室叢書》《水雲樓剩稿・東台雜詩》第十四首云：『鬱勃褊衡鼓，單寒季子裘。杜門花避俗，因樹屋宜秋。筆退憐兒病，尊

空與婦謀。菰蘆期遠近，愁絕五湖舟。』《雜詩》共十六首，總題既曰
《東台雜詩》，則當皆作於東台無疑。鹿潭於咸豐七年丁巳（一八五七）
丁母憂去官之東台，於咸豐十年庚申（一八六〇）移居泰州。則東台
雜詩當作於咸豐七年到十年之間。而《雜詩》中猶及「尊空與婦謀」之
句，則其夫人之亡，可能是在移居泰州以後的本年（咸豐十年〈一八
六〇〉）。」⑫

　　馮氏以《慶春宮》詞及《東臺雜詩》互相推證，鹿潭夫人約卒於咸豐十年（一八
六〇）或此年的前一、二年，當是可信的。鹿潭夫人死時，鹿潭約在四十二、
四十三歲之間。若以二十歲成婚計算，鹿潭與其夫人當已有二十多年的婚
姻感情，所以，鹿潭對其夫人的去世，自然十分悲痛。《慶春宮》、《霜葉飛》、
《瑤華》、《四字令》等詞，均深刻地表露着這一份情意。例如：

　　　　露幕閒階，微涼自警，無人泥問添衣。

　　　　　　　　　　　　　　　　　　　　　　　　　　　——《慶春宮》

　　　　紈扇拋殘，空憐錦瑟，西風怨入金徽。返魂燒盡，甚環佩，宵深怕
　　　　歸，茫茫此恨，碧海青天，惟有秋知。

　　　　　　　　　　　　　　　　　　　　　　　　　　　—— 同上

　　　　翠莫杯冷客衣單，況玉琴孤抱。

　　　　　　　　　　　　　　　　　　　　　　　　　　　——《霜葉飛》

　　　　遺芳怕檢，賸袖底、傷春清淚。問夜深，綉佛龕前，燕徧返魂知未。

　　　　　　　　　　　　　　　　　　　　　　　　　　　——《瑤華》

　　　　釵邊淚紋，燈邊夢痕，花開處處思君，況無花過春。鬢飛斷雲，衣
　　　　殘舊薰，垂楊一路黃昏，到東風墓門。

　　　　　　　　　　　　　　　　　　　　　　　　　　　——《四字令》

　　《水雲樓賸稿》裏又有《思婦曲》，依詞意，此詩可能是鹿潭北上之後，

妻尚在故里時所作，是至情的詩作：

> 烽火連江國，高樓獨倚闌。
> 綠楊三月雨，千里覺春寒。

至於《東臺雜詩》中的：

> 筆退憐兒病，尊空與婦謀。
> 蒓鱸期遠近，愁絕五湖舟。

詩中謂「筆退憐兒病」，可見鹿潭有兒子。周夢莊《蔣鹿潭年譜》云：「鹿潭死後，有子名子璠，落拓淮上，幸遇一揚州妓女，感當年鹿潭恩遇，為納粟求一雜職，聊以維持生活。」[73]這位兒子，相信就是鹿潭與其夫人惟一的兒子。

　　蔣春霖有否娶妾？《水雲樓詩詞》除了寫妻子外，也有不少為女子而寫的作品。這些女子，大抵多是他在歡場中結交的紅顏知己，其中有否成為他的姬妾？據現存的資料，可考證的只有黃婉君一人。據丁氏適存盧刻《水雲樓詞續》《琵琶仙》詞序云：

> 「五湖之志久矣，羈累江北，苦不得去。歲乙丑，偕婉君泛舟黃橋，望見烟水，益念鄉土，譜白石自度曲一章，以箜篌按之。婉君曾經喪亂，歌聲甚哀。」

清楚說明其本人與黃婉君的關係。金武祥《蔣君春霖傳》載：

> 「同治戊辰冬，將訪上元宗兵備源瀚于衢州，道吳江艤舟垂虹橋，一昔而卒，年五十一。姬人黃婉君殉焉。」

又《水雲樓詞續》宗源瀚《叙》云：

「鹿潭晚歲困甚，益復無聊，倒心回腸，博青眸之一願。詞中所謂黃婉君者，聚散乖合，恩極怨生。鹿潭卒爲婉君而死，婉君亦以死殉鹿潭。瀕死，向陳百生再拜乞佳傳，從容就絕。論者謂此可以慰鹿潭，而鹿潭愈足傷矣。」⑭

這些資料，都可以確實地見出黃婉君的身份。至於她的殉節實情，留待下一章探討蔣春霖之死時，再作詳細的考述，此處從略。

蔣春霖與黃婉君的感情，在《琵琶仙》(天際歸舟)序文：「譜白石自度曲一章，以篊篍被之。婉君曾經喪亂，歌聲甚哀。」可見鹿潭有意選用白石《琵琶仙》詞調，似不無比擬姜白石的「小紅低唱我吹簫」的情意。周夢莊《蔣鹿潭年譜》云：「鹿潭善品簫，每得新詞，即命婉君歌之。」⑮這種夫唱婦隨的韻事，眞是羨煞幾許旁人！《琵琶仙》詞云：「彈指十年幽恨，損蕭娘眉萼。今夜冷，篷窗倦倚，爲月明，強起梳掠。」又「一舸靑琴，乘濤載雪，聊共斟酌。」纏綿幽怨，含蓄婉約，情意之眞切，躍然紙上。

至於婉君何時邂逅鹿潭？何時成爲他的姬人？今人研究鹿潭者如周夢莊、馮其庸、章石承、謝孝苹等皆謂鹿潭於妻亡後之遲暮之年才邂逅黃婉君，與她共同生活⑯。但照此詞序文：「婉君曾經喪亂，歌聲甚哀」及詞云：「彈指十年幽恨，損蕭娘眉萼」「怎奈銀甲秋聲，暗回淸角」銀甲指婉君之假指甲，在彈琵琶時發出很幽怨的聲響。據上的「彈指十年幽恨」，鹿潭與婉君的交往當有多年。鹿潭大約於四十二、三歲妻亡，四十八歲與婉君泛舟湖上，其間只有五年時間。據「彈指十年幽恨」句意，筆者以爲婉君與鹿潭的交往必開始在鹿潭夫人去世之前，至鹿潭夫人死，婉君才正式追隨鹿潭，成爲鹿潭的愛妾。⑰

鹿潭「性倜儻」⑱，「負文學氣義，與世牴牾。」「流浪海濱，歌樓飲肆中，常浮湛跌宕以自適。」⑲這種性格，自然與風月場中結下不解之緣。因此，鹿潭的一生，在歌榭酒樓中，留下了不少的風流韻事。反映在詞中的就有顧鶯、曹素雲、高蕊、陳小翠等。在其剩稿中有《題沈氏酒壚》四絕，其中以沈梅嬌比喻的女子，亦應是其意中人。鹿潭在風月場中所邂逅的，可謂

閱人多矣。

《水雲樓詞》卷二有《采桑子‧贈顧鶯》一詞：

> 病餘十日羞鸞鏡，剛近瑤釵。小玉偏來。報道辛夷懶未開。　綉床卻願雙鸂鶒，紅沁霞腮，芳思難猜，簾隙東風暈酒懷。

同卷又有《鶯啼敘‧哀顧鶯》一闋：

> 淒風又驚院竹，是春魂悄轉。泝殘霧、眉月微陰，背窗如聽嬌嘆。夢回乍、蘭缸淡碧，飛鴻冉冉輕烟散。誤籠鸚、檀板聲空，畫圖誰喚。　剪燭青樓，桐陰試茗，道尋春未晚。鏡花掩，相見還休，那時爭似不見。記犀帷，扶肩問字，枉吟熟，鴛鴦詩卷。玉簫寒，門閉緗桃，去年人面。　離巾寄語，藥檻移栽，算栖香應滿。幡影護、蔫紅幾日，露葉霜蕊，瘦倚斜陽，頓成秋苑。啼鵑夜訴，飄蓬舊事，無端落絮緇塵浣。更關山、笛里江烽亂。羅囊尚秘，傷心綉纈痕銷，淚點凝滴湘管。　蓮枝解脫，丈室禪枯，任贅絲素趁。但沉恨、珠根玉蔕，墮涸何因，寄燕巢成，妒鶯緣短。韋郎老矣，楚招歌罷，清宵歸環佩冷，剩西陵、松柏埋幽怨。今生拌醉拌愁，聽絕哀絃、翠衾怕展。

《采桑子》或寫於顧鶯病中，《鶯啼敘》寫於顧鶯死後。《采桑子》極見溫馨纏綿。《鶯啼敘》哀思百囀，分四片寫出。第一片敘述顧鶯倩魂歸來；第二片回憶前事，筆觸凝重，情感豐富。第三片敘顧鶯之死，從「啼鶯夜訴，飄蓬舊事，無端落絮緇塵浣。更關山、笛裏江烽亂。」數句之敘述，顧鶯之死似由社會或戰爭所影響而致的。末片鹿潭自寫幽恨。(詳見下章《詞作內容分析》)此為集中唯一的四疊調而鹿潭賦以悼顧鶯，可見顧鶯與鹿潭關係之深切。

杜小舫《采香詞》有《長亭怨慢》，題序曰：「悼顧鶯娘為鹿潭作。」詞云：

最凄絕，枇杷門户。幾陣輕陰，落花辭樹。月暗妝樓，夜鵑啼血竟
何處。玉眸遮暝，知未盡，牽衣語。唱慣鮑家詩，忍更向，秋墳聽
取。　細數。自香瘢蒸後，只共艷辰百五。春心費盡，算換得，雨
酸風楚。當時若，體見雲英，瘦不到，腰圍如許。待剪斷垂楊，還
怕愁生霜縷。⑧

丁保庵《萍綠詞》卷三亦有《訴衷情》一闋，題序曰：「和水雲樓主人悼舊懽顧
鶯。」詞云：

藥欄烟雨暗愁人，花落不成春。記得溫悼慵啓，幽怨鎖眉痕。　環
佩冷，月黃昏，掩重門。夜寒風惡，說與啼鵑，空賦招魂。⑧

鹿潭友朋皆爲顧鶯之死，同灑悲慟之淚，顧鶯與鹿潭感情之厚，不言可喻。

　　顧鶯之外，鹿潭與另一歡場女子曹素雲亦有過一段戀情⑧。《西河·悼
曹素雲》就是鹿潭爲哀念曹氏而寫的：

芳信斷，鶯簾恨事誰管。籠鸚生小忒聰明，妒春命短。玉奴狂約嫁
東風，釵頭栖鳳先散。　記深夜，溫翠琖。藥窗花影零亂。絲絲紅
冷唾壺冰，鏡眉未展。怨鴻還說不傷心，龍綃都幅香汗。　只今淚
點凝素練，挽春魂難畫嬌面，除夢應羞重見。奈梨雲瘦盡、羅屏薰
換。殘月相思和天遠。

上片寫曹素雲之已逝，中片寫前事，下片寫今事。「絲絲紅冷唾壺冰」「殘月
相思和天遠」都是情深之語。鹿潭另有《探春》詞一首，作於道光二十九年己
酉。詞叙云：「己酉秋暮，飲於珠溪。奉觴人頗似阿素。霧鬢風鬟，飄零亦
相若也。感成此解。」這裏說的阿素，應即指曹素雲。據文意觀之，此時（道
光二十九年，一八四九年），曹氏尚在人世。鹿潭見奉觴人貌似曹素雲，即
感成此闋，可見鹿潭對曹素雲的深情與思念。再觀詞意：

墮葉紅胭，疏苔綠倦，年年輕換箏柱。玉病禁秋，花嬌媚晚，燭底

　　琴心何處托相如，瀟灑臨邛四壁居。
　　畫就遠山應自惜，西風涼已上芙蕖。

　　蘭陵秋冷隔江潮，鶯柳烟堤昔夢消，
　　解唱清眞舊詞句，天涯腸斷沈梅嬌。⑧

他的好友宗湘文曾對這四首詩唱和過，和詩收入《頤情館詩外集》裏，詩云：

　　不信盟寒倩女魂，菱花秋水已塵昏，
　　黃壚不是回心院，枉把啼痕亂酒痕。

　　銀泥衫子鴉頭襪，忽地倉皇草露間，
　　憶得蔵薐春不鎖，沈香火暖翠屏山。

　　千萬雙鬟愧不如，眞珠紅滴水雲居，
　　蔣侯擬畫旗亭壁，莫對西風怨晚蕖。

　　酒深惜別暈紅潮，多少閒情逐夢消。
　　馬滑霜濃便歸去，負他一曲殢人嬌。⑭

　　從這些詩的內容看，蔣鹿潭與沈氏酒壚的女子，似乎有着很深摯的感
情。⑧

　　《水雲樓剩稿》有《記珍珠事》，詩云：

　　長恨微軀易，深緣小聚償。
　　雕籠閉翡翠，新冢隔鴛鴦。
　　綠字三年約，紅樓一水望。
　　相要復相決，何處詔西皇。

　　殢魄憑詩慰，初心酬酒盟。

　　　　湖山驚昨夢，牛女證他生。

　　　　芳草隨春遠，閒花落地輕。

　　　　夜台長寂寞，無益是深情。

此詩的用辭遣意，甚似哀悼之作。但鹿潭懷念之故人為那一位，已無從考證。依詩意，珍珠不似妓女，可能是一個為愛情而犧牲的良家女子，鹿潭為此哀傷而記其事⑧⑥。

　　鹿潭賦性風流，在上述的詩詞中，因有確實的名字記載而得知他的戀人者，已有多人。《水雲樓集》還有多首是鹿潭為女子而寫的作品，例如《醉桃源》(遲遲樹影過朱闌)、《渡江雲》(燕泥銜杏雨)、《憶舊游》(記倚窗窺笑)、及《卜算子》(丹嶺鳳凰兒)等⑧⑦。這些詞作，由於沒有寫上名字，所以鹿潭所寫者究為何人，已是無法稽考了。不過，鹿潭另有不少詞作是題詠或賦寄歌坊酒肆等妓女所居之地，如《月下笛》的賦寄眉月樓、《鎖窗寒》的記去年款紅軒茗話、《聲聲慢》的賦白菊寄洗紅仙館等⑧⑧。據此，鹿潭結識的女子，想必多為歌妓，他賦詠的女子，自然也以妓女為多了。這裏以《醉桃源》一首為例，看看鹿潭與歌妓的交遊情致。《醉桃源》是鹿潭與一位妓女分別後，思念她而寫的，詞云：

　　　　遲遲樹影過朱闌，日高門尚關。海棠紅勒昨宵寒，花遲春限寬。

　　　　新舊雁，去來船，歸程山外山。一年長恨得書難，賺人雙玉環。

又《渡江雲》(燕泥銜杏雨)的：

　　　　紅墻幾尺，遠過蓬山，更難通魚錦。換盡了，陌頭柳色，愁滿羅襟。

　　　　夢中常訂重逢約，甚隔簾，翻怕相尋。門又掩，碧桃一樹春深。」

也同樣是描寫對愛人的思念。詞叙云：「崔護蕭郎，一時同感」，則鹿潭的倜儻風流，可見一斑。

　　蔣春霖的戀情深刻地反映了三個重要意義：

贅添涼霧。縹緲惊鴻影，似乍見、春風前度。暗憐舞裖絲楊，鏡中消瘦眉嫵。　蘇小芳顏認否。甚油壁歸來，偏恨遲暮。帶眼移香，琴心記夢，鉛淚也無重數。寒雨連江夜，莫更把，琵琶低訴。明日相思，峭帆還掛愁去。

更可見鹿潭對曹氏底「愛之愈深，思之愈切」的情懷。《探春》寫於道光二十九年，鹿潭是時三十二歲。據此，鹿潭與曹素雲的戀情，當在他三十歲前發生的，少年情事，又怎能不令他心醉神往，銘刻一生呢！

鹿潭詞作中，又有秦淮女子高蕊的記述。《虞美人》詞云：

風前忽墮驚飛燕，贅影春雲亂。而今翻說羨楊花，縱解飄零猶不到天涯。　琵琶聲咽玲瓏玉，愁損歌眉綠。酒邊休唱念家山，還是兵戈滿眼路漫漫。

詞中所述事，鹿潭在詞叙中已作明言，謂：「金陵失，秦淮女子高蕊，陷賊中數月。今春見於東陶，愁蛾蓬鬢，不似舊時矣。」這詞寫於咸豐四年（一八五四），鹿潭三十七歲時，高蕊與鹿潭的感情，應當維繫於鹿潭三十歲與四十歲之間。《虞美人》詞不僅說出兒女情懷，同時也反映了作者對家國亂事的傷感。

除上述顧鶿、曹素雲、高蕊之外，鹿潭與一位以沈梅嬌比喻的賣酒女子，亦有過一段羅曼史。《水雲樓剩稿》有以《題沈氏酒壚》為題的七絕四首。詩云：

疏樹啼鴉欲閉門，青斿影淡月黃昏。
天寒翠袖無人問，自洗江南舊酒痕。

玉釵金縷都拋卻，烽火倉皇道路間。
自是何郎輕國事，教人愁聽念家山。

(1)中國傳統思想中三妻四妾的觀念，在清代仍然流行。因此，清代的文士，除了妻妾外，還有不少外遇，這都是被社會各方面所接受的。蔣春霖一生，與不少風塵女子結緣，而且這些戀情都是公開的。例如顧鶯死時，不僅鹿潭自己賦詞哀悼，他的友朋也紛紛作詞來哀悼她。又如鹿潭替沈氏酒壚女子題咏，他的朋友也有唱和，可見這些戀情都是公開的，都是被社會所接受的。

(2)蔣春霖一生落拓，事業坎坷，長期流連於歌榭酒樓，與不少妓女結成莫逆之交，這正好代表了中國落難文士典型生活的一面。我國落拓文人，每多心志抑鬱，憤世嫉俗，難與濁人交往。因此，閱人察世頗深，富於正義感而又略具才智的妓女，便成爲這些落難文士最好的傾吐對象。而且，醇酒美人的享樂，也是詩客騷人心意於苦澀時最好麻醉自己及逃避現實的方法。所以，落難文人與風塵歌妓，最易發生戀情，這些戀情似乎是無代無之的，更有不少情摯深切，發展爲可歌可泣的故事，爲世人所稱頌。蔣春霖生活於清代中葉之後，雖然當時的社會已被西方思潮冲擊而正在革新改變。但窮居下僚，仍需依附滿清統治階層賴以維生的傳統文人如蔣春霖，保留的卻仍然是中國傳統文人的一貫典型風範。

(3)作爲一個文學家，必先擁有一份特殊豐富的感情。所以一位文學家，每多又是一位多情種子。多情除表現在生命的熱愛及眞誠的友誼外，更爲透徹抒發的，便是浪漫美滿愛情的追求了。所以文學家的戀情特別多，特別傷感，也特別浪漫的。這一點我們在下節討論蔣春霖的性格時，會有更詳細的論述。

五、性格及思想

蔣春霖的性格及其思想態度，直接影響他一生中的兩件事情：第一，

以高才而沉頓下僚，窮困抑鬱。第二，以情多流連歌坊，浮湛跌宕。或者可以換句話說：蔣春霖的性格，直接支配了他一生的官祿與戀情，使他自促其死，然至死亦未能擺脫顛沛流離的生活及情愛的困擾。

探討蔣春霖的性格及其思想，該從兩方面入手。第一，是前人對他的記述，尤其是他的友朋們對他行事方面的記錄，這方面在《水雲樓詞》及《詞續》的叙文中可以找到。其次就是直接在他的詩詞作品中去觀察探索。鹿潭詞作百多首，詩作數十首，大部份都是經他挑選刪削認可的作品，這些作品，處處可見出作者的心血和靈魂。因此，要瞭解他，最直接可信的資料，仍然是取自他直接的傾訴。

這裏，我們首先得看看蔣春霖的朋友如何論述他的品性。李肇增《水雲樓詞‧叙》說：

> 「蔣君鹿潭，負文學氣義，與世牴牾。官鹽曹十年，不合，以事去，流浪海濱，歌樓飲肆中，常浮湛跌宕以自適。與人輕直無曲貸，見者或憚之。然咸知其佯狂，不甚以爲駭也。」

李肇增用了「與世牴牾」、「與人輕直無曲貸」、「佯狂」等字去形容鹿潭。再看褚榮槐、徐鼐及宗源瀚的記述：

> 「(鹿潭)素不習搔頭弄姿，委遺踽旅，以取一時之妍。」[89]

> 「蔣生鹿潭，承明不遇，作吏淮東。駔儈與居，踞舷灶北。芰衣荷裳，羌修能之自絜。」[90]

> 「少負儁才，不拘繩尺。屢不得志於有司，乃俯就鹽官。」[91]

蔣春霖性格的孤直耿介，嶔崎磊落，大抵是可以見出的。金武祥替鹿潭作傳時，對他的爲人，有更加詳細的記述：

> 「君伉直不諧俗，人多忮之。又勇施予，廉俸所入，薪水外悉以資人
> 緩急，坐是重困，貧不得歸。」⑨

又張孟劬記蔣春霖逸事，云：

> 「鹿潭，先君於學詞之師也。性落拓。……素不善治生，歌樓酒館，
> 隨手散盡。」⑨

杜文瀾《憇園詩話》卷四亦有云：

> 「性復倜儻，有豪俠氣。」

這裏，進一步使我們看到他樂善好施、坦率豪爽的品格。從「廉俸所入，薪
水外悉以資人緩急」的疏爽性格及其義惠的宅心觀之，鹿潭爲淮南鹽官時，
「人咸德之。罷官後，猶供食數年。」⑨自然是無疑義的。

　　上述引錄時人及後人對蔣春霖性格的記述，我們對他的爲人處事，可
以得着初步的認識。不過，要深入瞭解他的品性，則必需從他的作品中仔
細探索。

　　從蔣春霖的作品中，可以看出他的性格及其稟性、際遇，是互爲因果
的。他是一個具有書生意氣，坦直豪爽，與流俗格格不入的讀書人。他不
拘繩尺，不屑偎依傍；只知獨抒性靈，擇善固執。他的作品，是傾寫眞情
實境，與滲血和淚的結晶，他的際遇愈抑鬱，他的創作靈感愈豐富，所以，
從這些充滿心血和靈魂的詩詞裏，我們至少可以清楚地看到蔣春霖性格及
思想的幾個特性：(一)稟性耿介孤直；(二)感覺敏銳細膩；(三)情感豐富
浪漫；(四)意識悲觀消沉。以下逐一析論。

(一)稟性耿介孤直

　　蔣春霖在《東台雜詩》中說：《鬱勃禰衡鼓，單寒季子裘，……筆退憐兒

病，尊空與婦謀。」「好辯難爲用，能狂亦累名，……短劍悲歧路，空囊負友生。」「官拙成今是，時衰厭古愚。……可憐頑蝌蚳，不及飽佅儒。」「漸懶折腰步，猶能抱膝吟，艱虞嘗傲骨，齏米損文心。」這些句子中所勾畫出的是他清貧困苦的生活、抑鬱侘傺的心境和不肯阿世求榮的硬骨頭！《咏物》十首之《山茶》云：「破寒惊衆眼，與世抱冬心。柯葉不改色，歲華如許深。」亦以山茶借喻自己落落寡合的孤高性格。孔春田《懷蔣鹿潭詩》云：「一官輕弁髦，其狂不可及。較勝阮步兵，途窮不肯泣。」⑨⑤正能深對鹿潭的耿介性格的體會。

「好辯難爲用，能狂亦累名」同時亦可見出他落拓的性格。所謂落拓，是指放浪不羈，不受世俗禮法的束縛，而企求一種比較自由的生活。蔣春霖的「蝴蝶多情思，輕狂近落花。貪飛頻曉露，沉夢向天涯。」(《咏物》十首》之《蝶》)、「孤吟亦近狂」(《友人招飮古寺》)、「游興得清狂」(《壬戌中秋》)及「歸夢野雲來往」(《酒泉子》)等，同樣是這樣不羈情性的勾畫。宗源瀚謂他：「少負雋才，不拘繩尺。」就是說他這種與生俱來的落拓性格。

不少人稟性耿介，但在塵世浮沉，爲了追求物質生活，或多或少的會把自己的骨頭軟化，以求迎合俗世的卑陋，廣求名譽。但鹿潭對這種阿曲諂媚的行徑，是不屑而鄙視的。他的《咏物》詩，最能表露這種心跡，例如：

　　破寒驚衆眼，與世抱冬心。

　　　　　　　　　　　　　　　　　　——《咏山茶》

　　分明清瘦詩人影，獨抱冬心似往年。

　　　　　　　　　　　　　　　　　　——《鎖寒詞》

　　在泥原潔白，出水太玲瓏。

　　　　　　　　　　　　　　　　　　——《咏藕》

咏《山茶》及《鎖寒詞》的比喻，皆爲自己的情操自賞，咏《藕》二句則是諷喻俗人的阿世媚俗的警語。

　　但他這種耿介不羈的性格，是與世情牴牾的。他年少爲荊門知州的公子時(見前節考述)，還可倜儻風流以自適其適，但父親死後，家道中衰，他以此「與世牴牾」的性格而攀入仕途，自然是「不得志於有司」了，這一開始就註定了他是一個官場中的悲劇的角色。不過，鹿潭的傲骨，對他的創作，是影響深切的。試看他的：

　　　　雪擁驚沙，星寒大野，馬足關河同賤。

　　　　　　　　　　　　　　　　　——《臺城路·易州寄高寄泉》

　　　　看莽莽南徐，蒼蒼北固，如此山川。

　　　　　　　　　　　　　　　　——《木蘭花慢·江行晚過北固山》

　　　　秋生淮海，霜冷關河，縱青衫無恙，換了二分明月，一角滄桑。

　　　　　　　　　　　　　　　　　——《渡江雲·春風燕市酒》

如此蒼莽恢宏，氣魄迫人的句語，若非擁有孤高情操、清剛雋上的人格，無論如何也不能寫得出來的！詩格來於人格，眞是古今如一。

(二)感覺敏銳細膩

　　蔣春霖對日常的生活感受，對社會及人事變遷，對國家與政治的紊亂竊敗，都能體察入微。他有着文學家底裏性中特殊銳敏的觸覺，因此更而加深了他心理上的糾葛與痛苦。

　　唐圭璋《蔣鹿潭評傳》說鹿潭的詞：「不是激烈的狂喊，而是隱忍的飲泣。」[96]「隱忍的飲泣」數字，正中肯綮，這隱忍的飲泣，需要的除了豐富的情感，及正義的人道精神外，更重要的是敏銳的時代觸覺。正因爲鹿潭沒有親身遭受兵燹戰火[97]，卻能以他靈警的筆觸描繪戰事的離亂及水深火熱的苦痛，若他沒有具備特殊敏銳的觸覺，那是絕不可能寫得情境深切的。《水雲樓》詩詞描寫清代竊敗，洪楊戰亂的佳作連篇[98]，使他爲清代的詞壇

上，有着極高的評價，譚獻嘗尊他爲「詞史」。這些成就，自然都是由於他的銳敏的時代感覺及悲天憫人底性格所促成的。

下面試舉一些例子以見一斑：

東風一夜轉平蕪，可憐愁滿江南北。

——《踏莎行》

哀角起重關，霜深楚水寒。背西風，歸雁聲酸。

——《唐多令》

秋生殘夜驚心早，愁入中年熟睡難，嗚咽角聲敧枕坐，微茫窗色掩燈看。

——《早起》

室家飄泊逐野鶩，干戈擾攘羈來鴻。揮手白雲忽變幻，舉頭明月無始終。杖藜相携復前去，衣裳颯颯生秋風。

——《中秋夜步》

爾亦聰明誤，生憎言語非。
漫矜吾舌在，知否托身微。

——《咏鸚鵡》

中宵啼不住，知爾斷腸吟。
抱樹竟何益，入山胡不深。

——《咏猿》

吉語世所喜，爾音胡不祥。
無枝飛又懶，星月正微茫。

——《咏鴉》

　　破寒驚眾眼，與世抱冬心。

　　柯葉不改色，歲華如許深。

——《咏山茶》

　　這些詩詞，都充分表現出鹿潭對世態人情的洞悉，因而更加深了他內心深切的痛苦。他有經世的抱負，敏銳的感覺，洞察的眼力，卻一直沒有給予揮發的機會；他想學蒙莊的恬適自安，卻又滿懷少陵愛世入世的熱情。他襟懷壯志，欲匡時弊，卻又不屑在光怪陸離的官場中卑躬屈節。他明知是「抱樹竟何益，入山胡不深。」但卻又不能不「嗚咽角聲欹枕坐，微茫窗色掩燈看」。這種內心進退糾葛，矛盾相煎的苦痛，全繫於鹿潭一生的內心世界裏，加上仕途坎坷，戰火不息。在「飛灰從彼說，拔火亦吾心。願救沙蟲劫，金輪不可尋」(《游光孝寺》)的抑鬱憤激下，難怪他不得不跌宕於歌樓飲肆中，藉酒佯狂，長懷「茝蘭芳變拏誰遣，虎豹關嚴叫未靈」(《無題》)的哀歎。

　　對人生苦難的感觸愈深，內心世界愈見苦楚，但在藝術及文學的創作上，卻愈更豐富了靈感的泉源。鹿潭詩詞，警句多而寓事深，容易使人產生共鳴，深為所動，皆由於他的重情賦性和仁厚的宅心所致。下章我們會詳細析論他的傷時感事的詩詞，對他的情操，當會在他的作品中有更進一步的認識。

(三)情感豐富浪漫

　　鹿潭情感豐富，是一個追求浪漫愛情及眞誠友情的性情中人。由於他在行事方面，不拘繩尺，加上感情的豐富，所以他的風流韻事很多。我們在上節探討他的婚姻及戀情中已有所論，這裏不再贅述了。

　　鹿潭的多情浪漫，一方面來自稟性，另一方面，相信與他的幼年生活有關。在他中年家道衰落前，他可以說是一個「公子哥兒」。據金武祥《蔣君春霖傳》的記載，鹿潭當時具備了三個條件：

(1)「生而環異，諷書十行俱下。性倜儻，自標置，不溺苦於章句之學。」
　　可見鹿潭少負雋才，風流自賞。

(2)父「官荊門知州」，可見鹿潭出身官宦之家，經濟條件當屬寬裕。

(3)「道光中葉，海寓清晏，士夫雕容樽俎，文燕稱盛。君周旋先輩間……
　　一時有乳虎之目。」可見鹿潭才氣煥發，交游廣濶。

有着這樣豐富優厚條件的「公子哥兒」，加上天賦濃情，自然培養出他那一
份浪漫不羈，一往情深的性格。試看《水雲樓詞》中的：

　　羊車再到，那不見，招手樓陰。

　　　　　　　　　　　　　　　　　　　　　　——《渡江雲》

　　奈箋紋疊雪，筝床橫玉，舊情無數。

　　　　　　　　　　　　　　　　　　　　　　——《月下笛》

　　記倚窗窺笑，接座熏香，扇角初逢。……
　　怕數遍幽期，燈花尚説今夜紅。

　　　　　　　　　　　　　　　　　　　　　　——《憶舊游》

　　最憐他，傷春未工，畫眉錯問愁深淺。
　　甚妝樓一宴，西風如葉，夢雲吹散。

　　　　　　　　　　　　　　　　　　　　　　——《瑣窗寒》

　　徐娘漸羞剩粉，問何時偷種柔鄉。

　　　　　　　　　　　　　　　　　　　　　　——《聲聲慢》

這些記述少年韻事的句子，處處也表現了鹿潭的多情與浪漫。作爲一位富
貴人家的公子，這些韻事或可增添生活上的情趣，但作爲一個類似於「文丐」
式的落拓文人⑲，這些韻事只有帶來更大的傷感，而且在戰亂之中，他的

不少戀人，或失散，或死亡(詳見上節《婚姻與戀情》)，所以鹿潭在愛情生活中雖曾有過不少的歡樂，但更多的卻是淒涼的創傷和沉積的痛苦。

鹿潭的多情還表現在他嚮往眞誠的友情和交誼中。他不媚俗，不阿世，所交友朋，大抵「皆一時雋異，於世所稱落落難合者。」[100]當時一些著名的文士，如金眉生、徐鼎、宗源瀚、杜文瀾、陳百生、周蓮伯、丁至和、李肇增、何咏、周存伯等，皆與他有至密的往來。《水雲樓》詩詞，有一半以上是與朋友送別、叙欵和酬唱的作品，下章的《交游考》，將會詳細分析這些作品及鹿潭交遊的相互關係。

多情浪漫的人，在行誼上每多流於狂猖傲世，不切實務。蔣春霖好以「狂」字入其詩詞中，以勾畫出自己的性格。例如：

> 一覺十年前夢，春風減，杜牧清狂。
>
> ——《揚州慢》

> 當時張緒減清狂，獨抱冬心亦自傷。
>
> ——《冬柳》

> 好辯難爲用，能狂亦累名。
>
> ——《東台雜詩》

> 將別翻知醉，孤吟亦近狂。
>
> ——《友人招飲古寺》

> 酒杯乘月散，游興得秋狂。
>
> ——《壬戌中秋》

> 蝴蝶多情思，輕狂近落花。
>
> ——《咏蝶》

鹿潭的「狂」，與他的困窮，更是相互影響。金武祥《蔣君春霖傳》云：「君伉直不諧俗，人多忮之。又勇施予，廉俸所入，薪水外，悉以資人緩急，坐是重貧困，不得歸。」鹿潭寧可全家流寓，不得歸還鄉里，而仍以濟人緩急爲先，這種「狂」，世間幾人有之？由於鹿潭有着這種「狂傲」的骨氣，他所遵行的不是以一般鑽營仕途求進者的標準爲準繩，而是以他自己的心尺所認可爲標準的，因此不能不與世情牢落寡合。他晚年「流浪海濱，歌樓飲肆中，常浮湛跌宕以自適。與人輕直無曲貸，見者或憚之。然咸知其佯狂，不甚以爲骇也。」[101]以佯狂欲掩蔽內心的痛苦，其境況之淒涼，可以想見！大抵是「感情愈深，痛苦愈深，凡秉賦深厚，超出一般芸芸衆生之上的人，他所承擔的挫敗，磨折與痛苦也必定愈深重，這大概就是莊子所謂的『天刑』吧！」[102]

（四）意識悲觀消沉

　　蔣春霖經歷了悲劇的一生，從一個富裕風流的貴家公子，變爲類似於「文丐」式的飄泊者，胸襟的抱負一直未能伸展，這其間的坎坷、抑鬱、辛酸、苦楚是非身受者所不能體驗的。這種悲劇的生涯，嚴重地影響了他的心理，昔日花團錦簇一樣的生活，風流倜儻的情懷，經過無數的變遷及挫折之後，徒留下給他無窮無盡的回憶而成了他中年後文藝創作中的「對比材料」[103]，這自然會更加引發起他內心無限的淒酸與惆悵，使他的「詞心」被籠蓋上一層悲觀消沉的氣氛。

　　再者，悲劇的意識每多起於理想的追求與失落。由於有些人固執於自己的性格及原則，明知不可能實現亦還要堅持自己的理想，堅持面對不可能實現的現實，就必然是沒有實際的行動，只剩下「想」。這想是一種與現實不同的理想，又是非常眞實的個人心理現實。當一種思想不能付諸行動，而只縈繞在心中的時候，夢的出現就是必然的了。柔性的、不能、或不敢、或不願付諸行動、或因極度失落而欲轉化成另一種心靈狀態的悲劇意識的邏輯之路，就是對「夢」的追求[104]。綜觀蔣春霖的《水雲樓詞》共一百七十一首，其中引用「夢」字入句的竟有八十四首之多[105]。換言之，即是蔣春霖溺愛以「夢的意識」及「夢的字句」入詞，幾乎每兩首就有一首說夢，這比例，

可說是居於古今詞人之首。古今詩詞大家，雖然也好以「酒」「夢」「恨」「愁」等字句入其詩詞，以抒發鬱抑的感情，但以「夢」字運用的字句，如此大量的融化入詩詞中，卻並不多見。鹿潭這種強烈「尋夢」的傾向，到底顯示了甚麼呢？我們在探討之前，先抄錄其全部詞作中有關「夢」的字句。

《水雲樓詞》卷一：⑩

夢醒誰歌楚些，冷冷霜激哀弦。

——《木蘭花慢》

乍驚起，閑鷗短夢。

——《一萼紅》

紙窗夢破疏燈颭。

——《蝶戀花》

春夢冷窗紗。

——《甘州》

忘卻華顛，昔時顏色夢中見。

——《台城路》

歸夢今夜穩。

——《掃花游》

隔夜酒香添睡美，鵲聲春夢裏。

——《謁金門》

夢雲吹散。

——《瑣窗寒》

夢中常訂重逢約。

——《渡江雲》

可奈詩題愁寄，夢回無憑。

——《壽樓春》

幾番夢醒，仙衣重試，冶游愁數。

——《水龍吟》

怕東風去後，夢更難尋。

——《金菊對芙蓉》

懵騰夢在寒潮裏。

——《探芳訊》

雁外心傳錦字，鷗邊夢闊離愁。

——《木蘭花慢》

尚夢到，穿針院宇。

——《月下笛》

帶眼移香，琴心記夢，鉛淚也無重數。

——《探春》

青房乍結，夢醉江南，又雨聲敲碎。

——《瑤華》

待夢圓鵲鏡，窗倚蟲紗。

——《高陽台》

夢魂還渡桑乾水。

——《垂楊》

鈎小惊魚夢。

——《虞美人》

一年似夢光陰。

——《水龍吟》

避地依然滄海，險夢逐潮還。

——《甘州》

夢遍千山，江寒無杜宇。

——《清商怨》

教説與東風，垂楊淡碧吹夢痕。

——《憶舊游》

枕戈夢短，壞雲堆，餓鷗啼絕。

——《凄凉犯》

滿地青榆午夢甜。

——《南鄉子》

西風不醒雷塘夢，化萬點秋魂相逐。

——《綠意》

昔夢重尋，春情非舊。絲竹中年，歲華自惜。

——《風入松序》

重寫綠窗舊夢，酒闌渾不分明。

——《風入松》

選夢到，竹西路。

　　　　　　　　　　　　　　　　　　——《金縷曲》

夢入菰蒲深處，共湖雲低展。

　　　　　　　　　　　　　　　　　　——《好事近》

別酒無多，莫教翻污羅裙。
愁來始覺眉尖窄，悔當時，錯夢梨雲。

　　　　　　　　　　　　　　　　　　——《高陽台》

《水雲樓詞》卷二：⑩

任秋窗，夢繞疏蘋，隔浦尋烟艇。

　　　　　　　　　　　　　　　　　　——《瑣寒窗》

夢醒還疑夢，此恨綿綿。

　　　　　　　　　　　　　　　　　　——《甘州》

十里平山，夢中曾去，唯有桃花似雪。

　　　　　　　　　　　　　　　　　　——《淡黃柳》

怕片雲，殘夢溪西，又聽倦鶯啼起。

　　　　　　　　　　　　　　　　　　——《無悶》

倚鶴琴閑，照螢燈瘦，依依夢隨蕉扇。

　　　　　　　　　　　　　　　　　　——《法曲獻仙音》

夢醒半規蛾月，依舊印簾櫳。

　　　　　　　　　　　　　　　　　　——《憶舊游》

念前夢，頓覺、啼痕睡碧都化，半漬征衫塵土。

　　　　　　　　　　　　　　　　　　——《拜星月慢》

十年夢似朝雲散，花落水空流。

——《少年游》

秋痕欲化，冷夢初圓。

——《聲聲慢》

且盡醉，夢江南，殘睡未醒。

——《聲聲慢》

蘅蕪夢遠，金鴨冷，枉斷綠窗心字。

——《瑤華》

夢醒瑤京，銀花千樹。

——《燭影搖紅》

三生杜牧，楊州夢覺，依舊天涯。

——《青衫濕》

家山夢切，對岸芷汀蘭，楚騷歌閼。

——《齊天樂》

睡起自疑殘夢。

——《更漏子》

險夢愁題，杜鵑枝上血。

——《台城路》

殘夢醒，長安落葉啼螿。

——《渡江雲》

夢冷嫦娥，香霧霏霏。

——《慶春宮》

深盟誤，一夢成烟，卷入東風絮。

　　　　　　　　　　　　　　　——《西子妝》

料前身，夢托蘅皋，花影靜如人意。

　　　　　　　　　　　　　　　——《瑞鶴仙》

窗外月斜寒忒重，瘦盡梨花無夢。

　　　　　　　　　　　　　　　——《清平樂》

幾年事，一番夢逐雲空，仙瓢付流水。

　　　　　　　　　　　　　　　——《祝英台近》

忘卻華顚，昔時顏色夢中見。

　　　　　　　　　　　　　　　——《台城路》

乍飛夢，烟波舊隱，又海天催月角聲殘。

　　　　　　　　　　　　　　　——《一萼紅》

除夢應羞重見。

　　　　　　　　　　　　　　　——《西河》

入夢依然昨夜人。

　　　　　　　　　　　　　　　——《減字木蘭花》

釵邊淚紋，燈邊夢痕。

　　　　　　　　　　　　　　　——《四字令》

夢回乍，蘭缸淡碧。

　　　　　　　　　　　　　　　——《鶯啼叙》

夢回誰倚十三樓，斜陽滿地空秋草。

　　　　　　　　　　　　　　　　　　　　——《踏莎行》

　　千里誰携夢轉，絲鬢有，東風吹覺。

　　　　　　　　　　　　　　　　　　　　——《暗香》

　　夢遠瀟湘，雨絲寒，半摺簾波垂曉。

　　　　　　　　　　　　　　　　　　　　——《一枝春》

　　一燈夢覺，隱約夜窗白。

　　　　　　　　　　　　　　　　　——《霓裳中叙第一》

《水雲樓詞續》：⑩

　　象床日午遲嬌夢。

　　　　　　　　　　　　　　　　　　　　——《菩薩蠻》

　　夢魂千里。

　　　　　　　　　　　　　　　　　　　　——《蕃女怨》

　　殘日空房夢迷。

　　　　　　　　　　　　　　　　　　　　——《河傳》

　　妾夢悠悠江上水。

　　　　　　　　　　　　　　　　　　　　——《漁家傲》

　　夢君江上樓。

　　　　　　　　　　　　　　　　　　　　——《河傳》

　　夢警龍綃。

　　　　　　　　　　　　　　　　　　　　——《換巢鸞鳳》

　　屏山幽夢盤蛇路。

　　　　　　　　　　　　　　　　　　　　——《絳都春》

西冷夢阻。

　　　　　　　　　　　　　　　　　　　　——《角招》

歸夢野雲來往。

　　　　　　　　　　　　　　　　　　　　——《酒泉子》

一覺十年前夢，春風減，杜牧清狂。又簫聲吹起，疏簾殘月微茫。

　　　　　　　　　　　　　　　　　　　　——《楊州慢》

芳游夢裏，譜艷曲，流鶯能記。

　　　　　　　　　　　　　　　　　　　　——《角招》

夢如烟，數峰青斷，涼月娟娟。

　　　　　　　　　　　　　　　　　　　　——《玉蝴蝶》

曳觴夢輕，平窗秋遠，壺觴猶負清景。

　　　　　　　　　　　　　　　　　　　　——《玲瓏四犯》

今夜夢彈箏，還似朱門裏。

　　　　　　　　　　　　　　　　　　　　——《生查子》

也但燈夕繙書，夢君顏色。

　　　　　　　　　　　　　　　　　　　　——《琵琶仙》

璧月朱門，依依夢醒，翠環銅獸。

　　　　　　　　　　　　　　　　　　　　——《醉蓬萊》

《水雲樓詞·補遺》：⑩

算路遙，歸夢難托。

——《霓裳中序第一》

夢醒關河尚阻。

——《燭影搖紅》

怕家山夢遠。

——《水龍吟》

《水雲樓詞・輯佚》：⑩

舊夢烟波冷。

——《虞美人》

以上爲《水雲樓》詞作中有引用「夢」字的句語。《水雲樓剩稿》亦有大量引用「夢」字入詩，雖然在比例上不及《水雲樓詞》，但亦有十二首作品，數量也是不少的。⑪

歲殘吾更懶，無夢寄長征。

——《東台雜詩》

蘭陵秋冷隔江潮，鶯柳烟堤昔夢消。

——《題沈氏酒廬》

夢到江南好風景，也應愁減沈郎腰。

——《題畫》

夢裏鄉園仍漢土，焚餘文字即秦灰。

——《題萬卷書樓圖》

錦纜牙檣非昨夢，輕冰小雪換春游。

——《冬柳》

廣寒仙樂竟，無夢達巫陽。

——《壬戌中秋》

年年鄉國夢，空見隴雲飛。

——《咏鸚鵡》

避秋知夢短，近水闘身輕。

——《咏螢》

貪飛頻曉露，沈夢向天涯。

——《咏蝶》

疏陰缺處但斜暉，客燕枝空歸夢違。

——《秋柳》

湖山驚昨夢，牛女證他生。

——《記珍珠事》

天涯草長憑相警，寥落空齋夢易迷。

——《聞鶯》

　　從以上抄錄的八十四首詞及十二首詩中有「夢」字的語句看，我們可見出鹿潭對夢的嚮往。他在追求形形色色的夢，他在回味舊日的夢，他感嘆人生如夢，他沉醉於夢中的迷惘與頑艷中。「塵世幾番蕉鹿」（《甘州》）中的列子蕉鹿典故，正可作鹿潭夢幻人生的注脚。似乎，蔣鹿潭把人生視作幻夢，也只有在尋夢中，他才可以暫時抛卻在現實生活中所承擔的苦難。這樣的生活意識，可以說是悲觀的、逃避的及消沉的。這種意識的形成，未必全是由稟性而來。蔣春霖的悲觀意識，大抵由三個因素構成：

　　(1)坎坷生涯所導致的「傷痕」心理。

(2)理想或抱負的始終未能實現。

(3)面對時代巨變如戰禍、人才墮竄、政府昏庸等等的刺激。

這三個因素，正好說明鹿潭一生的際遇與其所處的時代背景，直接影響他形象的消沉及意識的悲觀。上面說過，鹿潭一生不幸，由「貴家子弟」變為「落拓文丐」，他憂國愛民，卻一直沉於下僚，抱負難以伸展，再加上外患內憂。生離死別的種種刺激，都使他的心理「傷痕」不斷增加。為求填補心理上的傷痕，他不得不在現實生活以外去尋找一些可寄托的幻境以求解脫。把人生看作夢的轉化或在夢境的追求中，去慰藉自己的悽愴心靈，都是精神境界得到寄托的一種不得已的方法。蔣春霖在其文學作品裏表現出來的「夢」與「狂」的悲劇意識，較之歷代文人的好寫「落花」，好吟「酒醉」，好說「新愁」等等，其內心的悲酸與楚痛，是來得更為深邃，更為透徹的。也因為如此，他可以寫出「化了浮萍也是愁，莫向天涯去」(《卜算子》)、「笛怨枯荷，書殘蠹簡，過眼烟雲一笑」(《齊天樂》)、「又斜陽，過盡西樓，都是昏鴉。」(《高陽台》)、「病來身似瘦梧桐，覺道一枝一葉怕秋風。」(《虞美人》)等的句子。這些句子，已可以清楚的看見這一位稟性耿介，磊落多情的「天涯倦客」(《滿庭芳》)，他所唱出的，已不是悲壯徹雲的浩歌，而只是隱忍的飲泣，慨然感喟之聲吧！

六、蔣春霖之死

蔣春霖死於同治七年戊辰(一八六八)，終年五十一歲。他的死，是自促其壽的，而且直接促使他的姬妾黃婉君的殉節，一死一殉，成為千古詞人的厄運。後人對此悲劇，予以無限的同情，見諸翰墨者，不一而足，計有：

(1)冒鶴亭《小三吾亭詞話》卷一。

(2)張孟劬《近代詞人逸事・蔣春霖遺事》，載《詞學季刊》第二卷第四號。

(3)張孟劬《與龍楡生書》，轉載《泰州文史資料》第一輯。

(4)吳眉孫《與龍楡生言蔣鹿潭遺事書》，載《同聲月刊》一卷五號。

(5)周夢莊《水雲樓詞話未刊稿》，轉引自周氏著《蔣鹿潭年譜》，載《詞學》
　　第四輯。

(6)謝孝苹《蔣鹿潭在泰州》，載《泰州文史資料》第一輯。

後人對蔣春霖的死，爲何如此熱衷討論？除了是同情於鹿潭的悲慘遭遇
外，更主要的，是當時人對鹿潭的死的記述，十分隱晦，其中似有諱言，
而且黃婉君殉節一事，更似有莫大的冤情。當時衆說紛紜，錯綜複雜。後
人爲求探得眞相，因而多方探索，撰文討論。所以蔣春霖的死，是他生平
事蹟中，最能引起後人關注及研究的一件懸案。不過，雖然詞壇前輩如上
述的張孟劬、吳眉孫、龍沐勛，周夢莊等諸先生，或發表文章，或書札往
還，加以討論申述，使這一悲劇的基本情況稍露端倪，但其中仍有若干可
疑的細節，言人人殊，孰是孰非，未有定讞，其中的問題如蔣春霖是仰藥
或赴水死；隻身往吳江，或携同黃婉君；黃婉君的貞節與蔣春霖致死的關
係，杜文瀾與陳百生在此事中所擔任的角色爲何等等，仍有爭論的地方。
本節即擬再從現存史料及前人研究的成果，排比爬疏，探微索隱，以求盡
量回到鹿潭婉君「一死一殉」的歷史眞相。

　　首先透露這消息的，乃宗源瀚於清同治十二年癸酉(一八七三)所撰的
《水雲樓詞續序》。序中云：

> 「鹿潭晚歲困甚，益復無聊，倒心回腸，博青眸之一顧。詞中所謂黃
> 婉君者，聚散乖合，恩極怨生，鹿潭卒爲婉君而死，婉君亦以死殉
> 鹿潭。瀕死，向陳百生再拜乞佳傳，從容就絕。論者謂此可以慰鹿
> 潭，而鹿潭愈足傷矣。」⑫

宗源瀚爲鹿潭的摯友，鹿潭死於訪宗途中，且此序作時，距鹿潭死僅五年，所以其中的記述當不是道聽途說。但宗氏的寫法，簡略而隱晦，似有所諱言。序中云：「(婉君)向陳百生再拜乞佳傳」，但翻遍了陳百生的文集《小迦陵館文集》及《陳百生遺集》，也找不到一點有關此「佳傳」的記載，僅能在《陳百生遺集》裏，找到《哭蔣鹿潭詩》四首：

一

拾橡逢狙怒，乘軒爲鶴謀。
一身成長物，無處著扁舟。
湖海幾人識，水雲餘此樓。
冷楓江上淚，多事又千秋。

二

彌迤津亭暮，笠屐最可哀。
青山吳市鋪，白酒耒陽杯。
斷送嗟何計，牢愁政爲才。
衆人方笑汝，魂在莫歸來。

三

切切琵琶語，勞勞燕子家。
三生空夢裏，半照忽天涯。
螺黛貧先減，鶹裘冷更賒。
小紅原未嫁，何處馬滕花。

四

江寒雨雪多，獨夜贅須幡。

別路疑吳楚，悲心雜嘯歌。

宦餘羞結客，情至倦驅魔。

何日要離冢，呼君出女蘿。⑬

這幾首詩十分隱晦，因爲當中似有很多寓意，例如「拾橡逢狙怒」，「狙」是隱射什麼人？「乘軒爲鶴謀」的「鶴」，又是影射誰呢？要清楚找出鹿潭的致死原因，這幾首詩是最好的材料，所以我們在下面會嘗試加以探討。這裏，繼續看看有關鹿潭死事的記載。宗、陳二氏可說是目睹鹿潭婉君死事的人，他們對此事的有關記述吟咏，都可以說是第一手資料，可惜都語焉不詳，晦澀難明。光緒末年，《小三吾亭詞話》的作者冒鶴亭亦有說及鹿潭之死，詞話卷一云：

「鹿翁嘗有所昵曰黃婉君者，聚散離合，恩極生怨，鹿翁卒爲婉君而死，婉君亦以死殉鹿翁。瀕死，向陳百生再拜，乞佳傳，從容就絕，論者謂此足可慰鹿翁矣。」⑭

這個說法，顯然是抄襲宗源瀚的《序》文，十分無聊。比冒鶴亭年代在前的金武祥⑮，在替蔣鹿潭做的傳記中，有關鹿潭死事的記載是這樣的：

「同治戊辰冬，將訪上元宗兵備源瀚於衢州，道吳江，艤舟垂虹橋，一昔而卒，年五十一。姬人黃婉君殉焉。」

這裏實載了鹿潭死的年份及地點，及黃婉君的以死殉夫。此外，對鹿潭究竟是如何死的？他的致死原因爲何？黃婉君以死殉夫的真相究竟如何？則一概沒有說明。金氏採取了「一昔而卒」四字，以高度概括的手法去描寫傳記主角的死事，實在令人疑惑，這點，相信也是引起後人熱衷討論此事的原因之一。

一九一三年的《江陰縣續志》對鹿潭的死，由金武祥的「一昔而卒」，改爲「暴卒舟中」⑯。一九二七年編修的《清史稿》則云：「一夕暴卒。」⑰「暴卒」一般的理解是得了一種當時醫藥條件無法拯救的急病。以這種理解去解說

鹿潭的「暴卒」，當然不是合符事實。《江陰縣續志》及《清史稿》對蔣春霖的死亦不甚了了，當未有作過精審的考察。

不過，《江陰縣續志》即首先揭櫫了蔣春霖死前曾走訪其故友杜文瀾(杜小舫)的事。卷十五《文苑傳》云：

> 「(鹿潭)罷官後，困苦益甚，故人嘉興杜文瀾開藩蘇州，詣之門，弗欲通。欲往浙，舟過吳江東門外垂虹橋，上有鱸鄉亭，爲白石填詞地，春霖抑鬱佗傺，暴卒舟中。」

據此，鹿潭去蘇州訪杜文瀾，完全是由於飢驅。張孟劬《近代詞人逸事‧蔣鹿潭遺事》記此事較詳：

> 「鹿潭素不善治生，歌樓酒館，隨手散盡，晚年與女子黃婉君結不解之緣，迎之歸於泰州。又以貧故，不安於室，鹿潭則大憤，走蘇州，謁小舫，小舫方署臬使，不時見鹿潭。既失望，歸舟泊垂虹橋，夜書冤詞，懷之，仰藥死。小舫爲經紀其喪。婉君聞之，亦以死殉，余從嫂黃亦家泰州，親見婉君死狀，言之甚悉。是亦詞人之一厄也。」⑱

張孟劬父親曾從蔣春霖學詞⑲，且據張氏稱，他的從嫂曾「親見婉君死狀，言之甚悉」，因此張孟劬的這段記載，當是可信的。這段文字，最少顯示了兩個可靠的資料。第一，蔣春霖是自殺而死的，他的自殺方法是「仰藥」⑳。第二，蔣春霖自殺前可說是窮愁潦倒之極，因飢驅而往蘇州杜文瀾官邸，欲求助於故人，但遭杜氏「不時見」。這「不時見」與《江陰縣續志》的「門弗欲通」的記載，是一樣的㉑。所謂「門弗欲通」，指的當是杜文瀾不願見這位潦倒的舊朋友。謝孝苹謂：「這對蔣鹿潭的打擊之大是不難想像的，絕望之餘，不得不以一死了之。逼蔣鹿潭走向死路的是杜小舫。杜小舫雖未殺伯仁，伯仁卻因杜小舫而死。」㉒謝氏這個說法雖有過激之處，但鹿潭之死，杜文瀾確實應負上一部份的責任。

　　張孟劬《蔣鹿潭遺事》中又說鹿潭死後，「小舫爲經紀其喪」。章石承亦謂：「他死後，囊無餘資，一切喪事都是杜小舫一手料理的。」[123]周夢莊則說：「(鹿潭)死後由金眉生草率代葬。」[124]究竟鹿潭死後，由何人執葬？若據以上資料，有這樣一個可能，杜文瀾斥資，而由金眉生辦理其事。不過，從鹿潭的喪葬一事觀看，倒可以進一步了解杜文瀾的爲人。馮其庸《水雲樓詩詞輯校》的《後記》，有這樣的一段資料：

> 「我(馮其庸)舊藏本《水雲樓詞》上有未署名的批語云：『徐積餘云：先生遺梓厝江陰蕭寺中，數十年未葬。予與繆君筱珊議合資買一丘土以寧其魂，會筱珊下世，不果行。』這一情況，當然是後來的事，因繆荃孫、徐乃昌都是清末民初的人，繆荃孫也是江陰人，與鹿潭是同鄉，故上述這一情節也是可信的。」[125]

這說明鹿潭死後，遺棺寄頓在寺中，一直未有安葬，則可以想見當時杜文瀾等人對鹿潭的葬事，極其草率，未有刻意妥善的安排，誠如吳眉孫說的「觀於靈櫬寄厝於江陰蕭寺中。歷數十年，無人爲之舉葬，則當時小舫所謂經紀其喪，其薄可想。」[126]鹿潭於同治七年(一八六八)死時，杜文瀾已開藩蘇州[127]，以其官階財貲，應不致對故友喪事薄葬如此！何況此故友是於「窮途末路」遠道來投靠時死於非命的，以良心言，也應該稍加厚葬，以慰其淒苦之魂。但事實證之，杜文瀾對故友之死，如此看待，則故友生前的詣門求助，「不得見」、「門弗欲通」自然是想象中事了。《史記‧鄭當時傳》：「一死一生，乃知交情；一貧一富，乃知交態；一貴一賤，交情乃見。」冷暖人情，古今如一，實在令人唏噓不已！

　　至於黃婉君殉節一事，較之鹿潭之走訪杜文瀾而「門弗欲通」事，更見隱晦，此事或爲當時的人記述鹿潭之死時似有所諱的主要原因。黃婉君對鹿潭之死應負上多少責任？她的以死殉夫是自願還是被迫的？其中的眞相如何？當時的人完全沒有記載，僅有上引宗源瀚《水雲樓詞續序》的數句：《詞中所謂黃婉君者，聚散乖合，恩極怨生，鹿潭卒爲婉君而死，婉君亦以死殉鹿潭。瀕死，向陳百生再拜乞佳傳，從容就絕。」這裏而說的「恩極怨生」「卒爲婉君而死」的眞實情況爲何？宗氏完全沒有提及。至張孟劬記

鹿潭遺事時，才清楚說明這「怨」乃是婉君以「貧故，不安於室。」[128]所引起的。張孟劬更進一步研究此事，認爲婉君的殉夫是被迫的，情況大致如下：

> 「鹿潭臨死時所書冤詞中，實疑婉君有不貞事。杜小舫得之大怒，主嚴辦。百生蕈遂據以恫嚇曰：『若不死，且訟之官。』婉君畏罪，乃殉焉。」[129]

婉君不貞事，周夢莊在《水雲樓詞話未刊稿》裏有十分詳細的說法，引之如下，可作參考：

> 「余(周夢莊)昔嘗聞之友人海陵高壽微談：鹿潭自婦亡後，納黃婉君爲妾。黃染烟癖，而鹿潭失官後，僦居東台，僅依賴幾家鹽商，念過去任地方鹽官之故，供給生活之資，其時窮困益甚，已無婢僕供奔走，而鹽商逐月所供，本人碍於場面，均由黃婉君往取。日久相熟，與一家司帳者發生曖昧，鹿潭友好聞之，頗爲扼腕。鹿潭覺後，急離東台，往投杜小舫於蘇州。司閽人勿與通報。一説杜不願見，遂轉赴浙江，擬投宗湘文。船過東江，婉君癮發，無資購取，所謂聚散離合，恩極則怨生矣。鹿潭赴水而死。死後由金眉生草率代葬，而婉君仍返東台，除續欵於某司帳外，擬重張艷幟。事爲鹿潭好友陳百生所知，乃往阻之，並勒令服毒自盡。婉君哀求不許，所謂瀕死向陳百生再拜乞佳傳，乃要求建坊旌表，從夫死節。當時百生許諾，始從容就絕。百生著有《小迦陵館文集》，集中並無婉君小傳。及同治十年辛未，百生成進士，確爲之請旌，但妾殉夫，格於例，不許。……據陳百生《辛未日錄》手稿記云：『九月初五日，在上海會見江都陳逸耘，逸耘作《黃烈婦傳》，乃請友人所作，惜乎篇佚淪蕩矣。』」[130]

這段記載雖然詳備，但作者明言乃「嘗聞之友人」，頗有道聽途說之嫌，未可盡信。但其中最少可以見出黃婉君之死，是陳百生逼成的。問題是陳百生爲什麼要逼死黃婉君？僅在於黃婉君的不貞罪行？或另有其它原因，這方面，近人謝孝萃曾作過考釋。謝氏的說法是這樣的：

「陳百生是江蘇東台人，杜小舫署東台分司時二人相識。百生於同治
六年登賢書，其社會地位已由一個普通士子躋於鄉紳之列。蔣鹿潭
之死，杜小舫自然要受公衆輿論的譴責。杜小舫處於不能自拔的困
境中，正値鹿潭遺書有疑及黃婉君不安於室的內容，這使陷於不義
的杜小舫，獲得保全令譽的辦法。杜小舫借題發揮，以一弱女子的
生命爲自己洗刷。黃婉君成爲替罪的羔羊。逼婉君一死，等於宣告
殺蔣鹿潭的凶手是黃婉君而非杜小舫，陳百生深得杜小舫之心，不
惜以其鄉紳身份，充當杜小舫的幫凶。」⑬

要之，黃婉君固然有負於鹿潭，但被逼以死抵罪，未免過於慘酷。古代禮
節雖然嚴苛，清代仍相沿習，但以常理言，人若非到了末路之境，有誰不
愛惜自己的生命？何況鹿潭之死，未必一定要婉君殉節。所以婉君之死，
可能眞是陳百生逼成的。陳之逼死婉君，一半爲杜文瀾委過，一半亦當爲
婉君的不貞而替鹿潭不値，他的《哭蔣鹿潭》詩開首即說：「拾橡逢狙怒，乘
軒爲鶴謀。」「狙」「鶴」便似有影射杜文瀾的不義及黃婉君的不能安貧。鹿潭
因黃婉君不能安貧而走訪杜文瀾求助，終於造成悲劇的發生。鹿潭之死，
「半爲婉君因貧而不安於室，半爲杜筱舫因貴而落漠故人」⑬，是可以確信
的。

　　不過，鹿潭之自促其命，如果單以「訪杜小舫不以時見」或「黃婉君下堂
而去」爲因，就未免太小視鹿潭了！人若非到了末路之境，有誰願意捨棄生
命？據鹿潭當時的情況，他應該是困窘之極，訪杜文瀾求助不得，惟一希
望是遠赴浙江衢州投靠宗源瀚，但以鹿潭當時的背景看，他從泰州東台到
蘇州府，相信已用盡了他僅有的財貨，這些錢財可能還是在東台借貸過來
的，若再要從蘇州到浙江衢州府，路程遙遠之極⑬，費用自然不少。試想，
身無分文的蔣春霖，如何能應付得來呢？若回東台，則一來沒有面子，二
來也亦沒有盤費。在進退兩難，極度徬徨，無法解決之際，鹿潭決意赴死
的淒涼心態，是可以了解的。再者，鹿潭自促其命的意志，除了是處身當
時極度痛苦的境地所迫成外，也與他長期積結着的隱痛有關。

這潛伏深遠的隱痛是甚麼呢？我們在探討他的官祿及性格兩章時已經作了很詳細的討論，這裏不再贅述，而僅畧作一綜合的解說。鹿潭性落拓，不善治生。中歲家道中落後，爲了生計，迫得浮湛於薄宦生涯。從他年少時有「乳虎」之稱譽，及《水雲樓》詩詞的思想吐屬看，鹿潭確有經世的用心，卻一直沒有伸展的機會。再看當時政局，內有太平捻回之亂，外有列強進侵畧侮之患，身當其時，抱有愛世精神，而又勇於任事的鹿潭，怎能不抑鬱憤激而長懷「願救沙蟲劫，金輪不可尋。」(《游光孝寺》)的歎喟呢！

鹿潭治民之才可由他任富安場大使，權東台場時「恤灶利，課團丁御侮，人咸德之。罷官後，猶供食數年。」⑬④一事中見出。至「庚辛之際，兵事方急，徐溝喬勤恪公松年，嘉善金運使安清先後爭致之。」⑬⑤可惜兩官不久去職，鹿潭遂只有沉困終身了。

「懷才不遇」的內心痛苦，並非局外人可以體驗的。這種內心鬱結，往往使人產生遁世的思想。鹿潭在窮愁潦倒的生活中，屢想仿傚蒙莊，以求恬適自安；可是，他內心又滿懷少陵愛世入世的熱情，所以矛盾相煎，進退糾葛。他晚年與黃婉君泛舟黃橋時作《琵琶仙》詞，序云：「五湖之志久矣，羈累江北，苦不得去。」便是這種心情的寫照。既不能去，又不能一展自己的抱負，他的內心苦痛，是與時俱增的。他的詩，曾將這種感慨寫得很明白：

> 東南久用武，豺虎今尚存。
> 千里接斥鹵，被野禾黍繁。
> 饋餉持倉積，防禦非空論。　　　　　　　　　　　── 《雜咏詩》
> 衰俗鮮務本，舍田千薄祿。
> 張弓多激弦，去莠及嘉谷。
> 路窮黃金盡，罪輕不得贖。
> 榮華安足論，曰歸耻邦族。
> 曠哉志士懷，獨醒繼高蹈。
> 委心任去留，知止信無辱。

　　　　　　　　　　　　　　　　　　　　　　　──《雜咏詩》

如此的「憂時念亂」⑬，卻一籌莫展，「壬戌(一八六二)以後，嘗乞食海陵，因苦益甚。」⑬怎不能不令他「益牢落寡合」⑬，藉酒佯狂，慨嘆人生如夢！鹿潭一生確是一場悲苦的夢，他以自促其命的方法，去結束這一場惡夢，或可以說是一種自我解決的方法吧！

注　　釋

① 蔣春霖本籍江蘇江陰縣，隨先祖寄籍河北大興縣。

② 譚獻謂：「《水雲樓詞》固清商變徵之聲，而流別甚正，家數頗大，與成容若，項蓮生，二百年中分鼎三足。」《篋中詞》卷五，台北鼎文書局，民國六十年(一九七一)九月初版，頁二九二。

③ 同上。

④ 《清史稿》列傳二百七十一《文苑》一，香港文學研究社鑄版，頁一四九九。

⑤ 陳思主修、繆荃孫總纂《江陰縣續志》卷十五《人物》，台北成文出版社，民國五十九年(一九七〇)版，頁七六四。

⑥ 杜文瀾《憩園詞話》，載《詞話叢編》本第九冊，台灣廣文書局，民國五十六年(一九六七)五月版，頁三〇三〇。有關杜文瀾(一八一五 —— 一八七八)的生平及其與鹿潭的關係，詳見本文《蔣春霖之交游考》一章。

⑦ 《水雲樓詞續敍》，《水雲樓詞全集》，上海漢文正楷印書局印本，民國二十二年(一九三三)十二月初版。宗源瀚(一八三四 —— 一八九七)，字湘文，其生平請參《續碑傳集》卷三十九《二品銜浙江候補道溫處兵備道宗公墓志銘》及本文《蔣春霖之交遊考》一章。

⑧ 金武祥(一八四一 —— ？)在其自編的《粟香室叢書》中，收入了蔣春霖詩共九十四首，並附有一《序》及一篇《蔣君春霖傳》，刊於光緒十四年戊子(一八九八)冬

十月，初題爲《水雲樓剩稿》，民國初年，上海有正書局鉛字排印《水雲樓詩詞稿合本》，把它改題爲《水雲樓燼餘稿》。金氏的《蔣君春霖傳》，後被輯入繆荃孫《續碑傳集》卷八十。

⑨　《清史稿·地理志》五，香港文學研究社鑄版，頁二六一。

⑩　參見臧勵龢等編《中國古今地名大辭典》，上海商務印書館，一九三三年五月版，頁三二八。

⑪　同上，頁八一。並參《清史稿·地理志》一，頁二五〇。

⑫　《江陰縣續志》，同注⑤，頁五一七。

⑬　《湖北通志》卷一百十五《職官志》九《職官表》載蔣彝典官荊門直隸州知州，作道光九年十月署。《荊門直隸州志》卷七《牧佐表》亦有同樣的記載，但却作道光七年十月署任。蔣彝典的官署年期雖有不同的說法，但他爲大興舉人而任官於湖北荊門直隸州，是可以肯定的。

⑭　趙翼《陔餘叢考》卷三十九《寄籍》，台北世界書局，民國五十四年(一九六五)三月版。

⑮　金武祥《蔣君春霖傳》云：「(鹿潭)幼隨荊門公任所，久涉郢漢，得江山騷賦之氣爲多。」此傳初見於金武祥自編的《粟香室叢書》中，其後繆荃孫輯《續碑傳集》，載入此傳。本文所引用之金氏《蔣君春霖傳》，均據《續碑傳集》版本。此傳見《續碑傳集》卷八十，台灣明文書局《清代傳記叢刊》本《綜錄類》四，頁五九八至六〇〇。並參注⑧。

⑯　金武祥《蔣君春霖傳》：「道光中葉，海寓清晏，士夫雕咨樽俎，文燕稱盛。君(蔣春霖)周旋先輩間。」同上。

⑰　同注⑮。

⑱　王安定等纂修《兩淮鹽法志》，清光緒三十一年南京刊本。

⑲　鹿潭生平，大致是青少年時代，隨宦湖北荊門。《水雲樓詞》集中卷一《甘州》題序有「余少識劉梅史於武昌，不見且二十年。」即記其年少交游往事。此詞寫於咸豐元年辛亥(一八五一)，鹿潭此時三十四歲，則所記事當爲二十多歲時在湖北的交遊。集中系年最早的一闋詞，是卷一的《探春》，題序作「己酉秋暮，飲於珠溪。」己酉爲道光二十九年(一八四九)，正是太平軍金田起義的前一年。珠溪在江蘇省鹽城縣伍佑塲。鹿潭飲於珠溪，年不過三十二歲，以此推之，他渡江之初，不過三十歲左右。咸豐年間，鹿潭任淮南鹽官，至丁母憂及去官後，仍居於淮南一帶。詞集中不少作品如《蝶戀花‧北遊道上》、《探芳訊‧瓜州夜渡》、《玉京秋‧秋江夜泊》等詞，則爲鹿潭渡江南歸後，再次北上的旅程記載。大抵鹿潭中歲以後，已流落淮南，至其辭世爲止，達二十年之久。細翫《水雲樓詞》及《詞續》作品，再參以同時作者的行踪和著作去判斷，他在中歲應舉失敗南歸之後所創作的詞，幾佔其詞集作品之全部。有關鹿潭詞作之背景及析論，詳見以下幾章的考述。

⑳　鹿潭死事，詳見下節考述。

㉑　上列諸學者有關鹿潭之死的研究，詳見下節考述。

㉒　金武祥《蔣君春霖傳》，同注⑮。

㉓　姜亮夫《歷代名人年里碑傳總表》，台灣商務印書館，民國五十四年(一九六五)四月版，頁四七〇。

㉔　周夢莊《蔣鹿潭年譜》，原載《詞學》第四輯，(華東師範大學出版社，一九八六年八月，頁九六至一一七)。此據周氏之《修訂蔣鹿潭年譜》，載周夢莊著《水雲樓詞疏證》，台北黎明文化事業公司，民國七十八年(一九八九)十月版，頁一四七至一七一。

㉕　馮其庸《蔣鹿潭年譜效署‧水雲樓詩詞輯校》，山東齊魯書社，一九八六年九月，頁一四至一五。

㉖　唐圭璋《蔣鹿潭評傳》，載《詞學季刊》第一卷第三號，上海民智書局發行，民國

二十二年(一九三一)十二月版,頁三十三。

㉗ 例如龍楡生編註《近三百年名家詞選》(北京中華書局,一九六二年十一月版)、汪中《清詞金荃》(台北學生書局,民國五十四年〔一九六五〕版)及《金元明清詞鑒賞辭典》(南京大學出版社,一九八九年四月版)等,皆採取蔣春霖生於清仁宗嘉慶二十三年的說法。

㉘ 此據香港光華書店,一九六二年十一月版。

㉙ 金武祥《粟香二筆》云:「前卷載同邑蔣春霖《水雲樓詞》一百六首,蓋其手定之本。」載金氏《粟香室文稿》,清光緒三十年(一九〇四)活字本。並參金武祥《水雲樓剩稿叙》(載《水雲樓詩詞稿合本》,上海有正書局鉛字排印本,缺年月)及《江陰縣續志》卷十三《選舉》,同注⑤,頁六〇五。

㉚ 參見《江陰縣續志》卷十三《選舉》,同上。

㉛ 鹿潭之侄蔣玉棱,亦能詞,有《冰紅詞》十卷《南北宮詞》八卷。冒鶴亭《小三吾亭詞話》云:「丙申、丁酉間,余寓吳門,識其(蔣春霖)猶子玉棱,亦善填詞。」(《詞話叢編》第十二冊,台灣廣文書局,頁四二八七)。劉子庚《詞史》亦有云:「(蔣春霖)從子玉棱有《冰紅詞》,亦善承家學者。」劉子庚爲譚獻弟子生活年代與蔣玉棱同時期,爲清末民初。故其所載,當屬實事。(見《詞史》,台灣學生書店,民國六十一年〈一九七二〉四月版,頁一六七。)本人曾往國內找尋蔣玉棱之《冰紅詞》及《南北宮詞》,可惜未能得見,想此二詞集或未付梓、或已散佚矣。葉恭綽編《全清詞鈔》(中華書局香港分局,一九七五年三月版)卷二十五輯有蔣玉棱《冰紅詞》四首,未知所據版本爲何。

㉜ 金武祥《蔣君春霖傳》云:「余獲交君猶子玉棱,得君生平出處較悉。」

㉝ 金和(一八一八 —— 一八八五),字弓叔,江蘇上元人,清代詩人,其《秋蟪吟館詩》,對於人民所受的痛苦,及對於當時官吏的腐敗,官吏的窳惰,都有極沈着的描寫。有關他的生平事蹟,參見閔爾昌輯《碑傳集補》卷五十一。

㉞ 薛時雨(一八一八 —— 一八八五),字慰農,一字樹生,晚號桑根老人。安徽全

板人。道光二十三年(一八四三)舉人，咸豐三年(一八五三)進士。官至杭州知
府兼督糧道，代行布政、按察兩司事。著有《藤香館詩刪》、《藤香館詞刪》、《藤
香館札記》。生平事蹟，參見繆荃孫輯《續碑傳集》卷八十。

㉟　同注⑤，頁五一七。

㊱　同注⑤，頁五一八。

㊲　同注⑤，頁七六四。

㊳　金武祥記敘鹿潭登黃鶴樓賦詩，遂有「乳虎」美譽的一事時，沒有說明此事發生
　　的確切年份。周夢莊替鹿潭編纂年譜時，把此事編入道光九年(一八二九)一條，
　　當時鹿潭十二歲。周氏謂：「事見《光緒江陰縣續志》卷十五《人物志・文苑傳》」但
　　遍查該書，亦不見有此事的記載，未知周氏所據版本為何？或為金武祥傳之誤
　　記。又馮其庸的《蔣鹿潭年譜》，則將「登黃鶴樓賦詩」事繫於道光十五年(一八三
　　五)，鹿潭十八歲時。所據者，仍金武祥《蔣君春霖傳》中的「道光中葉」句，道光
　　年號共有三十年，中葉者，據馮氏意思，約在道光十五年前後，馮氏姑且繫於
　　此年。其實，古以十六成人，「乳虎」當在十六歲前。十八歲不應以「乳虎」稱之。
　　馮氏繫於鹿潭十八歲時，當誤。至於確實年份，已無從稽考，大抵當在鹿潭十
　　二至十五歲之間，即道光九年至十二年這一段時期，周氏以為十二歲却是可以
　　置信的。周夢莊《蔣鹿潭年譜》載《詞學》第四輯，頁九八至一一七。馮其庸《蔣鹿
　　潭年譜》載其自著《蔣鹿潭年譜考畧・水雲樓詩詞輯校》，山東齊魯書社，一九八
　　六年九月版，頁十一至九三。並參注㉔及㉕。

㊴　金武祥《蔣君春霖傳》。

㊵　周夢莊《水雲樓詞話(未刊稿)》，轉引自馮其庸《蔣鹿潭年譜考畧・水雲樓詩詞輯
　　校》，頁三四五。又周夢莊《蔣鹿潭年譜》謂：「余(周夢莊)大父瀟碧公，業鹾好
　　客，工詩詞，與蔣鹿潭及秀水褚二梅尤善。」「鹿潭嘗往來珠谿，每下榻余家藹
　　園中。」(《詞學》第四輯，頁一〇一)。珠溪今江蘇省鹽城縣伍佑場，是淮南腹地。
　　據此，可知周夢莊大父與鹿潭相交甚善，故得知鹿潭子侄事。並參注㉛。

㊶　周念永《水雲樓詞續跋》，同治十二年癸酉吳中丁氏適存廬刻本。

㊷　鹿潭早歲的作品，可能有提及其兄弟，可惜在他自定本的《水雲樓詞》中沒有輯入。鹿潭早歲曾焚燬其詩作，他的一部分詞作，尤其是早年的作品，可能也爲他自己焚燬。詳見本文《詞作考述》一章。

㊸　關於鹿潭的官職及其辭官事，詳見下節《官祿考》。

㊹　同注④。

㊺　同注⑤。

㊻　《水雲樓詞全集》，上海漢文正楷印書局，民國二十二年(一九三三)十二月初版。參注⑦。

㊼　《兩淮鹽法志》卷一三四《職官門‧職名表》四，同注⑱。

㊽　《東臺縣志校勘記》云：「東臺原爲泰州(今泰縣)之一鎮，位居范公隄上，乾隆三十三年(一七六八)戊子，始析泰州東北境及原隸泰州鹽運分司之角斜、栟茶、富安、安豐、梁垛、東臺、何垛、丁溪、小海、草堰十場濱海之區置東臺縣，爲揚州府屬八縣之一。」見周右總纂《東台縣志》，淸‧嘉慶二十二年(一八三三).刊本影印本，台灣學生書局，民國五十七年(一九六八)五月景印初版，頁一。

㊾　同注⑮。

㊿　蔣春霖《水雲樓詞》，曼陀羅華閣咸豐辛酉仲夏開雕精刻本。此版本爲《水雲樓詞》最早的版本，中國上海圖書館有所珍藏。本文所引用之《水雲樓詞》，均據此版本，下不另注。又此詞之「十年」，乃指「十年鹽官」，詳見本文第四章《詩作內容分析》之《東臺雜詩》一節對這方面的考述。

51　李肇增《水雲樓詞序》，曼陀羅華閣精刻本，同注⑩。

52　蔣春霖於咸豐六年冬去官，咸豐七年春天正式離任。後人以金武祥《蔣君春霖傳》之：「丁巳，遭母懺，始去官。」數句，均認爲鹿潭之去官，乃因母親病逝之故，

其實這個說法是不確的。鹿潭去官，乃因與衆不合，李肇增序《水雲樓詞》有載：「官鹽曹十年，不合，以事去。」(參前注)詳見本節及下節有關蔣春霖官祿、性格的考述。

(53) 《清史稿・職官志》三：「鹽課司大使正八品。」同注④，頁四一六。

(54) 同注㉕，頁二四。並參第四章《東臺雜詩》。

(55) 唐圭璋《詞學論叢・蔣春霖評傳》，上海古籍出版社，一九八六年六月版，頁一〇一〇。

(56) 《水雲樓詞疏證》，台北黎明文化事業公司，民國七十八年(一九八九) 十月版，頁五。

(57) 同注㊿。

(58) 周夢莊氏以為李肇增敘蔣春霖詞：「官鹽曹十年」乃舉其成數。見所著《水雲樓詞疏證》同注(56)，頁六。

(59) 蔣春霖《水雲樓燼餘稿》，載《水雲樓詩詞稿合本》，上海有正書局鉛字排印本。本文所引用之蔣春霖詩，均據此版本。

(60) 《舊唐書》卷一二〇《郭子儀傳》，台灣開明書局鑄版，二十五史本，無出版年月，頁三六一。

(61) 杜甫《太歲日詩》，仇兆鰲《杜詩詳注》本，北京中華書局，一九七九年十月版，頁一八五五。

(62) 《雍正兩淮鹽法志》卷一，雍正六年木刻本。

(63) 《清朝文獻通考》卷四十二《國用考四・俸餉》云：「百官之俸……八品四十兩。」上海商務印書館，頁五二四四。

㉔ 《欽定大清會典事例》卷三六一《戶部俸餉外官‧養廉一》：「鹽場大使：兩淮之金沙、丁溪、石港、餘西、安豐、束臺、草堰、坡浦、中正、華場各五百兩。」

㉖ 曾國藩《備陳民間疾苦疏》，見《皇朝經世文續編》卷三十二，台北文海出版社民國六十一年（一九七二）據清光緒辛丑（一九○一）上海久敬齋鑄印本影印。

㉖ 宗源瀚《水雲樓詞續敍》，同注⑦。

㉗ 李肇增《水雲樓詞叙》（據曼陀羅華閣咸豐辛酉仲夏開雕刻本）謂鹿潭去官後「羈泊海上，時有晏大夫其人者，慰恤孤窮，分粟以哺之得免槁餓。」宗源瀚《水雲樓詞續敍》（同上）：「嘗榷束臺場，卹灶利，課團丁御侮，人咸德之，罷官後，猶供食數年。」周夢莊《蔣鹿潭年譜》（《詞學》第四輯）更據上引資料，以爲鹿潭於「壬戌（一八六二）以後，嘗乞食海陵，困苦益甚。」鹿潭去官後生活之艱難，可以想見。

㉘ 《清朝通典》卷三十五《職官》十三，台灣十通本，頁二二一四。

㉙ 《歷代職官表》卷六十一《鹽政》，頁一六九四至一六九五。

㉚ 林振翰《鹽政辭典》，中州古籍出版社，一九八八年十二月版，亥，頁四十六。

㉛ 見魏源《籌鹺篇》（《淮南鹽法志》卷一五三）。又汪喜孫《從政錄‧姚司馬德政圖敍》云：「天下鹽賦淮南居其半，歲額百三十萬引，向來山西、徽歙富人之商於淮者，百數十戶，蓄貨以七、八千萬計。」（《汪氏叢書之十二》，卷二），可見清代淮南鹽業之盛及其鹽課之重要性。其實兩淮鹽業之富厚，已始於明代萬曆年間，謝肇淛《五雜俎》有云「富室之稱雄者，江南則推新安，江北則山石。新安大賈，魚鹽爲業，藏鏹有至百萬者。」（明萬曆年間德聚堂本，卷四，頁二五至二六），其後逐漸發展，至咸同時期，已臻於極盛矣。

㉜ 馮其庸《蔣鹿潭年譜考略》，同注㉕，頁六一至六二。

㉝ 載於《水雲樓疏證》，同注㉔，頁一七○。

⑭　錄自《水雲樓詞全集》，上海漢文正楷印書局印本，民國二十二年（一九三三）十
　　二月初版。

⑮　《水雲樓詞疏證》，同注⑭，頁一六七。

⑯　這個說法大抵由周夢莊之說而來。周氏《水雲樓詞話未刊稿》云：「余昔嘗聞之友
　　人海陵高燾徵談：鹿潭自婦亡後，納黃婉君爲妾。」此「未刊稿」刊入馮其庸《蔣
　　鹿潭年譜考畧・水雲樓詩詞輯校》一書，馮氏云：「我還要謝謝鹽城的周夢莊老
　　先生，承他允許將他所著的《水雲樓詞話》刊入本書。」（同注㉕，頁一三九），故
　　此處乃轉引自馮書，頁三四四。

⑰　張孟劬《近代詞人逸事・蔣鹿潭遺事》云：「晚年與女子黃婉君結不解之緣，迎之
　　歸於泰州。」載《詞學季刊》第二卷第四號，民國二十四年，（一九三五）七月十六
　　日版，頁一七四。

⑱　金武祥《蔣君春霖傳》。

⑲　李肇增《水雲樓詞叙》。

⑳　《采香詞》，曼陀羅華閣咸豐辛酉仲夏開雕精刻本。有關杜文瀾之生平及與蔣春
　　霖之交誼，請參本文《蔣春霖之交遊考》一章。

㉑　《萍綠詞》，又名《十三樓吹笛譜》，曼陀羅華閣咸豐辛酉仲夏開雕精刻本。有關
　　丁保庵之生平及與蔣春霖之交誼，請參本文《蔣春霖之交遊考》一章。

㉒　宗載之《墮蘭館詞存》有《東風第一枝・辛巳人日冶春第一集分韻得上字》詞，詞
　　後有小序，中云：「鹿潭詞成，付女校書阿素按而歌之。」（清宣統元年湖北官報
　　局刷印排印本，頁十四）。古稱妓女爲「女校書」，曹素雲爲歡場女子，此已明載。
　　有關宗載之事蹟，參下章《蔣春霖之交遊考》。

㉓　沈梅嬌，宋時妓女，能誦清眞詞者。張炎《國香》詞序云：「沈梅嬌，杭妓也，能
　　誦清眞詞。」《全宋詞》，北京中華書局，一九六五年六月版，頁三四六五。

⑭　《頤情館詩外集》，民國八年恉園叢書刊本。宗源瀚爲蔣春霖摯友之一，鹿潭死
　　後，集鹿潭未刻詞付梓，並爲《水雲樓詞續》作叙。宗氏生平及與蔣春霖之交往，
　　詳下章《蔣春霖之交游考》。

⑧　詳見第四章《詩作內容分析・雜題詩》。

⑧　鹿潭另有《水龍吟》詞，叙文曰：「沈珠傳奇，好以落花胡蝶泥人賦詩」，詞意亦
　　甚綺麗纏綿。沈珠與這裏說的珍珠，未知是否同屬一人？《記珍珠事》之內容分
　　析，詳下章《詩作內容分析・哀悼之什》。

⑧　此列舉之四詞，下文將以《醉桃源》及《渡江雲》二首爲例。《憶舊游》與《卜算子》
　　亦皆纏綿之作。《憶舊游》詞云：「記倚窗窺笑，接座薰香，扇角初逢。門掩枇杷
　　靜，又驚枝暗起，人似春鴻。峭寒幾番侵袂，眉翠淡芙蓉。嘆絮語衾邊，淚痕
　　盞底，同訴飄蓬。　匆匆。最無賴，是種得垂楊，偏系歸驄。別恨絲鞭阻，指
　　一林殘葉，瘦馬西風。夢醒半規蛾月，依舊印簾櫳。怕數遍幽期，燈花尙說今
　　夜紅。」《卜算子》詞云：「丹嶺鳳凰兒，愛集梧桐樹。百尺宮牆一苑花，只見流
　　鶯度。　羞澀畫蛾眉，宛轉邀蓮步。抱得雲和不肯彈，還宿空房去。」

⑧　詳見下章關於蔣春霖酬酢詞作的分析。

⑧　褚榮槐《水雲樓詞叙》，曼陀羅華閣咸豐辛酉仲夏開雕精刻本。

⑩　徐鼐《水雲樓詞叙》，同上。

⑨　宗源瀚《水雲樓詞續叙》，《水雲樓詞全集》，上海漢文正楷印書局印本。

⑫　金武祥《蔣君春霖傳》。

⑬　張孟劬《近代詞人逸事・蔣鹿潭逸事》，載《詞學季刊》第二卷第四號，民國二十
　　四年，（一九三五）七月，頁一七四。

⑭　同注⑨。

(95) 周夢莊《蔣鹿潭年譜》引，載周夢莊《水雲樓詞疏證》，同注㉔，頁一六〇。

(96) 《詞學季刊》第一卷第三號，上海民智書局，民國二十二年(一九三三)十二月，頁三二。

(97) 詳見下章考證。

(98) 參見本文《蔣春霖詞作分析》一章。

(99) 蔣春霖於四十歲(咸豐七年，一八五七)丁母憂去官後，流寓海陵一帶，賴鹽商數家，分粟供食，困苦益甚，至死未能免，可說是一個類似於文丐式的飄泊者，參上節《官祿考》。

(100) 徐乾學《納蘭君墓志銘》，見《通志堂集》卷十九附錄，上海古籍出版社據上海圖書館藏清康熙刻本影印原書版，一九七九年二月。

(101) 李肇增《水雲樓詞叙》。

(102) 方瑜《從水雲樓詩剩稿論蔣春霖其人》，台北《幼獅學誌》第七卷第二期，頁六。

(103) 蔣春霖的詩詞，有兩種很能代表他的風格及反映他的思想。⑴是「托物言志」，在詠物詩詞中夾雜着自己的眞情實感，所謂「意內言外」者也。⑵是「今昔對比」，在對比中抒寫出自己的深情摯意。這兩方面的詞作，我們在下章將有詳細闡析。

(104) 參考張法著《中國文化與悲劇意識》(北京中國人民大學出版社，一九八九年一月)。該書第五章《中國悲劇意識的形成及其轉化形態》等，均有很詳細的闡釋。

(105) 《水雲樓詞》卷一及卷二106首，64首有「夢」字；詞續49首，有16首用「夢」字句；補遺9首，「夢」字入句佔三首；輯佚7首，佔一首，共八十四首。

(106) 以下抄錄《水雲樓詞》卷一之32首有「夢」字句之詞作，均據曼陀羅華閣咸豐辛酉仲夏開雕精刻本。

⑩⑦　以下卷二32首，所據版本同上。

⑩⑧　以下詞續之16首，抄錄自《水雲樓詞全集》，上海漢文正楷印書局，民國二十二年(一九三三)十二月版。

⑩⑨　以下補遺《軍中九秋詞》九首中之三首，據《詞學季刊》創刊號《水雲樓未刻詞》，上海民智書局，民國二十二年(一九三三)四月版。

⑩⑩　《虞美人‧題西泠感舊圖》一首爲周夢莊所輯得，載周氏著《水雲樓詞疏證》一書之《集外詞》部份。

⑪⑪　以下詩作據《水雲樓詩詞稿合本》，上海有正書局鉛字排印本，出版年月缺。

⑪⑫　同注⑦。

⑪⑬　《陳百生遺集》，聽濤軒民國二十六年(一九三七)重刊本。陳百生，名寶(一八三七－一八七八)，爲蔣春霖摯友，其生平事蹟，見朱銘盤《翰林院檢討陳君墓表》，載《小迦陵館文集》，宣統庚戌(一九一○)季冬浙江官報兼印刷局排印本及《陳百生遺集》，亦有著易堂仿聚珍版印本。

⑪⑭　載唐圭璋編《詞話叢編》第十二冊，台北廣文書局，民國五十六年(一九六七)五月版，頁四二八九。

⑪⑮　金武祥的生年，據其詩集《芙容江上草堂詩稿》出版說明：「金武祥，原名則仁，字洼生，號粟香，江陰人，名士金一士之孫。生清道光二十一年(一八四一)辛丑，歿於民國年月不詳。」(台灣文海出版社據清同治間諸家評選底本影印，出版年缺)可知爲一八四一年生，至於卒年，則無法考得。金武祥《水雲樓剩稿序》寫於光緒十四年(一八八八)，傳記當亦寫於此時期。若以金氏撰寫《蔣君春霖傳》時爲四十歲計，即約在光緒年間的一八八一年(光緒辛巳)左右。冒鶴亭《小三吾亭詞話》云：「丁酉間(一八九七)余寓吳門，識其(鹿潭)猶子玉棱。」金氏在蔣傳中亦云：「余獲交君猶子玉棱。」可見二人所處時代，均在光緒末年。

⑪⑯　卷十五《文苑傳》(台北成文出版社，民國五九〈一九七〇〉年版)。《江陰縣續志》

乃陳思及繆荃孫等於民國二年（一九一三）所編纂，時距鹿潭死僅四十五年。

⑪ 見《清史稿》列傳二百七十一《文苑》一之《蔣春霖本傳》。《清史稿》編修於一九二七年，時距鹿潭死僅五十九年。

⑱ 張孟劬《近代詞人逸事》，載《詞學季刊》第二卷第四號，同註⑦。

⑲ 張孟劬云：「鹿潭，先君子學詞之師也。」（同上）。張氏又於《詞別序》中云：「爾田少侍先子，言嘗從鹿潭學爲詞。」見朱孝臧原編，張爾田補錄《詞別》，台北世界書局，民國五十一年（一九六二）元月版。

⑳ 鹿潭自殺方法。周夢莊在其《蔣鹿潭水雲樓詞疏證》中引高燾徵謂是「赴水而死」。今人謝孝苹及章石承研究鹿潭詞作，對鹿潭之死，則相信是仰藥自殺的。謝孝苹云：「作者亦聞之鄉人，則謂吞鴉片畢命，與仰藥的說法是一致的。」（《讀蔣鹿潭〈水雲樓詞〉札記》，載《詞學》第五輯）；章石承云：「用鴉片和酒，來結束了他悽慘的生命。」（《詞史蔣鹿潭的生平及其詞作》，《南京中央日報》，一九四七年八月二十四日）。綜合以上數說，當以「仰藥」較爲可信。

㉑ 杜文瀾在其所著之《憩園詞話》裏却記載鹿潭赴泰州走訪他時，他曾與鹿潭會晤。杜氏云：「別數年，余權泰州篆，（鹿潭）忽來晤，面目黧黑，黯然神傷，云將赴浙，依宗湘文太守，甫至震澤，亡於舟中，爲之墮淚。」（《憩園詞話》卷四，台北廣文書局《詞話叢編》本，第九冊，頁三〇三〇）。不過，杜氏這說法，是否眞實，實難考辨。蔣春霖在走訪其官邸後仰藥自殺，杜文瀾對此事可能有所諱忌，因自我維護而假意曲載，也是有可能的。

㉒ 謝孝苹《讀蔣鹿潭〈水雲樓詞〉札記》，載《詞學》第五輯，華東師範大學出版社，一九八六年，頁一〇六。

㉓ 章石承《詞史蔣鹿潭的生平及其詞作》，載《南京中央日報》，一九四七年八月二十日、二十二日、二十四日、二十五日、二十七日及二十九日。

㉔ 周夢莊《蔣鹿潭年譜》，原載《詞學》第四輯，後輯入其所著之《水雲樓詞疏證》，同註㉔。

⑫　同注㉕，頁三八二。

⑫　《與龍榆生言蔣鹿潭遺事》，載《同聲月刊》一卷五號，北京大學圖書館藏本，頁一八〇。

⑫　《續碑傳集》卷三十八《江蘇候補道杜君墓志銘》云：「同治四年，余（俞樾）見今相國合肥公於金陵。公曰：子見觀察杜君乎？余曰：未也。…未幾，君榷蘇藩，又攝臬事。」台灣明文書局《清代傳記叢刊》綜錄類四，頁二〇三。

⑫　同注⑬。

⑫　張孟劬《與龍榆生書》，轉引自謝孝萃《蔣鹿潭在泰州》，載《泰州文史資料》第一輯，一九八三年。吳眉孫《與龍榆生言蔣鹿潭逸事》一文（載《同聲月刊》一卷五號，頁一八〇），言婉君向陳百生乞佳傳一事，甚為詳盡，可參考。

⑬　周夢莊《水雲樓詞話(未刊稿)》，轉引自馮其庸《蔣鹿潭年譜考畧・水雲樓詩詞輯校》，同注㉕，頁三四四至三四五。

⑬　《讀蔣鹿潭〈水雲樓詞〉札記》，載《詞學》第五輯，同注⑫，頁一〇六。

⑬　吳眉孫語，見其《與龍榆生言蔣鹿潭逸事》，載《同聲月刊》一卷五號，頁一八四。

⑬　蘇州至衢州之路程大概分兩段，一為蘇州至杭州，二為杭州至衢州。從蘇州至杭州一般均乘船，水路有兩條，一為運河，一為繞道嘉興。杭州至衢州又分上水、下水兩條水路，下水較快捷。從蘇州至衢州，途經地有富陽、桐廬、建德、蘭谿、龍游、壽昌等。十九世紀中葉，由於政局混亂，舟楫運行往往受阻，從蘇州到衢州，要七八天至十數天(民國初年時只需五天左右)才可到達，而且估計費用也不少。本人曾於上海訪問一位八十多高齡的吳老先生有關這條水路的交通狀況，吳先生曾於民國十六年走過這條路，據回憶，當時行程為五至六天，費用約為兩銀元。

⑬　宗源瀚《水雲樓詞續敍》。

⑬　金武祥《蔣君春霖傳》。

⑭　同上。

⑰　周夢莊《蔣鹿潭年譜》，《詞學》第四輯，頁九六。

⑱　同注⑬。

第二章　蔣春霖詩詞創作之思想背景

　　蔣鹿潭的詩詞，聲情激越，往往以空靈之景來襯托婉約之情，集唐宋諸大家之特色而開創出他自己的風格。內容方面，除深切的刻劃出當時社會民生外，其一己之學養識見，家國之念，亦有透澈的表達。鹿潭一生正當處於清代中葉國家外患內憂交燬的時候，本身備嘗顛沛流離之傷痛，他的詩詞可說是時代的眞實紀錄，表達了當時人民的心聲。本章主旨在闡釋蔣春霖的個人學養及時代背景等內外因素對他創作思想的影響。

一、唐宋詩詞大家對蔣春霖之影響

　　《清史》本傳謂蔣春霖詞「高者直逼姜夔。」①宗源瀚敍《水雲樓詞續》嘗謂：「鹿潭慨然自謂，欲以騷經爲骨，類情指事，意內言外，造詞人之極致。譽以南唐兩宋，意弗滿也。」②杜文瀾《憩園詞話》記蔣春霖事，亦謂蔣氏詞：「專主淸空，摹神兩宋。」又說蔣氏：「嘗爲余言：欲采中晚唐佳句入詞，冀益深厚。」③於此當可見出蔣春霖的詞，雖自以爲離騷爲骨幹④，但實深受唐宋詩詞大家的影響。至於蔣氏的詩，李肇增謂其詩恢雄航髒，「若東淘詩二十首，不減少陵秦州之作⑤。鄭師雄亦謂其無題諸詩，可直追李義山⑥。譚獻在《篋中詞》中亦把蔣春霖和杜甫並舉，推崇爲「倚聲家老杜」⑦。鹿潭與姜夔、張炎、杜甫、李義山等的師承關係，我們在分章討論鹿潭的詩詞內容時，將會詳細說明。這裏，我們首先看看鹿潭的詩詞創作，如何得着唐宋詩詞大家的影響。並舉例一一說明。

　　細翫《水雲樓詩詞》的煉字琢句與神韻氣格，當可見出蔣氏對唐宋諸家名作相當稔熟，詞作方面尤其能深得南宋諸家之妙蘊。

影響鹿潭詞風最爲鉅大的，當爲南宋詞家姜夔和張炎。白石影響鹿潭詞的，是清空勁朗的鍊辭和鍊意。至於鹿潭詞的空曠，則主要自玉田中來。所以《清史稿》謂鹿潭詞，「徬徨沈鬱，高者直逼姜夔。」陳廷焯《白雨齋詞話》則謂鹿潭詞：「情味尤深永，乃眞得玉田神理，又不僅在皮相也。」⑧

南宋姜白石(約一一五五 —— 約一二二一年)是詞壇一大名家，他少年時即以詩著稱，且深通音律，能自度曲。白石原籍鄱陽，早歲隨父官宦漢陽，父死依姊以居。以後漫游湘、鄂、蘇、杭等地，逝於西湖。他曾有詞云：「文章信美知何用？漫贏得天涯羈旅」(《玲瓏四犯》)，正好說明了他的身世。他生當國勢不振，內憂外患，滿目荊棘之際，而以稟性孤高，嘯傲江南湖山，雖然終身落拓困頓，但交游極廣。姜白石的這種身世、景況，以至性格等等，與蔣鹿潭的一生際遇，都有很多相同的地方。他們在詞作上的思想內容，自然有着共通之處⑨。鹿潭對白石的師承，對白石的傾慕，在他的詞序中，屢屢可見。例如，《角招》詞序云：

> 堯卿謂白石正角招譜後，罕有和者，曷倚新聲紀今日事。余旣命筆硯，堯卿擊節而歌，蓋凄然不可卒聽也。

《琵琶仙》小序云：

> 歲乙丑，偕婉君泛舟黃橋，望見烟水，戀念鄉土，譜白石自度曲一章，以䇳篴按之。婉君曾經喪亂，歌聲甚哀。

都說明了他對白石自創新聲的欣賞及對此類新譜的唱和⑩。綜觀《水雲樓詞》，無論在語言、比興、結構等幾方面都受着白石詞藝術特色的影響，下面一一舉例分析。

在語言方面，白石詞凝煉、響亮自然。從《水雲樓詞》中可見，鹿潭致力於此而又確能達到這種藝術境界。詩家楊萬里稱白石詩：「有裁雲縫月之妙思，敲金戞玉之奇聲」⑪，這話亦可移來評價他的詞，所謂敲金戞玉，亦

即孫興公《天台山賦》「擲地作金石聲」⑫和張炎所說的「字字敲打得響」⑬的用意。試看白石詞《暗香》的:「長記曾携手處,千樹壓西湖寒碧」及鹿潭的「壓春潮、一船幽碧」(《掃花游》)的「壓」字;白石清空瀏亮,音律最講究。而這方面又當以白石對「冷」字的運用及在去聲字的善用,對鹿潭影響最大。

白石詞多用「冷」字來反映他那不隨流俗俯仰的心情。像「淮南皓月冷千山」(《踏莎行》)、「波心蕩、冷月無聲」(《揚州慢》)、「嫣然搖動,冷香飛上詩句」(《念奴嬌》)、「但怪得竹外疏花,香冷入瑤席」(《暗香》)、「十畝梅花作雪飛,冷香下携手多時」(《鶯聲繞紅樓》)等等,皆以「冷」字反映景色的幽清絕俗,及詞人心底的沉鬱與孤潔的性格。鹿潭詞亦多用冷字,如「春夢冷窗紗」(《甘州》)、「歌管樓台斜陽冷,換了城西戍鼓」(《金縷曲》)、「扁舟暝宿,冷月稀星孤伴」(《瑣窗寒》)、「怪年年,冷逐蓬蒿,閉門秋老壯心懶」(《綺羅香》)、「待拌醉倒,怕石橋,楓冷又深秋」(《木蘭花慢》)、「似扁舟,風來舵尾,野岸冷雲叠」、「蘅蕪夢遠,金鴨冷,枉斷綠窗心字」《瑤華》等。鹿潭對「冷」字運辭使意的靈活,顯然是受白石影響的。

在善用去聲字方面,白石是這方面的高手,本來去聲字是詞中領句與轉折的慣用字,大家未嘗忽略,但白石極為善用,而鹿潭受他的影響至為鉅大。萬樹《詞律》指出詞中去聲字最為重要,因為「名詞轉折跌宕處多用去聲」⑭。由於詞和音樂有密切關係,除入可因某字作平外,上界乎平、去之間,唯去聲由低而高,最為響亮動聽,在歌唱時可以增加音節的頓挫。例如白石《揚州慢》詞,句首多作去聲,「過」、「盡」、「自」、「廢」、「漸」、「杜」、「算」、「縱」、「念」等字皆是,音節響亮。《水雲樓詞》去字的使用,靈活自如,試看其《甘州》(怪西風)一首,起首三句「怪西風,偏聚斷腸人,相逢又天涯」,已四用去聲字:怪、聚、斷、又,增加音節跌宕飛動的音韻。繼而以「似」字(似字有上去二讀)領起下三句的「晴空墮葉,偶隨寒雁,吹集平沙」語不質實,極生動活潑之至。又其《木蘭花慢》的「正樹擁雲昏,星垂野闊,暝色浮天」。及「看莽莽南徐,蒼蒼北固,如此山川!」均以「正」「看」二去聲字領起作四字對句,使人聽後有響遏行雲,餘音繞樑的感覺。

再如用字與琢句,白石詞是有着其獨到的造詣的。例如《齊天樂》的「庾

郎先自吟愁賦，淒淒更聞私語。」的「先自」，「更聞」互相呼應，這類詞語的
運用，白石詞中是屢見的。鹿潭亦深於此，如「病來身似瘦梧桐，覺道一枝
一葉怕秋風」(《虞美人》)的「身似」、「覺道」，相互遙應，又如《琵琶仙》(天
際歸舟)裏的「篷窗倦倚」的「倦」字；「爲月明，強起梳掠」的「強」字；「無奈
銀甲秋聲，暗回清角」的「無奈」，這些字句，都可見鹿潭用字的講究。再如
煉意方面，鹿潭詞作中的佳句如「同懷感，把悲秋淚，彈上蘆花。」(《甘州》)、
「待借他，一縷東風，悄把萬花吹轉」(《東風第一枝》)、「抱樹溪彎，眠沙石
老，芳草隨意青青。」「多少夕陽樓閣，倚闌干不見，空見流鶯。」(《一萼紅》)
等，都寫得沉鬱頓挫，清雋瀏亮。鹿潭於琢句、用韻、使意、練字，自有
他自己的獨詣，但味之久，自然可以發覺，這些來歷，都是可以追尋的。

　　在比興方面，白石平生蕭瑟牢落，詞中多獨標高潔，故咏梅之句特多，
借此寄寓其身世家國之感及高潔脫俗之意。《暗香》、《疏影》等咏梅詞，著
稱於世⑮。鹿潭《水雲樓詞》，雖沒有全篇咏梅的佳作⑯，但却幾乎首首都
有咏梅的句語⑰，佳句多不勝舉，今略舉例如下：

　　怕寒重，梅花暗折。

——《淒涼犯》

　　梅花有淚，向東風墮。

——《水龍吟》

　　扁舟尚有東風約，認摘梅小徑，吹絮前村。

——《高陽台》

　　剩千萬樹梅魂，伴銅仙垂淚。

——《角招》

　　怕瘦盡東風，驛梅難折。

——《齊天樂》

天際歸舟，悔輕與，故國梅花爲約。

————《琵琶仙》

畫樓誰識，野梅瘦損。

————《掃花游》

但紅橋風雨，梅花開落空營。

————《揚州慢》

這些句語，都可以見出鹿潭的詞筆情操。白石、鹿潭的咏梅，都是詞人品格氣節的表現，亦由此寄托出詞人對家國之感懷與超俗之性格。他們都是寫梅而同是意有所寓的。此外，白石、鹿潭均重友情，詞中亦不乏別意戀情。柳，在古典詩詞中，是作爲離別的象徵，也代表纏綿情意。白石詞中的《長亭怨慢》、《鶯聲繞紅樓》等，都是寫柳咏柳的作品⑱。鹿潭詩有《冬柳》、《秋柳》，對柳的寓意，刻劃相當細緻⑲。詞有《憶舊游》的「甚飛絮年光，綠陽滿地，斷送春人。」《壽樓春》的「過垂楊春城，穿游絲一縷，偷綺紅情。」《甘州》的「待攀取、垂楊寄遠，怕楊花，比客更飄零。」《風入松》的「風懷老去如殘柳，一絲絲漸減春情。」《三姝媚》的「相思堤上柳，喚漁童樵青，系船沽酒。」《甘州》的「悔年時刻意學傷春，東風柳花顛。」《渡江雲》的「流鶯別後，問可曾，添種垂楊。但聽得哀蟬曲破，樹樹總斜陽。」《一絡索》的「村外柳烟深鎖，晚寒惊破。」《徵招》的「去住兩傷心，指垂垂烟柳。」《浣溪紗》的「一墀簾影靜湘紋，柳梢蟬咽欲黃昏。」及《踏莎行》的「隔江殘笛兩蕭蕭，垂楊瘦盡鷗波老。」都是鹿潭咏柳的佳句。他的「霜前瘦影，人似柳蕭疏。」更爲千古所傳誦。以梅柳寄托心情，在比興的取法上，白石鹿潭，頗見師承的痕跡。

至於結構方面，白石對鹿潭的影響，主要見於兩方面：第一，是小令蘊藉，大篇開合而又着重收拍的章法結構；第二，是詞中饒有眞人實景，山水小品風致的小序。

白石小令，章法來自清眞⑳，白石典雅怨悱，清麗健朗，於輕倩中蘊

含無限情意。這也是鹿潭小令的特色，此待下文評述，此處不贅。這裏先談白石在大篇中結尾的章法結構對鹿潭的影響。白石詞情景交融，結句餘意不盡。例如《翠樓吟》末尾說：「西山外，晚來還卷，一簾秋霽。」鹿潭《甘州》(怪西風) 最後云：「同懷感，把悲秋淚，彈上蘆花。」都是詞人以自傷身世的情懷與眼中的景物融合而收束全篇的。又如白石《淡黃柳》的結句：「燕燕飛來，問春何在？唯有池塘自碧。」及鹿潭《滿庭芳》的結句：「空江上，沈沈戍鼓，落日大旗孤。」都寫得低廻往復，聲情激越。但以峭拔言之，鹿潭詞則更見鮮明。

白石詞多有小序，說明詞作的動機、時間、地點、人物、經歷等，文筆優美，感情真摯。試以《翠樓吟》一詞小序為例：

> 淳熙丙午冬，武昌安遠樓成，與劉去非諸友落成之，度曲見志。予去武昌十年，故人有泊舟鸚鵡洲者，聞小姬歌此詞，問之，頗能道其事，還吳為予言之。興懷昔游，且傷今之離索也。㉑

再看鹿潭的《甘州》詞小序：

> 余少識劉梅史於武昌，不見且二十年。辛亥余為淮南鹽官，梅史自吳來訪。秋窗話舊，清淚盈睫，其飄泊更不餘若也。㉒

這兩篇小序，可說是文情並美，清幽雅麗，彷彿六朝小品。又由於小序以真人真事的背景，直抒性靈，所以在寥寥數語中，已可使讀者咨嗟詠歎，情致俱入。白石與鹿潭，無散文傳世，但我們通過這些韻味絕佳的小序，可以想見白石與鹿潭散文風格的一斑。

總括上述語言、比興、結構三方面的析論，鹿潭詞的藝術特色，主要是來自白石的詞風。不過，《水雲樓詞》的氣質韻味，又來自玉田者為多。其實，姜夔與張炎是一脈相承的，他們詞風相近，以清氣盤空，高遠峭拔為宗，前人已有不少闡述㉓，這裏不贅了。蔣春霖詞的清空，在用韻與氣格方面言之，既有姜白石的清警，又能流露出張玉田詞作中的那一種圓轉

渾灝的神韻㉔，使詞讀來既有拗折之感，又覺流麗之妙，眞可謂灝氣流轉，波瀾起伏，給人以悠悠不盡之意，令人有回腸蕩氣之感覺。這裏各以張炎、蔣春霖《甘州》詞作一比觀，其詞風的相近，是淸楚可見的。先錄張炎的《甘州》(並序)：

> 辛卯歲，沈堯道同余北歸，各處杭、越逾歲，堯道來問寂寞，語笑數日，又復別去。賦此曲，並寄趙學舟。

> 記玉關，踏雪事淸遊，寒氣脆貂裘。傍枯林古道，長河飲馬，此意悠悠。短夢依然江表，老淚灑西州。一字無題處，落葉都愁。　載取白雲歸去，問誰留楚佩，弄影中州？折蘆花贈遠，零落一身秋。向尋常、野橋流水，待招來、不是舊沙鷗。空懷感，有斜陽處，却怕登樓。㉕

再看蔣春霖的《甘州》(並序)：

> 王午橋，常山人，詞筆淸麗似吳夢窗。渡潯沱時相見。庚午，復遇於南中，云自越絕返都門也，歌而送之。

> 記疏林，霜墮薊門秋，高談四筵驚。擊珊瑚欲碎，長歌裂石，分取狂名。短夢依依同話，風雨客窗燈。一醉江湖老，人似春星。　蕘上長安舊路，悵春來王粲，還賦離亭。喚天涯綠遍，今夜子規聲。待攀取、垂楊寄遠，怕楊花、比客更飄零。淒涼調，向琵琶裏，唱徹幽幷。

這兩首《甘州》詞，從小序到全篇的結構，用字使意等等，幾乎同一機杼。再引鹿潭另一首《甘州》：

> 又東風喚醒一分春，吹愁上眉山。趁晴梢剩雪，斜陽小立，人影珊珊。避地依然滄海，險夢逐潮還。一樣貂裘冷，不似長安。　多少悲笳聲裏，認匆匆過客，草草辛盤。引吳鈎不語，酒罷玉犀寒。總

休問、杜鵑橋上，有梅花、且向醉中看。南雲暗，任征鴻去，莫倚闌干。

作者對情景的善用，字句的精煉，可以概見。以空靈的境襯托婉約的情，使人尋味不盡。陳廷焯說的：「鹿潭深於樂笑翁…情味尤深永，乃真得玉田神理，又不僅在皮相也。」㉖是十分恰當的。鹿潭深於玉田詞，再可以用鹿潭的化用玉田詞句見之。例如《水雲樓詞》的名句：「還惆悵，霜前瘦影，人似柳蕭疏。」(《滿庭芳》)即由張炎《山中白雲詞》中《淒涼犯》的「蕭疏野柳嘶寒馬。」中化出。鹿潭《浪淘沙》的：「明日朱樓人睡起，莫捲簾看。」即張炎《甘州》：「怕見飛花，怕聽啼鵑」的意境。又《清平樂》的「不是悲秋淚少，如今住慣天涯。」寫家國身世，寄慨遙深。玉田詞：「三月休聽夜雨，如今不是催花。」寫黍離麥秀之感也極沉痛㉗，鹿潭詞中兩句正亦運化玉田詞意。再如《淒涼犯》(夜泊萬福橋)的：「醉倚貂裘，問知否霜袍凍裂」及《木蘭花慢》(中秋夜)的：「折得蘆花懶寄」，皆由張炎《甘州》詞：「寒氣脆貂裘」及「折蘆花贈遠，零落一身秋。」化出。鹿潭深於樂笑翁，神韻措語二者兼得，在《水雲樓詞》中，處處可見。

張炎一生，經歷了從「王孫公子」墜爲「文丐」的悲慘遭遇㉘，同時又經歷了南宋王朝由衰落至滅亡的哀痛國運㉙，所以，張炎身爲一位南宋遺民和落難公子，他的作品處處表現出這兩種身份的思想特徵，他對宋的腐敗，元的統治是不滿的，但更多的不滿和悲痛，却是出於自傷身世，懷才不遇。蔣春霖的一生，與張炎的遭遇十分相似㉚，對於家國危難的哀傷與落拓文人的悲痛，同樣是切膚的感受。在他們的詞作中，他們都泣訴了這種真情實感，所以他們的作品在技巧上雖是清空典雅，但在內涵上却婉約深至，使「餘情哀思，聽者落淚」，這也是真情與性靈直抒的最高境界。於此亦可得見張炎其人其事對蔣春霖的影響，所以鹿潭之於玉田，又「不僅在皮相」而已。

蔣春霖雖然深受姜夔、張炎的影響，但却不囿限於格律一派。上引鹿潭曾自謂曰：「譽以南唐兩宋，意弗滿也。」又謂：「欲采中晚唐佳句入詞，冀益深厚。」㉛從《水雲樓詩詞》的造句中，可見鹿潭對唐宋詩詞諸家的稔

熟,而且善於化用前人佳句佳意,加強表達詞作的概括力。下面分別一一
舉例說明:

杜甫對鹿潭詩詞的影響:

杜甫與蔣春霖,都不是「閉門覓句」的文人,他們所着意在其詩詞
中描寫的皆是他們所生活的那個時代,一個清醒仁愛的讀書人內心的
感受和他們自己深沉真切的悲哀!因此,他們的詩詞都充滿着誠摯的
情感,同時又能夠反映出他們所處的那個時代的憂患實況。杜甫對鹿
潭詩的影響較其對《水雲樓詞》的影響,更見深厚,例子是不勝枚舉的,
下面只畧舉幾個較明顯的,以說明杜蔣二氏用詞使意的一致。

(1)感懷身世方面:
　　杜甫《詠懷古跡》(其一):
　　　「庾信平生最蕭瑟,暮年詩賦動江關。」
　　鹿潭《崇鶴山自袁浦來索餉》:
　　　「平生蕭瑟意,飛動爲知音。」

(2)寫對政治的熱心方面:
　　杜甫《奉贈韋左丞丈二十二韻》:
　　　「自謂頗挺出,立登要路津,致君堯舜上,再使風俗淳。」
　　鹿潭《游光孝寺》:
　　　「飛灰從彼說,拔火亦吾心。願救沙蟲劫,金輪不可尋。」

(3)寫因未能抒展抱負而只好以微官自己解嘲方面:
　　杜甫《自京赴奉先縣詠懷五百字》(其一):
　　　「杜陵一布衣,老大意轉拙,許身一何愚,自比稷與契。」
　　鹿潭《東台雜詩》(其五):
　　　「宦拙成今是,時衰厭古愚。…身價矜題鳳,行藏笑嚇雛。」

(4)寫戰禍方面:

杜甫《北征》：

「乾坤含瘡痍，憂虞何時畢？靡靡踰阡陌，人煙眇蕭瑟。」

又《晚行口號》：

「落雁浮寒水，饑烏集戍樓，市朝今日異，喪亂幾時休！」

鹿潭《雜詠》：

「昨聞道路言，復有北寇逼。何時罷戰爭，貧窮得安息？」

又《東台雜詩》(十三)：

「野哭空皮骨，民窮一死生。明堂誰獻頌，猶喜說時清。」

(5)譏刺尸位方面：

杜甫《夏日歎》：

「至今大河北，化作虎與豺。浩蕩想幽薊，王師安在哉！」

鹿潭《雜詠》：

「東南久用武，豺虎今尚存。千里接斥鹵，被野禾黍繁。饋餉恃倉積，防禦非空論。」

(6)寫民間疾苦方面：

杜甫《征夫》：

「十室幾人在，千山空自多；路衢惟見哭，城市不聞歌。」

鹿潭《雜詠》：

「道旁誰家兒，落日荷鋤立。面目同焦禾，問之惟掩泣。」

(7)寫對妻子的掛念：

杜甫《遣興》：

「天地軍麾滿，山河戰角悲。倘歸免相失，見日敢辭遲。」

鹿潭《思婦曲》：

「烽火連江國，高樓獨倚闌。綠楊三月雨，千里覺春寒。」

以上為杜甫對鹿潭詩的影響。《水雲樓詞》亦受杜甫影響，以下例子可見：

(1)《木蘭花慢》(江行晚過北固山)的:「正樹擁雲昏,星垂野闊,暝色浮天。」乃由杜甫《旅夜書懷》的「星垂平野闊,月湧大江流。」及《返照》的:「返照入江翻石壁,歸雲擁樹失山村。」詩句化出。

(2)《虞美人》:「遙覑南斗望京華」句乃由杜甫詩:「每依南斗望京華」句化出。

(3)《慶春宮》:「玉臂清輝」由杜甫詩:「清輝玉臂寒」化出。

(4)《憶舊游》:「鴻影惊回雪,恨天寒竹翠,色暗羅裙。」乃自杜甫《佳人詩》:「天寒翠袖薄,日暮倚修竹。」出。

(5)《浪淘沙》:「花發已無端,何況花殘?飛來蝴蝶又成圍。明日朱樓人睡起,莫捲簾看。」寄悲心於落花,寓傷時感事之意,與杜甫「感時花濺淚」(《春望》)、「花近高樓傷客心」(《登樓》),哀時之慟,是一致的。

(6)《木蘭花慢》:「寂寞魚龍睡穩,傷心付與秋煙。」句的「魚龍」之意,見杜甫《秋興》詩:「魚龍寂寞秋江冷,故國平居有所思。」

白居易對鹿潭詞作的影響:

(1)《唐多令》起兩句「楓老樹流丹,蘆花吹又殘」運化白居易《琵琶行》起句「楓葉荻花秋瑟瑟」詩意。

(2)《臺城路》(易州寄高寄泉)句:「青衫鉛淚似洗」,語出白居易《琵琶行》:「江州司馬青衫濕」,比喻自己仕途阻塞,政治地位低下。「鉛淚」又從李賀《金銅仙人辭漢歌》:「憶君清淚如鉛水」來。這又不止於香山了。

賈島對鹿潭詞的影響:

(1)《唐多令》:「還似少年歌舞地,聽落葉,憶長安。」乃從賈島《憶江上
吳處士》詩:「西風吹渭水,落葉滿長安」來。此為哀悼喪亂家國之
作。

崔護對鹿潭詞的影響:

(1)《渡江雲》(燕泥銜杏雨)結句云:「門又掩,碧桃一樹春深。」有崔護
詩:「人面只今何處去,桃花依舊笑春風。」意思。

杜牧對鹿潭詞的影響:

(1)《玉京秋》(江影潤)詞:「漬酒羅襟,織詩瑤軸,餘香都歇。」乃運化
了杜牧詩的「錦帙開詩軸,青囊結道書。」

(2)鹿潭喜以杜牧名入詞。黃庭堅詩云:「春風十里珠簾捲,彷彿三生杜
牧之」。姜夔《鷓鴣天》之:「東風歷歷紅樓下,誰識三生杜牧之。」鹿
潭《青衫濕》(話平山舊游)的「三生杜牧,揚州夢覺,依舊天涯。」及
《揚州慢》(亂草埋沙)的:「一覺十年前夢,春風減,杜牧清狂。」可
見杜牧其人其事對鹿潭之影響。

李商隱對鹿潭詞的影響:

(1)《渡江雲》(燕泥銜杏雨):「紅墻幾尺,遠過蓬山,更難通魚錦。」為
李商隱《無題》詩:「劉郎已恨蓬山遠,更隔蓬山一萬重。」

(2)《臺城路》首句的:「兩年心上西窗雨」化用了李商隱《夜雨寄北》的:
「何當共剪西窗燭,却話巴山夜雨時。」詩意。

(3)《慶春宮》結句的:「茫茫此恨,碧海青天,惟有秋知。」即化用了李
商隱《嫦娥》的名句:「碧海青天夜夜心。」

(4)《高陽台》(淡月依橋)云:「春心待共花爭發,怕花開更易傷春。」也
運化了李商隱《無題》詩:「春心莫共花爭發,一寸相思一寸灰」的意
思。

(5)《蝶戀花》(花游道上)的「人語黃茅店」,黃茅二字,見李商隱《咏燈
詩》:「冷暗黃茅驛。」

(6)《浪淘沙》(雪氣壓虛闌):「花發已無端,何況花殘?飛來蝴蝶又成
圍。」的「無端」用得很靈巧,李商隱詩《爲有》亦用「無端」二字,云:
「無端嫁與金龜婿。」鹿潭在此用字可能由李商隱影響而來。

(7)《琵琶仙》(天際歸舟):「更休怨,傷別傷春。」「傷別傷春」四字,出
自李商隱《杜司勳》詩:「刻意傷春復傷別,人間惟有杜司勳。」

　　李商隱對鹿潭的影響不僅在詞,在詩作方面影響尤大。李冰叔說
他的《東台雜詩》二十首,不減少陵秦州之作。鄭師雄則說他的《無題》
諸詩,可直追李義山。㉜

溫庭筠對鹿潭詞的影響:

《水心樓詞話》說:

「鹿潭自謂『欲以騷經爲骨,類情指事,意内言外,造詞人之極致。』
其用力可見。然如菩薩蠻云『雄龍雌鳳盤高閣,紅牆百尺銀河落。蠟
燭散輕烟,春城寒食天。歡環金屈戌,花影空房宿,輕燕趁風斜,
還來王謝家。』『清溪流水宵嗚咽,清溪楊柳生枝葉。遠客莫相思,
江南春信遲。辭君陞上道,陞下多芳草。布穀雨聲中,野花腸斷紅』,
『南塘洗馬喧春水,駄金買宅長千里。錦帶玉麒麟,雙鴛羅帳溫。
御篋銀沬冷,北雁音書警。落日動邊愁,春寒罷遠遊。』則仍規撫馮
正中溫飛卿,未闢新境。㉝

又《虞美人》:「水晶簾捲澄濃霧」乃運化溫庭筠《菩薩蠻》的「水晶簾裏

玻璃枕」句。《蝶戀花》(北游道上)的「鴉背殘霜侵短劍，紙窗夢破疏燈颭」的「鴉背」，謂夕陽也，取自溫庭筠《春日野行》詩句：「蝶翎朝粉盡，鴉背夕陽多。」

　　蔣春霖自謂欲采中晚唐佳句入詞，溫庭筠爲晚唐名家，鹿潭採其辭句佳意入詞，是理所當然的。鄭水心先生以鹿潭一部份作品爲例，謂鹿潭「仍規撫馮正中溫飛卿，未闢新境。」實乃太偏頗，未能窺蔣春霖詞作的全貌的説法。

李煜對鹿潭詞的影響：

(1)《柳梢青》：「一片春愁，漸吹漸起，恰似春雲。」句法上頗似李煜的「離恨恰如春草，更行更遠還生。」(《清平樂》)

　　總括唐代對鹿潭影響的大家，較重要的杜甫、白居易、李商隱、賈島、杜牧、崔護、溫庭筠等，例證已如上述。下面我們看看宋代詞人對蔣鹿潭的影響。

　　宋代詞人除了姜白石、張玉田外，柳永、蘇東坡、晏幾道、秦少游、辛棄疾、周清眞、陸放翁、吳夢窗、王碧山、周草窗及汪元量等，對蔣春霖的詞作，都有一定的影響。

　　蔣春霖詞淒壯的一面，風格與柳永最爲接近，試看《臺城路》的「雪擁驚沙，星寒大野，馬足關河同賤。」《木蘭花慢》的「樹擁雲昏，星垂野闊，暝色浮天。」及《唐多令》的「哀角起重關，霜深楚水寒。」等名句，與柳永《八聲甘州》的：「漸霜風淒緊，關河冷落，殘照當樓。」實有異曲同工的地方。今詞學大家唐圭璋先生以爲：「東坡曾評柳永詞：『霜風淒緊，關河冷落，殘照當樓。』以爲不減唐人高處，如鹿潭此作(《唐多令》)，亦何減唐人高處？」[34]柳永、蔣春霖均善於描繪蕭瑟冷落的景色，從而透示出游子淒涼悲切哀傷的感情，壯而淒，雄而清，幾人能彀！

　　再看《唐多令》一詞，除了有白石的清空、柳永的淒壯之外，還集有蘇

辛的悲壯激越，清眞的沉鬱頓挫。詞云：

> 楓老樹流丹，蘆花吹又殘。繫扁舟，同倚朱闌。還似少年歌舞地，
> 聽落葉，憶長安。　哀角起重關，霜深楚水寒。背西風，歸雁聲酸，
> 一片石頭城上月，渾怕照，舊江山。

此詞淒麗悲壯，聲情激越，溶飛卿、白石、玉田、東坡、稼軒、竹山於一爐。內容不只悲歡個人身世之苦，更多的是哀悼國家的喪亂。唐圭璋以此詞融懷古今傷亂之情，有柳永的淒壯外，其「悲壯激越，彷彿蘇辛」但却「不是粗獷一路，正宜使關西大漢用銅琶鐵板高唱。」㉟沈祥龍謂：「唐詞分二派：太白一派，傳爲東坡，諸家以氣格勝…；飛卿一派，傳爲屯田，諸家以才華勝。」㊱鹿潭可謂兼才華、氣格而有之。綜觀《水雲樓詞》的風格，並不囿限於姜、張的清空，蘇辛的豪放與秦觀、周邦彥的婉約，也是兼有的，《唐多令》一詞便可得見。在詞句運用上，蔣春霖對上述諸大家亦頗取法。例如，《無悶》的「化一縷春痕隨流水」，《南浦》的「千里相思誰種出，撬了二分塵土」，《卜算子》的「化了浮萍也是愁，莫向天涯去。」等句，都是取從蘇軾「春色三分，二分塵土，一分流水」(《水龍吟》〈次韻章質夫楊花詞〉)再如《無悶》的尾句：「怕片雲、殘夢溪西，又聽倦鶯啼起。」亦是用了東坡前詞：「夢隨風萬里，尋郎去處，又還被鶯呼起。」的意境。又《木蘭花慢》(江行晚過北固山)名句：「芷樹擁雲昏，星垂野闊，暝色浮天。」也從蘇軾《蝶戀花》(密州上元)：「火冷燈稀霜露下，昏昏雪意雲垂野」孕育。至於《甘州》(甲寅元日，趙敬甫見過)末句：「南雲暗，任征鴻去，莫倚闌干。」以比擬江南形勢的悲觀。當年辛棄疾《摸魚兒》詞結句是：「休去倚危闌，斜陽正在，烟柳斷腸處。」即表現的是一種對政局的焦慮。蔣氏翻用此意實乃對自己依附的清王朝政權的前景深感渺茫。一個用「任」「莫」二字，一個用「休」「正」二字，可見用意相承。蔣春霖受蘇辛一派的影響，也是很明顯的。

　　蔣鹿潭詞的沉鬱頓挫，則來自周清眞，試引《滿庭芳》詞各一首爲例，當可見二人心迹的相近。周氏《滿庭芳》(夏日溧水無想山作)云：

> 風老鶯雛，雨肥梅子，午陰嘉樹清圓。地卑山近，衣潤費爐煙。人

靜烏鳶自樂，小橋外，新綠濺濺。憑欄久，黃蘆苦竹，擬泛九江船。

　　年年，如社燕，飄流瀚海，來寄修椽。且莫思身外，長近尊前。憔悴江南倦客，不堪聽，急管繁絃。歌筵畔，先安簟枕，容我醉時眠。

蔣氏《滿庭芳》(秋水時至)云：

> 黃葉人家，蘆花天氣，到門秋水成湖。携尊船過，帆小入菰蒲。誰識天涯倦客，野橋外，寒雀驚呼。還惆悵，霜前瘦影，人似柳蕭疏。
>
> 　　愁余。空自把，鄉心寄雁，泛宅依亀。任相逢一笑，不是吾廬，漫托魚波萬頃，便秋風，難問蓴鱸。空江上，沉沉戍鼓，落日大旗孤。

兩詞均有頓挫之妙，寫景述情，體物入微，神味最遠。《海綃說詞》謂清眞：「詞境靜穆，想見襟度。」[37]又云：「層層脫卸，筆筆鉤勒。面面圓成。」[38]鹿潭詞的沉鬱頓挫處，何嘗不是此種韻味！又如鹿潭的：「任聽殘、秋宵長更。但疏雨空階，蕭蕭半山黃葉聲。」(《嘉樓春》)也甚有清眞的：「人正在，空江煙浪裏。但夢想、一枝瀟灑，黃昏斜照水。」(《花狂》)的情意。

　　清眞之外，鹿潭詞的幽澀皺瘦，也兼有秦少游的風格。《蝶戀花》(北游道上)的：「屋後箏弦鶯語艷。濁酒孤琴，門對春寒掩。」與秦詞的：「可堪孤館閉春寒」(《踏莎行》)，「夢破鼠窺燈，霜送曉寒侵被。」(《如夢令》)情韻相合，二者的羈旅情懷，如出一轍。《無悶》的：「應是憐香欲去，看萬點，飛紅斜陽裏。」更由少游的「飛紅萬點愁如海」《千秋歲》化出。

　　在用韻方面，蔣春霖的《尉遲杯》詞及《霜葉飛》詞，均採用周清眞的韻。《尉遲杯》小序云：「余又將出游，用美成韻留別」；《霜葉飛》小序云：「是日，余游虎墩大聖寺，亦用清眞韻和之。」這可以見出蔣春霖對周清眞的仰慕。此外，蔣春霖又很喜歡採用吳文英、王沂孫及周密的韻腳。《玉蝴蝶》小序云：「金眉生歸風曲，用吳夢窗韻。」(《醉蓬萊》)亦為「和夢窗」的作品，《甘州》(記疏林)一闋，在詞的小序中云：「王午橋，常山人，詞筆清麗似吳

夢窗」，這亦說明鹿潭對吳夢窗詞風淸麗的欣賞。《踏莎行》(醉鶴幽懷)用王碧山韻，《玉京秋》(江影闊)一首，則用周密韻，這在二詞的小序中，鹿潭均有淸楚說明，於此可見淸眞、夢窗、碧山及草窗的用韻，對《水雲樓詞》的創作，是有一定影響的。

在用字使意上，鹿潭《鷓鴣天》名句：「明朝花落歸鴻盡，細雨春寒閉小樓。」一方面有着陸放翁詩：「小樓一夜聽春雨，深巷明朝賣杏花。」(《臨安春雨初寄》)的情韻；另一方面又有着吳文英《高陽台》：「細雨歸鴻，孤山無限春寒」的使意。《憶舊游》(記星街掩柳)詞的：「痴魂，正無賴，又琵琶弦上，迸起烟塵。乃用小晏詞：「琵琶弦上說相思」(《臨江仙》)之情意。又鹿潭詞十分喜愛用「潮落潮生」四字，例如《三姝媚》的「雁磧沙寒，潮落潮生，暮帆催又。」及《風入松》的：「心事花開花謝，閑愁潮落潮生。」這四字，實乃取法於宋末元初詞人兼詩人汪元量的詞。汪氏《傳言玉女》詞云：

> 一片風流，今夕與誰同樂。月臺花館，慨塵埃漠漠。豪華蕩盡，只有青山如洛。錢塘依舊，潮生潮落。　萬點燈光，羞照舞鈿歌箔。玉梅消瘦，恨東皇命薄。昭君淚流，手撚琵琶絃索。離愁聊寄，畫樓哀角。㊴

「潮生潮落」「玉梅消瘦」等句，都是鹿潭喜愛運用的。聶心湯《汪元量傳》記：

> 「(汪元量)歸錢塘，⋯往來匡廬、彭蠡間，若飄風行雲，莫能測其去留之迹。自號水雲子。有《水雲集》。自奉使出疆，三宮去國，所歷皇王帝霸，故都遺蹟，可喜、可泣、可驚、可痛哭者，皆收拾於詩，劉辰翁、馬廷鸞目曰『詩史』。」㊵

據此，汪元量的其人其事，稟性與風貌，均與鹿潭接近，汪氏對鹿潭的影響，當可想見。要之，蔣春霖能冶唐宋於一爐，加上才華氣格的稟賦，悲壯的身世與婉約爲本的詞風，成爲有淸一代的大詞家，自然是可以肯定的。

二、當代詩詞大家對蔣春霖之影響

　　《清史稿》謂：「春霖慕性德《飲水》、鴻祚《憶雲》，自署『水雲樓』，即以名其詞。」㊶譚獻亦以爲蔣春霖：「與成容若、項蓮生，二百年中，分鼎三足。」㊷金武祥則以爲：「百餘年間，水雲一家，遂與茗柯、止菴三鼎其足。」㊸賀光中又以爲：「與常州派同時，懲於三派之失而不爲所囿者，則有周之琦稚圭、項鴻祚蓮生、蔣春霖鹿潭三大家。」「稚圭詞託體至高，故論者以之與鹿潭並稱。」㊹據此，可見近代詞學家每以蔣春霖詞與納蘭性德，張惠言（茗柯）、周濟（止菴）、周之琦（稚圭）、項蓮生（鴻祚）等相提並論，此或有個人主觀成份在內，但亦可反映出蔣春霖對其當代諸大家詞格，當亦不能無所濡染也。

　　首先，論及納蘭性德（一六五四 —— 一六八五）與項蓮生（一七九八 —— 一八三五）對蔣春霖的影響，主要在於三人的詞，皆一任性靈，情眞語切，發乎內心的悽惋處，令人不忍卒讀。譚獻把他們三人之詞，歸入爲「詞人之詞」一類，而區別於王士禎、錢芳標的「才人之詞」及張琦、周濟一派的「學人之詞」㊺原因乃在於容若、蓮生與鹿潭三家，皆以情眞語眞勝於諸家。王國維所謂「詞人者，不失其赤子之心也。」㊻而他們的情眞語眞，乃同樣來自他們三人稟性的孤高及情感的眞切。本着他們的赤子之心去同情事物，用他們的直覺去觀看世情，蕙風論詞以爲：「眞字是詞骨。」即在乎此㊼。《水雲樓詞》，蓋全以「眞」勝，容若如此，蓮生如此，鹿潭亦如此，一脉相連，鼎足而三，譚獻可謂目光如炬。

　　細翫《飲水詞》、《憶雲詞》與《水雲樓詞》，無論在用字或使意方面，均有一種婉麗凄切，翛然塵外的氣度，容若、蓮生與鹿潭的品格，清高處一如他們的詞作，讀其詞，即可想見其氣度。唐圭璋謂容若「雖生長朱門，履盛處豐，然抑然不自多，蕭然若寒素。」㊽項蓮生自序其詞謂「幼有愁癖，故其情艷而苦，其感於物也鬱而深。」㊾金武祥替鹿潭作傳，云：「君忼直不諧俗，人多忮之。」㊿他們的稟性同是清高孤傲，表現在詞作中的韻味，

自然也有着很多共通的地方。最顯著的，就是他們的詞意，都有着一種視人生如夢，條然塵外的超世思想。這在他們的大量的引用「夢」字及「夢」的意思入詞，可以得見。納蘭性德用「夢」字的詞句，有：

> 若問生涯原是夢，除夢裏，沒人知。
>
> ——《江城子》

> 腸斷斑騅去未還，繡屏深鎖鳳簫寒，一春幽夢有無間。
>
> ——《浣溪紗》

> 恨西風，吹夢成今古。明日客程還幾許？霑衣況是新寒雨。
>
> ——《蝶戀花》

> 三載悠悠魂夢杳，是夢久應醒矣！料也覺，人間無味。
>
> ——《金縷曲》

> 湔裙夢斷續應難。西風多少恨？吹不散眉彎。
>
> ——《臨江仙》

> 卿自早醒儂自夢，更更，泣盡風擔夜雨鈴。
>
> ——《南鄉子》

> 夢好難留，詩殘莫續，贏得更深哭一場。
>
> ——《沁園春》

項蓮生用「夢」字的詞句，有：

> 黃葉聲多，紅塵夢斷，中有檀欒徑。
>
> ——《湘月》

> 繁笙脆管，吹得錦屏春夢遠。只有垂楊，不放秋千影過牆。
>
> ——《減字木蘭花》

料此後，詩邊酒冷，夢裏燈孤。

——《三犯渡江雲》

殘夢遠，聲聲曉鐘敲斷。

——《玉漏遲》

夢中何日是歸期？玉臺金屋，空逐彩雲飛。

——《臨江仙》

至於鹿潭之以「夢」字入詞，幾乎首首皆是㉑。這裏畧舉二、三例子：

夢醒還疑夢，此恨綿綿。

——《甘州》

幾番夢醒，仙衣重試，冶遊愁數。

——《水龍吟》

十年夢似朝雲散，花落水空流。

——《少年游》

　　從上引的例句，容若、蓮生與鹿潭以尋夢托夢來逃遁現實生活痛楚的悲劇意識心態，是一致的，所以他們的詞，都同樣地有着一種哀感頑艷、纖塵不染，凊淒虛渾的特殊韻味，這主要是來自稟性，並非力學可得。所以，如果說鹿潭的詞乃深受性德、蓮生影響的，倒不如說鹿潭氣質與他們相近，因而發乎內心的情意也頗爲接近而已。若再深入探究，鹿潭小令的凊麗，神似容若㉒，而長調的抑鬱，則較近於蓮生㉓。

　　先看容若及鹿潭《凊平樂》各一：

　　風鬟雨鬢，從是來無準。倦倚玉闌看月暈，容易語低香近。　軟風

吹徧窗紗，心期便隔天涯。從此傷春傷別，黃昏只對梨花。

瑣窗朱戶，夜定人初去。滿院商聲無覓處，梧葉堆中蟲語。　微寒乍掩屏紗。西風孤怯燈花。不是悲秋淚少，如今住慣天涯。

再看蓮生的《八聲甘州》與鹿潭的《角招》：

界斜紅、颺出晚晴天，相看轉悽然！甚匆匆只是，橫催雁陣，低照漚眠？樹外山眉襯黛，遠道草芊芊。一段蒼茫意，都付樊川。　漢闕秦宮何處？送幾聲畫角，吹老華年。儘懺游長好，到此黯流連。倚紅樓，玉人凝望，帶西風，帆影落窗前。愁無恨，近黃昏也，新月籠煙。（《八聲甘州》）

暮寒際，誰家尚遣扁舟，去看烟水。艭枝沙外倚。忘却那回，花下游事。山靈倦矣。漸露出，雙峰憔悴。十里寒香何在？剩千萬樹梅魂，伴銅仙垂淚。　還喜，梵王殿址。松梢塔影，陳迹殘僧指。回闌仍畫裏，戍角聲聲，當年無此。霜楓滿地。更懶問，歸人歸未。月上西風又起。怕潮落石橋灣，愁難洗。（《角招》）

前者的淒清，後者的沉鬱，鹿潭可說是能兼取容若、蓮生之長，故自譚獻開始，後世多以容若、蓮生，鹿潭三家並稱，爲清代三大詞家，並以此三大詞家，不爲當世常州、浙西及陽羨派之所囿限者。

綜觀《飲水》、《憶雲》、《水雲樓》三家，成容若、項蓮生以聰明勝人，而蔣鹿潭則更兼功力，其渾融深厚，練字練句方面，更較容若、蓮生二家爲勝。所以，近代詞論家多以爲鹿潭較之成、項二家爲更高，而三家不能相提並論㊿。不過，鹿潭生當成、項之後，成容若的清逸，項鴻祚的沉鬱，及二人之品格，必然對鹿潭有所影響。

與蔣春霖同期的詞人，以周之琦稚圭（一七八二——一八六二）的詞風與蔣春霖最爲接近。黃燮清謂稚圭詞：「渾融深厚，語語藏鋒，北宋瓣香，

於斯未墜」⑤。稚圭《心日齋詞》託體至高，故論者以之與鹿潭《水雲樓詞》並稱。如《思佳客》云：

> 帕上新題間舊題，苦無佳句比紅兒。生憐桃萼初開日，那信楊花有定時？　　人悄悄，晝遲遲，殷勤好夢託蛛絲。繡幃金鴨薰香坐，說與春寒總未知。

又如《踏莎行》云：

> 勸客清尊，催詩畫鼓，酒痕不管衣襟污。玉笙誰與唱消魂？醉中只想騎騰去。　　綺席頻邀，高軒慣駐，悶來却覓棲鴉語。城頭一角晉陽山，怪他青到無人處。

這些詞句，皆屬氣韻高逸，吐屬深穩的佳作。稚圭年長鹿潭三十六歲（周之琦生於一七八二年，鹿潭生於一八一八年），而鹿潭轉益多師，其《心日齋詞》對鹿潭詞作的影響，未必無之。

替鹿潭作傳的金武祥又謂：「清代詞家中，蔣鹿潭與張茗柯、周止菴鼎足而三。」⑤這說法，顯然是把鹿潭歸入清代的常州詞派。徐珂更明言常州派之後七家者，乃為「張惠言、周濟、龔自珍、項鴻祚、許宗衡、蔣春霖、蔣敦復也。」又云：「七家中蓮生、海秋、鹿潭之作，大都幽艷哀斷，而鹿潭尤婉約深至，流別甚正，家數頗大，人推為倚聲老杜。」⑤其實，鹿潭詞取徑唐宋諸家，不傍門戶（參見上節例證），把其歸入常州一派，甚值商榷，此點留待下節討論，這裏只談談張惠言（茗柯）與周濟（止菴）對蔣春霖的影響。

張惠言（一七九九——一八〇二），為常州詞派之開山，《國朝先正事略》卷三十六《經學傳》著有《茗柯文集》及《茗柯詞》⑤。其《詞選序》云：「詞者，蓋出於唐之詩人，採樂府之音，以製新律，因繫其詞，故曰詞。其緣情造端，興於微言，以相感動，極命風謠里巷男女哀樂，以道賢人君子幽約怨悱不能自言之情，低徊要眇，以喻其致，蓋詩之比興，變風之義，騷人之

歌，則近之矣。」⑤自張惠言出，清詞遂好比興之說，以爲詞不但可以做爲
「感士不遇」之用，而且有論世或咏史的作用。咏物題贈之作，又多寄意，
例如《茗柯詞》中《木蘭花慢》(游絲同舍弟翰風作)一首：

> 是春魂一縷，銷不盡，又輕飛。看曲曲迴腸，愁儂未了，又待憐伊。
> 東風幾回暗翦，儘纏綿，未忍斷相思。除有沈煙細裊，閒來情緒還
> 知。　家山何處？爲春工、容易到天涯。但牽得春來，何曾繫住？
> 依舊春歸。殘紅更無消息，便從今，休要上花枝。待祝梁間燕子，
> 銜他深度簾絲。

再如咏物的《風流子》(出關見桃花)詞：

> 海風吹瘦骨，單衣冷，四月出榆關。看地盡塞垣，驚沙北走，山侵
> 溟渤，疊障東還。人何在？柳柔搖不定，草短綠應難。一樹桃花，
> 向人獨笑；頹垣短短，曲水彎彎。　東風知多少？帝城三月暮，芳
> 思都刪。不爲尋春較遠，辜負春闌。念玉容寂寞，更無人處，經他
> 風雨，能幾多番？欲附西來驛使，寄與春看。

二詞一見屈曲，一見疏俊，要皆沉鬱蘊藉，意味無窮⑥。周濟(一七八一──
一八三九)承張惠言之餘緒，仍以意內而言外爲詞之本色⑥，譚獻謂其詞：
「怨斷聲中，豪宕不減。」⑥，看其《渡江雲》(楊花)詞：

> 春風眞解事，等閒吹徧，無數短長亭。一星星是恨，直送春歸，替
> 了落花聲。憑闌極目，蕩春波、萬種春情。應笑人，春糧幾許？便
> 要數征程。　冥冥，車輪落日，散綺餘霞，漸都迷幻景。問收向，
> 紅窗畫篋，可算飄零？相逢只有浮雲好，奈蓬萊東指，弱水盈盈。
> 休更惜、秋風吹老蒓羹。

這種意內言外的詞法，在鹿潭《水雲樓詞》中表現得更見淋漓，他的「看莽莽
南徐，蒼蒼北固，如此山川。」(《木蘭花慢》)「又斜陽，過盡西樓，都是昏
鴉。」(《高陽台》)「東風一夜轉平蕪，可憐愁滿江南北。」(《踏莎行》)，都是

這方面表表之作。

　　《水雲樓詩詞》在托意方面，除自抒個人際遇的坎坷外，對當時的洪楊之亂，家國艱辛，人民疾苦，極有叙述，眞不愧詞史之目。這方面，當受清初詞家陳維崧《湖海樓詞》的影響。陳維崧（一六二五──一六八二）生當明末清初。二十歲至三十歲時，他經歷了明朝滅亡與南明桂王殉國的悲劇。入清以後，他客游四方，窮困潦倒，交遊大部份都屬於下層社會的人物，其中實況多所接觸⑥。由於廣濶的生活視野與佗傺的身世遭遇，使陳維崧的《湖海樓詞》特具創作活力，不爲前人所囿，且能托諷寄意，反映人民疾苦。自周代《詩三百篇》以來，符合現實主義詩歌的精神，除了在唐代杜甫的三吏、三別、塞蘆子之類及白居易諸人所作的新樂府有所體現外，在古典的詞作方面，除了如張元幹、辛棄疾和陳亮等幾首外，這種精神的表現，於作者是爲數寥寥的。《湖海樓詞》能把這精神大量移植到倚聲領域中去，這不能不說是一個開導，在詞的發展上，有着很大的影響。蔣春霖、林則徐、王鵬運、鄭文焯、朱祖謀等詞人，多感時傷世的詞作，多少也是受到《湖海樓詞》的影響的。陳維崧在《水調歌頭·夏五大雨浹月，南畝半成澤國，而梁溪人尚有畫舫游湖者，詞以寄慨》中寫道：

　　　　今何日？民已困，況無年！家家秣馬閑坐，墟井斷炊烟。何處玉簫
　　　　金管，猶唱雨絲風片，烟水泊游船？此曲縱嬌好，聽者似啼猿！

而鹿潭《水雲樓詞》感世諸作，如《水龍吟·秋角》的：

　　　　平沙一片斜陽，軍聲吹得邊愁破。長旗月上，高城回首，層陰暗鎖。
　　　　斑馬蕭蕭，昏鴉暗暗，驚寒齊和。縱蒲桃酒美，淒涼滿耳，漸別淚，
　　　　征袍浣。

與《湖海樓詞》之精神與表現手法，實有異曲同工之妙。

　　在詞作風格的圓轉瀏亮、清醇幽暢方面，蔣春霖與浙西派的朱彝尊，是同一機杼的。朱彝尊（一六二九──一七〇九）爲詞高倡雅正，尊崇姜張，

於浙西派之演進及江左詞學之開發，影響宏大⑥。竹垞在其《解佩令‧自題詞集》中，他自我的評價是：「倚新聲、玉田差近。」吳衡照亦謂其詞：「圓轉瀏亮，應得力於樂笑翁。」⑥朱彝尊爲詞，力求空靈雅醇。喜典雅，不喜媚俗，重氣韻不重雕繪，取景較淸，用筆較疏，設色較淡，原則上避免了形象的堆疊和麗藻的排比，較著力於意境高曠淸遠，雋永淵雅的追求，形成了高秀淸醇的詞風，如《滿江紅》(金山寺)下闋的：

> 哀笛響，風鳴葉。樓船靜，沙沉鐵。望揚州一片，海雲明滅。浪裏江豚空自舞，天邊塞雁飛相接。把題詩，張祜問山僧，猶能說。

又如《金明池》(燕台懷古，和申隨叔翰林)的：

> 西苑妝樓，南城獵騎，幾處笳吹蘆葉？孤烏外，生煙夕照，對千里萬里積雪。更誰來，擊筑高陽？但滿眼，花豹明駝相接。剩野火樓桑，秋塵石鼓，陌上行人空說。　戰鬪漁陽何曾歇？笑古往今來，浪傳豪傑。綠頭鴨，悲吟乍了，白翎雀，醉歌還闋。數燕雲，十六神州，有多少園陵，頹垣斷碣。正石馬嘶殘，金仙淚盡，古水荒溝寒月。

均見格調高迥，有咽塞悲涼之音，後者尤爲沉鬱蒼涼，神似玉田。鹿潭寫家國的詞，都有着這一種風格，下章詳論鹿潭詞作，這裏不贅，僅畧舉幾句爲例。《垂楊》(送陳百生)的：

> 連村黃葉圍殘壘，雁聲在，斜陽紅裏。何時一笛山樓，杯共洗。

及《角招》的：

> 十里寒香何在。剩千萬樹梅魂，伴銅仙垂淚。

> 梵王殿址，松梢塔影，陳迹殘僧指。回闌仍畫裏，戍角聲聲，當年無此。

等句，其圓轉瀏亮，清醇高雅處，與朱詞是不相伯仲的。

　　至於蔣春霖的詩，更能繼承如杜甫的「朱門酒肉臭，路有凍死骨」的人文主義的精神。據宗源瀚《水雲樓詞續叙》：「兵戈方盛，人士流離，渡江而來，率多才杰。一時往還，如王雨嵐、楊柳門、姚西農、黃琴川、錢揆初、黃子湘，皆以詩名。」⑯又金武祥《水雲樓剩稿叙》：「江陰於唐時魏不琢始以詩名，至元代而陸墻東、許北郭、王梧溪詩學大盛。明則孫大雅、張藻仲、卞蘭堂。國朝則曹峨嵋、沙定峰、徐昔民、張半園、翁霽堂、史問樵諸公，皆無愧作者。咸同間何悔余太守文采藻耀，僑寓維揚。鹿潭以磋官需次淮南，兩人集中竟無往來贈答之作，豈以處境不同，詩派各異歟？」⑰可知當時工詩的文人亦多聚居淮海一帶，除宗、金二氏列舉的詩家外，當時還有一大家，即《秋蟪吟館詩鈔》的金和(一八一八 —— 一八八五)。上節於鹿潭生卒年代考述中已有提及，金和與鹿潭同年出生。金亞匏的詩，據唐圭璋稱：

　　　　「對於人民所受的痛苦，有極詳盡極沉着的描寫；對於當時官吏的腐敗，官兵的窳惰，也有極悲憤極刻毒的諷刺。一八五三年，南京城破，他在城中，經過圍城的生活，所以他有那樣血淚寫實的文字。」⑱

鹿潭與金和同在咸同時負有盛名，兩人的作品，又是同樣的傷時感世，但兩人集中竟無往來贈答之作，兩人是否相識？有否互相影響？實已無從稽考。金詩蔣詞，都是史作，詩以記史，前人多有，而以詞出之，又能不失婉約及意內言外之旨者，捨鹿潭，誰能當之。

三、清代的詩論詞論發展對蔣春霖之影響

　　清代詩壇詞壇情況皆盛，當時人往往自誇本朝詩詞是邁越前古的⑲。

但清人對詩詞的貢獻，與其說是由於創作，倒不如說是由於詩學詞學，或詩論詞論。一切有關詩詞理論，尤其是詞學方面的著作，眞是連篇累牘，汗牛充棟。惜因宗派風氣濃厚，爭立門戶，各遵所尙，復因誤於一些主觀的原則則與理論，使清人在詩詞創作方面，每多囿限。若要不傍門戶，獨立風格的，則必需壁立千仞，兼有超越常人的才力不可。蔣春霖的詩詞，可說是當時能兼取詞壇各派之長又不爲各派所固限，所以氣韻獨高，譽滿文囿。其實，蔣春霖雖能在清代文壇上，盡掃藤葛，不傍門戶，自成一家，但他的詩詞，到底還是深深受着當時詩詞學上觀念發展的影響。這影響，可分三方面申論：

(一)清代詩史、詞史觀念發展對蔣春霖的影響。

(二)在詞學發展方面，蔣春霖能取浙西、常州、陽羨三派之長，集白石玉田之清空、蘇辛之悲壯、少游清眞之沉鬱纏綿於一身。

(三)復在詞學的發展上，蔣春霖能懲浙西、常州、陽羨三派之失，另闢蹊徑，盡掃葛藤，不傍門戶，兼具才華氣格，自成一家。

(一)詩史詞史觀念的發展對蔣春霖之影響

詩史之稱，最早見於孟棨《本事詩》：

> 「杜逢祿山之難，流離隴蜀，畢陳於詩，推見至隱，殆無遺事，故當時號爲詩史。」⑦

宋祁《新唐書》杜甫傳亦稱杜甫詩爲詩史，據此，唐人似已有詩史之稱。而詩史的意思，要皆如宋人陳巖肖所說：

> 「杜少陵子美詩，多紀當時事，皆有據依，古號詩史。」⑦

不過，以詩紀事或敍事，與一般理解中的中國詩歌傳統，是有點不同的。

因爲中國詩歌，向以「緣情或言志」爲主，所以如杜甫一類的傷世感時，敍述國事的詩歌是較少的，雖然漢樂府如《戰城南》、《病婦行》、《孤兒行》和曹操的《步出夏門行》等都是記述世情的詩歌，但到底都是少數。宋明兩代，雖有推崇的學者，但亦有不少批評家對之排斥。古文作者提倡文以載道，所以詩以載道是可以接納的，所以唐宋也有以文爲詩的詩作。黃山谷、蘇轍等對詩史皆所推許。黃山谷以爲：「杜之詩法，韓之文法。」⑫蘇轍則謂杜甫詩：「詞氣如百金戰馬，注坡驀澗，如履平地，得詩人之遺法。」⑬這都是宋人推崇紀事體詩史的觀念及態度。不過，在宋代也並不是沒有人提出過反省或質疑的。江西詩社宗派的洪炎以爲：

「詩人賦咏於彼，興託在此，闡繹優遊而不迫切，其所感寓常微見其端，使人三復玩味之，久而不厭，言不足而思有餘，故可貴尚也。若察察言如老杜《新安》、《石壕》、《潼關》、《花門》之什，白公《秦中吟》、《樂遊園》、《紫閣村》詩，則幾乎罵矣。」⑭

又如楊愼《升庵詩話》說：

「宋人以杜子美能以韻語紀時事，謂之詩史。鄙哉！宋人之見，不足以論詩也。夫六經各有體：易以道陰陽、書以道政事、詩以道性情、春秋以道名分。後世之所謂史者，左記言，右記事，古之尚書春秋也。若詩者，其體其旨，與易書春秋判然矣。三百篇皆約情合性歸之道德也。……宋人不能學之，至於直陳時事，類於訕訐，乃其下乘，而宋人拾以爲己寶，又撰出詩史二字，以誤後人。」⑮

明末清初王船山《薑齋詩話》更謂：

「夫詩之不可以史爲，若口與目之不相爲代也。」⑯

對詩史的觀念及對其創作手法，攻擊甚烈。這種批評，主要認爲詩作應着重於比興，若直陳時事，自然會接近於賦，表達不夠含蓄。明代中葉以後，這種批評趨向，使整個文壇又重新考慮詩歌表達的特殊性，尤其是有關詩

歌意旨、比興等的問題。

清承明代論詩餘緒，繼續在詩歌比興傳統體認的問題上反省及探索，又因爲清代詞壇突呈復興氣象，詩詞並駕齊驅，故論詩之外，又復論詞，而其取向，都來自於對比興傳統的共同體認。例如錢牧齋之開始推崇李義山，以爲李義山《無題詩》：「皆託於臣不忘君之意，因以深悟風人之旨。」⑦⑦又如葉燮的詩論：

> 「詩之至處，妙在含蓄無垠，思致微渺，其寄託在可言不可言之間，其指歸在可解不可解之會，言在此而意在彼，泯端倪而離形象、絕議論而窮思維。」⑦⑧

都是主張比興寄託，以景敍情，言情不盡而得溫柔敦厚之意⑦⑨。於此，清代詩論注意在詩的言外隱裏方面，多爲寓忠憤之意，這又與時局有着密切的關係，故爾，詩與史的觀念，遂顯得緊密無比。錢牧齋繼而申明詩史的性質：

> 「春秋末作以前之詩，皆國史也；人知夫子之刪詩，不知其定史。人知夫子之作春秋，不知其爲續詩。……曹之贈白馬，阮之咏懷、劉之扶風、張之七哀，千古之興亡升降、感嘆悲憤者，皆於詩發之。馴至於少陵，而詩中之史大備，天下稱之曰詩史。」⑧⑩

牧齋之後，論詩史者，皆以詩的表達手法，雖兼有賦與比興二類，且同出於「情」，誠如陳沆《詩比興箋》說的：「情與事附，則志隨詞顯，詩史之目，無俟杜陵。」⑧①在詩這方面，既已是推尊詩史，力崇比興，自然也可以將此觀點推衍到詞論方面去。

清代的詞，不管是從詞作還是詞論來講，都以常州派之興起爲一重要關鍵。常州詞派以《詞選》編者張惠言爲創始人，而以周濟爲領導者。張惠言首先肯定了詞即是比興之詩，《詞選》序中云：

「意內而言外者謂之詞，其緣情造端，興於微言以相感動，極命風謠
里巷男女哀樂，以道賢人君子幽約怨悱不能自言之情，低徊要眇，
以喻其致，蓋詩之比興；變風之義，騷人之歌則近之矣。」⑧

周濟更進一步提出詩有詩史，詞亦有詞史的觀念。他在《介存齋論詞雜著》
中說：

「感慨所寄，不過盛衰。或未雨綢繆，或太息厝薪，或已溺已饑，或
獨清獨醒，隨其人之性情學問境地，莫不由衷之言，見事多，識理
透，可爲後人論世之資。詩有史，詞亦有史，庶乎自樹一幟矣。」⑧

周濟的詞史說，包涵三個意義：(1)詩史、詞史乃由史義，而不由修辭去了
解。(2)肯定了比興與賦皆源出於性情，且符合《詩經》。(3)抒情與敍事不能
分離，情與事、情與物、情與景是相融的，詩史詞史正體現了我國抒情與
敍事互相穿透的文化特徵。詩史詞史的觀念，發展至此，亦可謂淋漓盡致
了。蔣春霖詩詞，眞摯多感，托意深厚，家國情懷，躍然字句行間，譚獻
論蔣春霖詞，尊稱爲詞史⑧，後世論者更以蔣春霖比並屈原杜甫⑧。蔣春
霖自謂其詞「欲以騷經爲骨，類情指事，意內言外。」⑧綜觀《水雲樓詩詞》，
洪楊之亂，清末之弊，畢陳其間，意內言外，推見至隱。要之，蔣氏在詩
詞上的表達方法，正好體現了由明代中葉以來，詩史詞史觀念的發展，而
此觀念的發展，對蔣春霖的創作意念及表達手法，必然有着鉅大的影響。

(二)兼取清代浙西、常州、陽羨三派之長

嵇哲《中國詩詞演進史》云：

「有清一代，號稱詞學中興，二百八十年，作家之盛，直比兩宋，而
門戶派別，頗不相同、各遵所尚，各具風采，婉約餘韻，豪放遺音，
一時盛行，並世重見；浙西常州，各樹旗幟，爭奇競巧，分主詞壇。
誠可謂極盛時期。」⑧

這裏說的「浙西常州，各樹旗幟」，指的是浙西派和常州派在清代詞學史上的地位。此外，尙有影響力較前兩派爲少的陽羨派。清初，詞風猶沿襲明代王世貞、陳子龍等的餘緒，以花草爲宗，以婉麗爲主，而疏於詞律。朱彝尊出，獨主南宋，以姜白石、張玉田的清空爲軌範。同期的陳維崧偏尙才氣，以豪放爲主，特宗蘇東坡、辛棄疾。朱、陳並世齊名，一時使清代詞風爲之大變。朱爲浙西派之先導，陳則爲陽羨派之開山。其後的張惠言及周濟，提倡尊體(推崇詞體)寄托(注重比興)，推崇周邦彥、吳夢窗等，詞風婉約豪放並具，又以爲詞可作「感士之遇」，或論世、或論史的作用。自常州派興起，詞壇文士多宗尙之，所以常州一派的影響力最大⑧⑧。

細翫蔣春霖《水雲樓詞》，既有姜白石、張玉田的清空精警；蘇東坡、辛棄疾的豪放悲壯；復有秦少游、周清眞、吳夢窗等詞家的深美閎約，沉鬱頓挫⑧⑨，可以說《水雲樓詞》能取法於三家之長，兼而用之。鹿潭能運化諸家佳句入詞的寫作功力，我們在上節已作了多方面的闡析，這裏不再贅述，僅以《唐多令》及《木蘭花慢》二首爲例，說明《水雲樓詞》能兼備清代三詞派的特色。《唐多令》爲蔣春霖哀悼喪亂國家之佳作，風格融合激越婉約之情⑨⓪。唐圭璋評此詞：

「悲壯激越，彷彿蘇辛。」⑨①

又云：

「沉鬱頓挫之處，又神似清眞。」⑨②

又云：

「結尾明點南京石頭城爲太平軍所佔，運化白石『舊時月色，算幾番照我，梅邊吹笛』詞意，寫現實環境。」⑨③

蔣春霖於一詞中，能集蘇辛、清眞、白石諸詞家的不同風格而融匯之，不僅見出他的寫作功力，他的能兼備浙、常、陽三派之長，而自成一己的詞

風，也是清楚可見的。故後人每謂鹿潭詞，風格時蒼涼激越，時婉約深至⑭。又例如《木蘭花慢》中的：「蘆邊，夜潮驟起，暈波心，月影盪江圓」等語，可謂婉約深至，亦頗有境界，乃近於白石、玉田，以「才華」勝；而「看莽莽南徐，蒼蒼北固，如此山川」等語，則可謂雄深雅健，於東坡、稼軒為近，乃以「氣格」勝。鹿潭才華益自姜張，氣格倍自蘇辛，在清代詞派爭立門戶，各遵所尚的風氣下，蔣春霖可說是別樹一幟的。

(三)能懲三派之失而另闢蹊徑，不傍門戶，自成一家

《水雲樓詞》兼具清代三大詞派的特色及風格，不難見出蔣春霖是受着這三派詞學影響的，其中尤以常州及浙派影響較大。所以清末詞論家有謂鹿潭為常州派，亦有說他為浙派的。徐珂以為常州詞派之後七家者，為：

> 「張惠言、周濟、龔自珍、項鴻祚、許宗衡、蔣春霖、蔣敦復也。」⑮

又云：

> 「七家中蓮生、海秋、鹿潭之作，大都幽艷哀斷，而鹿潭尤婉約深至。」⑯

明言蔣春霖為常州派詞人。但劉毓盤却云：

> 「蔣春霖以常州人而從浙派。」⑰

這又以蔣氏為浙派。徐珂以鹿潭為常州派，主要原因當為地域觀念濃厚所致⑱。陳鐵凡《清代學者地理分佈概述》指出：「清代學者之眾，首推江蘇省，幾佔全國三分之一，第二為浙江省，第三為安徽省，故梁任公曰：清代學術幾為江浙皖三省獨佔。」⑲於此可見江浙學風的興盛，蔣春霖與張惠言、周濟同為江蘇人，所以徐珂以蔣氏為常州派詞人。劉毓盤却認為蔣氏詞風取法姜張為多，故云：「蔣春霖以常州人而從浙派」，其實，徐、劉二

氏的說法都是過於主觀的。

　　我們上面已對蔣春霖的詞風作了多方面的分析，清楚見出蔣詞同時取
法於三大詞派而又能別樹一幟的。劉毓盤雖說鹿潭從浙派，但他亦認爲：
「《水雲樓詞》二卷，其言情之作，皆感事之篇也。唐宋名家，合爲一手。詞
至蔣氏，集大成矣。」⑩不過，這個說法還未夠透澈，鹿潭詞的最大優點，
乃在於能兼取三派之長而又能懲於三派之失，而自闢蹊徑，託體至高。吳
梅云：

> 「嘉慶以前詞家，大抵爲其年、竹垞所牢籠。皋文、保緒，標寄託爲
> 幟，不僅僅摹南宋之壘，隱隱與樊榭相敵，此清朝詞派之大概也。
> 至鹿潭而盡掃葛藤，不傍門戶，獨以風雅爲宗。」⑩

王煜亦云：

> 「《水雲》既作，盡掃葛藤，滙納百宗，蔚爲變徵，家數類別，冠冕一
> 朝，清詞有斯，可謂至極矣。」⑩

二說皆能反映實況。夏承燾有咏《水雲樓詞》絕句：

> 兵間無路問吟窗，彩筆如椽手獨扛。
> 常浙詞流摩眼看，水雲一派接長江。⑩

也首肯蔣春霖不重複別人走過的路，不作常浙詞派的家臣，而能另闢蹊徑，
可見蔣氏情才之大。

　　蔣春霖如何能懲於三派之失而不爲所囿呢？這一點，賀光中有很精闢
的說明：

> 「浙西派取徑於姜、張，以清空婉約爲歸，不善學之，則流入浮滑纖
> 巧。陽羨派取於蘇、辛，以高曠豪放爲歸，不善學之，則流入粗獷

叫囂。常州派取徑於清眞，以深美閎約爲歸，不善學之，則流入平
鈍廓落。三派宗尚不同，而其失則一也。與常州派同時，懲於三派
之失而不爲所囿者，則有周之琦稚圭、項鴻祚蓮生，蔣春霖鹿潭三
大家。…而鹿潭氣韻獨高，吐屬深穩。…滿清一代，以鹿潭爲冠，
允無愧色焉。」[104]

賀氏對鹿潭詞，可謂推許之至。鹿潭《水雲樓詞》爲滿清之冠，或爲過譽，
但以鹿潭激越而不粗獷，婉約而能深厚，沉鬱而能渾融的詞風，及其能入
於三派而又能出於三派的寫作技巧，誠爲咸同以來第一流詞人，是可以當
之無愧的。

四、太平天國及捻軍在蔣春霖創作思想中
　　之歷史背景

　　蔣春霖生活在十九世紀中葉，這正是中國近代史上最動亂的一段時
期，清朝的腐敗與衰弱在不斷的內憂外患中表露無遺，整個國土都燃亮着
戰火，使人民在兵荒馬亂中過着朝不保夕、顛沛流離的悽慘生活。生存在
如此境況下的蔣春霖，他的思想、他的際遇、他的人生觀，甚至是他的詩
作詞作，都是受着時代底支配的。

　　蔣氏生於淸仁宗嘉慶二十三年(一八一八年)。淸宣宗道光十九年(一八
四〇年)鴉片戰爭時，他剛好二十三歲，正當他血氣方剛之年，就目睹大淸
皇朝的開始崩潰。淸文宗咸豐七年(一八五七年)，他三十九歲時，再次經
歷了第二次鴉片戰爭，身爲一個以「學而優則仕」、以「家國爲己任」的傳統
文人，他內心的苦痛是不難理解的。所以在他的詩詞中，就大量的反映了
他對國家腐敗的憤慨，這可以清楚見出蔣春霖在淸咸同年間的政治社會意
識，這方面，我們在下一節將再作討論。這裏，我們先看看這時期淸代最
大的內患 —— 太平天國活動，對蔣春霖的思想及其創作意念的巨大影響。

　　蔣春霖的一生，經歷了太平天國的起與盛、衰與亡。清文宗咸豐元年（一八五一年）一月，洪秀全在廣西建號太平天國至清穆宗同治三年（一八六四年）敗亡的這一段時期，剛好是蔣春霖三十四歲至四十七歲之間。這十多年的生命，可以說是蔣春霖思想中最成熟，也最矛盾，起伏最大，挫折最多的時期，他的《水雲樓詞》中的大部份作品，都是這一時代的產物，所以，《水雲樓詞》的主要內容，乃與太平天國亂事有關。又由於蔣春霖身世飄零，久沉下僚的緣故，他對於動盪不安、連年戰火下的老百姓的淒苦景況，十分了解，因此，他的詩詞，主要的基調，就是反映洪楊亂事帶來的戰爭痛苦。

　　經歷太平天國亂事而又以吟咏太平天國戰爭為主的文人，在當時並不多見，後世以詩史、詞史並舉而推崇稱譽的，就是金和與蔣春霖⑩。金和與蔣春霖同年出生（均生於一八一八年），也同時在同樣的歲數中經歷了鴉片戰爭與太平天國起義這些重大歷史事變。一八五三年太平軍攻佔南京後金和曾直接參加剿滅太平軍的行動⑩，「兵刃死亡，非徒聞見而已，蓋身親之。」⑩所以金和對於人民所受的痛苦，有極詳盡的描寫⑩。蔣春霖流寓江北，沒有身受過戰亂的殘酷，但鹿潭避難泰州⑩，毗鄰太平軍蹂躪的揚州及南京，不斷目睹從圍城中突圍或逃命的人的驚惶恐懼，耳濡目染，對於家國的飄搖，事同己受，所以他的詩詞，處處都表現着一種誠摯而傷痛的敍述。更由於蔣鹿潭寫作的技巧，他的吟咏洪楊戰亂，較之金和，更見沉鬱悲痛⑩。唐圭璋評他的詞，「不是激烈的狂喊，而是隱忍的飲泣，一種風塵淪落之感，和無國無家的情緒，都寫得深透無匹；而一腔溫柔忠愛的心跡，竟與屈靈均，杜少陵如出一轍。」⑪確是的論。

　　《水雲樓詞》的內容是多方面⑫，但若仔細翫誦，可以發現幾乎每一首都在反映戰爭的時局，有些寫得較為隱晦，有些則寫得極為明顯。在其一百餘首的詞作中，明言戰事的有二十多首，例如：

　　　　《木蘭花慢》（甲寅四月）
　　　　《甘州》（甲寅元日）

《踏莎行》(癸丑三月賦)

《一萼紅》(墻角小梅)

《揚州慢》(癸丑十一月二十七日)

《水龍吟》(癸丑除夕)

《齊天樂》(送周發甫、趙敬甫之杭州)

《虞美人》(金陵失，秦淮女子高蕊陷賊中數月)

《淒涼犯》(夜泊萬福橋)

《金縷曲》(乙卯初春，將之揚州)

《淡黃柳》(揚州兵後，平山諸園林皆成榛莽)

《拜星月慢》(予事羈東陶)

《台城路》(金麗生自金陵圍城出)

《台城路》(易州寄高寄泉)

《唐多令》(楓老樹流丹)

《惜秋華》(六合城南廢祠，或謂祀九江王英布，粵賊陳玉成之潰，土
　　　　　人以爲有神力云)

《角招》(送宗湘文入都，即之官杭州)

《揚州慢》(兵後)

《琵琶仙》(天際歸舟)

《慶春宮》(高茶庵婦死於兵，作空江吊月圖)

《渡江雲》(燕台遊跡)

《虞美人》(水晶簾卷澄濃霧)

《瑤華》(敗荷)

等，都是較爲明顯地表達當時兵荒馬亂，人民流離顛沛的戰爭情景。此外，
又有《軍中九秋詞》，寫征衫緇染，旅途勞頓之篇什，亦能反映當時的局勢。
而這些作品中，有多首例如《踏莎行》(癸丑三月賦)、《木蘭花慢》(甲寅四月
客有自金陵來者感賦此闋)、《台城路》(金麗生自金陵圍城出)、《揚州慢》(癸
丑十一月二十七日賊趨京口，報官軍收揚州)等，望而可知是寫太平天國之
事，而且蔣春霖的態度，是反對太平天國的，所以在蔣氏若干作品的詞序
中，以「賊」對太平軍的稱謂，例如《揚州慢》詞敍：「癸丑十一月二十七日，
賊趨京口，報官軍收揚州。」及《虞美人》詞敍：「金陵失，秦淮女子高蕊陷

賊中數月，今春見於東淘，愁蛾蓬鬢，不似舊時矣。」等。

為何蔣春霖如此反對太平軍呢？太平天國這一大歷史變亂對鹿潭的一生起着何等作用？在他的思想及創作中又有着何等意義呢？這些，都是在探究鹿潭的寫作背景中，應當深入討論的問題。

從《水雲樓詞》的內容看，蔣鹿潭是十分厭惡太平軍的，這可以從三方面作解釋：

(一)首先，蔣鹿潭身為一個沉浮於社會底層的知識份子，他與社會老百姓是聲氣相求，呼吸相通的，所以，對於一切動亂與戰爭，他都認為是人民的禍害，他渴望有一個安寧的社會環境，過太平的日子。當時洪楊動亂，波及範圍擴達中國的大部份，除了東北、西北少數地區外，到處都燃起了熊熊戰火，社會動盪，人民死傷流離。雖然當時亦有一部份底層知識分子，投身到太平天國的戰鬥中，但大多數傳統的知識分子均是處於徬徨、悲觀與失望之中，鹿潭便是其中的一個典型。他看到的是戰爭帶來的苦難，而這些苦難又是直接由洪楊亂事而來，雖然洪楊之亂有「官迫民反」的成份⑬，但鹿潭切身感受到的，乃是由太平軍帶來的戰爭禍患，他的詩詞處處反映戰爭，是社會動亂的真實圖卷，例如：

> 劫灰到處，便司空、見慣都驚。問障扇遮塵，圍棊賭墅，可奈蒼生。
>
> ——《揚州慢》

> 臘酒餘寒，春燈殘雪，地僻還聞簫鼓。
>
> ——《拜星月慢》

> 銀潢何日鎖兵氣，劍指寒星碎。遙憑南斗望京華，忘卻滿身清露在天涯。
>
> ——《虞美人》

> 江間奔浪怒涌，斷笳時隱隱，相和鳴咽。野渡舟危，空村草濕，一

飯蘆中淒絕。

——《台城路》

誰念荒江外，鐵甲生寒，淚花冰結。枕戈夢短，壞雲堆，餓鷗啼絕。

——《淒涼犯》

琵琶聲咽玲瓏玉，愁損歌眉綠。酒邊休唱念家山，還是兵戈滿眼路漫漫。

——《虞美人》

淚點關河，軍聲草木，愁殺江南行旅。

——《齊天樂》

烽火連江，河山滿眼，那處登臨。

——《一萼紅》

破驚濤一葉，看千里，陣圖開。正鐵鎖橫江，長旗樹壘，半壁塵埃。

——《木蘭花慢》

烽煙危隔縣，舟楫聚荒城。野哭空皮骨，民窮一死生。

——《東台雜詩》

室家飄泊逐野鶩，干戈擾攘羈來鴻。

——《中秋夜步》

寒星搖白波，旌旗動江水。北風中夜來，鼓鼙聲未已。
兵符促星火，征糧先下邑。長官重軍令，小人急所急。

——《雜咏》

這些詩詞，描寫戰事，精警淒壯，都是當時的時代寫照，並不是無病的呻吟，鹿潭有「詞史」的美譽，亦在於此。

　　(二)其次，蔣春霖雖然未有身歷戰亂的殘忍，但他從陷於太平軍的金陵、揚州等地逃亡出來的人的口中，得悉一部份太平軍的殘虐暴行，這也是他反對太平天國的一個主要原因。據現存有關記述太平軍攻城的紀錄文獻如日記、紀略、遺稿、瑣聞等，太平軍對普通老百姓的家庭，確曾帶來毀滅性的災難。當我們隨手在連篇累牘的歷史遺著中做着筆錄時，就感到簡直是不勝枚舉了。例如，據《庚申殉難日記》(又名《德門公手書日記》)載：

> 庚申四月十七日，清晨，賊群至，與子英同毛賊至花廳，見吟、侶兩侄已在。有賊喝問銀藏何處，不說即殺。」⑭

又《柳兆薰日記》：

> 「庚申五月廿九日，又聞曾國藩已南下，果若是，我邑(吳江蘆墟)尚有生機，然擄去連婦女死於平望者已數百口，遭此大劫，可哀之至。」⑮

又江堃《盾鼻隨聞錄》記太平軍攻湖南時：

> 「城中富室俱摳掘地窖，埋藏金銀，並將婦女藏入地室。數日後有本地人赴賊營出首，遂逐家搜取，將油熬滾灌入地隙，被灼身死者無算。賊眾爭掠婦女幼童，當着大眾恣意姦淫，毫不知恥。前任山西知縣冀文傑家內婦女六人，被擄逼姦，抗節不屈，齊聲詈詈，有一少婦抓傷賊眼，立遭鱗割，刳取兩乳喂犬，並抽腸破肚，慘毒極矣。」⑯

又在日本發現的太平天國資料《道光咸豐內地騷亂事實》載述太平軍佔武漢時：

> 「長江沿線盜賊蜂起，繼而江南、山東、徐州等地亦出現匪徒。」⑰

再據《蘋湖筆記》記江蘇鎮江太平亂事：

> 「南門外民房已十毀其九。……西門外民房爲賊燒盡。……城內外賊
> 燒民房，煙與雲接。數日以來，火光不息。」⑪⑧

沈梓《避寇日記》記浙江海鹽：

> 「居民四處漂流，乞食不給，大半路斃。」⑪⑨

及馮氏《花溪日記》記浙江平湖：

> 「(咸豐十一年)二月初四日，賊陷花溪鎮…是夜逃遷絡繹，燈火星
> 散。……數千里遠近皆廢眠食，奔逃無地。……凡前後兩次逃難，
> 有曠野聚數千人息夜者，一再聚五、六人無遮蓋風雨物者，過江覆
> 沒海中者，遷避數處複爲搶匪劫去者，故惟先逃者家人團聚，後逃
> 者妻子離散，惟望家鄉火發，盡存焦土矣。」⑫⓪

這裏引用的歷史資料，確是一幅幅絕頂的處於社會動蕩，百姓「非逃即死」、
房屋「十毀其九」、家庭「妻離子散」的寫眞圖。如果撤開造成這種苦難的責
任問題而言，太平天國洪楊之亂，確實帶給當時的一般老百姓，甚或商賈
小吏等，極其殘酷的戰爭災難。蔣鹿潭生活在其中，怎能不對太平軍加以
排斥呢？一種對戰爭的悲鳴，在鹿潭的詩詞中是處處可見的，尤其是鹿潭
的詞序，有云：

> 高茶庵婦死於兵。

> ——《慶春宮·序》

> 揚州兵後，平山諸園林皆成榛莽。

> ——《淡黃柳·序》

> 癸丑十一月二十七日，賊趨京口。

　　　　　　　　　　　　　　　　　　　　　——《揚州慢‧序》

　　金陵失，秦淮女子高蕊，陷賊中數月。

　　　　　　　　　　　　　　　　　　　　　——《虞美人‧序》

　　射工利殺人，猛虎不擇肉。鷹隼快一擊，豈問覆巢酷。

　　　　　　　　　　　　　　　　　　　　　——《雜詠》

都是紀實的感嘆，他把太平軍目爲「賊」，而希望清軍「劍指寒星碎」(《虞美人》)，把亂事平定，拯救人民於戰禍中的心態，是不足爲怪的，也可以說是當時一般「感時傷世」、「憂國憂民」底文人的思想。

　　(三)再其次，蔣春霖畢竟是一個從屬於封建階級並受過傳統的正統思想教育的文人。他的思想顯然有兩個特點。第一是難以接受太平天國的西方宗教論調及形式⑫；第二是對統治了二百年之滿清異族統治皇權已接受下來，並認爲忠於國家政權是應有的倫理道德⑫。

　　蔣春霖並沒有留下文章，但在他的友人杜文瀾的《平定粵寇紀略》一文中，可以窺見他們對太平天國崇拜耶穌教的反感。杜氏云：

　　　「洪秀全曾習耶穌教，如以佛象爲魔鬼，每日誦讚美，七日一禮拜，
　　　皆教中事。秀全欲駕而上之，造種種邪說。蓋竊耶穌教之唾餘，而
　　　踵白蓮教之惡蹟，又屬彼教中之罪人矣。」⑫

又云太平軍：

　　　「所過名城繁鎮，梵宮寶刹，必毀拆殆盡。」⑫

再如《粵逆紀略》謂太平軍在南京城：

　　　「遇廟宇悉謂之妖，無不焚燬。姑就金陵言，城外則白雲寺、靈谷寺、

蔣侯廟、高座寺、天界寺、雨花台寺、長干塔、呂祖閣、天后宮、靜海寺等，城內則驚峰寺、朝天宮、十廟等處，此猶其著者，至無名寺觀則指不勝屈，間遇神像無不斫棄。」⑫

這方面的記載，在太平亂事期間的文章、日記及回憶錄中也是被大量的記錄下來的。作爲一個傳統文人的蔣鹿潭，他對太平天國這方面的行誼，顯然是反對的。以「保存中國文化」爲使命而剿滅太平軍的清兵，亦顯然地受到蔣氏的擁護了⑫。以一個典型的中國讀書人如蔣鹿潭而言，他雖然仍然痛恨「夷人」，但已認爲「逆視夷有加」，他還是斥罵官兵，卻主要是斥罵他們政績腐敗，未能令國家富強，及他們對起義鎮壓的不力。顯然，對造反者的敵視已成爲蔣鹿潭一生思想中佔支配地位的方面，他的《水雲樓詩詞》就是這種思想背景下的產物，所以《水雲樓詩詞》處處反映太平天國亂事，而以反對戰爭，渴望和平爲其創作的主要基調。

至於捻軍，活動主要在魯豫蘇皖地區：「山東之兗、曹，河南之南、汝、光、歸，江蘇之徐、淮，直隸之大名，安徽之廬、鳳、穎、壽」等地⑫，對長江一帶的波及遠不如太平天國的慘烈，所以在蔣鹿潭的詩詞中，主要還是反映太平天國的亂事。

五、清咸同年間的政治社會意識
　　與蔣春霖詩詞創作之關係

咸同年間，清代已漸呈衰微現象。外患內憂，接踵而至，清室岌岌可危，加上地方官吏之惰窳，政績已達十分腐敗之境地。這時期的社會，由於上述種種禍患的衝擊，階級矛盾與民族矛盾因時相生，對所有知識分子來說，都會產生一個何去何從的問題。他們都生活在徬徨、悲觀和失望之中，蔣春霖便是其中的一個典型。

以當時社會而言，知識分子總要依附一個政治集團或社會階級始能生

存。以政治集團言之，一爲依附太平天國，一爲隸屬滿清之沒落統治階級。以社會階層而言，則爲官吏或商人，其中尤以鹽商爲主⑫。蔣氏乃依於滿清統治階層中之高官及鹽商之知識分子，其師友亦大抵多屬此輩，而且更多爲淸王朝政權的積極支持者⑫。在考察鹿潭的身世、交遊、思想幾方面中，可以見出鹿潭實爲淸代咸同年間典型的傳統文人，他的政治思想意識，正好代表了傳統文人的看法：

(1)中國的讀書人，在過去好像是以做官爲惟一的出路，考試做官才有發揮的機會。鹿潭擺脫不了這種思想，所以一生也在官場中找出路，可惜由於性格及機緣種種問題，他一直都屈屈不得志，僅當過一位「未入流」的鹽官⑬。鹿潭有傳統讀書人的峻潔人格，卻又有傳統讀書人「學而優則仕」的思想，這便是中國讀書人的矛盾。淸代咸同年間，外患內憂之際，西方思想不斷冲擊，太平天國又鼓吹新的革命意念，但大部份的傳統讀書人，仍然保留着如鹿潭的一貫思想。

(2)回看元、明、淸三代歷史，在異族侵略中國之初期，士人多有本着春秋大義，攘夷尊王，愛國忠君，反抗蒙滿，壯烈殉國的思想，但至太平天國時，滿淸已統治了二百多年，君臣名分旣定，三綱之說復行，一般之傳統知識分子，都以滿淸爲國朝，而且有着愛國的心意。所以在洪楊事變的劇烈社會大變革之前，當時確有一部分知識分子投身太平軍與淸對抗，但大部份的知識分子，則仍如蔣春霖一樣，愛國憂民，生活在悲觀與失望之中。他的詞，充分表現了作爲一個低層知識分子的淒寒心態，在悲觀中渴望政事太平，國民安享寧靜的日子。蔣春霖對生活的憧憬是樸素而又是積極的。他的《瑤華》云：

> 待幾時重展枯香，斜日小橋魚市。

《虞美人》云：

> 銀潢何日銷兵氣，劍指寒星碎。

《唐多令》云：

　　一片石頭城上月，渾怕照，舊江山。

《高陽台》云：

　　又斜陽，過盡西樓，都是昏鴉。

都很能表達憂民憂國的文人心態。鹿潭對清的政治感到失望，同時又害怕清朝眞的一蹶不復振，不能克制內外之禍患。

(3)上節敍述太平天國對鹿潭的影響，此外，英法聯軍入犯，鎮江失守，清庭處理失宜，人才惛窳等等，都同樣地刺激着蔣鹿潭的思想，他的《木蘭花慢》(江行晚過北固山)即咏英軍破鎮江事。《浪淘沙》的：

　　花發已無端，何況花殘？飛來蝴蝶又成圍。明日朱樓人睡起，莫捲簾看。

即爲吟咏清末之兵連禍結，人才惛窳。他的《淡黃柳》小序說：

　　揚州兵後，平山諸林皆成榛莽。……悲從中來，更不能已。

讀書人的家國情懷，更是躍然紙上。

(4)蔣鹿潭雖然官宦侘傺，但他嚮往的仍是中國社會一般文人所希望得到的功名祿位的士紳，所以鹿潭可以說是屬於士紳階級一類型的儒者。這一派人士有一個特性，就是文化的傲性⑬。李肇增《水雲樓詞‧敍》說鹿潭的「負文學氣義，與世牴牾。」⑬便是這種傲性的表現，這種傲性，往往對禮教每況愈下的社會，懷有着一種憤世嫉俗的心態。鹿潭的詩，最能表達這方面的憤慨，尤其是他的《東台雜詩》，誠爲

閲世之作，這我們在下章詩作闡析一章中再作申論。褚榮槐敍《水雲樓詞》說他：「道衡功專，惡聞人語。宜其神解獨超，而孤芳自賞者焉。」[133]這一種氣質，使《水雲樓詩詞》除了有着一股凜冽的苦寒氣外，也有着一股豪邁的風味，這種作風，也最能表達當時社會存在着的矛盾。

(5)咸同年間的清代社會，有着濃厚的世紀末色彩，戰禍連年，人民苦困，文人在哀世中漂泊者多。鹿潭的詞，最能反映這種末代的情調，最能表達文人在如此社會中漂泊的愁苦，所以最能勾起同代文人的共鳴，亦給予後人了解清代咸同年間文人的心理狀態。如鹿潭的《卜算子》：

　　燕子不曾來，小院陰陰雨。一角闌干聚落花，此是春歸處。

　　彈淚別東風，把酒澆飛絮，化了浮萍也是愁，莫向天涯去。

即能切實地反映了當時落難文人底寒徹心骨的陷落感及無可奈何的失落情懷[134]。

　　綜合以上的分析，蔣鹿潭的《水雲樓詩詞》，可以說是清咸同時期一般低階層知識分子政治社會意識的寫照。作爲一個傳統的讀書人，蔣鹿潭生當如此亂世，他的悲哀，不僅是他個人的悲哀，同時也可以說是中國傳統知識分子的悲哀，更甚言之，是整個國家的悲哀。中國近代史是血淚交織史，這歷史還刻下的心血淚書寫着。《水雲樓詩詞》的一字一淚，正是這歷史中的血墨流痕，它正是這一時代的哀痛呼聲！

注　釋

① 《清史稿》列傳二百七十一《文苑》一。

② 《水雲樓詞全集》，上海漢文正楷印書局，民國二十二年(一九三三)十二月版。

③ 杜文瀾《憩園詞話》卷四，《詞話叢編》第九冊，台北廣文書局，一九六七年版，頁三〇三二。

④ 《史記‧屈賈列傳》：「國風好色而不淫，小雅怨悱而不離，若離騷者，可謂兼之矣。」班固《離騷序》以爲淮南王劉安語。鹿潭以騷經爲骨，概此之類。

⑤ 李冰叔云：「君爲詩，恢雄伉儷，若《東淘雜詩》二十首，不減少陵秦州之作。乃易其工力爲長短句，鑱情劖恨，轉豪於銖黍之間，直而致，沈而姚，曼而不靡。」《水雲樓詞序》，曼陀羅華閣咸豐辛酉仲夏開雕精刻本。

⑥ 唐圭璋《蔣鹿潭評傳》，《詞學季刊》第一卷第三號，上海民智書局，民國二十二年(一九三三)十二月。

⑦ 譚獻《篋中詞》卷五，台北鼎文書局，民國六十年(一九七一)九月初版。

⑧ 陳廷焯《白雨齋詞話》卷五，程千帆主編，屈興國校注《白雨齋詞話足本校注》本，濟南齊魯書社，一九八三年十一月版。

⑨ 蔣鹿潭生平考述，詳見上章。姜白石之生平與思想，參見劉逸生主編，劉斯奮選注《姜夔張炎詞選前言》，三聯書店香港分店，一九八二年十二月版；及唐圭璋、潘君昭《論姜白石及其詞》，載《南京師範學院學報》，一九六二年第三期。

⑩ 張孟劬《詞莂序》云：「爾田少侍先子(張上龢)，言嘗從鹿潭學爲詞，鹿潭自詡其詞曰：白石儔也。」(見朱孝臧原編，張爾田補錄《詞莂》，台北世界書局，民國五十一年(一九六二)元月初版。)鹿潭對白石的傾慕，於此亦可得見。

⑪ 《直齋書錄解題》卷二十《白石道人集》，台北廣文書局，民國五十七年(一九六八)三月版，頁一二五三。

⑫ 《世說新語》上卷《文學第四》，余嘉錫撰《世說新語箋疏》本，北京中華書局，一九八三年八月，頁二六七。

⑬ 張炎《詞源‧字面》，北京人民文學出版社，一九八一年一月版，頁十五。

⑭ 萬樹《詞律》卷之一，上海古籍出版社據清光緒二年本影印原書版，一九八四年二月，頁十五。

⑮ 參夏承燾《白石詞編年箋校》本，北京人民文學出版社，一九八一年版。

⑯ 《水雲樓詞續》的《霜葉飛》，題作《鬓梅》，可說是咏梅的作品，但不能算是《水雲樓詞》上乘之作。

⑰ 從《水雲樓詞》中，可見鹿潭對梅是十分偏愛的，其有咏梅句語的詞作，在詞集中不少於二十首之多。例如卷一的有《東風第一枝》、《掃花游》、《金菊對芙蓉》、《凄涼犯》、《揚州慢》、《水龍吟》、《甘州》(甲寅元旦)、《高陽台》、《角招》等。卷二有《拜星月慢》、《東風第一枝》(春雪)、《燭影搖紅》、《齊天樂》、《更漏子》等。《詞續》則有《徵招》、《琵琶仙》、《霜葉飛》(鬓梅)等。輯佚的《木蘭花慢》(贈陳百生)，也有咏梅之句。

⑱ 參夏承燾《白石詞編年箋校》。

⑲ 詳見下章詩作分析。

⑳ 昔人多以周邦彥，姜白石並稱。陳廷焯《白雨齋詞話》說：「余嘗白石、梅溪皆祖清眞，白石化矣，梅溪或稍遜焉。」杜未末校點《白雨齋詞話》卷二，北京人民文學出版社，一九五九年十月，頁三二。

㉑ 夏承燾《白石詞編年箋校》本。

㉒ 曼陀羅華閣咸豐辛酉仲夏開雕刻本。

㉓ 張炎《詞源》說：「詞要清空，不宜質實；清空則古雅峭拔，質實則凝澀晦昧。姜白石如野雲孤飛，去留無踪。」(夏承燾校注本，北京人民文學出版社，一九八一年版)對白石詞推崇備至。後人以白石、玉田爲一脈相承，開清空古雅一派，

別於宋詞傳統的豪放、婉約派。朱彝尊曾說：「詞莫善於姜夔，宗之者張輯，盧祖皋、史達祖、吳文英、蔣捷、王沂孫、張炎、周密、陳允平、張翥、楊基，皆具夔之一體。」(《黑蝶齋詩餘序》，《曝書序集》卷四十。) 汪森序《詞綜》(朱彝尊編、王昶續編，台北世界書局本)，更具體表示相同的見解：「西蜀南唐而後，作者日盛，宣和君臣轉相矜尚，曲調越多，流派因之亦別，短長互見，言情者或失之俚，使事者或失之伉。鄱陽姜夔出，句琢字鍊，歸於醇雅，於是史達祖、高觀國羽翼之，張輯、吳文英師之於前，趙以夫、蔣捷、周密、陳允衡、王沂孫、張炎、張翥效之於後，……而詞之能事畢矣。」陳廷焯論玉田詞，亦謂：「張玉田詞，如井剝哀梨，爽豁心目，故誦之者多，至謂可與白石老仙相鼓吹。」(《白雨齋詞話》卷二。) 今人對這方面論述的文章亦很多，如謝桃坊的《宋元之際詞學的理論建設及其意義》(載《文學遺產》，一九九〇年一月)、陳曉芬的《張炎〈清空〉說的美學意義》(載《古代文學理論研究》第十三輯)、萬雲駿的《詞話論詞的藝術性》(載《詞學研究論文集》，上海古籍出版社，一九八二年三月) 等文章，都可參考。

㉔　張炎寫詞雖然推崇姜夔，走的也是「雅正清空」的路子。不過，他却變姜詞的「逋峭」為「流麗」。用字造句更講究聲響和色澤，也更着意於打磨，使之圓轉渾灝，不露圭角。此亦所謂「錘煉之極，歸於自然」(如同「絢爛之極，乃造平淡」一樣) 的經驗之談。雕琢并不一概可厭，問題是要經過雕琢而仍能達到自然流暢；張炎不少作品就正達到了這種境地，所以為高。參見楊海明《張炎詞研究》，濟南齊魯書社，一九八九年；劉斯奮選注《姜夔張炎詞選·前言》，三聯書店香港分店，一九八二年。

㉕　見朱孝臧《彊村叢書》本《山中白雲詞》。

㉖　《白雨齋詞話》卷五，同注⑧。

㉗　張炎在《詞源》中曾舉例李清照《永遇樂》咏元宵的詞，說她的：「不如向簾兒底下，聽人笑語」句亦「不惡」(見《詞源·節序》)。可知，他對李清照在亡國之後以元宵節的今昔對比來抒發興亡盛衰之感的節序詞是深為理解並表示讚賞的。他的這首《清平樂》清明詞：「去年燕子天涯，今年燕子誰家？三月休聽夜雨，如今不是催花！」也就是採用這種「對比」法寫的，表達黍離之悲，十分深切。

㉘ 有關張炎家世，可參見元・袁桷《贈張玉田詩》、清・江藩《詞源跋》、清・厲鶚《山中白雲詞題辭》、清・丁丙《山中白雲詞跋》；有關張炎生平事迹，可參見宋・仇遠《贈張玉田詩》及《送張叔夏游金陵詩》、宋・鄭思肖《玉田詞題辭》、宋・舒岳祥《贈玉田序》、元・陸文圭《詞源跋》、元・錢良祐《詞源跋》及元・戴表元之《送張叔夏西游序》。今人楊海明對張炎生平曾作過詳盡的考述，見楊氏著《張炎詞研究》，濟南齊魯書社，一九八九年十月。

㉙ 張炎生卒爲一二四八年至一三〇二年（宋理宗淳祐八年至元成宗大德六年）。公元一二七六年，北方的元朝軍隊大舉南下，結束了偏安一百五十年之久的南宋王朝，張炎當時二十九歲。南宋滅亡事，詳見《宋史》。

㉚ 蔣氏生平，詳見上章考述。痴雲《蔣鹿潭詞》云：「《水雲樓詞》俊宕處雖從玉田出，然沈摯之筆，自成家數，亦身世使然。」《詞學》第一輯，上海華東師範大學，一九八一年十一月，頁二八八。

㉛ 分別引見於宗源瀚《水雲樓詞續・序》及杜文瀾《憩園詞話》卷四，同注②、③。

㉜ 同注⑥，並參下章有關《東台雜詩》的內容分析。

㉝ 鄭水心《水心樓詞話》，香港聯合書院學報第二期，一九六三年六月版，頁二三至二四。

㉞ 《金元明清詞鑒賞辭典・蔣春霖詞》，江蘇古籍出版社，一九八九年五月版，頁一三四七。

㉟ 同上。

㊱ 沈祥龍《論詞隨筆》，廣文書局《詞話叢編》本第十二册，頁四〇六二——四〇六三。

㊲ 陳洵《海綃說詞》，《詞話叢編》本第十二册，頁四四三九。

㊳ 陳洵《海綃說詞抄本》，轉引自羅師忼烈《周邦彥清眞集箋》，三聯書店香港分店，一九八五年二月版，頁八一。

㊴　孔凡禮輯校《增訂湖山類稿》，北京中華書局，一九八四年六月版。

㊵　見《湖山類稿》，鮑廷博刻本，引見自孔凡禮輯校《增訂湖山類稿》，同注㊴。

㊶　《清史稿・文苑》的這個說法，是值得商榷的。不過，這個記載可見蔣春霖對二
　　家詞格，當亦不能無所濡染。至於蔣氏《水雲樓》詞集之命名，詳見下章考證。

㊷　《篋中詞》卷五，台北鼎文書局，民國六十年(一九七一)九月版，頁二九二。

㊸　《蔣君春霖傳》，載《粟香室文稿》，光緒二十六年庚子(一九〇〇)刻本。此處引
　　文乃轉載自《續碑傳集》卷八十，明文書局《清代傳記叢刊》綜錄類四。

㊹　賀光中《論清詞》，星加坡東方學會，中華民國四十七年(一九五八)四月版，頁
　　一六至一七。

㊺　譚獻論鹿潭詞，以成容若、項蓮生並提，於《篋中詞》且明述其原因謂：「或曰：
　　何以與成項並論？應之曰：阮亭葆礽一流，爲才人之詞。宛鄰止庵一派，爲學
　　人之詞。惟三家是詞人之詞，與朱厲同工異曲，其他則旁流羽翼而已。」同注㊷，
　　頁二九三。

㊻　《人間詞話》，香港商務印書館，一九六一年八月版，頁一九七。

㊼　況周頤以爲：「情眞、景眞，所作必佳。」所以「眞字是詞骨」，見《蕙風詞話》，
　　香港商務印書館，一九六一年八月版，頁六。

㊽　《納蘭容若評傳》，載《詞學論叢》，上海古籍出版社，一九八六年六月版，頁九
　　九五。

㊾　《憶雲詞甲稿序》，《清名家詞》第八冊，香港太平書局，一九六三年十一月版。

㊿　《蔣君春霖傳》，同注㊸。

51　《水雲樓詞》有八十多首均引用「夢」字入句，詳見本文第一章有關蔣春霖性格及

思想一節的考述。

(52) 納蘭性德小令以哀感頑艷見稱，在清代詞壇上影响頗大。至於慢詞長調，則往往捉襟肘見，不足爲鹿潭取法。《篋中詞》評成容若《念奴嬌·廢園》引周稚圭曰：「或言納蘭容若，南唐李重光後身也，予謂重光天籟也，恐非人力所及。容若長調多不協律，小令則格高韻遠，極纏綿婉約之致，使殘唐墜緒，絕而復續，第其品格，殆叔原方回之亞乎。」同注㊷，卷一，頁五四至五五。

(53) 譚獻以項蓮生，爲「古之傷心人也。盪氣回腸，一波三折，有白石之幽澀而去其俗；有玉田之秀折而無其率，有夢窗之深細而化其滯。」(同上，卷四，頁二二九至二三〇)。蓮生取法白石、玉田、夢窗。鹿潭詞風亦復如此，故後世以蓮生，鹿潭並稱。據黃兆顯《項鴻祚年譜》(香港《華僑日報》，一九七九年六月十一日)，蓮生生於清仁宗嘉慶三年戌午(一七九八)，早鹿潭二十年出生，嘉慶二十二年丁丑(一八一七)，二十歲時，開始自編《憶雲詞集》四稿。鹿潭生於一八一八年，照理推測，鹿潭在生之年，當涉獵《憶雲詞》，所以蓮生其人其詞，對鹿潭或有所影響。

(54) 吳梅《詞學通論》：「余謂復堂以鹿潭得流別之正，此言極是。惟以成項二君並論。則鄙意殊不謂然。成項皆以聰明勝人，烏能與水雲比擬。」(香港太平書局，一九六四年三月版，頁一七七。)賀光中云：「顧成項皆以聰明勝人，而鹿潭則兼具功力，不得相提並論。」(同注㊹，頁十六)。謝孝苹云：「成容若一貴胄，項蓮生一富人，雖皆一時作手，但從他們的詞中，看不到點滴的時代風神面貌，而蔣鹿潭却比成項二家高出一籌，三鼎足的說法，不能反映二百年詞壇的實況。」《讀蔣鹿潭〈水雲樓詞〉札記》，《詞學》第五輯，華東師範大學出版社，一九八六年，頁九二至九三。

(55) 黃燮清《國朝詞綜續編》卷六，台灣中華書局，一九六六年三月版，頁一。

(56) 同注㊸。

(57) 徐珂《近詞叢話》，廣文書局《詞話叢編》本第十二册，頁四二三二。

(58) 李元度編《國朝先正事略》，中華書局四部備要本。

(59) 張惠言編《詞選》，台北世界書局，同治丁卯重刊本。

(60) 陳廷焯以張惠言詞：「既沉鬱，又疏快，最是高境。……熱腸鬱思，若斷仍連，全是風、騷變出。」《白雨齋詞話》卷五，屈興國校注本，山東齊魯書社，一九八三年十一月版，頁四三三至四三四。

(61) 意內言外之說，首見《說文》。《說文・司部》：「䛐，意內而言外也。」張惠言以之解詞，見其《詞選序》。蔣敦復曰：「借得先生《存審軒詞》一卷，讀之，是眞得『意內言外』之旨。」見《芬陀利室詞話》卷一，廣文書局《詞話叢編》本十一册，頁三七〇五。

(62) 《篋中詞》卷三，同注㊷。

(63) 關於陳維崧的生平，見《清史稿》本傳及《國朝先正事略》卷三十九《文苑》。

(64) 鄧之誠《清詩紀事初編》卷七云：「彝尊爲學，專務博綜，《詞綜》三十卷，成於康熙十七年，獨標正始，別擇甚嚴，轉移之功，遂成有清塡詞之盛。」(北京中華書局，一九六五年十一月版，頁七四七)《詞綜》之外，朱氏的《曝書亭詞》(《江湖載酒集》等)、《曝書亭集》及《竹垞文類》，均亦可見其詞論之精闢。並參錢仲聯主編《清詩紀事・康熙朝卷》(江蘇古籍出版社，一九八七年六月版，頁二六九六——二七一三)、《國朝先正事畧》卷三十九《文苑》。

(65) 《蓮子居詞話》卷二，廣文書局《詞話叢編》本第七册，頁二三八〇。

(66) 《水雲樓詞全集》，上海漢文正楷印書局印本，民國二十二年(一九三三)十二月初版。

(67) 《水雲樓詩詞稿合本》，上海有正書局鉛字排印本，無出版年月。

(68) 唐圭璋《蔣鹿潭評傳》(載《詞學季刊》第一卷第三號。)又鄭方澤《中國近代文學史事編年》中稱金和：「作詩不宗唐宋，冲破因循守舊，陳規陋習的束縛，好用說話體，日記體寫詩，語言自然，面目一新，有散文化的傾向。」(吉林人民出版

社，一九八三年十一月版，頁一三五。）潘兆賢《近代十家詩述評》：「弓叔之詩，
大率規法少陵，有頓挫沉鬱之致。」又「所作詩均紀實，對當時社會有深刻觀察。
……梁任公亟推重之，譽爲清詩第一，蓋其擅勝在乎沉痛詼諧，語語從肺腑出，
而不爲古人所束縛者也。」（香港新亞圖書公司，民國五十九年〈一九七○〉十二
月初版，頁二三。）又現今國內學者王颷曾對金和的生平及其詩作詳細研究，發
表《論金和及其太平天國時期的詩》一文於社科院文研所近代文學研究組編輯的
《中國近代文學研究集》（北京中國文聯出版公司，一九八六年四月）中，可參考。

⑩ 清代詞人，據王昶《清詞綜》所收自清初至嘉慶初，王紹成《清詞綜二編》續收至
道光中，黃燮清《清詞綜續編》續收至同治末，丁紹儀《清詞綜補編》續收至清亡，
達三千多家。又《晚清簃詩滙》（《清詩滙》）得詩六千一百五十九家。清代詩詞盛
況可以概見。

⑩ 孟棨《本事詩‧高逸第三》，見《津逮秘書》第一一六冊。

⑦ 陳巖肖《庚溪詩話》卷上，見明‧嵇留山樵編《古今詩話》第二冊，台北廣文書局，
民國六十二年（一九七三）。案：詩史解釋，後世論者並不一致。例如以杜詩爲
例，有些注重杜甫能反映當時的事物狀況，如酒價物價天氣等（參見宋‧釋玉瑩
《玉壺野史》卷一、宋‧周必大《二老堂詩話》）；有些則認爲詩史是指他能引物連
類，掎摭時事，所謂無一字無來歷（參見宋‧王得臣《增注杜工部詩集序》）；更
有些強調杜詩長篇排律的成就。不過，善用敘事手法來記述時事或比興手法來
反映時勢的詩作，後世論者多以詩史目之。今人龔鵬程《詩史本色與妙悟》（台灣
學生書店，民國七十五年〈一九八六〉四月版）一書，對詩史一辭解釋及其觀念發
展，有很詳細的闡釋，可參考。

⑦ 胡仔《苕溪漁隱叢話》前集卷六引，台灣商務印書館萬有文庫本，民國二十八年
（一九三七）二月版。

⑦ 蘇轍《欒城集》（明‧王執禮與顧天叙校，清‧夢軒刊本）卷八《詩病五事》中對杜
甫《哀江頭》詩的評注。

⑦ 《豫章黃先生文集後序》，見黃庭堅撰《豫章黃先生文集》卷三十，《四部叢刊》本。

⑦⑤　楊愼《升庵詩話》卷四，日本重刊明嘉靖辛丑(一五〇一)程啓充本。

⑦⑥　王夫之《薑齋詩話》，見《清詩話》四十三種第一冊。

⑦⑦　錢牧齋《和吳梅村「琴河感舊詩」序》，見吳偉業《梅村詩話》，《清詩話》四十三種
　　第一冊。

⑦⑧　葉燮《原詩》，霍松林校注本，北京人民文學出版社，一九七九年版。

⑦⑨　「溫柔敦厚」本原於《禮記・經解篇》，但歷來解釋不一。劉勰《文心雕龍・宗經篇》：
　　「詩主言志……溫柔在誦，故最附深意矣。」(范文瀾注本，北京商務印書館，一
　　九六〇年七月版，頁二二)。王船山《禮記章句》：「溫柔者，情之和；敦厚者，
　　情之固。」(廣文書店，卷二十六，一九六七年七月版)等的解釋，至爲恰當。

⑧〇　錢謙益《牧齋有學集》卷十八《胡致果詩序》(《四部叢刊》本)。這裏指詩史，即詩
　　與史相表裏，詩具有史的性質，這又不僅在外在的表達形式上，而是指詩有史
　　義。凡有史義之詩，就是詩史。

⑧①　陳沆《詩比興箋》卷二，北京中華書局，一九六〇年二月版，頁八九。

⑧②　張惠言《詞選》序文，台北世界書局據同治丁卯重刊本影印。

⑧③　周濟《介存齋論詞雜著》，北京人民文學出版社，一九八四年五月第三版，頁四。

⑧④　金武祥云：「譚復堂謂咸同之際，天挺此才，少陵詩史也，水雲詞史也。」《粟香
　　隨筆》，清光緒七至十一年(一八八一——一八八五)廣州刊本。

⑧⑤　唐圭璋以鹿潭「與屈靈均杜少陵如出一轍。」《蔣鹿潭評傳》，載《詞學季刊》第一
　　卷第三號，一九三三年十二月。

⑧⑥　宗源瀚《水雲樓詞續序》。

⑧⑦ 嵇哲《中國詩詞演進史》，香港光僑出版社，民國四十三年(一九五四)。

⑧⑧ 關於浙西、常州、陽羨派的詞學淵源、演進、特色與影响等，可參見徐珂《清代詞學概論》(台灣廣文書局，民國六八〈一九七九〉年版)。賀光中《論清詞》(星加坡東方學會，民國四十七年〈一九五八〉四月版)。吳宏一《常州派詞學研究》(台灣嘉新水泥公司文化基金會，民國五十九年〈一九七〇〉六月版)。何須顯《浙西、陽羨、常州三派詞略論》(台灣《暢流月刊》三十六卷，第十、十一期)等。本節着重論述此三派詞學對蔣春霖的影响，對於三派的淵源演進及其詞學主張等，只作簡單說明。

⑧⑨ 詳見上節唐宋諸家對蔣春霖的影响。

⑨⑩ 《唐多令》一詞的風格，在上節討論唐宋詩詞大家對蔣春霖的影响時，已作例證分析。至於此詞之寫作背景及內容，詳見下章考述。

⑨① 《金元明清詞鑒賞辭典》，江蘇古籍出版社，一九八九年五月版，頁一三四七。

⑨② 同上。

⑨③ 同上。

⑨④ 陳廷焯云：「鹿潭稍遜皋文莊譚之古厚，而才氣甚雄，亦鐵中錚錚者。」(《白雨齋詞話》卷五)；譚獻《復堂日記》云：「閱蔣鹿潭水雲樓詞，婉約深至，時造虛渾。」又徐珂《近詞叢話》云：「鹿潭尤婉約深至。」

⑨⑤ 徐珂《近詞叢話》，《詞話叢編》本，同注㊷，頁四二三二。

⑨⑥ 同上，頁四二三三。

⑨⑦ 劉子庚《詞史》，台灣學生書店，民國六十一年(一九七二)四月版，頁一六七。

⑨⑧ 清人的地域觀念特別濃厚。這種濃厚的地域觀念表現在政治上，是民聚爲亂，如苗疆、太平天國的興起；表現在社會上，是宗敎、宗社等小團體的勃興，如

白蓮教、天理教的廣受人民擁護；表現在文學上，則是各種不同的學派、文派、詩派和詞派的形成。在文學上可見的例子，如清代以地域編選集子，較前朝爲多，就以詞錄方面看，有龔翔麟的《浙西六家詞》、葉申薌的《閩詞鈔》、王先謙的《湖南六家詞鈔》、繆荃孫的《常州詞錄》等，可謂不勝枚舉。所以，清代以濃厚的地域觀念，各立門戶，文有桐城、陽湖等派；詞有浙西、陽羨、常州等派。這方面可以說是清代文壇上之一大特色。

⑨⑨　《清代學者地理分佈概述》一文，載台灣《東海大學圖書館學報》第八期。並參朱君毅《中國歷史人物之地理的分佈》，載《廈門大學學報》第一卷。

⑩⑩　同注⑨⑦。

⑩①　吳梅《詞學通論》，香港太平書局，一九六四年三月版，頁一七七。

⑩②　王煜編注《清十一家詞鈔・自序》，民國三十六年(一九四七)上海正中書局鉛印本。

⑩③　夏承燾《瞿髯論詞絕句》，吳無聞注本，北京中華書局，一九七九年三月版，頁六七。

⑩④　賀光中《論清詞》，同注㊹，頁十六至十七；並參頁一二〇。

⑩⑤　太平軍剿清活動，近人雖有以「革命」稱頌之，如蕭一山以爲太平天國活動，乃是「以民族主義而另進新朝，以宗教革命而除舊佈新。」(《清代通史》，台灣商務印書館新版三册，頁六二)；范文瀾更有《太平天國革命運動》之著作，國內研究太平天國之學者如羅爾綱、茅家琦、王慶成等，均以太平天國爲農民革命。然而，太平天國戰事帶來之殘破，則亦無可諱言。此期中以詩紀喪亂者，有鄭子尹(珍)《巢經室詩》、金亞匏(和)《秋蟪吟館》二集，蔣春霖(鹿潭)《水雲樓詞》等，皆有吟咏太平天國戰事的篇什。其中又以金和的詩、蔣春霖的詞，最爲後人推崇。徐珂《清稗類鈔》謂金和「誠詩史也。」(見第二十九册文學類)，譚獻謂蔣春霖：「咸豐兵事，天挺此才，爲倚聲家老杜。」(《篋中詞》卷五)，皆推崇金和詩及蔣春霖詞爲咸豐時期的詩史、詞史。

⑯ 據《清史稿》列傳二百八十《張繼庚傳》載，金和曾在清文宗咸豐三年(一八五三)
四、五月間，與其妻從弟張繼庚等人聯絡，先僞裝靠攏太平軍，刺探軍情。然
後由金和等三人偷逃出城，到向榮統領的江南大營請兵，企圖裏應外合，粉碎
洪楊，但被太平軍識破。張繼庚等被楊秀清下令處死，金和因已出城，僅以身
免。並參《張繼庚遺稿》，載中國史學會主編《中國近代史資料叢刊》第四册《太平
天國》，神州國光社出版，缺出版年月。

⑰ 譚獻《來雲閣詩鈔序》，載金和撰《來雲閣詩》，清光緒十八年(一八九二)丹陽束
氏刻本。

⑱ 詳見金和著《秋蟪吟館詩鈔》(一九一四年刊，吳昌碩題簽本)。其中，除第一卷
《燃灰集》前半部分作於鴉片戰爭前後外，其餘的，包括《燃灰集》後半及《椒雨》、
《殘冷》、《壹弦》、《南樓》四集均爲太平天國時期所作；最後《奇零》一集雖作於
一八六六年後，許多詩篇的內容仍與太平軍起義有關。由於金和是直接參予戰
事的，他的作品對人民在戰爭中所受的苦痛，有很詳盡的描寫。

⑲ 泰州襟江帶海，俗稱里上河，屬於江淮地區的腹地，有其得天獨厚之處。揚州
地處南北交通要冲，所謂「淮左名都」，爲兵家所必爭。而泰州則非兵家所重。
揚州束去十餘里，有三、四條淮河通江的水道，水面很寬。這幾條水道，平時
架橋以通，却有似天塹，可以限斷束西。其中最有名聲的一橋，叫做「萬福橋」，
只要燒斷「萬福橋」，泰州就可孤立，而免遭兵禍。咸豐三年，太平軍攻克揚州，
清軍逃竄時燒燬了萬福橋以堵太平軍的束竄，泰州乃一時得以苟全，而江南文
人學士亦多前來泰州避難，蔣鹿潭正是其中的一員。不過，揚州城破，避禍於
泰州的人，自然也朝夕惶恐不安的。趙邦彥修《江都縣續志》，載萬福橋事云：
「萬福橋跨廖家溝上，長一百五十二丈，……建於道光二十九年，咸豐三年毀之，
以堵賊東竄。同治六年鹽運使程桓生重新建築。」見卷一《地理攷》第一《橋梁》，
民國廿六年重印本，據民國十年辛酉冬十月開雕板存旌忠寺梁昭明太子文選樓
本影印。

⑩ 金和詩作去作者仍遠，且所作粗俗，非鹿潭比也。(參見吳征鑄《晚清史詞》，載
《詞學研究論文集》〈一九一一——一九四九〉，上海古籍出版社，一九八八年三
月版，頁三〇二。)細翫金和《秋蟪吟館詩鈔》及鹿潭《水雲樓詞》，鹿潭造詣確在
金和之上。這在後世的學者對二家的評論中亦可見一斑。後人對鹿潭《水雲樓詞》

推崇至極。反之，金和的詩，屢遭後世學者抨擊，例如胡先驌《評金亞匏秋蟪吟館詩》，對金和即十分詆諆。胡氏以爲金和的詩「除諷刺時政外，一無餘蘊」；在形式上又是「泛濫橫決」，「用長短錯落之句」，「不中法度」。因此他認爲金和「充其量惟可與龔定菴相伯仲。」(《學衡》第八期)；另胡氏又有《評胡適之〈五十年來中國之文學〉》，載《學衡》第十八期，亦有同一的論調，可參。案：其實定菴自有學者標格，豈能比傍。

⑪ 唐圭璋《蔣鹿潭評傳》，載《詞學季刊》第一卷第三號。

⑫ 詳見下章《水雲樓詞》的內容闡釋。

⑬ 關於太平天國起義或作亂的問題，一直都存在着很分歧的說法。國內以馬列史觀，解釋太平天國爲農民革命，而視平定太平天國諸人爲漢奸，或地主階級。另一種闡釋，則以爲太平天國的起來，僅帶有一種很輕微的種族仇恨，再加上一點外來的宗教影响；至於人民遭受官吏的壓迫，窮極思反，所謂「官逼民反」，這可說是中國歷史上一切動亂的主要原因。對太平天國歷史意義的申論，衆說紛紜。可並參一九五〇年北京大學文科研究所和北京圖書館編輯《太平天國史料》及其後中國史學會主編《中國近代史資料‧太平天國》，蕭一山《清代通史》，范文瀾《大平天國革命運動》，羅爾綱《太平天國史綱》，左舜生《文藝史話及批評‧關於太平天國的史料》，馮友蘭《中國哲學史新編‧農民大起義和太平天國的神權政治》等。

⑭ 汪德門《庚申殉難日記》，《天平天國史料專輯》，上海古籍出版社，一九七九年十月，頁二。

⑮ 柳兆薰《柳兆薰日記》(同上，頁一二六)。案：柳兆薰爲當時富商，或不可以視爲普通老百姓。據其日記咸豐十一年冬載：是年獲收租一千餘石。又柳家土地分佈於蘆墟、周莊、黎里、莘塔、北庫等地。同治四年向吳江縣登記土地時，柳兆薰說他家是吳江第四號大地主。柳家土地的確切數字雖難查考，但從他家收租的情況看，佔有土地在四、五千畝以上是可以斷言的。柳氏雖爲富賈，但他的記述，在某方面而言，當亦可以反映太平軍陷城時的一些實況。

⑯ 汪堃《盾鼻隨聞錄》卷二《楚寇紀畧》，載《中國近代史資料叢刊》第四冊《太平天

國》，中國史學會主編，神州國光社出版，無出版年月，頁三六六至三六七。

⑪ 《道光咸豐內地騷亂事實》系王氏十二家船主江星畬、楊少棠在咸豐四年(一八五四)冬寄往日本的。據日本東京大學小島晉治教授介紹，原件可能在長崎，束洋文庫收藏的《清商書簡寄集》中收有老日文的譯文。這篇資料是民間商人對太平軍起事以來四年間形勢的概述。小島晉治教授將該文寄贈北京社會科學院。友人北京社會科學院太平天國歷史研究會會長王慶成教授據此於一九八一年一月發表《日本發現的太平天國新史料》文章。文載王氏著《太平天國的歷史和思想》，北京中華書局出版，一九八五年一月，頁五五七、五五八。

⑪ 佚名《蘋湖筆記》，載南京大學歷史系太平天國史研究室編《江浙豫皖太平天國史料選編》，江蘇人民出版社，一九八三年十月，頁九二。

⑪ 沈梓《避寇日記》，《太平天國史料叢編簡輯》記事(下)，北京中華書局，第四冊，一九六三年三月，夏一八三。

⑫ 馮氏《花溪日記》，載中國史學會主編《太平天國》第二部分《清方記載》，上海神州國光社出版，一九五二年七月，頁六七一、六七二。

⑫ 馮友蘭曾指出：「洪秀全和太平天國所要學習而搬到中國來的是西方中世紀的神權統治。」(《中國哲學史新編》第六冊《自序》，北京人民出版社，一九八九年一月)。馮氏的說法，雖有學者如朱束安撰文《太平天國推行神權政治說質疑》(載《歷史研究》，一九九〇年第五期)對此加以商榷，但太平天國的宗教論調及形式，確實未能獲得當時一般士大夫的接納，吳劍杰更以為此點是太平天國失敗的主要原因。(參見其《中國近代思潮及其演進·太平天國宗教思想的局限性》，武漢大學出版社，一九八九年十二月，頁七二至七八)。這方面，曾國藩在號召儒生反對太平天國時發表的《討粵匪檄》中，已有清楚說明：「自唐虞三代以來，歷世聖人扶持名教，敦叙人倫，君臣、父子、上下尊卑，秩然如冠履之不可倒置。粵匪竊外夷之緒，崇天主之教，自其偽君偽相下逮兵卒賤役，皆以兄弟稱之，謂惟天可稱父，此外凡民之父皆兄弟也，凡民之母，皆姊妹也。……舉中國數千年禮儀、人倫、詩書、典則一旦掃地蕩盡，此豈獨我大清之變，乃開闢以來名教之奇變，我孔子、孟子之所以痛哭於九泉，凡讀書識字者又烏可袖手安坐不思一為之所也？」《曾文正公文集》卷二，四部叢刊本第九十九冊。

⑫　咸豐帝成功地利用了中國傳統的封建家族、倫理道德等文化觀念，結集了當時的權貴及經世二派的知識分子，成爲反對太平天國的主要力量，在這種風氣下的傳統士人如蔣春霖，自然地會站於滿清政治的一面了。關於咸豐皇帝這方面的政策，可參《清實錄》(文宗朝)卷八六、《曾文正公奏稿》、《曾文正公書札》、《曾文正公文集》、《胡文忠公遺集》、趙烈文《能靜居士日記》、馮桂芬《顯志堂稿》卷十一、王韜《瓮牖餘談》卷一、薛福成《庸庵筆記》及《剿平粵匪方略》卷三十四等。

⑫　杜文瀾《平定粵寇紀畧》，《太平天國資料滙編》，北京中華書局，一九八〇年九月，頁三二七。

⑫　同上，頁三一六。

⑫　佚名《粵逆紀畧》，《太平天國史料叢編簡輯》記事(上)，北京中華書局，第二冊，一九六二年八月，頁三十一、三十二。

⑫　關於太平天國與中國文化的問題，歷來亦有相當的爭論。簡又文《太平天國與中國文化》對太平天國文化與中國傳統文化的關係，作了較深入的探討。簡氏認爲太平天國保留中國文化極深，並以爲：「在(太平天國)那個時代，經過二百年之異族統治，漢人之民族意識久已消沉，尤其士紳階級深受毒素麻醉，反而認愛其滿清之國，忠於異族之君爲當然的，最高的倫理道德的原則。此所以其(清軍)檄文避免民族大義華夷之辨，用輕筆書出『本部堂奉天子命 —— 水陸並進』，及『紓君父宵旰之勤勞』與稱頌滿清皇帝等語，似是自然而當然的。」(香港南天書業公司，一九六八年，頁十七至十八)。不過，在最近出版之《太平天國社會風情》一書中，對太平天國統治區生活習俗和社會風情的若干方面，作了一些探索性的考察。據此書資料，太平天國在風俗習慣上，確有很多違背中國傳統文化的地方，可參考。《太平天國社會風情》，李文海、劉仰東撰寫，中國人民大學出版社，一九八九年五月出版。

⑫　王定安《湘軍記》卷十六《平捻篇》，朱純點校本，長沙岳麓書社，一九八三年。

⑫　滿清統治時期，鹽政收入是國家財政收入重要支柱，淮南爲魚鹽之鄉，鹽賈地

位更見重要。孫鼎臣《論鹽》說：「淮南歲引一百三十九萬五百有十，課銀五百八十餘萬，……鹽課居天下財賦四之一，兩淮最鉅。」見《兩淮鹽法志》卷一五三。參見前章注⑦。

⑫　例如但明倫、杜文瀾、趙烈文等，皆為清王朝的積極支持者。有關蔣春霖師友的思想、行誼及官祿，詳下章《蔣春霖之交遊考》。

⑬　鹽大使的全銜是「課鹽大使」或「鹽課司大使」。《清朝通志》卷六十九《職官署》六：「鹽課司大使掌鹽課之出納。《清朝通典》卷三十五《職官》十三：「課鹽大使掌其池場之政令與場地之徵收，其有井者，分掌其政令，皆治其交易，害其權衡而平準之曰，稽其所出之數以杜私販之源。」至於課鹽大使的出身，由內閣供事、吏員、貢生、監生、舉人等。（見《嘉慶兩淮鹽法志》卷三十五，頁一至一九。）鹿潭的官祿，詳見前章考述。

⑬　所謂文化傲性，就是士人「常以繼續中國的文化道統及維護傳統的禮教名教為己任。」（《太平天國與中國文化》，同注⑫。）宋理學家張載說的：「為天地立心，為生民立命，為往聖繼絕學，為萬世開太平。」即為讀書人這種文化傲性的精神與抱負。大抵讀書人篤仁守義，不肯隨俗，因此多與塵世牴牾。

⑬　李肇增《水雲樓詞敘》，曼陀羅華閣刻本。

⑬　褚榮槐《水雲樓詞敘》，曼陀羅華閣刻本。

⑬　從《水雲樓詩詞》看蔣春霖這方面的心態的例子多不勝舉，詳見下章詩作詞作的闡釋，本章不作贅述。

第三章　蔣春霖之《水雲樓詞》

　　蔣鹿潭之著述，現今尚能保存者，僅有詩作及詞作兩部份。鹿潭生前自選其詞，並自定其詞集爲《水雲樓詞》，由杜文瀾刊刻於世，餘者則於其歿後由友人宗源瀚付梓印行，即爲今傳世之《水雲樓詞續》。鹿潭詞之主要反映者爲戰亂中之社會民生，羈客懷鄉，天涯淪落，傷時感世等等之景況，於《水雲樓詞》中均有極深刻切要之描述。本章先述鹿潭詞集之命名與輯存經過，繼而將分述鹿潭各類詞作之寫作背景與內容。其中《水雲樓詞》之命名，乃一直爲後人爭辯論析之課題，本文將對此詳加考證，以求更接近其眞實性。

一、《水雲樓詞》之命名

《江陰縣續志》云：

> 「蔣春霖，工詞，慕成容若之《飲水》，項蓮生之《憶雲》，自署《水雲樓詞》。」①

此爲記《水雲樓詞》命名來源的最先資料。其後《淸史稿》亦因此說：

> 「春霖慕性德《飲水》、鴻祚《憶雲》，自署《水雲樓》，即以名其詞。」②

後人多相信，以爲蔣氏之《水雲樓詞》乃慕《飲水》與《憶雲》兩人之詞而名之者。鹿潭比項蓮生少二十歲，鹿潭於其一生是否能讀及《憶雲詞》而讀之是

否即受其影響，實未可知③。且《憶雲》詞密，接近夢窗，《水雲詞》較疏，
去張炎爲近。《飲水詞》着力在小令，慢詞無甚可觀④，蔣氏則瘁力於慢詞，
雖小令亦甚爲精警，但似無《飲水詞》之痕跡⑤。《水雲樓詞》集中對二人之
詞風亦無明顯提及，總之，《清史稿》之說，甚值商榷。今人周夢莊不取此
說，云：

> 「春霖嘗榷東臺鹽官，境內古跡有水雲樓，在溱潼鎮壽聖寺內，爲明
> 吏部侍郎儲懽讀書處。春霖寓居此樓，故借樓名以名其詞集。《東臺
> 縣志》卷首刻有水雲樓圖。近溱潼改屬泰縣，樓尚存，爲溱潼糧庫徵
> 用。」⑥

馮其庸採周氏之說，云：

> 「鹿潭於咸豐丁巳去官後，即居水雲樓。咸豐七年丁巳徐鼐在東臺舟
> 次已爲作《水雲樓詞敘》，翌年，江寧何詠在東臺亦爲《水雲樓詞》作
> 序，並云：『得讀所著《水雲樓詞》焉。』可知鹿潭居東臺時確已居溱
> 潼之水雲樓。」⑦

謝孝苹亦云：

> 「三十年代末，抗日戰爭初起，作者年尚未冠，隨家人避兵來到溱潼
> 鎮，寄居陳氏姑家。時日既久，爲不荒學業，讀書於鎮南的『南寺』。
> 後即棲息於顏爲『水雲樓』的藏經樓上。一日，老僧語我，那個學窠
> 大字的『水雲樓』顏書，乃百年前物，是一位流寓於此的江南文人所
> 書。作者當時尚未涉獵倚聲之學，並未經心老僧之言。後來讀《水雲
> 樓詞》，極愛之。回環諷籀，佳篇多能背誦。至《滿庭芳》一解，恍然
> 如履舊游之地。猛憶僧察閑話，不覺拍案而起，老僧所言百年前江
> 南文人，舍蔣鹿潭而外其更爲誰？」⑧

周、馮、謝三氏皆以爲蔣春霖曾住在溱潼鎮之水雲樓中，周氏更以爲蔣氏
水雲樓詞之命名乃取所居之樓而然，似甚有道理，然細味《水雲樓詞》，竊

以爲未必盡然，試析論之：

(一) 今本《水雲樓集》，無論詩詞，皆無一語提及作者曾寓儲罋之水雲樓。或以爲蔣氏可能有詩詞提及，而今則不存，故集中無及之者。竊以爲若蔣氏曾居水雲樓，而又以此名其集，則蔣氏必極仰慕儲罋爲人，或極愛此樓之名，然後如此。既以名其集，則蔣氏必對該樓有所描述見諸詩詞之中，且必爲傑構無疑，既爲傑構，則必無不存之理。但今所存詩詞，全無此種，反證其對此樓必未賞心。

(二) 爲蔣氏寫《水雲樓詞集》序者凡四人，其中二人如何詠、褚榮槐二氏曾提及《水雲樓詞》⑨，然對其詞集之命名來源並無記述，亦絕無儲罋事，其他二人如徐鼐及李肇增亦一字無及於此。四人皆蔣氏好友，知蔣氏必深，若蔣春霖假所居水雲樓以名其集，則四人必無不知，於寫序時亦無不提及之理。

(三) 《東臺縣志》有水雲樓之記載，亦有附圖，此爲儲罋所居，亭臺樓閣粲然大備，爲該地名勝。《東臺縣志》成書於蔣氏生前，水雲樓之命名，自然與蔣氏無關⑩，蔣氏流寓泰州，貧苦渡日，簞瓢屢空，賣借渡日⑪，料無居此樓之理。且凡古迹名勝中之樓臺，並非供人住宿。又蔣氏所慕者爲詞林人物，雖有譽以南唐兩宋，意猶未足⑫，儲罋何人，乃蔣氏所慕乎？周氏之說乃片面之詞，無有旁證，自不能成立。

(四) 謝孝苹述說故事云：老僧以擘窠大字之「水雲樓」爲「流寓於此」的江南文人所書，即爲蔣氏所書，亦不一定蔣氏曾經寄寓於此，且「流寓於此」四字中之「於此」二字，不一定爲於水雲樓，「此」字解作溱潼亦無不可，蔣氏流至溱潼，水雲樓之嗣主乞額於蔣氏並無不可也。且江南文士流寓泰州或溱潼者衆，何必實指爲蔣氏？復次，於謝孝苹時，此老僧去蔣氏已久，則老僧所言，必爲傳說，可靠與否，又是問題所在。謝氏所言亦無其他證據，難於信矣。凡考證之事，不能單以言傳，必旁以其他史實，否則「無徵不信」，

不信，人如何從之！

褚榮槐序《水雲樓詞》云：「弦歌應節，流水可以移情；河梁小別，停雲因而增慨。」⑬褚榮槐爲蔣春霖友，集中詩詞屢屢寄贈⑭，其以「流水可以移情，停雲因而增慨」以「寓」水雲二字，必有所由，想必爲蔣氏「水雲」二字所取意。而此意亦可能爲蔣氏原意之複述。何詠序云：

> 「鹿潭所作，於九宮七始八十四調，不差累黍。而能天機開闔，六情諧暢。別具工倕，自成馨逸。視夫膠柱聆音，引繩約尺，目論一孔，技窮三變者，不啻水觀海而泥憶雲矣。」⑮

亦以「水雲」二字寓意。詩人詞人好以「水雲」寓意，自古皆然，自六朝至元人詩文中，「水雲」一辭之運用，多不勝舉，如王維詩：「行到水窮處，坐看雲起時。」「流水如有意，暮雲相與還。」周邦彥《驀溪山》詞：「周郎逸興，黃帽侵雲水。」張炎《清波引》詞：「難覓眞閑處，肯被水雲留住」。仇遠詩：「蕉鹿夢回天地枕，蒓鱸興到水雲舟。」「水雲」之寓意飄逸，有夢中不沾俗世煙火之境界。蔣氏一生坎坷，慨嘆人生如夢，其詩詞好用「夢」字表達心中鬱抑，幾乎首首可見⑯，因此，鹿潭取其詞集名於此命意，不無可能。

再者，今反覆體味全集，集中除好用「夢」字外，用「水」「雲」字也極多，試引述如後。

用「水」字之例：

《一萼紅》：水曲豪箏，柳陰叢笛，那處重聽。

《掃花游》：墮水流香，又把孤蓮暗引。

《水龍吟》：枝老春空，水流香在。

《金菊對芙蓉》：獸爐潮暈香遲起，似澄水，庭戶悄悄。

《滿庭芳》：到門秋水成湖。

《高陽台》：暗水平橋，明霞低浦。

《一萼紅》：回首東園歸路，剩幾分流水，幾樹寒岑。

《垂楊》：夢魂還渡桑乾水。

《甘州》：避地依然滄海，險夢逐潮還。

《綠意》：近水偏多，避月還明，飛飛自照幽獨。

《鷓鴣天》：楊柳東塘細水流。

《好事近》：一春不聽雨聲嘩，橋峙水痕淺。夢入菰蒲深處，共湖雲低展。

《高陽台》：淡月依橋，平烟沍水，夜潮寒送歸人。

《三姝媚》：水鶴飛來，背亂山無語。

《角招》：誰家尚遣扁舟，去看烟水。

《瑣寒窗》：雲垂貼水，波暗更無星影。

《虞美人》：水晶簾卷澄濃霧。

《甘州》：繞紅闌是水，清波照影，鏡擁雙鴛。

《淡黃柳》：寫遍殘山剩水，都是春風杜鵑血。

《無悶》：只有楊花未醒，化一縷春痕隨流水。

《憶秦娥》：垂楊陌，綠陰蘸水烟痕濕。

《尉遲杯》：還記水曲吹笙。

《綺羅香》：漬水庭陰，涼逼畫羅衣潤。

《少年游》：十年夢似朝雲散，花落水空流。

《唐多令》：霜深楚水寒。

《東風第一枝》：糁草疑霜，融泥似水，飛花覓又無處。

《瑞鶴仙》：正地帖湘紋，小庭澄水。

《齊天樂》：任夜鵲驚枝，睡蛟吟水。

《祝英台近》：幾年事，一番夢逐雲空，仙瓢付流水。

《菩薩蠻》：青溪流水宵嗚咽。
　　　　　：南塘洗馬喧春水。

《南鄉子》：蜀水秦山無盡處。

《謁金門》：風聚落花紅一簇，水搖樓影蹙。

《漁家傲》：妾夢悠悠江上水。

《河傳》：古灣頭，春水流。

《女冠子》：睡鬟春水綠，啼粉落花明。

《酒泉子》：白波千里江籬長，歸夢野雲來往。

《角招》：傍花醉，無端一片，花飛又趁流水。

《齊天樂》：書殘蠹簡，過眼烟雲一笑。

　　　又：水葉風枝，畫禪參未了。

《玉蝴蝶》：水面乍開妝鏡。

《甘州》：問桃葦，流水幾人閑。

《玲瓏四犯》：逝水游情，夕陽官味，從古幾人省。

　　　又：送君江上水，淚滴寒沙靜。

《遏方怨》：送客江南，畫船無風春水輕。

《生查子》：儂去隨流水。

《慶春宮》：夜寒流水無春。

《采桑子》：綠波照影憐溪水，細柳春藏。

《醉蓬萊》：系馬桃花，水波紅緺。

《木蘭花慢》：正泛泛水輕，烘襜日暖，春盎池台。

　　　又：「微雲筆退，慚對清才。」

《踏莎行》：「滿江春水是恩波，離心爭逐輕帆去。」

《甘州》：「甚三千弱水，雲隔路茫茫。」

用「雲」字之例：

《東風第一枝》：雲影薄，畫簾乍卷。

《木蘭花慢》：正樹擁雲昏，星垂野闊，暝色浮天。

《瑣窗寒》：甚妝樓一霎，西風如葉，夢雲吹散。

《浪淘沙》：雲氣壓虛闌。

《蝶戀花》：雲影壓，檐蟬語咽。

《金菊對芙蓉》：日澹還收，雲低不落，輕寒輕暖輕陰。

《木蘭花慢》：折得蘆花懶寄，絮雲吹滿芳州。

《淒涼犯》：野岸冷雲疊。

《木蘭花慢》：雲埋蔣山自碧，打空城，只有夜潮來。

《垂楊》：戍鼓驚秋，夢魂還渡桑乾水。

《甘州》：南雲暗，任征鴻去，莫倚闌干。

《憶舊游》：篆銷萬重心字，窗影護愁雲。

《淒涼犯》：枕戈夢短，壞雲堆，餓鷗啼絕。

《南鄉子》：雨氣雲痕百態兼。

《金縷曲》：哭青山，誰喚春魂語，雲影暗，自延佇。

《好事近》：夢入菰蒲深處，共湖雲低展。

《高陽台》：愁來始覺眉尖窄，悔當時，錯夢梨雲。

《瑣寒窗》：雲垂貼水，波暗更無星影。

《法曲獻仙音》：雲薄鋪涼，露輕睎月，簾挂碧天秋淺。

《無悶》：化一縷春痕隨流水。怕片雲，殘夢溪西，又聽倦鶯啼起。

《少年游》：十年夢似朝雲散，花落水空流。

《瑤華》：隨鶯趁蝶窗影外，一縷嬌雲同起。

《台城路》：頹雲萬疊。

《霜葉飛》：岸雲湖草秋無際。

《瑞鶴仙》：曾記，梳雲窗眼。

《祝英台近》：幾年事，一番夢逐雲空，仙瓢付流水。

《徵招》：不擬此重逢，人何似，飄然白雲爲耦。

《浣溪紗》：晚涼閒坐看秋雲。

《西溪子》：鶴飛來，幽壑底，雲欲起。

《西河》：奈梨雲瘦盡，羅屏薰換。

《四字令》：騣飛斷雲，衣殘舊薰。

《踏莎行》：雪浪愁題，雲和孤抱。

《桃源憶故人》：雲衫洗盡春江溜。

《卜算子》：羞澀畫蛾眉，宛轉邀蓮步。抱得雲和不肯彈，還宿空房去。

《河傳》：雲外飛鴻飛幾度，來又去。

《換巢鸞鳳》：雲湧蒱橈。

《角招》：十載江鄉烽火，到樓閣五雲中，憶哀鴻音苦。

《酒泉子》：白波千里江籬長，歸夢野雲來往。

《征招》：海天雲市，片片花飛。

《齊天樂》：笛怨枯椽，書殘蠹簡，過眼烟雲一笑。

《征招》：孤琴羞自寫，蕩雲壑，古音彈罷。

《慶春宮》：四山恨匝低雲。

《琵琶仙》：又千里，野雲愁積。

《疏影》：剪凍雲幾點，衫袖凝馥。

《一枝花》：雲邊揮手處。

《奪錦標》：雲低雁勢。

《木蘭花慢》：硯外共傾雲液，鷗邊小駐芒鞋

　　　　又：微雲筆退，慚對情才。

《憶舊游》：功名入圖畫，聽笳鼓歸來，雲擁雙旌。

《踏莎行》：新詞書遍去思碑，暮雲冉冉東皋路。

《甘州》：甚三千弱水，雲隔路茫茫。

　　合而觀之，蔣氏爲詞好用「水」「雲」二字，再結合其身世及褚氏序文，則其詞集以「水雲」命名者，蓋在於此。非如《江陰縣續志》及周、馮、謝三氏之所言也。「水雲」既分析如上，「樓」字又如何？樓字乃蔣鹿潭書齋之名，此於丁保庵和鹿潭悼顧鶯之《訴衷情》詞序中稱鹿潭爲「水雲樓主人」之稱謂中得見⑰。蔣氏雖貧窮無已，然文人常以樓、閣、軒、齋、室、居、堂等名其所居者，雖位之貧富，室之大小，皆可以名，非富人大室然後始可命名也。以「水雲」命名或號其室者亦甚普遍。宋人汪元量號「水雲子」；明人黃祥號「水雲」，梁啓運之居處爲「水雲別墅」，曹士璜有「水雲深處」，陳有寓號「水雲道人」，楊溥號「水雲居士」；清曹秉鈞號「水雲老人」，潘奕雋號「水雲漫士」，陸鍾輝有「水雲漁屋」。偶翻香港大學馮平山圖書館錢稻孫翻譯日人羽田亨所著之《西域文明史概要》第一頁及尾頁均鈐有一印，爲「水雲樓主曾藏」。此書錢氏譯於民國二十年（一九三一年）十一月。則此書之印自鈐於此年之後，此書有眉批，書後有「廿一、七、七」數字，可能此批語即爲藏此書之主人「水雲樓主人」所爲。此主人爲誰，不得而知，其有無居處於儲罍之「水雲樓」亦不可考。要之，「水雲」二字不一而足，以「水

雲樓」三字命名者，自不止於儲嶰一人而已！括而言之，蔣氏流寓泰州，不必曾居儲罐之「水雲樓」，亦不必蔣氏之《水雲樓詞》集乃因儲罐之「水雲樓」而因已曾居之而命名也。

二、《水雲樓詞》的輯本與流傳

　　蔣鹿潭生前自訂詞集二卷，共一百零六闋，咸豐十一年辛酉（一八六一），杜文瀾刻於其《曼陀羅華閣叢書》中⑱。徐鼒爲《水雲樓詞》作序，文末署「歲在丁巳冬杪，六合彝舟甫徐鼒叙於東台舟次。」據此，則鹿潭已在此前後，籌刻《水雲樓詞》矣。丁巳爲咸豐七年，公元一八五七年，此爲《水雲樓詞》初刻本之第一篇叙文⑲。

　　宗源瀚《水雲樓詞續序》云：

> 「先刻《水雲樓詞》於東台，同時作者，莫不斂手。」⑳

依序言，宗源瀚此序作於同治癸酉，時爲同治十二年（一八七三），距鹿潭辭世首尾僅六年（鹿潭卒於一八六八年），故詞刻於東台者當極可信。後民國十五年丙寅（一九二六），周念永《水雲樓詞續跋》裏說：

> 「《水雲樓詞》兩卷，爲翁自定之本。秀水杜文瀾刻之於曼陀羅華閣叢書中。」㉑

《水雲樓詞》曼陀羅華閣刻本爲鹿潭之自定本，可以確信。此刻本扉頁正中署「水雲樓詞」篆書四字，扉頁背面刻「咸豐辛酉仲夏開雕」八字，此本書刻精湛，好用古體字，如「花」字刻作「𦾔」，「夢」字刻作「瘳」等等。此刻本除徐鼒之序之外，另有何詠、李肇增及禇榮槐三篇佳序。這幾篇序文，皆爲研究蔣春霖生平事蹟、作品情操之第一手資料。

同治十二年(一八七三),蔣春霖歿後六年,宗源瀚輯其未刻詞四十九首爲《水雲樓詞續》一卷。序云:

> 「先刻《水雲樓詞》於東台,……鹿潭既死,于漢卿哀其未刻之詞畀予,予弟載之復於篋中得鄉所札致者,都爲四十九首,並以付梓。」㉒

此序作於同治十二年,據序中「並以付梓」的意思,則此四十九首詞當在此年已付梓。

再據周念永《水雲樓詞續跋》(寫於民國十五年〈一九二六〉丙寅年)的記載:

> 「右《水雲樓詞》二卷,續集一卷,……《水雲樓詞》二卷,爲翁自定之本,秀水杜文瀾刻之於曼陀羅華閣叢書中,而歸其版於蔣氏。民國紀元之歲,蔣氏盡室北遷,貯版於余處,檢視則朽蠹者十之八矣。嘗思搜剔補綴,重爲印行,而人事擾累,因循未果。今歲之春,偶語其事於丁君志偉,丁君欣然以修鋟爲己任,余遂畀版予之。丁君乃鳩工剞劂,彌其殘缺,易其漫漶,裒然復成完帙。又求上元宗源瀚續刊之詞四十九首,重雕以續其後,後由黃君頌堯斠辨同異,戡定魯魚,凡五閱月而竣其事,從此鹿潭翁一生心力不致日就湮沒。」㉓

於此,《水雲樓詞》之自定本和宗源瀚之續刊《水雲樓詞續》四十九首的經過,都有詳細說明。跋中說「重爲刊行」,則丁志偉、周念永當於民國十五年(一九二六)重印杜刻本,並補上宗源瀚所輯之詞續。大抵宗源瀚求得之蔣詞四十九首,可大別爲兩類,一爲蔣氏自輯其詞集時所摒棄之詞作;二爲咸豐十一年《曼陀羅華閣叢書》刻後的作品。

光緒二十五年己亥(一八九九)九月,江陰繆荃孫刻《水雲樓詞》二卷,《水雲樓詩剩稿》一卷,《水雲樓詞續》一卷於《雲自在龕叢書》中。此外,光

緒三十四年(一九〇八)戊申,有《水雲樓詞集》重刊本。繼又有湖南思賢書局刻本,上述的周念永一九二六年杜刻重印本,鄭午昌刻褚榮槐評點本,及上海有正書局《水雲樓詩詞合刊》鉛字排印本。

一九三三年上海漢文正楷印書局本之《水雲樓詞・補遺》輯有鹿潭《軍中九秋詞》九首。同一時期出版的《詞學季刊》創刊號(此刊創刊於民國二十二年(一九三三)四月一日),亦刊載此《軍中九秋詞》,標名爲《水雲樓未刻詞》。至此,《水雲樓詞》共達一百六十四首。

近人吳白匋、現居台灣之周夢莊先生、及今國內學者徐元先後輯得蔣春霖佚詞七首㉔。此七首佚詞爲:

(1)《踏莎行》題「許石聲太守東皋送別圖」。此圖原爲馮其庸先生之尊師吳白匋先生的珍藏。其後吳氏轉贈馮其庸先生。馮氏輯校本有圖,字作小楷,有上下欵識。

(2)《木蘭花慢・贈陳百生》,原載陳百生《狂奴詞》中。

(3)《甘州・題陳百生聞風綀馬圖》此爲周夢莊先生所輯得,周氏謂圖藏陳百生婿丹徒袁伯庸家。但原圖如何,今不可復見。

(4)《憶舊游・題杜小舫太守從軍紀舊圖》,亦爲周氏所輯。

(5)《虞美人・西泠感舊圖》,原件爲周夢莊先生友人所珍藏。馮其庸氏輯校本有圖。書作行體。詞後有上下欵識。

(6)《沁園春・賦三字》及《沁園春・賦二字》兩首,爲徐元於《天風閣談薈》(未署名,線裝兩册,石印本,爲上海社會科學院文學研究所陳玉堂先生收藏)一書中輯得。此二詞未見輯錄於現今之《水雲樓詞》版本裏,故據《天風閣談薈》抄錄如下:

沁園春賦三字

恨望神山，天風冷然，吟湘路遠。只題緘歲久，墨痕未滅，湔裙
春暮，別恨重撩。石上因緣，命中奇偶，六幅羅裙色半銷。尊前
恨，恨陽關疊後，酒盞長拋。　　無聊偶弄檀槽，撥不到、鴟弦第
四條。算揚州月色，那容分占，靈和柳影，恁地生嬌。學豈雙雙，
添仍一一，畫手休夸頰上毫。相思苦，便頻年蓄艾，心病誰療？

沁園春賦二字

有女同居，燕燕鶯鶯，才兼艷兼。愛杏花開候，春風似剪，床棋
對處，妙奕疑仙。看去雙文，疊來一字，配個人兒想見憐。休拋
撇，怕形單影只，各自蕭然。　　鵁鵁蘭夜燈前，算過了、初更漏
正添。憶洲分白鷺，水流無迹，台荒銅雀，春銷何年？繭樣同功，
魚般比目，嘉耦寧從怨耦傳？廝相幷，莫較長論短，兩小生嫌。

所以，迄目前為止，蔣春霖的《水雲樓詞》，總共為一百七十一首。

　　至於《水雲樓詞》的流傳情況，可以說為「漸進式」，換言之，即是後世
之人並非一開始就欣賞鹿潭之詞，而是慢慢地逐步去認識，去欣賞。蔣鹿
潭一生窮居下僚，他的詞雖然出色，同期的文人亦多傾慕他的文才，但由
於他運蹇時乖，地位低微，在世態炎涼之社會中，鹿潭詞始終未能盛傳而
享負其應得之盛名㉕。實使人唏噓不已。

　　王昶編輯的嘉慶刊本《國朝詞綜》、《國朝詞綜二集》，因問世早，不及
收刊《水雲樓詞》，自屬當然。但同治年間刊行之黃燮清《國朝詞綜續編》，
《水雲樓詞》仍未見收錄，則未免有滄海遺珠之憾。

　　蔣鹿潭詞能夠名揚於後世者，譚獻之功勞為不可沒。譚獻於光緒八年
（一八八二年）刊《篋中詞》，收錄蔣鹿潭詞二十二首，並給予極高之評價㉖。
譚獻（一八三二 —— 一九〇一）為清末大詞家，於詞學致力尤深。譚氏甄錄

詞著，體例嚴謹，當時學者奉爲圭臬。譚獻對蔣鹿潭的推崇，自然也引起當時詞家對蔣氏《水雲樓詞》的認識及重新評估，使鹿潭在中國詞壇上，獲得應得的地位。

經譚獻的推轂，以後詞學家選詞皆紛紛甄錄蔣詞。光緒二十四年(一八九八)張鳴珂刊《國朝詞續選》，收錄《水雲樓詞》多首。一九三五年中華書局刊梁令嫻《藝蘅館詞選》，其中《水雲樓詞》之選刊達十一首之多。一九三六年，王煜選錄《清十一家詞鈔》，蔣詞與納蘭之《飲水》、項蓮生之《憶雲》皆選入。一九三七年，開明書店刊陳乃乾輯《清名家詞》，《水雲樓詞》全部收刊，詞學家對蔣春霖其人其詞，亦開始產生濃厚之興趣。一九四八年，開明書局及中華書局先後出版龍楡生編選《近三百年名家詞選》(香港文豐出版社有翻印本)，甄錄《水雲樓詞》亦達十四首。一九五二年，星加坡東方學會出版賀光中《論清詞》，其中下篇選錄清十三名家分章專論，蔣春霖不僅被賀氏所選論，而且更受到賀氏的大力推崇。近代出版的詞選集，例如一九八二年中州書社出版的張伯駒・黃君坦選，黃畲箋注的《清詞選》，及一九八三年人民文學出版社出版的夏承燾、張璋選《宋元明清詞選》，一九八二年中華書局出版的葉恭綽輯《全清詞鈔》，均甄錄《水雲樓詞》。一九八九年南京出版社及上海江蘇古籍出版社分別出版《金元明清詞鑑賞辭典》，其中均大量的選錄蔣詞，並給予蔣詞很高的評價。而今，《水雲樓詞》不僅流傳至廣，而且其聲響與地位，也與日俱增。

現居台灣的周夢莊先生，於四○年代居滬時，曾爲《水雲樓詞》作疏證，逾四十多年後，於一九八九年由台北黎明文化事業公司出版㉗。周氏先祖與鹿潭及鹿潭友人均有往還㉘，對鹿潭生平交遊，所知較詳，故其《水雲樓詞疏證》，在分析疑義及記述鹿潭的友朋方面，頗見翔實。此外，國內學者馮其庸氏，亦經歷了幾十年的時間，整理輯校《水雲樓詩詞》㉙，於一九八三年完成，由山東齊魯書社於一九八六年付印出版，是爲現今最完備的《水雲樓詩詞》輯校本。

《水雲樓詞》傳世雖僅一百七十一首，在全清詞家中，爲數並不算多，但《水雲樓詞》蘊藉眞摯，誠爲詞家之上乘，而且內容豐富，能夠反映當時

的社會實況及歷史背景，以下試將《水雲樓詞》內容大別爲十類，分章專論，以見一代詞家的聲容風貌。

三、詞作內容分析

(一)戰爭之什

下面先說所謂詞史的一首《踏莎行》(癸丑三月賦)：

> 疊砌苔深，遮窗松密。無人小院纖塵隔。斜陽雙燕欲歸來，卷簾錯放楊花入。　蝶怨香遲，鶯嫌語澀。老紅吹盡春無力。東風一夜轉平蕪，可憐愁滿江南北。

咸豐三年癸丑，太平天國三年(一八五三)二月十一日，南京陷，二十一日，以爲首都，改稱天京，詞即詠此事。

首三句謂宮門深重，外事不入，民情不能上達，上亦不知外間之實情。寓意極其含蓄。四五句謂洪楊事發。「楊花」二字極貼切，「錯」字如春秋之筆，斥責之極。「雙燕」二字帶入，「斜陽」二字比喻朝廷，辛棄疾詞「斜陽正在，煙柳斷腸處。」[30]蔣氏即用此意。下闋寫春闌，鶯蝶皆漸過時。李商隱詩「東風無力百花殘。」[31]「老紅」句即用此意。因爲三月，花事已老，故云「老紅」。結二句咬緊「吹盡」二字，故東風一轉，百卉零落，「蕪」字忽然凸出，下句順勢拖出「愁」字，即以終拍。「愁滿江南北」正由「小院纖塵隔」五字而來，朝廷於民間疾苦一無所聞，則宜乎一旦舉事而禍延全民了。

太平天國定都爲二月，而作者題云「三月」，「三月」二字爲切合全詞而來。「楊花」、「香遲」、「鶯澀」「老紅吹盡」「春無力」，都是暮春三月之事，如題云二月，則未有此景。作者心意在於「錯放楊花入」及「愁滿江南北」十字，讀者只須以此十字與題目相摩，以意逆志，自然可知詞旨所在，無須

明表二月而寓意即是二月也。如作者題云「癸丑二月賦」則全詞所寫之景並非二月，則內容與題目不合。故作者雖題三月，人亦皆知作者所寫者爲二月金陵失陷之事。且作者不想直接明提二月者，亦有所避忌之故。全詞以比興爲上，煙水迷離，自有妙處，不必如日中視絲也。

一萼紅

> 墻角小梅，未春忽放。因憶東園萬樹，摧殘可憐。哀吟成調，歌竟淒然。

> 短墻陰，怪東風未到，春色已深深。壓雪擔低，垂蘿徑窄，紅萼開倩誰簪。漫惆悵、天寒袖薄，喚玉笛，吹怨入空林。烽火連江，河山滿眼，那處登臨。　　回首東園舊路，剩幾分流水，幾樹寒岑。冷雨宮垣，斜陽喬木，還聽笳鼓沈沈。待銷盡、華胥小劫，洗冰淚、招客說傷心。只怕南枝開遍，沒個人尋。

此詞暗寫戰爭，哀痛之至，序云：「哀吟成調，歌竟淒然。」已將傷痛內心托出無遺。

首三句點小序「墻角小梅，未春忽放」八字。「雪壓」三句表出心事，心境哀傷，無意簪插，即紅萼已開，亦何以爲！「漫惆悵」四句鈎勒上文，說明無人簪戴之原因。中間用了杜甫《佳人詩》：「天寒翠袖薄，日暮倚修竹。」㉜和梅花玉笛㉝的典故，以點題目「小梅」二字。「烽火連江」三句爲作者用力處，目的亦在於此。兵火倥傯，無處不遭戰火，即欲登臨亦無乾淨之地，況登臨送目，瘡痍滿眼，能不哀傷者幾希！三句已吐出心腑，下片吃緊小序：「東園萬樹，摧殘可憐」字眼，開出「剩幾分流水，幾樹寒岑」九字。此皆由兵燹而來。「冷雨」「斜陽」悽愴之極，再加「笳鼓」，境況蒼涼冷落，不減白石「漸黃昏，清角吹寒，都在空城」㉞意態。《法苑珠林》云：「切利天有七市，天人天女，往來貿易，以爲戲樂。第五華胥市。」㉟又《隋書・經籍志》：「大水大火大風之災，一切除去之，而更立，生人又歸淳樸，謂之小劫，每一小劫，則一佛出世。」㊱華胥小劫，當謂洪楊事。「待銷盡」是作者希冀的心願，但「只怕」以後又立即勒住，惟恐戰爭雖完，而人事凋零已甚了。當時

外有洋人入侵，內有種種變亂，清廷的腐敗無能，似乎使作者失去信心。一結悲痛欲絕，無怪乎作者自言「歌竟淒然」了。

此詞雖非直接對戰爭的描寫，但劫後蒼涼，歷然在目，所謂「大兵之後，必有凶年。」詞中之「東園」大抵指江蘇揚州之東園而言，揚州最被兵火，洪楊事時，三失三復，破壞頗鉅。結句用「南枝」，可能乃南京之謂。

揚州慢

癸丑十一月二十七日，賊趨京口，報官軍收揚州

野幕巢烏，旗門噪鵲，譙樓吹斷笳聲。過滄桑一霎，又舊日蕪城。怕雙雁歸來恨晚，斜陽頹閣，不忍重登。但紅橋風雨，梅花開落空營。　劫灰到處，便司空見慣都驚。問障扇遮塵，圍棋賭墅，可奈蒼生。月黑流螢何處？西風黯鬼火星星。更傷心南望，隔江無數峰青。

此詞題目有云癸丑者，乃咸豐三年(一八五三年)，即太平天國三年。此年二月二十日太平天國定都南京，二十三日，攻佔揚州，四月一日，太平軍自揚州北伐，十一月二十七日，太平軍趨京口，十二月四日，官軍收揚州。時蔣氏三十六歲，任富安場大使。

首三句寫揚州恢復。「巢烏」，謂事有轉機㊲，「噪鵲」，謂喜訊㊳，「吹斷笳聲」，謂無戰事。揚州自二月陷，十二月復，前後十月，十月滄桑之變，而揚州已極大毀傷。鮑照有蕪城賦，即寫揚州為兵燹所破壞事㊴，「又」字概括劉宋時揚州與當時兵後之揚州，宋時如此，經千餘年之整頓，今又重遭破壞，如舊日揚州之蕪穢，可歎之至。「怕雙雁」以下都說揚州荒蕪。「紅橋」在揚州，一名虹橋。「風雨」喻戰爭。梅花自開自落，加強荒蕪成份，用「空營」二字，見毀壞之慘況。下片續寫荒蕪。劫灰，用漢武帝鑿昆明池見劫灰事㊵。「司空見慣」，用劉禹錫《贈李司空紳》詩：「司空見慣渾閒事，斷盡蘇州刺史腸。」二句言戰後境況，實在可怕。「障扇」三句諷刺政府之腐敗，對洪揚之事未能嚴肅㊶。「月黑」二句又對「蕪城」「頹閣」「紅橋」「梅花」「劫

灰」等等之鈎勒，由斜陽寫入夜深。「流螢」「西風」「鬼火」等詞彙，都是嚇人的辭藻，戰後蒼涼，使人顫慄。結拍由揚州轉出江南，「無數峯青」謂人煙絕迹。此即杜甫「國破山河在，城春草木深」之意旨⑫。

齊天樂

送周弢甫、趙敬甫之杭州

天涯只恨溪山少，青春未留人住。海上閑鷗，沙邊客燕，總被西湖招去。垂楊萬縷。帶離恨絲絲，暗牽柔艪。好趁東風，畫船一路看飛絮。　相逢知更甚處，鷓鴣啼不斷，都是烟雨。淚點關河，軍聲草木，愁殺江南行旅。絲闌漫譜，怕怨笛吹殘，落花難數。門掩春寒，日斜聞戍鼓。

周氏夢莊、馮氏其庸二氏皆以爲此詞作於甲寅暮春⑬，甲寅即咸豐四年，太平天國四年(一八五四)，時蔣氏三十七歲，時在富安場大使任，送周、趙二人之杭州。杭州於此時未受兵火，但其較西地區已經戰雲慘淡。上片說明好友之南行爲極牽情，全無提及戰事，且「畫船一路看飛絮」景色撩人如此。絕看不出愁雲慘霧的戰況。下片漸變，感情慢慢進入酸楚。先帶出鷓鴣「行不得也哥哥」之悽切，隨着是「烟雨」，境界開始切入。突然銀瓶乍破，劍戟齊鳴，變徵之聲激越。「淚點關河，軍聲草木，愁殺江南行旅。」把上面南行之情調帶至最高峯，戰氛瀰漫，隨時有生命之虞，然後知「相逢知更甚處」六字爲悲壯之至語。「絲闌」三句補叙春暮，復加強送春送人之淒傷。結拍仍不離戰爭。作者在富安場，富安場自始至終未遭戰火，但其較西之揚州高郵一帶已死人如麻。日斜，戍鼓咚咚，寒慄之甚。

虞美人

金陵失，秦淮女子高蕊，陷賊中數月。今春見於東淘，愁蛾蓬鬢，不似舊時矣。

風前忽墮驚飛燕。鬢影春雲亂。而今翻說羨楊花，縱解飄零猶不到天涯。　琵琶聲咽玲瓏玉。愁損歌眉綠。酒邊休唱念家山，還是兵戈

滿眼路漫漫。

金陵失在咸豐三年(一八五三年)二月,序云:「陷賊中數月。」又云:「今春見於東淘」,則此詞之作當在咸豐四年之春無疑。

首句入拍切題之極,「鬢影」句鉤勒首句,小序所謂「愁蛾蓬鬢」也。三、四句飄零之至。楊花脫梗,已經可憐,而今反以爲羨,其故安在?楊花之飄零,其甚者,不過桃蹊柳陌而已,而己則由金陵而至東淘,比楊花必不如此其遠。下片由「琵琶聲咽」點出高蕊幽咽之心曲,故下句立即以「愁損歌眉綠」承接。「念家山」,李後主作「念家山破」。[44]古者,妓必能歌,故以琵琶念家山襯托。兵戈滿眼,雖家山之念亦不能如之何!金陵之失,死人無算,身歷其境者,雖脫去,猶有餘悸。「生還今日事」,虎口餘生,戰兢不已!

金縷曲

乙卯初春,將之揚州,或以蕪城爲言,悄然而止。

雪淨梅根土。被瓊簫暗將殘寒,一絲吹去。碎剪東風爲花瓣,分散春心幾許。料從此、紅酣翠嫵。驀地思量虹橋月,是年時、刻意傷春處,還夢到、竹西路。　扁舟待趁寒潮渡。繞空江、鷗鴆聲聲,亂烟無數。歌管樓台斜陽冷,換了城西戍鼓。更不見、垂楊一樹。十里深蕪陰燐碧,哭青山、誰喚春魂語。雲影暗,自延佇。

乙卯爲咸豐五年(一八五五年)太平天國五年。咸豐三年(一八五三年)二月揚州陷,十二月四日(甲戌)官軍復揚州,至咸豐六年二月揚州始再陷。則此年乃揚州陷而復收之後。戰時,攻城爭地,劫殺焚掠,自然無處無之,觀當時筆記可知。序云「蕪城」,必是實寫。

開首六句皆寫作者所在地之初春景況,以梅花起興。第六句「料從此,紅酣翠嫵。」先伏一筆,「驀地」以後即時兜轉,正寫揚州,以揚州之虹橋起興。「是年時,刻意傷春處」,與前面六句完全不同。前面寫心意所欣然者乃往揚州,但揚州已爲蕪城,行不得也。「料從此」,「是年時」接得急峻,

以爲「紅酣翠嫵」而實在「刻意傷春」，一起一伏，心境淒然。提出「虹橋」之後，又緊接以「竹西路」三字，用字咄咄逼人。「虹橋」「竹西」皆有名勝景，作者特別提點，亦明標揚州。上片提出「虹橋」「竹西」之後，放開筆墨，全寫揚州。「扁舟」三句即題目「或以蕪城爲言，悄然而止」數字。「寒潮」復點「初春」，「空江」，已起「蕪城」二字。「鷓鴣」二句，所謂「行不得也」。「亂煙無數」比「空江」又深一層。「歌管」以下作者憑想象而得。「歌管樓臺」變了「城西戍鼓」，此眞所謂「薰歇燼滅，光沉響絕」⑤了，比「亂煙」又更深一層，「亂煙」泛寫，戍鼓則實在如此了！「更不見」又更逼深，句法與「是年時」「還夢到」同一機杼。作者總是使人透不過氣，「垂楊一樹」也不可見，則戰時之斬殺，殃及草木之情況可知。至此「蕪城」之「蕪」不待更說。「十里」二句又是緊接「蕪」字，始終在千呼萬喚後出現，配以「深」字比量，作者悽憤幽恨已填塞胸膺了。「邊風急兮城上寒，井徑滅兮丘隴殘。」⑥可哀之至。「陰燐碧」、「哭青山」、「春魂語」，與《蕪城賦》「孤蓬自振，驚沙坐飛」、「直視千里外，唯見起黃埃。」⑦意氣相通。城「蕪」至此爲無以再耗筆墨矣。。到此，筆觸即時煞住。「雲影暗，自延佇」，即序文所謂「悄然而止」也。作者雖未親至揚州親覩其殘迹，然揚州戰後境況，想像已得，莊生之「知之濠上」，不必化魚也。

臺城路

> 金麗生自金陵圍城出，爲述沙洲避雨光景，感成此解。時畫角咽秋，燈焰慘綠，如有鬼聲在紙上也。

> 驚飛燕子魂無定，荒洲墜如殘葉。樹影疑人，鴉聲幻鬼，欹側春冰途滑。頹雲萬疊。又雨擊寒沙，亂鳴金鐵。似引宵程，隔溪燐火乍明滅。　江間奔浪怒涌，斷笳時隱隱，相和鳴咽。野渡舟危，空村草濕，一飯蘆中淒絕。孤城霧結。剩羈網離鴻，怨啼昏月。險夢愁題，杜鵑枝上血。

金陵陷在咸豐三年(一八五三年，太平天國三年)二月，周夢莊據《金陵癸申紀事署》以爲太平軍入金陵時，金麗生與友人突圍出，甲寅閏七月至東臺，而此詞則於是年(一八五四)所作⑧，證以序文「畫角咽秋」四字，大抵

無誤。

序又云：「沙洲避雨光景」，「避雨」二字似並非單指實景之避雨，似有雙重意義，前云「自金陵圍城出」，繼云：「爲述沙洲避雨」，眞實之避雨有何可記，且不必緊繫「金陵圍城出」之後，「避雨」二字似兼爲《左傳》：「其北陵，文王之所避風雨也」㊾之「避雨」，但亦並非杜注「避風雨」之義㊿，當爲《公羊傳》注：「其處險阻隘勢，一人可要百，故文王過之，驅馳常若避風雨。」(51)之意。所謂「避雨」，即突圍之後逃險之意，而當時又逢大雨，習於坎窞，困難重重，終而逃脫，其慶幸者在此。

首二句敘金麗生突圍出城之情景，以「驚燕」、「殘葉」比喻。「樹影」二句，正是逃脫時之驚惶景象，「樹影」，則疑人之追殺，「鶚聲」則幻鬼祟之害人，情況森寒可怖，草木皆兵，杯弓蛇影，魂驚魄蕩，不可言喻。金陵陷於二月十一日，金麗生當於此時逃脫，故詞云：「春冰」，「敧側春冰途滑」，道路險巇難行之至。「頹雲」猶「愁雲」，頹然不動；「萬叠」，天之陰霾可知。「雨擊寒沙」是實寫，「亂鳴金鐵」是雨擊寒沙之聲，也是幻象，逃難之人，性命難保如此。「似引」二句敘逃難之在夜深。月夜逃亡，荒郊匿遁，燐火之可畏，反爲宵程之導引，可悲亦可喜。下片接言渡江，繼續逃亡。「怒涌」是江聲，「斷笳」是軍聲。怒濤之聲與悲笳咽和，凄聲哀調，又是一番苦狀。「野渡」三句悲慘酸辛之景如見。渡而言危，村而言空，其渡江、村落、草叢，皆言窘迫，凄絕可知。蘆中之飯，暗用伍員逃亡事(52)。「孤城」謂南京，「霧結」喻城中之愁苦。「羂網」二句言自己已離羅網，此爲大幸。惟念留於城中居民爲可哀耳！歇拍以「險夢」作結，金麗生之陷賊、逃亡，當作一場惡夢，作者「感成此解」者乃敘其「險夢」，但非文字之記述，乃杜鵑之啼血也。

全詞摹寫口述之逃亡經歷，精神全盤代入，如己親歷其中，寫時又正值「畫角咽秋」「燈焰慘綠」，難免「如有鬼聲在紙上也！」陳廷焯評此詞，以爲「狀景逼眞，有聲有色！」(53)所謂詞史矣！

渡江雲

燕臺遊迹，阻隔十年，感事懷人，書寄王午橋、李閏生諸友

> 春風燕市酒，旗亭賭醉，花壓帽檐香。暗塵隨馬去，笑擲絲鞭，撤笛傍宮墻。流鶯別後，問可曾、添種垂楊。但聽得哀蟬曲破，樹樹總斜陽。　堪傷。秋生淮海，霜冷關河，縱青山無恙。換了二分明月，一角滄桑。雁書夜寄相思淚，莫更談、天寶淒涼。殘夢醒，長安落葉啼螿。

此詞於「流鶯別後」起全爲感歎國家之事，惟於內容言之，絕非單指洪楊事也，而實以英法聯軍入京之事爲主。譚獻以爲作於庚申㉔，甚有見地。庚申即咸豐十年（一八六〇年），太平天國十年，時蔣氏四十三歲。此時，蔣氏已辭官前後五年。詞序云：「燕臺遊迹，阻隔十年。」若此詞作於庚申，從此上數，則蔣氏遊燕時約爲咸豐元年辛亥（一八五一年，太平天國元年）。《水雲樓詞》卷一《甘州》序云：「辛亥，余爲淮南鹽官。」《兩淮鹽法志》記蔣氏權富安場鹽大使亦從咸豐元年辛亥（一八五一年）起至咸豐六年丙辰（一八五六年）㉕宗源瀚《水雲樓詞續序》及《江陰縣續志》皆謂其「權東臺場」㉖蔣氏初在東臺場任小官，至咸豐元年始爲富安場鹽大使，未爲富安場大使時，其職位必較富安場大使爲低，可說是一極微薄，可有可無之吏職。詞集卷一有《探春》一詞，序云：「己酉秋暮，飲於珠溪。」則蔣氏之任往來可以閒適如此可知。蔣氏自記辛亥（咸豐元年）爲鹽官，則遊燕都必在爲官之前。燕都之遊十年後，作者偏以此「感事懷人」者，以其十年之後京師有變動之故。庚申七月，英法聯軍陷天津，八月初咸豐皇帝逃往熱河，八月二十二日，焚圓明園㉗。此詞正記此事。

開頭六句記十年前之燕臺遊跡。燕市㉘、旗亭㉙、帽檐㉚、擲絲鞭㉛、傍宮墻㉜都是豪邁風流的少年行徑。「流鶯」當喩道光二十二年壬寅（一八四二年）之鴉片戰爭，時蔣氏二十五歲。「流鶯別後」二句，作者寄託心意，以爲國家當愼以後之兵事。「但」字以下，心事成空，「哀蟬曲破，樹樹斜陽」絕望之至。由道光二十二年（一八四二年）至咸豐十年（一八六〇年）之十八年間內憂外患，無日無之，英法聯軍直陷北京，所謂「哀蟬曲破」也㉝，「樹樹斜陽」者，乾坤瘡痍之謂。「堪傷」以下八句說洪楊事。「青衫」自喩，「換

了二分明月，一角滄桑」說洪楊有部份天下矣⑭。「雁書」一句即序所謂「書寄」。「天寶淒涼」以玄宗天寶以後唐代中衰比喻。「殘夢醒」此指咸豐皇帝北走熱河於其宮殿夢回時。「長安」正指京師，「落葉啼螿」指長安宮殿爲敵人所焚，正一片荒蕪也。譚獻評此詞云：「前使李慕事，後闋以天寶應之，鈎鎖精細。」⑮此詞雜言鴉片戰爭，英法聯軍之役，太平天國及其他所有大小的起義，東南半壁之不保，圓明園之焚燬，咸豐之北遁，內憂外患，記事靡有孑遺，眞所謂詞史也。

卜算子

燕子不曾來，小院陰陰雨。一角闌干聚落花，此是春歸處。　彈淚別東風，把酒澆飛絮。化了浮萍也是愁，莫向天涯去。

周夢莊以爲此首與《踏莎行》(癸丑三月賦)(見前)爲姊妹作云：「兩詞基調完全一樣。『落花』、『春歸』、『飛絮』、『浮萍』等字眼，顯然旣不是刻意傷春，也不是多情怨別，和前一首《踏莎行》一樣，描繪的『無可奈何花落去』的渺茫心理狀態，同樣是哀嘆舊統治秩序的解體，可謂傷心人別有懷抱。」⑯周氏所言，當可信。傷春，實傷國之岌岌也。內外皆亂，眞是無一塊乾淨土。「化了浮萍」用蘇軾詞事。蘇軾《水龍吟次韻章質夫楊花詞》自注云：「楊花落水爲浮萍。」故「飛絮」之後，以「浮萍」兜接⑰。秦觀《望海潮》云：「暗隨流水到天涯。」⑱身如浮萍，任水漂泊，已是可哀，今四處皆是如此，飛絮愁，浮萍亦愁，眞是埋愁無地。「我生之初尙無爲，我生之後，逢此百罹」⑲，亂世兒女，哀哉！陳廷焯以「淒怨」稱之⑳，誠然。

木蘭花慢

甲寅四月客有自金陵來者感賦此闋

破驚濤一葉，看千里、陣圖開。正鐵鎖橫江，長旗樹壘，半壁塵埃。秦淮幾星燐火，錯驚疑燈影舊樓台。落日征帆黯黯，沈江戍鼓哀哀。　安排多少清才。弓挂樹，字磨崖。甚繞鵲寒枝，闡難曉色，歲月無涯。雲埋蔣山自碧，打空城，只有夜潮來。誰倚莫愁艇子，一川烟雨徘徊。

序云：「甲寅四月」，甲寅爲咸豐四年（一八五四年，太平天國四年），去歲，太平天國都南京。

起首三句言友人突圍而出，「鐵鎖」三句謂太平軍守備嚴密，暗用《晉書》事⑦，「半壁塵埃」，東南半壁，殺氣騰騰，腥膻滿目也。「秦淮」明點南京，「幾星」二句言前時則「燈影樓台」，今則蕪穢生燐了，「燐火」實寫，「燈影樓台」幻象，以「錯驚疑」三字運轉。「落日」二句承「燐火」來，王安石《桂枝香》（金陵懷古）寫日暮時云：「歸帆去棹殘陽裏，背西風，酒旗斜矗。綵舟雲淡，星河鷺起，畫圖難足。」⑦此則言「落日征帆黯黯，沈江戍鼓哀哀。」可悲之至。下片起拍七句言在上者不知用人，弓掛於樹，字鑿於崖，無人欣賞也。「繞鵲寒枝」，「聞雞曉色」雜用曹操詩及《晉書》劉琨祖逖事。⑦「歲月無涯」無盡時日而等待也。「蔣山自碧」「潮打空城」都是南京空寂的描寫⑦，尾句亦以南京事收拍。周邦彥《西河》（金陵懷古）云：「斷崖樹，猶倒倚，莫愁艇子曾繫。」⑦今則借此言「誰倚莫愁艇子」謂無人，「一川煙雨徘徊」。境界淒然矣。

全詞事典，句句寫金陵，雖不正言戰事，但太平軍入南京後，昔日之繁華，一去不復，其慘重可知。

木蘭花慢

江行晚過北固山

泊秦淮雨霽，又燈火，送歸船。正樹擁雲昏，星垂野闊，暝色浮天。蘆邊。夜潮驟起，暈波心，月影蕩江圓。夢醒誰歌楚些，泠泠霜激哀弦。　嬋娟。不語對愁眠。往事恨難捐。看莽莽南徐，蒼蒼北固，如此山川。鉤連。更無鐵鎖，任排空，檣艣自回旋。寂寞魚龍睡穩，傷心付與秋烟。

此詞當爲鴉片戰爭之後，太平軍入南京前所作。鴉片戰爭在道光二十二年（一八四二年）太平軍入南京在咸豐三年（一八五三年）之前後十二年

間，即作者二十五歲至三十六歲之年，但實指何時，不得而知。謝孝萃謂：
「鹿潭自北都歸來，抵達江寧，改由水路前往揚州的中途，蓋自秦淮挂席，
翌日晚過北固山，渡江而北經霍橋，又一日晚泊於萬福，然後轉往揚州。
故此詞繫年應爲道光二十八戊申。」⑯太平天國起義於咸豐元年辛亥（一八
五一年），戰事勢如破竹，咸豐二年十一月佔岳州成立水營後，沿長江順流
而東下，直指安慶南京等地。於如此急劇之戰爭變化中，詞中應有倉皇之
反映，但詞句未見，只描寫戰後景象，則此詞當與太平天國無關。謝氏言
作於道光二十八年（一八四八年）者近是。

　　題云：「江行晚過北固山」，詞云：「泊秦淮雨霽，又燈火，送歸船。」
依次而言，作者之船由秦淮而東北上過鎮江之北京口也。「歸」，作者自南
京北歸，而歸何處，不得而知。北固山在京口，京口在今鎮江丹徒縣北，
山三面臨江，與金焦二山並稱京口三山。梁武帝以爲京口之壯觀地。首三
句說明行程，「樹擁」三句承「燈火」來，「昏」、「星」、「暝」都是入夜之漸次，
都從杜詩化出⑰。「蘆邊」四句言江岸冷寂，由白石《揚州慢》：「波心蕩，冷
月無聲」轉化⑱。《夢醒》二句述夜深之淒冷。下片氣勢急轉，峭然直下，無
眠之中，臥看月色，往事一一縈繞，南徐、北固莽莽蒼蒼，以一「看」字領
起，以「如此山川」四字勒住。悽愴不能自已。道光二十二年（一八四二年）
六月，英軍寇京口，陷鎮江，死傷枕席，七月，薄南京⑲。「南徐」今鎮江
一帶地，南朝時稱南徐，爲東晉僑置徐州之地。「鈎連」三句謂英人直入而
無阻也。王濬攻吳時，吳以鐵鎖橫江，猶爲王濬焚燬⑳，今則鐵鎖也無，
難怪敵人回旋自若了。今已夜深，萬籟俱寂，除秋烟冥漠外，無人可訴，
悽然欲絕。杜甫《秋興》：「魚龍寂寞秋江冷，故國平居有所思。」㉑即此詞
末句所本，融化詩句，隱栝入律，不讓清眞獨擅。

　　陳廷焯盛讚此詞云：「『蘆邊，夜潮驟起，暈波心，月影蕩江圓』，『看
莽莽南徐』以下，精警雄秀，造句之妙，不減樂笑翁。」㉒譚獻評曰：「子山、
子美，把臂入林。」㉓稱頌備至。

　　評家以「詞史」稱蔣氏，與同時詩人金亞匏之「詩史」並世兩雄。前面舉
其描述戰爭之特著者，其他言戰爭，發感慨者，彌佈篇什。下面略作枚舉：

剩取淒烟楚雨，愁盡蕪城。

── 卷一《一萼紅》

凝眸，桂影碧空泛，誰共舉瓊甌。問西湖今夜，幾分明月，可似揚州。

── 卷一《木蘭花慢》

空江上，沉沉戍鼓，落日大旗孤。

── 卷一《滿庭芳》⑧④

淒涼太液⑧⑤，莫暗滴，露盤清淚。

── 卷一《瑤華，敗荷》

一年似夢光陰，匆匆戰鼓聲中過。

── 卷一《水龍吟》

還記敲冰官舸，鬧蛾兒，揚州燈火。舊嬉遊處，而今何在，城闉空鎖。

──《同上》

南雲暗，任征鴻去，莫倚闌干。

── 卷一《甘州》

但平沙，萬幕寂寂擁夜月。

── 卷一《淒涼犯》

休記銀屏朱閣，便江山如畫，今落誰邊。⑧⑥

── 卷二《甘州》

寫遍殘山剩水，都是春風杜鵑血。⑧⑦

── 卷二《淡黃柳》

哀角起重關，霜深楚水寒。背西風，歸雁聲酸。一片石頭城上月，
渾怕照，舊江山。

──卷二《唐多令》

瀟湘春色似盡，剩烽斜照裏，悲恨休說。鶴唳空江，鴉棲舊壘，景
物歸來都別。

──卷二《齊天樂》

柳影低門，杏梢深巷，花落可憐焦土。

──卷二《換巢鸞鳳》

十載江鄉烽火。到樓閣五雲中，憶哀鴻音苦。⑧⑧

──詞續《角招》

亂草埋沙，孤城照水，倦游重見淒涼。

──詞續《揚州慢》

關河戰罷餘蕭瑟，誤松菊，遲來三徑。

──詞續《玲瓏四犯》

戍笳吹斷，嘆釵鈿，倉皇路塵。驚飆亂起，滿地青楓，彌望秋燐。

──詞續《慶春宮》

　　以上所舉，或鴉片戰爭，或英法聯軍之役，或太平天國戰爭，均所感
興。皆可以見出蔣氏感物造端，才智深美，其目光之銳利及其思想之紛雜，
以至其對國家政事之憂慮，真非當時人物可以比並。

（二）交游之什

　　蔣春霖的交遊詞什，多有佳序，清楚說明抒寫或寄贈者為何人何事，

情深意切，眞摯感人，先看《甘州》：

甘州

余少識劉梅史於武昌，不見且二十年。辛亥余爲淮南鹽官，梅史自吳來訪。秋窗話舊，淸淚盈睫，其飄泊更不余若也。

怪西風偏聚斷腸人，相逢又天涯。似晴空墮葉，偶隨寒雁吹集平沙，塵世幾番蕉鹿，春夢冷窗紗。一夜巴山雨，雙鬢都華。　笑指江邊黃鶴，問樓頭明月，今爲誰斜。共飄零千里，燕子尚無家。且休賣珊瑚寶玦，看青衫寫恨入琵琶。同懷感、把悲秋淚，彈上蘆花。

周夢莊與馮其庸二譜皆以蔣氏識劉梅史在道光十二年壬辰（一八三一）時蔣氏十五歲。實未必然。序只言「且」，且者未定詞，不必定爲二十年。但此亦無甚重要。不見且二十年，又是少年所交之朋友，再見時，自然「淸淚盈睫」。「其飄泊更不余若也」，則梅史之生涯比鹿潭更苦。詞作於辛亥，此年爲咸豐元年（一八五一）作者三十四歲。

起首五句酸辛可憐，少年相識，二十年後仍寒傖至此，不斷腸又是幾稀！「蕉鹿」，即夢幻⑧⑨，東坡詩云：「事如春夢了無痕。」⑨⑩二十年不見，彷若隔世。前事眞如春夢。唐圭璋以爲前事乃登黃鶴樓事⑨①，即人稱乳虎之時。「巴山雨」，借用李商隱詩⑨②，前則巴山共話，今再見話舊之日，年歲已邁。「都」字吃緊，二人皆老。下片承上片來，斷腸之聚已悽苦如此，雙鬢都星，則明月之照爲無謂矣。故下片起首即續寫此事。「笑指」二字，極以自嘲。唐氏以爲前事乃黃鶴樓賦詩事，即由此「黃鶴」二字忖度。下面二句更爲淒酸，「共」字亦吃緊，二人皆離鄉別井之人，所謂無家。燕子自比，即序文所謂飄泊。詞中言「珊瑚寶玦」，可能劉梅史以前家境較好，今則已爾。杜甫《哀王孫》詩：「金鞭斷折九馬死，骨肉不待同馳驅；腰下寶玦青珊瑚，可憐王孫泣路隅。」⑨③「寫恨入琵琶」暗用白居易琵琶行事，變賣珠玉，可憐之至。結拍順「琵琶」來，故下文說「彈上」。「蘆花」又承「秋」字遙接序文「秋」及篇首「西風」二字，鈎連極緊。全詞情感之表達，十分深厚。

一萼紅

清明前一日，偕周蓮伯散步城北。紅日已西，乃至虹橋。復買小舟過桃花庵、蓮性寺。烟水淒然，游人絕少，共溯洄者漁船三兩而已。

趁春晴，步前汀未晚，舟小蹙波行，抱樹溪彎，眠沙石老，芳草隨意青青。乍鶯起、閑鷗短夢，伴落日、三兩棹歌聲。水曲豪筝，柳陰叢笛，那處重聽。　多少夕陽樓閣，倚闌干不見，空見流鶯。螢苑星繁，虹橋月艷，還記玉輦曾經。自湖上，游仙事杳，問桃花、又過幾清明。剩取淒烟楚雨，愁盡蕪城。

此詞寫亂後之揚州。揚州初陷在咸豐三年癸丑(一八五三)二月，三年十二月太平軍退出，再陷在咸豐六年丙辰(一八五六)二月，未幾又退去。三陷在咸豐八年戊午(一八五八)九月，未幾亦退去。周蓮伯逝世於同治元年壬戌(一八六二)⑨詞集刻於咸豐十一年辛酉(一八六一)，則此詞最遲在咸豐十一年之前所作⑨。桃花巷、蓮性寺皆在揚州瘦西湖附近，虹橋在湖上⑨。

「趁春晴」三句所謂「買小舟」也。「抱樹」三句點明春日，「乍鶯起」二句即序云：「游人絕少」及「漁船三兩」。下文換筆，實景已如上述，若前時之「水曲豪筝，柳陰叢笛」，今則已無。數句已就「烟水淒然」暗着筆墨。下片扣緊上文，「夕陽」點序文之「紅日已西」。樓閣不見，空見流鶯，又是淒然。「螢苑」三句以前事，康熙與乾隆皆曾於此地遊覽，乾隆並寓於桃花庵⑨，故云「玉輦曾經」⑨，帝主亦曾遊經此地，則此地風景之優美，可想而知。「湖上」數句感慨之至，既點「清明」又帶過桃花庵。結拍鈎出「烟水淒然」。「愁盡蕪城」正由「淒烟楚雨」而來，四字亦是一篇之警策。

全篇悽涼悵惘，讀之使人酸鼻，由戰爭帶來之慘況，無物不遭其殃，可歎之至。

甘州

王午橋常山人，詞筆清麗似吳夢窗，渡滹沱時相見。庚午復遇
於南中，云自越絕返都門也，歌而送之。

記疏林霜墮薊門秋，高談四筵驚。擘珊瑚欲碎，長歌裂石，分取狂
名。短夢依然同話，風雨客窗燈。一醉江湖老，人似春星。　驀上
長安舊路，悵春來玉粲，還賦離亭。喚天涯綠遍，今夜子規聲。待
攀取、垂楊寄遠，怕楊花、比客更飄零。淒涼調、向琵琶里，唱徹
幽幷。

序云：「渡滹沱時相見，庚午復遇于南中。」「庚午」二字馮其庸氏以為
「戊午」之誤⑲，周夢莊則以為丙午⑳。戊午為咸豐八年（一八五八，太平天
國八年）時蔣氏四十一歲；丙午為道光二十六年（一八四六）蔣氏二十九
歲，兩人所得前後相差十二年。依詞意及蔣氏慣例，若王午橋自越絕返都
門，中間必遭戰火，詞當及之，而詞並無提及。咸豐八年，洪楊戰爭未了，
揚州又正在攻守之際，英法聯軍亦節節入侵，摧毀大沽炮臺，國運岌岌，
王午橋家在常山，若於此時歸家，尚屬不得已，而蔣氏則不當在此時北上。
馮說非是。周氏以為丙午者亦非，蓋卷二詞集有《渡江雲》書寄王午橋一篇，
《渡江雲》序云：「阻隔十年」，該篇乃記英法聯軍入北京事（見戰爭詞什），
英法入北京為咸豐十年（一八六〇）時蔣氏四十三歲，由此上數，十年為咸
豐元年辛亥（一八五一）時蔣氏三十四歲。若此詞作於丙午當蔣氏二十九
時，則「十年」二字不合，且丙午時遇於「南中」，其在滹沱相見時必為更早，
無論如何亦在蔣氏二十九歲之前一、二年，如此，則遊燕都時在二十七，
或二十八歲。由四十三歲回數至二十七、八為十五、六年，「十年」一詞雖
為成數，但究竟相去太遠。周氏似亦不能成立。竊以為庚午為庚戌之誤，
庚戌為道光三十年（一八五〇）時蔣氏三十三歲。由咸豐十年（一八六〇）倒
數至道光三十年庚戌（一八五〇），為十一年，若在滹沱相見在前此一、二
年間，亦是十二、三年之久，以成數計之，「十年」一詞較為成理。庚午似
作庚戌為合。庚戌年（一九五〇）蔣氏雖已為官，但位極閒散（見前節考述），
詞集卷一《探春》一詞序云：「己酉，秋暮，飲于珠溪。」己酉為道光二十九
年（一八四九），珠溪即伍佑場，在東台之北。周夢莊謂蔣氏時往來其間⑩，
則蔣氏雖在官任，而較近之南北往來，時時可見。詞云：「驀上長安舊路」，

則蔣氏之遇王午橋時，蔣氏必在北上途中無疑。「南中」不知何地，馮氏以為仍指東臺，周氏則以為揚州，未知孰是。總之，此必為蔣氏昔日北上燕都之舊路，當日如何取徑，又不得而知。

　　首五句說以前事，點明時地。「四筵驚」⑩「擊珊瑚」⑩「長歌」「狂名」都是豪情。「短夢」數句翻轉，突然說今，在南中之事。「風雨窗燈」「江湖老」「春星」與以前迥然不同。以前之豪情壯志，今也奈何！但有飄零異地，淒然傷懷而已。卷二《渡江雲》書寄王午橋起首亦記燕都豪情，可參看。下片三句客中送客，王粲，自比，賦離亭，送王午橋北歸，即序文「歌而送之」四字。由此句可知蔣氏此行只是北征，非入京可知。「子規聲」不如歸去，對王氏言則為好事，對蔣氏言則為淒涼事也。王氏有家可歸，己則仍在客途，其分別如此！「待攀取」二句謂折楊贈別，只是自己比此楊花更飄零而已。結拍「唱徹幽并」更與「都門」「薊門」合。前則豪邁「長歌裂石」，今則哀傷，唱徹幽并⑩。述古傷今，見其朋情甚為深摯。此詞悲涼之至，極似張炎，但慷慨激越，張炎未必有也。

甘州

　　甲寅元日，趙敬甫見過。

> 又東風喚醒一分春，吹愁上眉山。趁晴梢剩雪，斜陽小立，人影珊珊。避地依然滄海，險夢逐潮還。一樣貂裘冷，不似長安。　　多少悲笳聲裏，認匆匆過客，草草辛盤。引吳鈎不語，酒罷玉犀寒。總休問、杜鵑橋上，有梅花、且向醉中看。南雲暗，任征鴻去，莫倚闌干。

　　甲寅為咸豐四年(一八五四年，太平天國四年)時蔣氏三十七歲，正任富安場大使。咸豐三年二月，太平天國定都南京，繼而克揚州，四月太平軍自揚州北伐，十一月，有揚州三漢河之役，十二月清軍復揚州，四年元旦，北伐援軍自安慶出發。總之，長江兩岸烽火連天，只有揚州以東泰州東臺等未見戰火。故詞之首句雖然「東風喚醒一分春」但同時亦「愁上眉山，良辰雖在，而實在悽愴之情未去。珊珊，借作姍姍，此處作移動解⑩。「趁

晴槁」三句，寫元旦日，心境沉重，小立斜陽，徘徊躊躇之意。「避地」二句正作者心事，是徘徊之因。時作者官富安場，家鄉正在烽火，回鄉之行，只有憑藉夢境矣，夢而加「險」字，戰爭之故。詞集卷二《渡江雲》序云：「燕臺遊跡，……書寄王午橋李閏生諸友。」用「諸友」二字，則友必不止二人，趙敬甫或在其中。此詞云：「一樣貂裘冷，不似長安。」當憶述京師前事。下片以「悲笳」領起，以後全說國事。雖則元日，但烽火連天，佳節得過且過，故辛盤草草。有志爲國而托身微薄，奈何！「總休問」二句，慨歎國運之難料，士民不妨及時行樂，心境至此，可謂淒絕。「杜鵑橋上」暗用邵雍於洛陽天津橋聞杜鵑感天下治亂事⑩。「南雲暗」，謂南方戰爭之黯淡；鴻雁春還，由南而北。「莫倚闌干」，不忍覿矣。辛棄疾詞：「休去倚危闌，斜陽正在煙柳斷腸處。」(《摸魚兒》)同一機杼。

全詞先叙自己之心境，其次共勉及時行樂，國事非吾儕所能知也。

臺城路

易州寄高寄泉

兩年心上西窗雨，闌干背燈敲遍。雪擁驚沙，星寒大野，馬足關河同賤。羈愁數點，問春去秋來，幾多鴻雁。忘卻華顛，昔時顔色夢中見。　青衫鉛淚似洗，斷笳明月裏，涼夜吹怨。古石敧台，悲風咽筑，酒罷哀歌難遣。飛花亂卷。對萬樹垂楊，故人青眼。霧隱孤城，夕陽山外遠。

馮其庸、周夢莊二譜分別繫此詞於道光二十七年（一八四七）⑩與道光二十六年（一八四六）⑩時鹿潭三十歲或二十九歲，皆謂寄泉于道光二十八年任河間敎諭，意以爲鹿潭作此詞寄任官易州之高寄泉，竊以爲非是。

此詞題云「易州寄高寄泉」，作者此時當在易州，或在入京途中。此時寄泉是否在河間，並未提及。據馮譜，作者若遊京師最後一次爲三十歲（道光二十七年，一八四七年）則此詞或作於此年，而前一次之入京，據詞意當在兩年之前。竊以爲蔣氏初次入京時，曾見高寄泉，此次入京欲再見之而

不可得，於是在易州書寄之。題云：「易州寄高寄泉」，非「寄易州高寄泉」，馮、周二氏誤解之。且詞中所寫爲眼前景物，非身不在易州而可描述也。

　　起首二句謂隔別二年，時刻不忘，欲兩年後再見，今已二載，但不得而見，由是徘徊客舍，焦躁而敲拍闌干也。「西窗雨」用李商隱詩：「何當共剪西窗燭，卻話巴山夜雨時」⑩詩意。「雪擁」二句叙北上之旅途景況，連用韓愈詩：「雲橫秦嶺家何在，雪擁藍關馬不前。」⑩鮑照《蕪城賦》：「孤蓬自振，驚沙坐飛」。⑪杜甫詩：「星垂平野闊，月湧大江流。」⑫元好問詩：「千里關河高骨馬，四更風雪短檠燈。」⑬隱括入律，精練之極。「馬足」「關河」二詞下一「賤」字悽愴辛酸之至，譚獻稱爲「千古」⑭，真是目光如炬。「羈愁」用「點」字，因下文「鴻雁」來。此以張炎《孤雁》詞化出⑮。見雁過，引起羈愁，鴻雁點點，故羈愁亦用點字。「忘卻」二句言人已老，昔日之顏色，今不復見。「青衫」三句言自己之身世。「鉛淚」用李賀詩：「憶君清淚如鉛水」⑯意，「似洗」言多。「古石」三句寫自己在易州之心境。「古臺」即燕昭王黃金臺⑰，「悲筑」指高漸離擊筑事⑱。二事皆在易州。「哀歌難遣」知作者心境之壞。「飛花」三句對上文「西窗雨」「昔時顏色」之鈎勒。以楊葉爲「故人青眼」，聰明之極。結得蕭颯，萬籟同悲。譚獻云：「豪竹哀絲，一時並奏。」⑲八字盡之，可謂知己。蔣氏爲至情之人，憶友詞篇篇至情至性，真「古之傷心人也。」⑳

八聲甘州
贈褚又梅

甚天涯芳草引游韉，春歸舊臾囊。似登樓王粲，斜陽瘦馬，飽看山光。飄泊可憐淮海，風雨醉殊鄉。長鋏歸來未，燕子空梁。　誰識幽情苦調，借一枝斑管，散徧瑤芳。更煙蘿池館，彈淚說滄桑。莫偷和、玉臺新句，怕春風、又妒畫眉長。如虹氣，不消磨處，夜識干將。

　　褚又梅即褚榮槐，榮槐曾爲《水雲樓詞》作序。序云：「榮槐以丁戊之歲，客遊淮海間。」此詞云：「飄泊可憐淮海，風雨醉殊鄉。」馮其庸氏即以

爲作於丁巳（咸豐七年，一八五七年）或戊午（咸豐八年，一八五八年）⑫。
詞集卷二又有《尉遲杯》春暮別褚又梅、金麗生，馮亦以爲同時作。周夢莊
氏《疏證》以爲《尉遲杯》當作於咸豐以前，但其《年譜》又以此詞繫咸豐九年
己未（一八五九年），未知何故？⑫詞與褚序合，則此詞當作於丁巳戊午間，
而《尉遲杯》之作又不得而知也。

　　此詞全首爲褚氏而作，亦爲自己作。

　　上片由首句起一氣直下，其中用「奚囊」與「王粲」起⑬，以「長鋏」⑭言
其無成也。下片五句說褚又梅內心苦悶，惟靠詞以作抒發，「煙蘿池館」二
句似微涉南京失陷事。「莫偸和」二句，以藏鋒收斂共勉，劉子云：「揚蛾眉
者，爲醜女之所妒。」⑫元稹詩：「莫畫長眉畫短眉」，蔣氏正是此意。曲中
以干將相許。前面說又梅幾翻經歷，當消磨幾盡，末句叫起，謂雖辛苦備
嘗，而其英傑之質，如堂堂劍氣，直干牛斗也。與《詞續》之《徵招》：「醉暝
久，尙未消磨，是劍發龍氣。」《輯佚》之《木蘭花慢》：「算干霄，劍氣不沉
埋」同一機杼。褚氏序「水雲詞」有云：

　　「雲喬晏起，終朝而伴休文。范縝寡交，擧足輒尋王亮。每當抽豪發
　　詠，托旨聘妍。賞王筠之一節，定虞松之五字。未嘗不抉剔癥垢，
　　洒滌性靈。相視而笑，莫逆於心。」

二人之感情可知。

　　蔣春霖交游，多爲眞摯之交（詳見交游考），故入於詞者，感情亦甚見深
重，除上擧例分析外，其交遊贈別而相念者，亦略作抄錄如下：

垂楊
　　送陳百生北游：

偸彈老淚，向短亭話別，蘭舟重艤。
猶記題詩舊邸，染京洛暗塵，醉春游騎。戍鼓驚秋，夢魂還渡桑乾水。

三姝媚
送別黃子湘

尚著宮衣，聽夜窗弦索，淚殷雙袖。眼底滄桑，休更疊哀蟬淒奏。
怕問王孫芳草，淮陰渡口。

齊天樂
用碧山韻送人歸楚南

半春絲雨聲中過，河橋未青楊葉。斷角吹寒，孤帆滯遠，可是將離
時節。家山夢切。對岸芷汀蘭，楚騷歌闋。
瀟湘春色似畫，剩烽斜照裏，悲恨休說。鶴唳空江，鴉棲舊壘，景
物歸來都別。

角招
送宗湘文入都，即之官杭州

十載江鄉烽火，到樓閣五雲中，憶哀鴻音苦。應許，橋題秀句。花
圍錦帶，繫馬揚州路。
後日相思甚處？怕零落、石磯邊，閑鷗鷺。

甘州
題趙漁亭詩集

長記五陵豪事，喚銀箏催客，玉鉠光寒。瀉龍頭春酒，咳唾亂珠盤。

玲瓏四犯
湘文既之浙，余亦東游。江空歲寒，念湘文當過常熟，結鄰之
約，幾時可遂。

送君江上水，淚滴寒沙靜。關河戰罷餘蕭瑟，誤松菊，遲來三徑。

琵琶仙

送于漢卿北上

顛倒百年心事，有歸帆知得。鷗鷺少，溪山更遠，問一生，幾兩游屐。也但燈夕繙書，夢君顏色。

(三)行旅之什

渡江雲

春明再到，人事都非，崔護蕭郎，一時同感。

燕泥銜杏雨，爐薰隱篆，朱戶晝愔愔。半窗松影碎，小語分茶，日暖喚青禽。羊車再到，那不見，招手樓陰。空自踏、落花歸去，消歇酒杯心。　沈吟。紅墻幾尺。遠過蓬山，更難通魚錦。換盡了，陌頭柳色，愁滿羅襟。夢中常訂重逢約，甚隔簾、翻怕相尋。門又掩，碧桃一樹春深。

　　馮其庸《蔣鹿潭年譜考略》繫此詞於道光二十七年丁未(一八四七)時蔣氏三十歲[126]。周夢莊則繫於道光二十五年乙巳(一八四五)時蔣氏年二十八[127]。二氏皆以爲在任官以前。馮氏以爲蔣氏於翌年卅一歲已爲鹽官，而周氏則以爲此次北行之後赴揚州謀職至三十四歲始得官。總之，任官或赴揚州之後並未北上，故此詞乃蔣氏最後一次北行之紀事詞，然作於何年，極難定說。

　　詞序特別提到「崔護蕭郎」[128]，竊以爲此詞所記當爲艷跡，非只記北行事而已。

　　首六句說前事，三句表明時地。「朱戶」自然是富貴人家。後三句近寫。「羊車」以下言再到時，人已不見，寂寞而歸，此正所謂「崔護蕭郎，一時同感」。詞用「羊車」是艷情事[129]，則知此詞所記非但北行而已，而實記自己之

風流韻事。下片緊扣「歸去」二字,「紅牆」承上「朱戶」來,「幾尺」,則比蓬山更遠,奈何奈何。此暗使李商隱:「劉郎已恨蓬山遠,更隔蓬山一萬重。」⑬⓪及晏幾道:「此後錦書休寄,畫樓雲雨無憑。」⑬①詞意。「換盡了陌頭柳色」與上片「落花」都說明今日之季候,以前來時是春天,今來亦然,但已有不同,作者以「陌頭柳色」之「換盡」比興,「愁滿羅襟」是「不見招手樓陰」及「難通魚錦」的必然。「夢中」二句再起波瀾,「翻怕相尋」正是「蕭郎」事。結拍亦隨「蕭郎」來,「從此蕭郎是路人」正是詞中「門又掩」的事實,「碧桃」句又是「桃花依舊笑春風」的翻製。

綺麗蘊藉,哀傷悱惻,使人哽咽。

蝶戀花
北游道上

沙外斜陽車影淡。紅杏深深,人語黃茅店。陌上馬塵吹又暗,柳花風裏征衣減。　屋後箏弦鶯語艷。濁酒孤琴,門對春寒掩。鴉背殘霜侵短劍,紙窗夢破疏燈颭。

周夢莊以爲作於道光二十五年前后。此述北行之途中境況。

首三句敘黃昏宿棧,「黃茅店」雜用李商隱:「冷暗黃茅驛」⑬②,溫庭筠「雞聲茅店月,人跡板橋霜」⑬③及范成大「擊柝黃茅店。」⑬④意。斜日投宿,紅杏依墻,人聲稀淡,境界寧謐之至。「紅杏」二字清麗,托出季候。「陌上」二句追述旅途光景,下片言投宿之後。「箏弦鶯語艷」是女子歌聲,「濁酒孤琴」,正是「鶯語艷」之比對。「門對春寒掩」謂自己深閉門而不出。「鴉背」即上片之「斜陽」,溫庭筠詩:「蝶翎朝粉盡,鴉背夕陽多。」⑬⑤作者不欲重複斜陽,故用以借代。「殘霜」對上文「紅杏」「柳花」之補述,言春雖至,但殘霜仍在,未大溫暖。終拍敘夜深夢迴之況。一結淒然。

全詞清麗典雅,蘊藉含蓄,哀感頑艷,旅途之孤苦,其情況歷歷在目。甚有北宋韻態,但北宋輸其高曠。

拜星月慢

予事羈東淘，遇丙辰除夕，春事蕭條，不似往歲。把酒祭詩，
愁饕欲雪，淒然歌此。

臘酒餘寒，春燈殘雪，地僻還聞簫鼓。帖翠粘紅，是年時情緒。念
前夢，頓覺、啼痕唾碧都化，半漬征衫塵土。馬影雞聲，又詔華催
暮。　隔簾攏，舊是相思路。闌干角，似有東風度。便覓象管鵝笙，
奈淒涼難譜。抱孤琴、淚瀧無人處。梅花外、強琢宜春句。怕凍草、
暗長愁苗，滯游鞍不去。

詞序明言「事羈東淘，遇丙辰除夕」知爲丙辰年除夕作。丙辰爲咸豐六
年（一八五六年，太軍天國六年），除夕前，蔣氏仍爲富安場鹽大使，《兩淮鹽
法志》記蔣氏官富安場爲咸豐元年辛亥（一八五一）至咸豐六年丙辰（一八五
六）⑱凡六年，金武祥稱蔣氏於「丁巳，遭母憂，始去官。」⑲，李肇增《水
雲樓詞序》謂：「不合，以事去。」總而觀之，蔣氏脫離富安場職在丁巳年起，
但其離富安場則在丙辰，丙辰歲晚，官事都休，故於歲末去之。而其去官
之職，非眞爲母憂，實爲與時人「不合」之故，金氏爲其諱，不欲明言此實
事⑱。蔣氏由富安去職，北上東臺鎮居，中途羈於東淘，於此度歲。序云：
「不似往歲」自是事實。往歲之除夕，蔣氏仍在官任，今則去官，心境悽愴，
況東淘又爲客地，「春事蕭條」爲必然之事。把酒祭詩，效賈島事耳。⑲

開首五句交代歲時，「念前夢」六句寫以往官場，今則已爾。「馬影」似
謂戰事，「雞聲」用白居易黃雞催時典故⑭，謂於戰事與雞聲下，不覺年紀
漸邁。「隔簾攏」二句似寫往日在東淘事，「闌干角」二句似春來。「象管鵝笙」
二句謂欲記事而難下筆。「抱孤琴」三句正說「啼痕唾碧」「半漬征衫」之前
事。「淚瀧無人處」淒涼之極。「梅花外」一句謂強製此曲，結二句意，不欲
淹留東淘。由詞意說，作者一方面因辭官而心情惡劣，另方面東淘此地又
因舊事而縈繞，心境壞極，又無人可以訴語，「淚瀧無人處」，可謂悲矣。

琵琶仙

五湖之志久矣，羈累江北，苦不得去。歲乙丑，偕婉君泛舟黃
橋，望見煙水，益念鄉土。譜白石自度曲一章，以箜篌按之。
婉君曾經喪亂，歌聲甚哀。

天際歸舟，悔輕與、故國梅花為約。歸雁啼入箜篌，沙州共飄泊。
寒未減、東風又急。問誰管、沈腰愁削。一舸青琴，乘濤載雪，聊
共斟酌。　　更休怨、傷別傷春，怕垂老心期漸非昨。彈指十年幽恨，
損蕭娘眉萼。今夜冷、蓬窗倦倚，為月明、強起梳掠。怎奈銀甲秋
聲，暗回清角。

　　乙丑即同治四年(一八六五年)蔣氏四十八歲，序云：「羈累江北」，蔣
氏何年離故鄉江陰北往，無法考得，金武祥《蔣君春霖傳》稱春霖「幼隨荊門
公(春霖父)任所，久涉郢漢。」[141]《荊門直隸州志》以其父尊典於道光七年十
月始任，時蔣氏十歲(詳見第一章考述)，若由此時算起，則蔣氏羈留江北
幾四十年，但其始留於江北之實際年數不可得知。

　　起首三句慘痛，蔣氏掛念故鄉無時或息，今已戰後，當有返家之日，
但生活無着，傷如之何！黃橋鎮在江蘇泰興縣北，去南面之江陰不遠，遙
望烟水，其思更甚。「優而不見，搔首踟躕」，故「悔輕與」之為約也。蔣氏
多用梅花起興，其於梅花可能有特別之愛好，或者別有情痴典故。「歸雁」
二句亦賦亦比，一面實寫歸雁，一面又以其聲入箜篌。前面說「歸舟」，此
又說「歸雁」，但歸舟只是心想，歸雁才是事實。春天雁由南而北歸，而己
則無着；雁不飄泊，自己飄泊耳，薛道衡詩：「人歸落雁後，思發在花前」。
[142]蔣氏即此心境。「寒未減」二句言春寒料峭，東風本來較為和暖，但寒未
減，則東風只助其淒寒。「問誰管、沈腰愁削。」用沈約腰減事[143]。李肇增
《水雲樓詞叙》謂鹿潭：「負文學氣義，與世牴牾，官鹽曹十年，不合，以事
去。與人輕直無曲貸，見者或憚之。」[144]一生無所假借，飄泊時，誰人憐之？
故詞云如此。「一舸」三句即序「偕黃婉君泛舟黃橋」數字。「乘濤載雪」言昔
日白石以小紅載雪而歸之景況。白石當時有詩云：「自製新詞韻最嬌，小紅
低唱我吹簫。」蔣氏心亦甚儀此種情調。今正是此境。但白石得小紅而歸，
心境暢愉，而鹿潭則與婉君羈累江北，辛苦度日而已。下片哀傷之情尤甚。

年事已老，一生傷別傷春之情恐無力如以前之能忍受也。「彈指十年幽恨」
是黃婉君事。由鹿潭四十八歲（一八六五年）上數十年，爲三十九歲。鹿潭
年三十九時，即咸豐六年（一八五六年），蔣夫人亡於咸豐十年（一八六〇
年），詞云十年者，蔣氏識婉君當在夫人逝世之前，但婉君之正式嫁予鹿潭
爲妾，則當在蔣夫人死後⑭。「蕭娘」指「黃婉君」⑭，「今夜冷」之後商聲裂
竹矣，一味沉痛，愈來愈甚，似聲聲哀訴。「今夜冷，篷窗倦倚，爲月明，強
起梳掠」，眞令人擲筆而號，一代詞豪，其終如此乎！本自振作「強起」，而
無奈婉君之銀甲⑭秋聲，如淒角⑭之奏，哀思太甚，心境凌空重跌。嗚呼
哀哉！可謂悲矣。

　　蔣氏一生大部份時間都在江北，少時從父居荊門，父歿，曾兩次或三
次遊京師，自爲東臺及富安鹽官後即往來揚州一帶。珠谿、泰州、揚州等
皆其足跡常及處，其行旅情況或悲或喜，詞作多有叙述，除上面所略析者
外，今略作抄錄舉例。

《探芳訊》（瓜州夜渡）：

　　趁荒荒殘月，斜帆夜深渡。
　　星火微茫，曉色亂瓜步。

《玉京秋》（秋江晚泊用草窗韻）：

　　山勒寒潮怒起，涌波心，千萬堆雪。者離別，一程程恨，去鴻愁說。
　　日落征衫寒怯，數歸期，冰輪又缺。

《高陽臺》

　　瘦腰不恨秋來早，恨秋來偏在天涯。　幾月西風、雁歸客未還家。
　　陌頭柳色渾難覓，滿空江，換了蘆花。又斜陽、過盡西樓，都是昏
　　鴉。

《清啇怨》

　　天涯花落更苦。客乍到，春又歸去。夢遍千山，江寒無杜宇。

《瑣窗寒》（歲聿云暮，舟行苦寒，擁衾酌酒，感吟成調。）

　　正嘹空斷雁，趁船斜去，酒邊愁聽。　掩霜蓬，殘燈自挑，半床翠
被支峭冷。

《一絡索》（江村夜泊懷丁保庵）

　　望盡隔江星火。擁衾獨坐。斷鐘隱隱欲霜天，問可有，詩魂墮。

《一萼紅》（舟過小村，幽景殊勝，因動蒓鱸之感。）

　　繞村徑、桑麻漸了，晚樹外，黃葉當花看。
　　一夜吳江楓冷，老屋霜圍。

（四）閒情之什

　　浪淘沙

　　雲氣壓虛闌，青失遙山。雨絲風絮一番番。上已清明都過了，只是
春寒。　花發已無端。何況花殘。飛來蝴蝶又成團。明日朱樓人睡
起，莫卷簾看。

　　此詞幽怨之極，境界恬謐，心境爲無可奈何！

　　首二句已將春日天色之陰沉概括，「雲氣」用「壓」，「青山」用「失」，茫
茫霧雨，天地絪縕全部說出。下面以「雨」「風」承搭。「雨」用「絲」，「風」用
「絮」，逗起暮春時分，「一番番」三字，陣風陣雨之「清明」和盤托出矣。下
句再以「都過了」三句說明季候，上已、清明，都在暮春，上已、清明過卻，

當已回暖，但，並不覺暖而相反，「只覺春寒」，則一種濕凍之氣切切逼人，非常明顯。上面已暗中言愁，但亦只是興起，全片以景寓情，爲下片鋪路。下片始明白，但亦不明寫「愁」字。「花發已無端」，「無端」正是愁之根源。花發已愁來無端，何況花殘之時，更是愁苦兼加。與辛棄疾詞：「惜春長恨花開早，何況落紅無數。」⑭同一機杼。「飛來蝴蝶」一句哀怨特甚，花已殘褪，而蝴蝶成團擾攘，花不能不爲其搔擾而落矣。張炎詞「莫開簾，怕見飛花，怕聽啼鵑。」⑮終拍即用此意。譚獻云：「鄭湛侯爲予言，此詞本事，蓋感兵事之連結，人才之惰窳而作。」⑮譚獻與蔣氏同時而稍晚，想亦可信，只是無其他佐證耳！如鄭氏之言可靠，則全篇爲比興體，上片寫清廷瞞頇，幾在風雨飄搖之中，政治僵化，絕無起色，雨絲風絮正是民亂之比喻。下片言清一開國外侵內亂已起，當政治窳敗時，列強虎視，民變更甚，「飛來」一句最足證實，此瓜分豆割，且夕發生。「朱樓」喻貴人。結二句所謂人才惰窳。「明睡起」喻其今正酣睡，所謂惰怠。作者言，今正酣睡之朝臣，若一旦醒來，發覺政事已紊亂殆極，汝必見之而驚，「莫捲簾看」，諷其不見猶可，見則必然惶恐。此何人造成，乃朝臣怠惰而至，今之中國，全由彼等鼠輩而來。句句怨，句句罵，但措辭溫柔，敦厚之至也。

金菊對芙蓉

　　層雲閣陰，春寒不休，年年梅子黃時，客懷如是。

　　日澹還收，雲低不落，輕寒輕暖輕陰。正朱弦響澀，寬褪湘琴。歇爐潮罩香遲起，似潑水、庭戶愔愔。疏簾影裏，晝長人懶，都戀香衾。　貲盡春深春淺，把春人釀作，梅子酸心。怕東風去後，夢更難尋。近來天亦愁如睡，鎖山眉雨意沉沉。無端送別，絮飛花落，偏是而今。

　　首三句言天色黯淡，又是黃昏，春寒料峭。「朱弦」二句正是黃梅時節景象，琴弦霉濕，響不能起。下文「香遲起」亦因霉濕之故，「似潑水庭戶愔愔」正是小序所謂「春寒不休」。孔平仲詩：「寒色射人如潑水」⑮作者即用其意。「戀香衾」謂睡也。「晝長人懶」正是戀睡之因。下片「梅子酸心」一方面承題目「梅子」二字，另方面則欲表示「酸心」二字，前片無此等「酸」字，今

而後出，知上片全是伏線。「夢更難尋」四字，知作者內心意向，春心已發
而人不能見，此起「酸」字，惟憑做夢，此亦「酸」字之延申。「東風去後；夢
更難尋。」此加強「酸」字。「酸」字出現後，又表一「愁」字，而作者謂「天亦
愁」，上應一切黯淡字眼，「鎖山眉，雨意沉沉」都鉤勒「天愁如睡」四字，亦
上承「輕寒輕暖輕陰」數字。「送別」乃送春之別，「絮飛花落」正是春別之境
況。「偏是而今」，偏是而今「酸」「愁」之心境也。作者愁苦酸楚，年年如是，
必有所怨矣！

虞美人
初三夜月

冰痕微借斜陽送。鉤小驚魚夢。多情還說十分圓。才畫些兒眉意便
嬋娟。　籠階夜色如烟薄。花影輕簾幕。倚闌不用更眠遲。只向黃
昏一見最相思。

此詠月夜，而由月夜開出相思情懷。

首句言斜陽帶出月色，「冰痕」是月，「送」是送出之意。「鉤小」就是初
三。鮑照《翫月詩》云：「纖纖如玉鉤」[153]「驚魚夢」三字聰明之至，亦清麗之
至。「多情」二句是女兒家心事，作者體察入微。「籠階」二句補述夜景，「輕
簾幕」謂輕映於簾幕之上。結二句謂不用倚闌待月，黃昏時之月色只消一見
已足慰相思之念矣。

全詞用女子口吻，所以分外輕倩。

清平樂

瑣窗朱戶，夜定人初去。滿院商聲無覓處。梧葉堆中蟲語。　微寒
乍掩屏紗。西風孤怯燈花。不是悲秋淚少，如今住慣天涯。

上片言人去後，景緻悽惻，商聲謂秋聲。秋聲何在？聽蟲語可知。歐
陽修《秋聲賦》：「商聲主西方之音，商，傷也。」又云：「聲在樹間……但聞

四壁蟲聲唧唧。」⑭「瑣窗朱戶」四字爲賀鑄詞⑮，上片佈局亦略效之。下片
點明時地。時是秋日，地是作者房間。作者曾云：「萍梗再移」(詞集卷一《壽
樓春》)如今已慣，已不知傷感爲何事，「不是悲秋淚少」，實已欲哭無淚矣。
結句用張孝祥「世路如今已慣，此心到處悠然。」⑯詞意。情懷黯淡，傷如
之何！

虞美人

水晶簾卷澈濃霧，夜靜涼生樹。病來身似瘦梧桐，覺道一枝一葉怕
秋風。　銀潢何日銷兵氣，劍指寒星碎。遙憑南斗望京華，忘卻滿
身清露在天涯。

上片自述，「覺道一枝一葉怕秋風」比喻極其貼切。下片傷時，「銀潢」
即銀河；寒星，當指洪楊，作者不實指人事而以天象取譬。結句仁者之言，
言雖自己清寒如此，而猶繫心於國事也。此用杜甫詩「每依南斗望京華」⑰
句意。杜詩又云：「安得廣廈千萬間，大庇天下寒士俱歡顏，風雨不動安如
山。嗚呼！何時眼前突兀見此屋，吾廬獨破受凍死亦足。」⑱蔣氏情懷，甚
似杜甫，詩人詞客，異代同悲！

唐多令

楓老樹流丹。蘆花吹又殘。繫扁舟同倚朱闌。還似少年歌舞地。聽
落葉，憶長安。　哀角起重關。霜深楚水寒。背西風歸雁聲酸。一
片石頭城上月，渾怕照、舊江山。

「楓老」三句說今日事，時是秋天，當是深秋，以白居易詩意起興⑲。
「還似」二句，憶及昨日。長安，指北京，此當是北遊之日。下片突如其來，
斷弦裂竹，沉痛悽怨，此太平軍所引起之戰爭。「楚」字喻南方，洪楊起於
廣西，故云。太平軍由西向東，雁爲避過戰火，向東而返，所謂「背」。羣
雁哀鳴，淒厲之極。此亦自喻，亦喻其輩之友人。石頭城，謂南京，南京
陷於咸豐三年，太平天國三年(一八五三年)，洪楊並以此爲太平天國首都，

太平軍攻南京時，死亡枕席，南京之盛，大不如前矣。曾照昔日繁華境況之月色，今猶怕照，況其於人，何忍見之？靈感從劉禹錫：「淮水東邊舊時月，夜深還過女牆來。」[160]化出。

此立題所謂閒情，乃闡發情意之謂，作者心中所有或傷時，或思友，或悲身世，或遣興等皆屬此類，上面已舉數首闡述，下面復抄錄一二。

謁金門

妝罷小屏獨倚，風定柳花到地。欲拾斷紅憐素指。卷簾呼燕子。

此寫仕女，非自寫也。

柳梢青

芳草閉門，清明過了，酒滯香塵。白楝花開，海棠花落，容易黃昏。

此片心境惆悵之至，待日之過，無悶無不悶也。

好事近

吹遍野塘風，襯翠倦紅都歇。寂寞斜陽墻角，見春前胡蝶。

此又是無可奈何之黃昏心境。

憶舊遊

酒態添花活，任翩翻燕子，偷啄紅巾。甚飛絮年光，綠陰滿地，斷送春人。

南鄉子

寒意剩春纖，放燕歸來又下簾。蝴蝶漸稀人漸懶，厭厭。滿地青榆午夢甜。

閒散之極。

風入松

心事花開花落，閒愁潮落潮生。
風懷老去如殘柳，一絲絲，漸減春情。

鷓鴣天

明朝花落歸鴻盡，細雨春寒閉小樓。

憶舊遊

嘆絮語衾邊，淚痕盦底，同訴飄蓬。
最無賴，是種得垂楊，偏系歸驄。

此別前依依也，悱惻之至。

瑤華

遺芳怕檢，剩袖底傷春清淚。問夜深，繡佛龕前，爇遍返魂知未。

此聞妙香思亡魂也，纏綿哀怨。

靑衫濕

夕陽一醉，樓空失燕，樹晚棲鴉。三生杜牧，揚州夢覺，依舊天涯。

(五)詠物之什

瑤華

敗荷

青房乍結，夢醒江南，又雨聲敲碎。羅衣葉葉寒未剪，亂壓一湖深翠。月明歌斷，更誰倚、畫船閒醉。剩數叢、敗葦荒蘆，合寫橫塘秋意。　飄零漫惜青衫，算舞散湘皋，都是憔悴。鴛鴦自浴，竟不管、悄換西風塵世。淒涼太液，莫暗滴、露盤清淚。待幾時重展枯香，斜日小橋魚市。

首三句旨在蓮房。荷花漸老，蓮房初結，故言夢醒，但即被雨聲敲碎。李商隱詩：「留得枯荷聽雨聲。」[161]歐陽修詞：「柳外輕雷池上雨，雨聲滴碎荷聲。」[162]「羅衣」二句，寫荷葉。連上文，可知荷花已謝，荷葉仍在。「月明」二句寫荷花謝後，無復有賞花人。「剩數叢」二句鈎勒無人。「敗葦荒蘆」正是秋天所有，故即接以「橫塘秋意」數字。張炎詞：「數筆橫塘秋意。」[163]作者正襲用四字。下句蕩開，插入時事。「飄零」二句續寫荷葉，「青衫」謂荷葉，亦自喻。「湘皋」即湘水岸邊。張炎咏白蓮云：「怕湘皋佩解，綠雲十里，倦西風去。」[164]「鴛鴦」二句寫時事極爲明顯。「鴛鴦」暗罵朝廷之媱樂者，「西風」表面是賦，爲秋天所有，但實際是指外侵內亂之戰事，西風肅殺，與洪楊及外國侵凌所引起之戰爭正同。「淒涼太液」二句當指英法聯軍入京事。「露盤清淚」用李賀詩：「憶君清淚如鉛水」、「攜盤獨出月荒涼」[165]故事。唐珏咏白蓮云：「太液池空，霓裳舞倦，不堪重記。」[166]王沂孫詞：「太液池猶在，淒涼處，何人重賦清景。」[167]都是亡國之音。作者與唐、王二氏不同，作者謂太液雖淒涼，但非哭泣能解決問題，當力圖挽救，始是辦法，故云「莫暗滴露盤清淚」。太液池在長安建章宮，此喻京師言。作者蕩開之後，立即收住，「幾時重展」？「斜日小橋魚市」之地，自可見之。姜白石《疏影》詠梅花結句云：「問甚時，重覓幽香，已入小窗橫幅。」作者造句即使用此種。對敗荷起着深深之慨歎與憐惜。

　　全詞哀弦苦調，啇聲滿紙，作者對身世之哀憐與家國之寄望，一寓其中。南宋末年詠物詞最爲得體，作者甚得此中三昧。

南浦
春草

　　綠意隱汀沙，雪痕消、又潤村村酥雨，山曉睡容蘇，斜陽外，深淺青無重數。飛飛蝴蝶，荒庭也是春來處。千里相思誰種出，撬了二分塵土。　年年空怨裙腰，甚愁根欲剗，東風未許。接岸綠波平，銷魂事、第一送君南浦。鶯啼幾度，憑高不見天涯路。陌上閒花開落後，多少馬蹄歸去。

　　起四句寫春草處處皆生，起即用一「隱」字，是春草之始。隱於汀沙之春草，蠢蠢欲動，雪痕一過，酥雨一潤，處處萌生，無地不有。韓愈詩：「天街小雨潤如酥，草色遙看近卻無。」[168]荒庭都是蝴蝶所到，即以前是荒蕪之地，今亦長滿春草矣。「相思」謂草。《述異記》云：「秦趙間有相思草，狀如石竹而節節相續，一名斷腸草，又名愁婦草，亦名霜草。」[169]《後漢書》又云：「千里草，何青青？」[170]「撬了二分塵土」，雜用楊萬里及東坡文意。楊萬里《春草詩》：「年年春色屬垂楊，金撚千絲翠萬行。今歲草芽先得計，撬他濃翠奪他黃。」[171]撬即奪。又蘇軾詞：「春色三分，二分塵土，一分流水。」[172]撬了二分，即春色被草佔去大半之意。「裙腰」由牛希濟「記得綠羅裙，處處憐芳草。」[173]而來，「欲剗」用秦觀：「恨如芳草，萋萋剗盡還生。」[174]詞意。何以怨「裙腰」？因爲腰裙綠色，就是春草之顏色，一見春草，即憶羅裙，不欲相思，只有剗去春草。但「東風未許」，所謂「萋萋剗盡還生」也。「接岸」二句用江淹《別賦》事。《別賦》云：「春草碧色，春水綠波；送君南浦，傷如之何！」「接岸」是春草接岸，是春草接連春水之意。《別賦》又云：「黯然銷魂者，惟別而已矣。」[175]作者合而用之。邱遲與陳伯之書云：「暮春三月，江南草長，雜花生樹，羣鶯亂飛。」[176]辛棄疾詞：「春且住，見說道，天涯芳草迷歸路。」[177]「鶯啼」二句正雜用其意。白居易詩：「淺草纔能沒馬蹄。」[178]眞山民詩：「多少遊人逐馬蹄。」[179]吳兆詩：「芳草匝初齊，茸茸沒馬蹄。」[180]結句用此等典故。但前面說春草之蔓生，此則預言春去之後。蓬

蓬春草，遊人如鯽，一俟花落之後，暮春時節，無人郊遊矣。作者自春草
蔓生時惜春，不從蕪穢時惜春，「惜春長恨花開早」⑱亦即此意。市朝則側
肩爭門而入，日暮掉臂而不顧⑱，此所以傷也。

　　全詞幾乎句句有出處，但讀者即不諳典故，亦可了然，用事而不黏事，
唯大家能之。譚獻評云：「南宋之骨，北宋之神，此才獨擅。」⑱唯知音者
能道之。

東風第一枝
春雪

　　糁草疑霜，融泥似水，飛花覓又無處。樹梢才褪遙峰，簾外暗兼細
雨。輕冰半霎，甚倚著、東風狂舞。怕一番、暖意烘晴，還帶落梅
銷去。　　花市冷，試燈已誤。芳徑滑，踏青尚阻。依然淺畫溪山，
愁殺頓寒院宇。春回萬瓦，聽滴斷、檐聲淒楚。剩幾分、殘粉樓台，
好趁夕陽句取。

　　起數句暗藏「雪」字。「疑霜」「似水」、非水非霜，究是何物，作者未曾
道破。似飛花、但尋覓之，又無處可得，何也？春雪甚輕，稀疏而下，忽
即溶去，故無能得覓。下文雨雪兼下，「輕冰」即雪，霎為小雨，雪和雨而
下。「倚著東風狂舞。」用杜甫詩：「急雪舞迴風。」⑱字句。到此處標出「東
風」、則「雪」為「春雪」，至此點明題目。此春雪帶風狂舞，作者非單賦春雪
而已。作者盼望者為「暖意烘晴」的天氣，只一弄晴，春雪如落梅而逝矣。
「怕」字作「倘」字解⑱。下片歷言春雪之誤事。試燈是正月十四日，踏青則
由正月至三月皆有之，蘇轍以為正月七日⑱。試燈則因花市冷而虵擱，踏
青則因芳徑滑而受阻。兩事都為民家所重而今因春雪而廢。「淺畫溪山」即
雪景之溪山，非蔥蒨之春山，故院宇亦無甚春意。當春回之日而只有雪雨
兼下「滴斷檐聲」使人淒苦耳。結句寄意無限，「夕陽」二字甚重，不可疏略。
今國祚已危，奄奄旦夕，趁仍有餘輝之日，烘而去之，使春雪不再狂舞，
還我大地青蒼，是所願也。長歌之哀，盼切之聲，響徹屋瓦矣。譚獻云：
「憂時盼捷，何減杜陵南國廓清。詞人已死，其志其遇，蓋可哀也。」⑱

鹿潭詠物，不減南宋諸家，今只一斑，全豹可想而見。鹿潭除以上詠物者外，又有寒菜、螢、秋雨、柳、蘭花、美人、夾竹桃、眉、鬢梅及九秋詞之秋袴、秋櫚、秋埌、秋灶、秋鏑、秋幢、秋幕、秋堞與秋角等。多能體物入微，下面試行抄摘：

綠意
螢

春原草宿。釀濕痕作影，光散林麓。近水偏多，避月還明，飛飛自照幽獨。西風不醒雷塘夢⑱，化萬點秋魂相逐。

綺羅香
秋雨

滴疏桐，此夜偏長，滯新菊，重陽剛近。最蕭條、鐵馬檐聲，紙窗棋響落燈爐。

相見歡
柳

枝頭絮，吹不去，爲相思，長把愁烟恨雨自禁持。

西子妝
夾竹桃

盡雙身，算朱顏綠鬢，原是佳偶。

采桑子
眉

綠波照影憐溪水，細柳春藏，額印微黃。恨與遙山細細長。

以上所舉都能點到所詠物之精要處，又能情景相生，的是詠物能手。

(六)艷情之什

鹿潭對風塵女子，情深欵欵，於詞中記其事者不少，今選析數首，以見其情之梗概。

瑣窗寒

　　荒江晚泊，清寒送秋，記去年款紅軒茗話，正此時也。

細竹通涼，疏苔媚雨，晚窗慵卷。窺花隔座，鏡裏暗傳嬌眼。最憐他、傷春未工，畫眉錯問愁深淺。甚妝樓一宴，西風如葉，夢雲吹散。　重見。羞郎面。但恨指吳山，斷霞沈晚。扁舟暝宿。冷月稀星孤伴。繞空江，蘆花夜明，去鴻影淡烟岫遠。又寒莎、兩岸鳴蟲，絮語驚秋換。

「款紅軒」不似文士書齋名稱，詞中所敘亦非文士酬酢之語氣，此必是女子所居地。

起首至「畫眉」句寫前事。「細竹」三句甚清麗，題目之所謂「清寒」也。「窺花」二句傳情，「傷春未工」「畫眉錯問」似乎此女子仍是年輕，人生經驗未足。從頭到此，兩情輕倩可人。「甚」字以下突然急轉，往昔之事恍如春夢！春夢秋雲，聚散容易。過片承上起下，「重見」四句是款紅軒別後重見之事，今日重見，已諳世情，「恨指」二句悽怨，與去年「傷春未工，畫眉錯問」迥然不同。「羞郎面」三字溫馨之至，與上片「暗傳嬌眼」一脈相連。以前則「暗傳嬌眼」，今則「羞郎面」，說出女子可愛處。作者「荒江晚泊」重見舊日之情人，但亦如以前，一宴而已。「扁舟」以後，即寫重見後，此女子再離之事。「去鴻」亦賦亦比，賦者，當時或真有所見，比者，即喻此女子，再見而別，瞥如孤鴻，稍縱即逝，如蘇軾所謂：「縹緲孤鴻影」也。結得蕭

瑟。題目「送秋」二字至此時始見出現，蟲聲噴噴，稀星爲伍，孤苦之甚。詞分三層說。「傳嬌眼」一層，「羞郎面」一層，「扁舟暝宿」一層，層層追深，傷如之何！

月下笛

　　院落乍秋，亂蛩絮壁，賦寄眉月樓。

　　淺樹留雲，疏花倚石，小亭秋聚。風泉暗語。夜深琴韻愁譜。芭蕉葉碎桐陰減，料不礙、空階細雨。奈箋紋疊雪，箏床橫玉，舊情無數。　休賦。歸來句。待采遍芙蓉，隔江烟霧。吹簫俊侶。跨鸞今在何許。相思淚滴珊瑚枕，尚夢到、穿針院宇。只後夜酒醒時，滿地鳴蟲自苦。

　　周夢莊以爲「與鹿翁並世詞人中號眉月樓者有二：一爲烏程陸長春，道光二十四年副貢生，著有夢花亭詞存、眉月樓簫譜。(見葉玉甫《淸詞鈔》)一爲仁和譚獻，寓樓額曰眉月，因自號眉月樓主。復堂撰羣芳小集、懷芳記注，皆署此號。(見復堂日記補錄)惟陸長春生平與蔣鹿潭並無往來。譚復堂激賞《水雲樓詞》，許鹿翁爲倚聲家老杜，然《復堂集》中，亦無與鹿翁酬唱的記載。抑且鹿翁賦眉月樓詞中，有『奈箋紋疊雪，箏床橫玉，舊情無數』，及『相思淚滴珊瑚枕，尚夢到、穿針院宇』等語，絕非友朋相思、文士懷念所宜用。眉月樓與前款紅軒一樣，皆揚州勾欄女子閨閣之號。」[189]此說甚是。

　　起首三句即序文所謂「院落乍秋」。「秋聚」即秋之所聚。詞集卷二《卜算子》云：「一角闌干聚落花，此是春歸處。」同一寫法。「風泉」四句謂深夜弄琴，聽院落空階細雨。徐凝詩：「覺後始知身是夢，更聞寒雨滴芭蕉。」[190]溫庭筠詞：「梧桐樹，三更雨，不道離情正苦。」[191]「芭蕉」二句即翻用此等句子。「箋紋疊雪，箏牀橫玉」都是舊物，而又有所記識者，作者視之，故悽惻之情頓起，此所以賦寄。下片心境焦躁，「歸來」，即「歸去來」，即歸鄉之意，下文云「隔江煙霧」，推知作者此時在江北，所寄之眉月樓主人在江南，云「煙霧」，似隱指洪楊事，此亦兩人不能相見之原因。作者心情旣

是惡劣，不能返鄉，亦不得相見，則只有采芙蓉相寄以抒相思之苦。古詩云：「涉江采芙蓉，蘭澤多芳草。采之欲遺誰，所思在遠道。還顧望舊鄉，長路漫浩浩。同心而離居，憂傷以終老。」⑲作者采芙蓉即此用意。「吹簫俊侶」乃蕭史弄玉事⑲，作者以此二人相比，弄玉何在？此所以悲。「相思」即從此開出。「穿針」本七夕事⑲，此詞之季候為秋，則作者於以前七夕之日當與眉月樓主同處一地，遇秋而憶及之也。結句辛酸，「滿地鳴蟲」即序文「亂蛩絮壁」四字。「鳴蟲自苦」，非特鳴蟲而已！

探春

> 己酉秋暮，飲於珠谿。奉觴人頗似阿素。霧鬢風鬟，飄零亦相若也。感成此解。

> 墮葉紅腴，疏苔綠倦，年華輕換箏柱。玉病禁秋，花嬌媚晚，燭底贅添涼霧。縹渺驚鴻影，似乍見、春風前度。暗憶舞裭絲楊，鏡中消瘦眉嫵。　蘇小芳顏認否。甚油壁歸來，偏恨遲暮。帶眼移香，琴心記夢，鉛淚也無重數。寒雨連江夜，莫更把琵琶低訴。明日相思，峭帆還挂愁去。

己酉年即道光二十九年(一八四九年)蔣氏三十二歲時，已在官守。珠溪即伍佑，在鹽城南，屬鹽城縣。周夢莊云：「鹿潭嘗往來珠谿，下榻余家繭園中。先大父瀟碧公，業鹺好客，工詩詞，與蔣鹿潭及秀水褚二梅尤善。阿素、當指曹素雲。」⑲詞集卷二有《西河》悼曹素雲一篇，推兩篇詞意，素雲與阿素當是一人，宗源瀚《東風第一枝》自注云：「同治乙丑，偕蔣鹿潭、李冰叔、胡厚堂在蜀岡挑菜，越日鹿潭詞成，付女校書阿素按而歌之⑲」。則素雲亦為風塵女子⑲而又與蔣氏情深款款之人。

首三句說年屆秋日。「紅腴」用吳文英詞「霜飽花腴」⑲「年華輕換箏柱」用李商隱《錦瑟詩》：「一弦一柱思華年」意。「輕換」者，換而不覺之意。「玉病」三句說奉觴之人。序云：「霧鬢風鬟，飄零相若」正是此意。劉迎詩：「霧鬢雲鬟窈窕娘。」⑲蘇軾詩：「霧鬢風鬟水葉衣。」⑳「玉」字「花」字都指奉觴人。「縹渺」二句由序「頗似」二字開出。「春風」指面。杜甫詩：「畫圖省識春

風面。」⑳王安石詩：「淚濕春風鬢脚垂。」⑳都以「春風」說面。「舞褪絲楊」二句，所謂飄零也。飲於客館，眼前捧觴者，一如以前之人，風塵相若，如眞見阿素，愛憐之心，油然而生。下片直以阿素描述，不作奉觴人描畫，「蘇小」喩阿素，「油壁歸來」二句，意以爲阿素離己而去，今返，何其遲遲！「帶眼」二句似言前事；「鉛淚」言今。「寒雨」二句傷心不耐，用「琵琶」二字借用琵琶行歌妓事，知阿素去後，必有無限經歷，心事必苦，愈訴愈傷感矣。明日又別，連似阿素之人亦不可復見矣，哀哉！

聲聲慢
賦白菊寄洗紅仙館

秋痕欲化，冷夢初圓，閑庭似帶新霜。病起西風，眉印淺褪宮黃。徐娘漸羞剩粉，問何時偷種柔鄉。明月底，怪飛來寒蝶，無處尋香。
　姑射仙姿何處，記紅荑烏帽，看舞霓裳。酒罩全消，籬外懶送瑤觴。疏燈漫憐簪影，伴羈愁、閑過重陽。怕瘦損，卷簾人、依舊淡妝。

謝孝苹以爲「洗紅仙館與卷一款紅軒、眉月樓，皆鹿潭涉足風月場中，秦樓楚館之所在。諸詞皆有曲終人散，紅粉飄零之感，可以爲證。而艷窟署名之高雅，爲當時維揚一大都會之特色。」⑳此言甚合。晉古辭有《休洗紅》二首，云：

休洗紅，洗多紅色淡。不惜故縫衣，記得初按茜。人壽百年能幾何，後來新婦今爲姿。

其二云：

休洗紅，洗多紅在水。新紅裁作衣，舊紅番作裏。迴黃轉綠無定期，世事返復君所知。⑳

館之取名或據於此。

　　首三句說白菊，「欲化」言初秋，秋天未甚冷，故夢以初圓爲說。「似帶新霜」明點白菊。「淺褪宮黃」，是病後之非純白，由「宮黃」來，由此菊人並寫，作者以徐娘㉕起興，則洗紅館主人已漸老矣。「柔鄉」即溫柔鄉㉖。「偷種柔鄉」是作者事。「明月底」三句，邊寫白菊，邊寫其他人仕，月光既白，白菊亦白，蝶蝶不能分辨，故無法尋香也。「寒蝶」喻仙館之客。下片多寫洗紅仙館，「姑射仙姿何處」承上白菊來，表面寫白菊，實在暗喻洗紅仙館，莊子云：「邈姑射之山，有神人焉。肌膚若冰雪，綽約似處子。」㉗此正寫白字，亦寫洗紅。「紅莫」二句似是以前事。「酒暈」二句寫仙館之主人漸老，門前冷落。「疏燈」句是洗紅仙館事，「伴羈愁」二句是作者事，結數句借用李清照詞㉘。「依舊淡妝」者，捲簾人不知，以爲白菊依舊，而實在已有所不同矣。作者寄以無限同情。此詞不可以輕薄視之，蔣氏無作劣品。

采桑子
贈顧鶯

　　病餘十日羞鸞鏡，剛近瑤釵。小玉偏來。報道辛夷懶未開。　　繡牀卻顧雙鸂鶒，紅沁霞頤，芳思難猜。簾隙東風暈酒懷。

　　周夢莊曰：「杜文瀾《採香詞》《長亭怨慢·悼顧鶯娘爲鹿潭作》乃庚申冬事。鹿潭贈詞當在其前。」㉙庚申即咸豐十年（一八六○年）時鹿潭已罷官，年四十三歲，蔣夫人可能已經辭世㉚。詞集卷二又有《鶯啼序》（哀顧鶯）一首，丁保奄《萍綠詞》又有《訴衷情·和水雲樓主人悼舊歡顧鶯》詞㉛，據此，顧鶯爲一風塵女子而蔣氏與其感情不言可喻㉜，杜文瀾悼詞寫於咸豐十年冬，則此首自然寫於咸豐十年冬日前也。

　　上片言顧鶯病起，「羞鸞鏡」鉤勒「病」字。「近瑤釵」謂正想妝扮也。小玉謂侍女㉝，顧鶯剛欲打扮，而侍婢正走近謂辛夷花未開，不須如此早起也。既是如此，於是復顧牀第，故下文即接以「繡牀」一句，「雙鸂鶒」即「顧牀」時所見。「雙」字甚重要，「紅沁霞頤」，亦因「雙」字而來。一見雙鸂鶒，芳思無限，外人不得而知矣，所可知者，酒未全醒，東風吹酒暈而已。

　　蔣氏風流事迹甚多，以上所舉之阿素、款紅軒、眉月樓、洗紅仙館及顧鷰，皆明見於詞(見於詩者見於另章)，其他未明言者，如：

減字木蘭花

　　黃葉深村，入夢依然昨夜人。

醉桃源

　　一年長恨得書難，賺人雙玉環。

不知所憶者爲何人。總之，蔣氏多情，既黏着即不能擺脫，非不能擺脫，乃不忍擺脫，此其性格使然。此是文人本色，若不多情，何以爲文，古今第一流文學家藝術家必爲古今性情人物，實可斷言。

(七)題畫之什

憶舊遊
　　杜小舫從軍紀舊圖

　　看胸羅寶宿，氣吐長虹，武庫家聲。烽火湘沅靜，待文雄飛檄，九派江清。回首八公山色，草木助疑兵。算劍影干霄，攙槍自墮，肯賦蕪城。　功名入圖畫，聽笳鼓歸來，雲擁雙旌。廿四橋邊月，伴司勛閑醉，海國花明。髀肉漫驚鞍馬，封拜待書生。試笑看先鞭，燕然再勒鐘鼎銘。㉒⒁

　　周夢莊將此詞編在同治三年甲子(一八六四年)，時蔣氏四十七歲㉒⒂，未知何據。

　　此詞讚頌極至。開首即入題，用李賀詩：「入門下馬氣如虹」「二十八宿

羅心胸。」㉑所謂「胸羅寶宿，氣吐長虹」也。「武庫家聲」用杜預事，杜預稱號杜武庫，言其無所不有㉑。楊炯送劉校書《從軍詩》云：「坐謀資廟略，飛檄佇文雄。」㉑杜文瀾當時正參與討太平軍軍事㉑。「九派江清」者，言其謀略足以清平戰事。八公山用苻堅侵晉事，「劍影」三句謂其聲威如龍泉寶劍，盜寇不戰自敗，自然無蕪城之賦。「攙槍」，即彗星，喻太平軍。「入圖畫」者即以雲臺二十八將相喻㉑。笳鼓歸來，用梁曹景宗詩，謂其功勳有如霍去病、曹景宗之輩㉑。廿四橋，指揚州，司勛，以杜牧比喻一切風流。「花明」指政治清平。王維詩：「柳暗百花明，春深五鳳城。」㉑「髀肉」用劉備事，謂其鞍馬之勞㉑。「先鞭」用祖逖劉琨等，謂其先勝仗也㉑。「燕然勒石」以竇憲比，言其勝利可以逆睹㉑。

詞只一味頌讚，堆砌故實，不見空靈氣脈，應酬之作，自非佳製。

甘州

題陳百生閬風緤馬圖

是何年吹墜謫仙人，春風紫羅裳。看長虹吐氣，才如天馬，醉擺絲繮。踏遍蒼梧懸圃，瑤草四蹄香。十二芙蓉外，珮玉翱翔。　已分瓊樓玉宇，策斑虯欲起，笑問天閶。甚三千弱水，雲隔路茫茫。漫回首，蓬萊清淺，算神仙、也怕見滄桑。龍媒俊，任乘風去，招手鸞凰。㉖

周夢莊將此詞編於同治六年丁卯(一八六七年)，鹿潭五十歲時之作品，周氏云：「泰興朱銘盤《翰林院檢討陳君墓表》云：『君中同治丁卯科舉人，明年入都。』《水雲樓未刻詞》有甘州《題陳百生閬風緤馬圖》。圖藏百生婿丹徒袁伯庸家。」又云：「時百生二十一歲，參徐曉峰戎幕，圖當作於同治六年百生中舉之後。」㉗

《離騷》云：「朝吾將濟於白水兮，登閬風而緤馬。」王逸注：「閬風，山名，在崑崙之上。緤，繫也。言己見中國溷濁，則欲渡白水登神山屯車繫馬而留止也。白水，潔淨，閬風，清明，言己修清白之行不懈怠。」㉘

　　起句以誦仙人稱百生，紫羅裳即仙人所服㉙。「長虹吐氣」三句人馬並寫。因為繰馬聞風，於是下文以懸圃相應。《離騷》云：「朝發軔於蒼梧兮，夕余至乎懸圃。」㉚「瑤草」仙境所有㉛，「十二芙蓉外」謂其超越時間空間，翱翔於方外也㉜。下片謂其已是瓊樓玉宇之人，故能策斑虬而起叩問天門㉝。弱水，在西北，所謂三千弱水，謂其遙遠之甚。陳百生已遠繰馬於天外，則可以不顧人世矣。但人神之情不異，回首而見世間之變，其傷感當與世人不異也。蓬萊清淺，用麻姑王遠事㉞。「龍媒」指天馬。《天馬歌》云：「天馬徠，龍為媒。」㉟結句是對百生之策勵語。其馬既為龍媒矣，則自此而邁，可以無阻也㊱。

　　如此詞真作於同治六年百生中舉後，則此詞一方面對其賀捷，一方面亦望其在省試更有所成。「任乘風去，招手鸞凰。」鹿潭對其成就甚表高興，《尚書》云：「人之有技，若己有之。」鹿潭可謂真君子矣！

　　以上分析了兩首題畫詩，蔣氏為人題畫者仍有數首，如《踏莎行》之石聲太守屬題，即請顧誤（案，此不知作品為何，馮其庸氏於蔣氏手迹圖片抄錄）㊲、《虞美人》題西泠感舊圖、《生查子》楊花飛去圖，為于漢卿賦、《慶春宮》高荼菴婦死於兵，作空江吊月圖，及《齊天樂》畫竹帳額等。

　　蔣氏遭遇悽愴，所為詞，詞心大都哀怨，變徵之聲滿紙，於《虞美人》題西泠感舊圖，蔣氏云：

　　　　段家橋畔送殘秋，已是斜陽滿樹四山愁。
　　　　畫船呼酒定何年，只怕垂楊髡盡恨啼鵑。

《踏莎行》云：

　　　　古驛分攜，晴沙細語，燈窗重訂巴山雨。新詞書遍去思碑，暮云冉
　　冉東皋路。

《生查子》云：

> 郎歸如路塵，儂去隨流水。今夜夢彈箏，還似朱門裏。

空江吊月圖(《慶春宮》)就更是滿紙淒弦苦調了：

> 驚颷亂起，滿地青楓，彌望秋燐。
>
> 幽壑難呼，空彈怨瑟，珮環何處歸魂。楚招歌罷，千里蘼蕪，都長愁根。

畫竹帳額(《齊天樂》)雖較淡雅，但亦不失怨悱之音：

> 蕭條休話舊雨，廢苔三徑冷，春去誰到？笛怨枯楂，書殘蠹簡，過眼烟雲一笑。

　　鹿潭詞作中有數首爲人賦者，如《西子妝》，爲金鷺卿記海陵繫纜本事、《西溪子》塈軒爲周存伯賦、《一枝春》憶蘭曲爲汪西林賦、《西子妝》贈朓鬢葉素蘭，爲何芝眉賦、《玉蝴蝶》金眉生歸風曲，用吳夢窗韻及《甘州》題趙漁亭詩集皆是。

　　《西子妝》爲金鷺卿記海陵系纜本事 云：

> 深盟誤，一夢成烟，卷入東風絮。繞船三月落花多，是千點淚痕紅聚。

《西溪子》塈軒爲周存伯賦云：

> 人坐羣峰青裏，聽泉流，一窗秋。

《一枝春》憶蘭曲爲汪西林賦云：

> 疏苔院宇，記同說、味秋懷抱。經幾度、風剪冰鋤，怨入玉琴淒調。

飄零瘦影，暗指贄邊春老。蕭皋步冷，怕難喚倩魂飛到。空自倚滴
露閒階，醉吟恨稿。

《西子妝》贈翦鬟葉素蘭爲何芰眉賦云：

春潮暗長，待輕把，相思吹上。燕飛回，任疏陰畫掩，枇杷深巷。

這些詞作雖爲人賦，而鹿潭操翰謹密，用心一絲不苟，故佳句不少。

（八）時令之什

蔣氏時令詞明書某日而非因某日而有所事事者只有兩首，一爲《東風第
一枝》之冬至，其二爲《水龍吟》癸丑除夕。

東風第一枝

冬至

雀誶晴簷，蠅蘇凍紙，嚴霜忽作輕暖。錦貂才近燻爐，風律暗移翠
琯。尋春無處，但日日、春痕偸展。恰引起，千丈愁思，添似繡床
金線。　雲影薄、畫簾乍卷。山意冷、瘦節又懶。幾多釀雪樓臺，
豫滌熨寒酒盞。梅魂知否？怕迤邐年華將換。待借他，一縷東風，
悄把萬花吹轉。

首二句說明第三句「輕暖」二字。李存：「簷前鳥影案頭蠅。」[238]雀以「誶」言，
蠅以「蘇」言，即所謂暖。「錦貂」二句鉤勒，言正以禦寒，而季候突變，此
是反常天氣。「琯」用以變律[239]。「尋春無處」正是「冬」字之襯托，十一月爲
一陽生，故冬至後，春暖會漸漸萌生，「日日春痕偸展」正是此意。然春來
則愁隨之而至，故下文言「恰引起」二句。下片都言寒冷，此然後是冬至。
「山意冷，瘦節又懶」正是嚴冬不出門之描述。瘦節，指竹杖。「幾多」二句
寫有錢人家，以酒盞禦寒。梅花開得最早，二十四番花信風，梅花開於小
寒[240]（農曆十二月，約陽曆元月六或五日）小寒在冬至之後，小寒以後爲大

寒，大寒之後即立春。故問梅花知否年華將近更換。結句寄以無限希望。
王沂孫詞：「待翠管，吹破蒼茫，看取玉壺天地。」[241]同一機杼。

全首言冬至，但天氣忽然變暖，下文言實在已是寒冬，而作者所盼望
的非在冬天之乍暖而在春天之和煦氣候。鹿潭是否有所比興，無徵可尋，
不得而知。

水龍吟

癸丑除夕

一年似夢光陰，匆匆戰鼓聲中過。舊愁才剪，新愁又起，傷心還我。
凍雨連山，江烽照晚，歸思無那。任春盤堆玉，邀人臘酒，渾不耐，
通宵坐。　還記敲冰官舸。鬧蛾兒、揚州燈火。舊嬉遊處，而今何
在，城闉空鎖。小市春聲，深門笑語，不聽猶可。怕天涯憶着，梅
花有淚，向東風墮。

癸丑爲咸豐三年(太平天國三年，一八五三年)時蔣氏三十六歲。此年
二月，太平天國定都南京，揚州爲太平軍所攻陷，四年，太平軍自揚州北
征。十二月清軍恢復揚州，是年戰火連天，哀鴻遍野。

起二句使人惶恐嗟歎，似身在其境。「舊愁」三句更哀傷，「凍雨」三句
欲歸，但漫天烽火，不能奈何。「春盤」「臘酒」[242]「通宵坐」[243]都是除夜事。
下片憶昔，是自然之思維去向。「敲冰」三句是昔日揚州事。今揚州已復，
但已爲蕪城，守備森嚴，不可隨意往返矣。「空鎖」「空」字有荒蕪意，大兵
之後，必有凶年，是傷心之所在。「小市」三句回到今時，「春聲」「笑語」之
所以不能聽者，恐聽而憶舊，徒自傷心。結句又說梅花。蔣氏寫揚州者必
寫梅花，意以爲梅花必有本事，詳賸稿《題沈氏酒壚》詩解。「梅花有淚」不
自寫而寫人，情事更深，蘊藉尤甚。

此詞雖題若時令，然都言兵事，以感慨戰爭之篇什視之無不可也。

（九）哀悼之什

慶春宮

秋宵露坐，時婦亡四月矣

蚓曲依墻，魚更隔岸，短廊陰亞薔薇。露幕閑階，微涼自警，無人泥問添衣，竝禽棲徧，趁星影、孤鴻夜飛。繩河低轉，夢冷嫦娥，香霧霏霏。　當時曲檻花圍。卻月疏簾，玉臂清輝。紈扇拋殘，空憐錦瑟，西風怨入金徽。返魂燒盡，甚環珮、宵深怕歸。茫茫此恨，碧海青天，惟有秋知。

馮其庸氏以爲蔣夫人約逝於咸豐十年庚申（一八六〇年）時蔣氏四十三歲㉔。周夢莊則以爲亡於咸豐十一年辛酉（一八六一年）㉕，鹿潭於此並未明言，但此詞之序云：「秋宵露坐，時婦亡四月矣。」作者無繫年月，而只言「秋」，但亦未言何月，惟詞云：「微涼」，則無論如何，似在八月左右，由八月上推，蔣夫人之死，則當在四月，或在春夏之際。

開首三句概言「秋」字，「亞」是低的意思，覆蓋謂之「幕」。「無人」句暗點「婦亡」。「竝禽」三句說婦亡孤苦，以「竝禽棲徧」「孤鴻夜飛」反襯。「繩河」一句言時，「夢冷」二句言月色，點「宵」字，「香霧」二字起下文「玉臂清輝」㉖四字。「紈扇」㉗再點「秋」，「錦瑟」喻自己㉘，「金徽」指琴言㉙。「返魂」香名㉚，「佩環」喻妻子㉛，「碧海青天」用李商隱《嫦娥》詩：「碧海青天夜夜心」意，應前文「夢冷嫦娥」四字。秋宵露坐，望月憶妻，返魂燒盡，佩環不歸，可謂傷矣。詞境冰冷，使人望而卻步，然感情深摯，又使人愛不釋手也。

四字令

敘邊淚紋，燈邊夢痕。花開處處思君，況無花過春。　篷飛斷雲，衣殘舊薰。垂楊一路黃昏，到東風墓門。

　　此闋不知爲誰而作，妻、素雲、顧鸎皆有可能，或三者皆非而另有所屬，不得而知。要之，內心之悽酸痛楚，非外人可解，詞已極盡哀傷，但其含蓄處，似仍不能表其萬一，可哀之至。以「東風墓門」終拍，則墓祭，又不止一般悼亡而已。

　　「釵邊淚紋」，「燈邊夢痕」，一對方，一自己，東坡詞：「相顧無言，惟有淚千行」[252]，詞正由此化出。雙雙雪涕，相念之苦，不可言喻，花開則因花而憶，花落則悵惘而念，花開已念，無花更悲，花開花落，無日不思，無日不想。下片首二句佈局差同，「鬠飛」說對方，「衣殘」說自己。「舊薰」二字更是悽楚，衣殘而舊香未滅，故人天外。望其香留，則朝夕思想；望其香消，則無從憶念，人生實難，總是哀怨，至此作者眼淚已經斷臉橫頤矣。況復沿柳陌而緩進，俟黃昏而彳亍。東風撫墳，我情悽愴。哀矣卿卿，別來何若？泉路永隔，恨不雙棲，痛若之何，疢如疾首！嗚呼哀哉！

鸎啼敘
哀顧鸎

凄風又驚院竹，是春魂悄轉。泹殘霧、眉月微陰，背窗如聽嬌嘆。夢回乍、蘭釭淡碧，飛鴻冉冉輕烟散。誤籠鸚、檀板聲空，畫圖誰喚。　剪燭青樓，桐陰試茗，道尋春未晚。鏡花掩，相見還休，那時爭似不見。記犀帷，扶肩問字，枉吟熟，駕鴦詩卷。玉簫寒，門閉細桃，去年人面。　離巾寄語，藥檻移栽，算棲香願滿。幡影護、蔫紅幾日，露葉霜蕊，瘦倚斜陽，頓成秋苑。啼鵑夜訴，飄蓬舊事，無端落絮緇塵浣。更關山，笛里江烽亂。羅囊尚祕，傷心繡纈痕銷，淚點凝滴湘管。　蓮枝解脫，丈室禪枯，任贅絲素趨。但沈恨、珠根玉蒂，墮溷何因，寄燕巢成，妒鷩緣短。韋郎老矣，楚招歌罷，清宵歸環佩冷，剩西陵松柏埋幽怨。今生拌醉拌愁，聽絕哀絃，翠衾怕展。

　　杜文瀾有悼顧鸎詞[253]，周夢莊以爲作於庚申冬[254]，則顧鸎之逝當在此年。丁保菴亦有「和水雲樓主人，悼舊歡顧鸎。」[255]「舊歡」二字，則蔣氏與

顧鶯之情好可知。庚申即咸豐十年（一八六○）時蔣氏四十三歲。杜文瀾悼
詞作於是年，則鹿潭自亦此時作。

　　此詞共四片。第一片敍顧鶯之魂返，第二片寫前事。第三片敍其死，
末片自寫幽恨。《鶯啼敍》乃詞中之長篇，不易組織，蔣氏於顧鶯逝後以長
篇歌哭，二人之感情不言可喻。

　　第一片，由「淒風」至「嬌嘆」是作者因風竹之聲以為顧鶯魂返，聞其嘆
息。自「夢回」至「誰喚」，寫先前原是夢境，醒來夢境成空。第二片自「剪燭」
至「不見」寫昔日之情，纏綿繾綣，自「記犀帷」至「人面」寫相見時之情趣及
分手之傷痛。第三片自「離巾」至「秋苑」，似寫顧鶯遷居及遷居後之消殞。
自「啼鵑」至「江烽亂」寫自此之命運及因戰亂而阻隔。自「羅袈」至「湘管」、
寫顧鶯臨別之遺贈仍存而睹物思人，實在悽楚。第四片自「蓮枝」至「緣短」
寫顧鶯已逝。命運如斯，只恨相依之日少耳。自「韋郎」以下，言幽墳淒清，
而己則孤獨痛楚也。

　　篇幅過長，情事繾綣，本來不易清晰表白，但行氣疏俊，脈絡仍顯，
前因今事，左右穿挿，首尾應和，亦能悽惻動人者，情眞故也。

西河

悼曹素雲

　　芳信斷。鶯簾恨事誰管。籠鸚生小忒聰明，妒春命短。玉奴狂約嫁
　　東風，叙頭棲鳳先散。　記深夜，溫翠瑳。藥窗花影零亂。絲絲紅
　　冷唾壺冰，鏡眉未展。怨鴻還說不傷心，龍綃都愩香汗。　只今淚
　　點凝素練，挽春魂難盡嬌面。除夢應羞重見。奈梨雲瘦盡、羅屏薰
　　換。殘月相思和天遠。

　　曹素雲即阿素，為一風塵人物，與鹿潭情好甚篤。詳上節艷情之什《探
春》一詞。

此首分三片，第一片言素雲之逝，無人理會。「籠鸚」四句知素雲年紀尚輕，而乍爾玉殞。第二片似說素雲病不可醫而逝。末片說作者之痛心，相思無有時已也。

哀悼詞四首皆一往情深。悼妻，悼舊歡迥然不同。悼妻之辭，感恩義之所在；悼顧鸞則情懷繾綣，悱惻纏綿；悼素雲則情感似不及前二者之深厚，可能是所交日子淺短之故，然情之所鍾，皆眞摯動人，如晏小山，雖所用情者多而皆能誠摯由衷，癡於所愛。當其情之所發，雖天地之大，而唯蝘翼之知。狂且輩之蓄意欺誑，唯感情之玩弄、身體之交合者，不可語於此也。

(十)倣花間詞作及九秋詞什

倣花間集詞可以本集詞續《菩薩蠻》子夜七首、《桂殿秋》、《感恩多》、《蕃女怨》、《南歌子》、《南鄉子》、《河傳》、《謁金門》、《歸國謠》、《漁家傲》、《桃源憶故人》、《調笑令》、《卜算子》、、《河傳》、《玉蝴蝶》、《南歌子》、《女冠子》等共二十三首爲代表。續集乃蔣氏之摯友宗源瀚從其弟得福及友人于昌遂裒集而付梓者⑳。宗源瀚於續集序文說：

> 「鹿潭慨然自謂，欲以騷經爲骨，類情指事，意內言外，造詞人之極
> 致。譽以南唐兩宋，意弗滿也。」㉗

鹿潭自編詞集未收此等詞作，而從此等詞作之風格及內容觀之，大概兼有鹿潭早期作品及生平遊戲之詞。總之，詞是倣製，非其創作，則必非蔣氏稱意之作，不過亦絕非凡近之構，細味可知！宗源瀚將此等詞羅於續集之首，極具眼力。

二十三首之詞作，可以分幾個小目。(1)對閨閣之描寫；(2)女子妝洗；(3)閨中情思；(4)戰爭記述；(5)妓女品格；(6)妓女生活等。下面分目舉例：

(1)閨閣之描寫：

雄龍雌鳳盤高閣，紅墻百尺銀河落。

——《菩薩蠻》其一

獸環金屈戌。

——同上

鏤金屏扇雙青鳳，象牀日午遲嬌夢。

——同上·其三

雙鶯羅帳溫。

——同上·其五

殘燭，光亂畫屏金屈戌。

——《歸國謠》

百尺宮墻一苑花。

——《卜算子》

紅墻榆柳，窗外離離星斗。

——《女冠子》

屋後垂楊臨古道。

——《河傳》

風聚落花紅一簇，水搖樓影甕。

——《謁金門》

從上面所引，大抵都是風塵女子之住所。

(2)女子妝洗之描述：

起來試簪雙鳳釵

——《河傳》

秋肌涼玉粟，花鬢妥金翹。

——《換巢鸞鳳》

(3)閨中情思：

洞房花獨宿，啼損橫波目。錦字不思看，夜燈殘。

——《感恩多》

馬策弓衣，客程霜未乾。

——《同上》

碧魚鱗，紅燕尾，夢魂千里。

——《蕃女怨》

如何駿馬去，不知歸。

——《南歌子》

白狼塞前書信稀，花枝，好如郎去時。

——《河傳》

愁倚闌，玉關，鐵衣春更寒。

——《同上》

繡被熏爐夜寒，寒夜，寒夜，笳鼓征帆未卸。

——《調笑令》

春水流，□愁，夢君江上樓。

——《河傳》

琴調不相知，白頭空與期。

——《玉蝴蝶》

不堪雙語燕，畫梁中。

——《南歌子》

上面所引，無論實寫女子，抑或借喻，皆入閨思之列。

(4)妓女生活：

畫堂傳喚急，指重箏弦澀。舞罷又回身，春風陌上塵。

——《菩薩蠻·其三》

獨下晶簾翻象局，晝長香篆促。

——《謁金門》

起來雙臉紅玉，酒情春睡足。

——《歸國謠》

(5)妓女品格：

丹嶺鳳凰兒，愛集梧桐樹。百尺宮墻一苑花，只見流鶯度。羞澀畫蛾眉，宛轉邀蓮步。抱得雲和不肯彈，還宿空房去。

——《卜算子》

此首全寫妓女之高尚品格，與東坡《卜算子》(缺月掛疏桐)差近。

(6)戰爭記述

遠客莫相思，江南春信遲。

——《菩薩蠻·其二》

　　銀漢有風波，仙郎休渡河。

——《同上·其六》

時江南有洪楊戰爭，故云如此。

　　上面所舉，大略如此。惟《桂殿秋》專寫織女，《卜算子》似是自比。但無徵不信，實難考見。《桂殿秋》云：

　　瑤殿侶，五銖衣。青鳥無書相見稀。璇宮織罷當窗坐，獨看星河秋雁飛。

《卜算子》全首見前引，此處不贅。

　　總而論之，二十三首措辭艷麗，聲容婉轉，感情溫馨爾雅，大抵由花間而來，但比花間清勁，疏密得體，並非一味穠艷而已。蔣氏感情深摯，此是另一種方法之表達，溫柔雅健，非鹿潭孰有。

　　蔣氏又有《軍中九秋詞》，詞集、續集均未載，《詞學季刊》創刊號刊入㊙，一九三三年上海漢文正楷印書局本《水雲樓詞全集》收於補遺中，計有《霓裳中序第一》秋袴、《霜葉飛》秋檻、《長亭怨》秋埭、《轆轤金井》秋竈、《一枝花》秋鏑、《奪錦標》秋幢、《燭影搖紅》秋幕、《疏影》秋堞、《水龍吟》秋角等凡九闋。依杜文瀾《憩園詞話》所載，同作九人除蔣氏外，有金眉生、錢揆初、黃子春、黃琴川、姚子箴、張子和、宗湘文及杜文瀾等㊙，又引《瘦鶴軒》詞序云：

　　壬戌游海陵，晤蔣鹿潭於客舍，時興詞會。鹿潭與同人作九秋詞。」㊙

壬戌為同治元年，太平天國十二年(一八六二年)時蔣氏居泰州㊙，則《九秋詞》作於鹿潭四十五歲之時。

　　今觀《九秋詞》，全爲軍中所有物，九首調各不同，每首除依題作典故之翻用外，並無遐旨，味如嚼蠟。《詞學季刊》何所從出，並未說明，是否蔣氏原製，無從考得。馮其庸《水雲樓詩詞輯校》收於補遺㉖，周夢莊《水雲樓詞疏證》以爲集外詞㉓，大抵都從漢文本或季刊轉錄。

注　　釋

① 《江陰縣續志》卷十五《人物志‧文苑傳》，台北成文出版社，民國五十九年（一九七〇）版。

② 《清史稿‧文苑傳》，台灣開明書局鑄版。

③ 據上章考述，蓮生生於清仁宗嘉慶三年（一七九八）。據《憶雲詞》甲稿序，蓮生始編甲稿在道光三年癸未（一八二三），鹿潭生於嘉慶二十三年戊寅（一八一八），時鹿潭六歲。乙稿編於道光八年戊子（一八二八），時鹿潭十一歲。丙稿編於道光十四年甲午（一八三四），時鹿潭十七歲。丁稿編於道光十五年乙未（一八三五），時鹿潭十八歲。若依年歷觀之，鹿潭可能曾讀蓮生《憶雲》之作，但是否讀之即受其影响又不得而知。

④ 周之琦曰：「或言：納蘭容若，南唐李重光後身也。予謂重光天籟也，恐非人力所能及。容若長調多不協律，小令則格高韻遠，極纏綿婉約之致，能使殘唐墜緒，絕而復續，第其品格，殆叔原，方回之亞乎？」（譚獻《篋中詞》卷一引，台北鼎文書局，民國六十年（一九七一）九月版，頁五十五。）納蘭長調終不及其小令之溫厚婉約，即以其最傳誦之《金縷曲》（德也狂生耳）言，雖其豪情壯語，而終覺牽強，蓋小令乃其天籟，長調則非所擅矣。

⑤ 在內容方面，納蘭、蓮生與鹿潭的作品都有一種視人生如夢的沉鬱感傷，但以作品的措辭及技巧而言，三者各有特殊風格，未見承襲之痕跡。詳見本章下節詞作析論。

⑥ 周夢莊《蔣鹿潭水雲樓詞疏證‧年譜》，台北黎明文化事業股份有限公司，一九

八九年十月版，頁一四九。

⑦　馮其庸《蔣鹿潭年譜考略》，山東齊魯書社，一九八六年九月版，頁一一九。

⑧　謝孝苹《讀蔣鹿潭水雲樓詞札記》，《詞學》第五輯，華東師範大學，一九八六年
十月版，頁九六。

⑨　詳見《水雲樓詞序》，曼陀羅華閣咸豐辛酉仲夏開雕精刻本。

⑩　《東臺縣志》四十卷，清嘉慶二十二年(一八一七)丁丑，知縣錢塘周右(寄鑫)纂
修，即於鹿潭出生(鹿潭生於一八一八年)前一年編定，所以「水雲樓」一地一名，
當不是鹿潭所起。

⑪　參見第一章《蔣春霖之官祿考》。

⑫　宗源瀚云：「鹿潭慨然自謂，欲以騷經爲骨，類情指事，意內言外，造詞人之極
致。譬以南唐兩宋，意弗滿也。」《水雲樓詞續紓》，上海漢文正楷印書局印本，
民國二十二年(一九三三)十二月版。

⑬　曼陀羅華閣刻本。

⑭　褚榮槐與蔣春霖之交情，詳見第五章《蔣春霖之交遊考》。

⑮　同注⑬。

⑯　詳見第一章《蔣春霖之思想及性格》。

⑰　《訴衷情》詞見前章《蔣春霖之婚姻與戀情》一節所引。

⑱　杜刻《曼陀羅華閣叢書》刊詞集三種：一爲其他自己的《采香詞》；二爲鹿潭的
《水雲樓詞》；三爲丁至和的《萍綠詞》。又據周夢莊《蔣鹿潭年譜》(《詞學》第四
輯)謂：「杜後開藩蘇州，將書版歸蘇州來青閣印刷，故叢書本有東台印本與蘇
州印本兩種。」

⑲　徐鼒(一八一○至一八六二)《敝帚齋主人年譜》(台北文海出版社，一九六八年版，並見近代中國史料叢刊第二十七輯)云：「丁巳，年四十八。……十二月，以事赴東台，與周弢甫(騰虎)、蔣春霖(鹿潭)訂交。除夕之前一日始歸家，旅次得詩數十首……」原注又謂：「謹案：鹿潭為府君書楹聯，署款曰：『受業』。蓋府君雖處之儕友，不以師道自居，而鹿潭終執弟子禮也。」據此，鹿潭此年與徐鼒訂交，正籌刻《水雲樓詞》，請徐氏為之序。

⑳　同注⑫。

㉑　周念永《水雲樓詞續跋》，吳中丁氏適存廬民國十五年(一九二六)刻本。

㉒　宗源瀚《水雲樓詞續序》，同注⑫。

㉓　同注⑳。

㉔　第一至第五首並見周夢莊《水雲樓詞疏證》，台灣黎明文化事業公司，一九八九年十月，頁八及二十一。馮其庸《蔣鹿潭年譜考畧・水雲樓詩詞輯佚》，山東齊魯書社，一九八六年九月，頁二四五至二四八。《沁園春》二首見徐元所撰《清人蔣鹿潭佚詞二首》載國務院古籍整理出版規劃小組編《古籍整理出版情況簡報》第二四二期，北京中華書局，一九九一年五月。

㉕　蔣春霖同期詞學家刊輯的詞集，很少選入蔣詞，例如曾為《水雲樓詞》作序的李肇增，於咸豐庚申(一八六○)選刊《淮海秋笳集》(咸豐庚申冬遲雲山館鐫刻本)，一時淮海名家如王午橋、汪硯山、黃琴川、郭堯卿、姚仲海等的作品皆入選，惟未見蔣鹿潭的作品。此時鹿潭的《水雲樓詞》雖還未結集(《水雲樓詞》刻於一八六一年)，但蔣氏佳作當亦流傳，《淮海秋笳集》不選錄的原因，想是由於鹿潭當時的名氣低微之故。

㉖　詳見第六章《蔣春霖及其水雲樓詩詞之評價》。

㉗　周夢莊《水雲樓詞疏證・后記》有云：「余寓滬時輯其年譜外，復為其詞作疏證。今將疏證年譜題辭蒈為一册，付印出版，俾能問世流通，供愛好《水雲樓詞》者共賞析，以竟余四十餘年孜孜之志耳。」

㉘　同上。周氏云：「先高祖盛章公與友人合資業鹺滋珠溪（今鹽城伍祐鎮）遂家焉。家有繭園舊築頗具軒亭竹柏之勝。先祖藹碧公性耽書史文壇馳騁之士皆樂與游。時伍祐場署幕僚有秀水褚二梅者尤多往還。……鹿潭嘗游珠溪，至必下榻我家繭園。」

㉙　馮其庸《水雲樓詩詞輯校·後記》云：「我的這本小書，雖然經歷了幾十年的時間，但我心里仍感到不滿意。」這篇后記撰寫年份署「一九八三年」，爲該書出版之前三年。

㉚　辛棄疾《摸魚兒·淳熙己亥，自湖北漕移湖南，同官王正之置酒小山亭，爲賦》，唐圭璋《全宋詞》，北京中華書局，一九六五年六月版，頁一八六七。

㉛　李商隱《無題詩》，《玉谿生詩集》馮浩箋注本，上海古籍出版社，一九七九年十月版，頁三九九〇。

㉜　杜甫《佳人詩》，仇兆鰲詳注本，北京中華書局，一九七九年十月版，頁五五四。

㉝　唐崔櫓《梅花詩》：「初開已入雕梁畫，未落先愁玉笛吹。」見五代王定保《唐摭言》卷十，上海古典文學出版社，一九五七年四月版，頁一一〇。

㉞　姜夔《揚州慢詞》《夏承燾姜白石詞編年箋校》本，上海中華書局，一九六一年十二月二版，頁一。

㉟　釋道世《法苑珠林》，上海商務印書館縮印明萬曆刊本。

㊱　《隋書·經籍志》四《佛經》，台北開明書店鑄版，頁二四五六。

㊲　郭茂倩《樂府詩集》卷四十七《清商曲辭》四：「《唐書·樂志》曰：『烏夜啼者，宋臨川王義慶所作也。元嘉十七年，徙彭城王義康於豫章，義慶時爲江州，至鎮，相見而哭。文帝聞而怪之，徵還宅，慶大懼，伎妾夜聞烏夜啼聲，扣齋閣云：明日應有赦。其年更爲南兗州刺史。因作歌。』」北京中華書局，一九七九年十一月版，頁六九。

㊳ 《開元天寶遺事》卷下：「時人之家，聞鵲聲皆爲喜兆，故謂靈鵲報喜。」顧氏文房小說本，台北新興書局，一九六〇年六月版，頁一六四。

㊴ 《文選》鮑照《蕪城賦》李周翰注：「宋孝武帝時，臨海王子頊鎮荊州，明遠爲其下參軍，隨至廣陵，子頊叛逆，照見廣陵故城荒蕪，乃漢吳王濞所都，濞亦叛逆，爲漢所滅。照以子頊事同於濞，遂感爲此賦以諷之。」《文選》六臣注本，台北廣文書局，一九六四年九月版，頁二一二。

㊵ 《搜神記》卷十三：「漢武帝鑿昆明池，極深，悉是灰墨，無復土，舉朝不解。以問東方朔，朔曰：臣愚不足以知之，試問西域人。至後漢明帝時，西域道人入來洛陽，時有憶朔言者，乃試以武帝時灰墨問之。道人云：天地將盡則灰燒，此劫燒之餘也。」北京中華書局汪紹楹校注本，一九七九年九月版，頁一六二。

㊶ 《世說新語‧輕詆篇》：「庾公權重，足傾王公，庾在石頭，王在治城坐，大風揚塵，王以扇拂塵，曰：元規塵汙人。」(北京中華書局余嘉錫箋注本，一九八三年八月版，頁八二六。) 又《晉書》卷七十九《謝安傳》：「安遂命駕出山墅，親朋畢集，方與玄圍棋賭別墅。安常棋劣於玄，是日玄懼，便爲敵手，而又不勝。安顧謂其甥羊曇曰：以墅乞汝，安遂游涉至夜，乃還，指授將帥各當其任。玄等既破堅，有驛書至，安方對客圍棋看書，既竟，便攝放牀上，了無喜色，棋如故，客問之，徐答云：小兒輩遂已破賊。既罷，還內過戶限，心喜甚，不覺履齒之折。其矯情鎮物如此。」台北藝文印書館，頁一三六八。

㊷ 杜甫《春望詩》，同注㉜，頁三二〇。

㊸ 周夢莊《蔣鹿潭水雲樓詞疏證》：「金安清周徵君墓表云：『甲寅，浙江黃中丞壽臣採君言，以兵援新安之警，於籌餉事尤多所臕發。』則甲寅之年，周發甫已在浙江與黃中丞議論兵事。據上所引述推斷，因知《齊天樂》送周發甫，趙敬甫之杭州詞，乃作於甲寅暮春也。」(台北黎明文化事業公司，一九八九年十月版，頁五九)。馮其庸《蔣鹿潭年譜考略》：「咸豐四年：是年二、三月間，送周騰虎字發甫、趙熙文號敬甫之杭州。」並引金安清《周徵君發甫傳》云：「甲寅，游浙江。」又按云：「傳中云『甲寅游浙江』則此詞當作於甲寅，詞中『青春未留人住』，『垂楊萬縷』，『一路看飛絮』，『鵃鴣啼不斷』，『門掩春寒』等語，皆屬暮春情景，故此詞應作於二月末或三月間。」(山東齊魯書社，一九八六年九月版，頁三八、

三九）。

㊹　詳任半塘箋訂、(唐)崔令欽《教坊記》，上海中華書局，一九六二年七月版，頁
　　八二。

㊺　鮑照《蕪城賦》，《昭明文選》卷十一，香港商務印書館一九六〇年八月版，頁二
　　二九。

㊻　同上，頁二三〇。

㊼　同上，頁二二九。

㊽　周夢莊《蔣鹿潭水雲樓詞疏證》卷二：「據王韜手鈔本《金陵癸甲紀事略》序云：
　　『金陵癸甲紀事略一卷，附粵逆名目錄共一冊，姑孰謝介鶴作也。介鶴於癸丑春
　　爲賊虜至金陵，置糧館中。曾與金陵張炳元、檇李金麗生及同志數百人，謀爲
　　內應。卒不成，炳元死之。介鶴乃以計逸出，依今觀察靜山趙公於鳳山行館，
　　因憶陷賊時所見所聞，筆之於書，起自癸丑正月二十九日，止於甲寅七月三十
　　日。』是金麗生當係與謝介鶴同時逃出者。是年閏七月，麗生至束皋，故詞序有
　　畫角咽秋之語。」同注㊸。頁八四。

㊾　《左傳》僖公三十三年文，台灣啓明書局十三經注疏本，無出版年月，頁一三〇。

㊿　《左傳》僖公三十三年杜注：「此道在二殽之間，南谷中，谷深委曲，西山相嵌，
　　故可以避風雨。」同上，頁一三〇。

５１　《春秋公羊傳》僖公三十三年何休注，台灣啓明書局十三經注疏本，頁七〇。

５２　趙曄《吳越春秋》卷一：「子胥乃潛身於深葦之中，有頃，父來，持麥飯、鮑魚
　　羹、盎漿，求之樹下，不見，因歌而呼之曰：蘆中人，蘆中人，豈非窮士乎！」
　　萬有文庫本，上海商務印書館，民國二十六年(一九三七)三月版，頁二六。

５３　《白雨齋詞話》卷五，北京人民文學出版社，一九五九年十月版，頁一〇九。

54　譚獻《篋中詞》卷五，台灣鼎文書局，一九七一年版，頁二八九。

55　《兩淮鹽法志》卷一三四《職官門·職名表》四，清光緒三十一年南京刊本。

56　參本文第一章《蔣春霖之官祿考》。

57　詳《清史稿·文宗本紀》，香港文學研究社鑄版，無出版年月，頁九一。

58　《史記》卷八十六《刺客列傳》：「荊軻嗜酒，日與狗屠及高漸離飲於燕市，酒酣以往，高漸離擊筑，荊軻和而歌於市中，相樂也，已而相泣，旁若無人者。」台灣啓明書局四史本，一九五九年七月版，頁八〇二。

59　王灼《碧雞漫志》卷一載王昌齡、高適、王之渙旗亭賭唱事，上海古典文學出版社，一九五七年四月版，頁五五至五六。

60　《拊掌錄》：「歐陽公與人行令，各作詩二句，須犯徒以上罪者。一云：『持刀嚇寡婦，下海劫人船。』一云：『月黑殺人夜，風高放火天。』歐云：『酒粘衫袖重，花壓帽檐偏。』或問之，答云：『當此時，徒以上事亦做了。』」（元無撰人名，筆記小說大觀六編，冊五、台灣新興書局，一九七五年二月版，頁二四九七），又《雲仙雜記》引《祥雲志》：「梁緒梨花時，折花簪之，壓損帽簷，至頭不能舉。」筆記小說大觀十編，冊一，台灣新興書局，一九七五年十二月版，頁一二三。

61　隨馬、擲絲鞭，猶韓愈之云隨車，都是風流少年行徑。韓愈《嘲少年》詩：「只知聞信馬，不覺誤隨車。」《韓昌黎詩》，錢仲聯集釋本，上海古籍出版社，一九八四年三月版，頁九七七。

62　《元稹集》卷二十四《連昌宮詞》：「李謩壓笛傍宮牆，偷得新翻數般曲。」自注云：「玄宗嘗於上陽宮夜後按新翻一曲，屬明夕正月十五日，潛遊燈下。忽聞酒樓上有笛奏前夕新曲，大駭之。明日密遣捕捉笛者，詰驗之，自云：『某其夕竊於天津橋玩月，聞宮中度曲，遂於橋柱上插譜記之，臣即長安少年善笛者李謩也。玄宗異而遣之。」北京中華書局，一九八二年八月版，頁二七〇至二七一。

63　白居易《長恨歌》：「漁陽鼙鼓動地來，驚破霓裳羽衣舞。」（《白居易集》卷十二，

《全唐詩》第八册，台北復興書局，無出版年月，頁二五六三)。杜牧《過華清宮絕句》:「霓裳一曲千峯上，舞破中原始下來。」(《樊川詩集》馮集梧注本，上海中華書局，一九六二年九月版，頁一三九)又漢李夫人有《落葉哀蟬曲》。王沂孫《花外集》有《齊天樂・詠蟬》二首，周濟《宋四家詞選》以爲元僧楊璉眞伽發宋陵而作，則亡國之詞矣。詞云:「病葉難留，纖柯易老，空憶斜陽身世。」又云:「病翼驚秋，枯形閱世，消得斜陽幾度。」(四部備要本，上海中華書局，頁六)。「哀蟬曲」「樹樹斜陽」似借用此事。

(64) 徐凝《憶揚州》:「天下三分明月夜，二分無賴是揚州。」《全唐詩》第九册，同注(63)，頁二八五四。

(65) 同注(54)。

(66) 周夢莊《蔣鹿潭水雲樓詞疏證》，頁一二。

(67) 《東坡樂府》，龍沐勛校箋卷二引，上海商務印書館，民國二十五年(一九三六)一月版，頁四十一。

(68) 唐圭璋《全宋詞》，北京中華書局，一九六五年六月版，頁四五五。

(69) 《詩・王風・兔爰》:「我生之初尙無爲，我生之後，逢此百罹，尙寐無吪。」十三經注疏本，台灣啓明書局，無出版年月，頁六十四。

(70) 陳廷焯《白雨齋詞話》，北京人民文學出版社，一九五九年十月版，頁一〇九。

(71) 《晉書》卷四十二《王濬傳》:「濬發成都，吳人於江險磧要害之處，並以鐵鎖橫截之。又作鐵錐長丈餘，暗置江中，以逆距船。濬乃作大筏數十亦方百餘步，縛草爲人，被甲持杖，筏遇鐵錐，錐輒著筏去。又作火炬長十餘丈，大數十圍，灌以麻油在船前，遇鎖然炬燒之。須臾融液斷絕，於是船無所礙，二月庚申，剋吳西陵。」二十五史本，台灣開明書店鑄版，頁一一九八。

(72) 《全宋詞》，頁二〇四。

(73) 曹操《短歌行》：「月明星稀，烏鵲南飛，繞樹三匝，何枝可依。」丁福保《全漢三國晉南北朝詩・全三國詩》，頁一七八。
《晉書》六十二《祖逖傳》：「中夜聞荒雞鳴，蹴琨覺，曰，此非惡聲也，因起舞。」台灣藝文印書館，頁一一三六。

(74) 劉禹錫《金陵五題石頭城》云：「山圍故國周遭在，潮打空城寂寞回。」《劉禹錫集》，北京中華書局，一九七五年十一月版，頁二一九。

(75) 《周邦彥清眞集》羅師忼烈箋注本，三聯書店一九八五年二月香港版，頁一一〇。

(76) 謝孝苹《蔣鹿潭在泰州》，載《泰州文史資料》第一輯。

(77) 杜甫《旅夜書懷》：「星垂平野闊，月湧大江流。」又《江漲》：「大聲吹地轉，高浪蹴天浮。」仇注：「海賦：浮天無岸。」《杜詩詳注》本，北京中華書局，一九七九年十月版，頁八一三、一二二九。

(78) 姜夔《揚州慢》句，《白石道人詩詞集》卷四，北京人民文學出版社，一九五九年一月版，頁一二四至一二五。

(79) 《清史稿・宣宗紀》，香港文學研究社鑄版，頁八一〇。

(80) 《晉書》卷四十二《王濬傳》。同注(71)。

(81) 杜甫《秋興》其四，同注(77)，頁一四八九。

(82) 《白雨齋詞話》卷五，北京人民文學出版社，一九五九年十月版，頁一〇八。

(83) 譚獻《篋中詞》卷五，頁二八一。

(84) 此詞序云：「鄉人偶至，話及兵革、咏『我亦有家歸未得』之句，不覺悵然。」乃明言戰事之作。

(85) 太液，當指北京，或指英法聯軍入京事。

(86) 此當記金陵失陷事。此詞序亦有云：「未果，而金陵陷，不可尋問矣。」

(87) 此記揚州兵後，如詞序所云的：「揚州兵後，平山諸園林皆成榛莽。」

(88) 此記杭州烽火事，詞序有云：「之官杭州。」

(89) 《列子・周穆王》篇：「鄭人有薪於野者，遇駭鹿，御而擊之，斃之，恐人之見也，遽而藏諸隍中，覆之以蕉，不勝其善。俄而遺其所藏之處，遂以爲夢焉。順塗而詠其事。傍人有聞者，用其言而取之。旣歸，告其室人日：『向薪者夢得鹿而不知其處；吾今得之，彼直眞夢矣』」嚴北溟嚴捷譯注本，上海古籍出版社，一九八六年九月版，頁七五至七六。

(90) 《 正月二十日 ，與潘郭二生出郊尋春，忽託去年是日同至女王城作詩，乃和前韻》。《蘇軾詩集》王文誥輯注本，一九八二年二月版，頁一一〇五。

(91) 《金元明淸詞鑒賞辭典》，江蘇古籍出版社，一九八九年五月版，頁一三四九。

(92) 李商隱《夜雨寄北》：「君問歸期未有期，巴山夜雨漲秋池，何當共剪西窗燭，却話巴山夜雨時。」《玉谿生詩集》馮浩箋注本，一九七九年十月版，頁三五四。

(93) 仇兆鰲《杜詩詳注》本，又注云：「左傳：晉侯佩太子以金玦。」北京中華書局，一九七九年十月版，頁三一一。

(94) 同治《湖州府志・周學濂傳》：「周學濂，字元緒，號蓮伯，烏程人，同治元年，湖城圍急，城陷自縊死。」台北成文出版社，民國五十九年(一九七〇)據同治十三年刊本影印。

(95) 周夢莊譜《蔣鹿潭年譜》繫此詞於道光二十七年，以爲作於自北南返後。觀詞中所寫景物，淒然冷寞，是亂後景象，周氏所言非是。

(96) 清・李斗《揚州畫舫錄》卷二：「桃花庵僻處長春橋內」。又卷十：「虹橋即紅橋。府志云：在北門外，一名虹橋，朱闌跨岸，綠楊盈堤，酒帘掩映，爲郡城勝遊

地。」又卷十三：「蓮性寺在關帝廟旁，本名法海寺，創於元至元間。聖祖賜今名。」北京中華書局，一九六〇年四月版，頁三六、二四〇、二一〇五。

(97) 《揚州畫舫錄》卷十二：「乾隆乙卯來揚，寓桃花庵半年。」同上，頁二七七。

(98) 潘岳《藉田賦》：「天子乃御玉輦，蔭華蓋。」《昭明文選》卷七，香港商務印書館，一九六〇年八月，頁一四九。

(99) 馮其庸云：「庚午適爲鹿潭卒後之第二年。又據宗源瀚《頤情館詩鈔》卷二頁十一戊辰年有五古一首，題云：『赴官三衢，行嚴州道中』，則宗源瀚當於是年官衢州。又同集卷二頁，十三己巳年五律一首，題云：『守衢州五月受代瀕行，別諸父老。』則宗源瀚於翌年己巳已離衢州。今鹿潭本傳云：『同治戊辰多』將訪宗源瀚於衢州。宗源瀚戊辰年有赴官三衢詩，且翌年己巳已離職，三者密合無間。然此時鹿潭已窮極潦倒，雖在南中，當不復能作此類詞矣。故序中庚午亦不可能是戊辰之誤。又我所見漢文正楷書局印《水雲樓全集》本，在此詞小叙上批云：『眉孫丈云：疑是庚申或戊午。』則詞叙『庚午』似係『戊午』之誤。『庚』『戊』兩字形近。按庚申爲咸豐十年，時鹿潭正在泰州與喬松年、金安清議當世事，且是年鹿潭又有『書寄王午橋』（見《渡江雲》詞叙），與詞叙『復遇於南中』之語不合，故斟酌情理，此詞當繫於戊午爲是。」《蔣鹿潭年譜考畧》，頁五三 —— 五四。

㊿ 周夢莊以爲：「如庚字不誤而誤在午字，鹿翁一生經歷，凡五遇庚年，其序爲庚辰、庚寅、庚子、庚戌、庚申。前三庚分別爲三歲、十三歲、二十三歲，均不可能兩遇王午橋。鹿翁庚戌年三十三歲。次歲即任鹽官，亦少有可能與王午橋再晤於南中（揚州）。鹿翁前在道光二十五年乙巳年二十八歲時北遊道中，渡滹陀河時與王午橋相識。翌年丙午，可能已北返 寓揚州，於時王午橋又自越絕北返都門，因又相遇於揚州，故甘州題序作『復遇於南中』。至於庚申，爲咸豐十年，二人相別已十五年之久，不得逕作『復遇於南中』，當云『歷十餘年復遇於南中。』咸豐十年烽烟滿地，由越絕入都，當非易事，而詞中未有戰亂氣氛。綜覽鹿翁生平行實，與王午橋復遇於南中，自以道光丙午年爲是。」《蔣鹿潭水雲樓詞疏證》，頁四〇 —— 四一。

(101) 周夢莊《蔣鹿潭水雲樓詞疏證·後記》。

⑩　《漢書‧游俠陳遵傳》：「時列侯有與遵同姓字者，每至人門，曰陳孟公，坐中莫
　　不饌動。」（台灣啓明書店四史本，一九五九年七月版，頁六〇九。）又杜甫《飲
　　中八仙歌》：「焦遂五斗方卓然，高談雄辯驚四筵。」仇兆鰲《杜詩詳注》本卷二，
　　頁八四。

⑩　《世說新語‧汰侈》：「石崇與王愷爭豪，並窮綺麗，以飾輿服。武帝，愷之甥也，
　　每助愷，嘗以一珊瑚樹高二尺許賜愷，枝柯扶疏，世罕其比，愷以示崇，崇視
　　訖，以鐵如意擊之，應手而碎。」（余嘉錫箋注本，北京中華書局，一九八三年
　　八月版，頁八八二）。白居易有《五弦彈詩》詠此事：「鐵擊珊瑚一兩曲，冰寫玉
　　盤千萬聲。」《全唐詩》，台灣復興書局，頁二四九四。

⑩　《隋書‧地理志》上：「自古言勇俠者，皆推幽并。」二十五史本，台灣開明書店
　　鑄版，頁九六。

⑩　《漢書》卷九十七上外戚《李夫人傳》：「是邪非邪，立而望之，偏何姍姍其來遲！」
　　顏師古注：「姍姍，行貌。」台灣啓明書局四史本，一九五九年七月版，頁六四
　　九。

⑩　邵伯溫《邵氏聞見錄》卷十九：「康節先公治平間，與客散步天津橋，聞杜鵑之
　　聲，慘然不樂，客問其故，曰：『洛陽舊無杜鵑，今始至，有所主。』客曰：『聞
　　杜鵑何以知此？』康節先公曰：『天下將治，地氣自北而南；將亂，自南而北。
　　今南方地氣至矣，禽鳥飛類，得氣之先者也。』」北京中華書局，一九八三年八
　　月版，頁二一四。

⑩　馮其庸《蔣鹿潭年譜考略》，頁二二。

⑩　周夢莊《蔣鹿潭〈水雲樓詞〉疏證（附年譜）》，頁一五一。

⑩　同注⑨。

⑩　韓愈《左遷至藍關示姪孫湘》，《韓昌黎詩》，錢仲聯枼釋本，上海古籍出版社，
　　一九八四年三月版，頁一〇九七。

⑪ 《昭明文選》卷十一，同注⑱，頁二二九。

⑫ 杜詩仇兆鰲詳注本，頁一二二九。

⑬ 《元遺山詩集》，施國祁箋注本，台灣世界書局，一九六四年二月版，頁四一一。

⑭ 譚獻《篋中詞》卷五，頁二九〇。

⑮ 張炎《解連環‧孤雁》，「寫不成書，只寄得相思一點」，彊邨叢書本，台北廣文書局，一九七〇年三月版，頁四八四七。

⑯ 《李長吉歌詩》卷二《金銅仙人辭漢歌》，王琦彙解本，上海中華書局，一九六〇三月版，頁六六。

⑰ 孔融《論盛孝章書》「昭王築臺以尊郭隗。」（《昭明文選》卷四十一同注⑱，頁九一三）。嘉慶修《一統志》，卷四十八《易州二》云：「黃金台在東南。上谷郡圖經：黃金台在易水東南，燕昭王置千金台上，以延天下士。」四部叢刊續編。

⑱ 《史記》卷八十六《刺客荊軻傳》：「太子及賓客知其事者，皆白衣冠以送之，至易水之上。既祖，取道，高漸離擊築，荊軻和而歌，為變徵之聲，士皆垂淚涕泣。」（台北啓明書局四史本，一九五九年七月版，頁八〇四）。又《水經易水注》：「易水又東逕易縣故城南，太子丹遣荊軻刺秦王，祖道於易水上，疑於此也。」台灣世界出版社，一九六二年十一月版，頁一五二 ── 一五三。

⑲ 同注⑭。

⑳ 馮煦《宋六十一家詞選‧例言》稱桼觀晏幾道語。

㉑ 馮其庸《蔣鹿潭年譜考略》於咸豐八年（一八五八年）繫《尉遲杯》及《八聲甘州》二詞。云：「褚榮槐於丁巳、戊午之歲，客遊淮海間，鹿潭為賦《尉遲杯》《八聲甘州》詞。」頁五二。

㉒ 周夢莊《蔣鹿潭水雲樓詞疏證》卷二云：「《尉遲杯》留別之詞，無一句言及戰爭烽

火，疑作於咸豐之前。」又年譜咸豐九年己未（一八五九）云：「譜《八聲甘州》詞贈褚又梅。又詞集有《尉遲杯》一闋，亦當作於本年。」頁七三、一五九、一六○。

⑫ 李商隱《李長吉小傳》：「長吉恒從小奚奴，騎距驢，背一古破錦囊，遇有所得，即書投囊中。」《三家詳注李長吉歌詩》，上海中華書局，一九六○年三月版，頁一三。

《文選》卷十一《登樓賦》劉良注：「魏志云：王粲、山陽高平人，少而聰惠，有大才，仕爲侍中，時董卓作亂，仲宣避難荊州，依劉表，遂登江陵城樓，因懷歸而有此作，述其進退危懼之情也。」賦云：「雖信美而非吾土兮，曾何足以少留。」台北廣文書局，一九六四年九月版，頁二○六——二○七。

⑫ 《史記》卷七十五《孟嘗君列傳》：「彈其劍而歌曰：長鋏歸來乎！無以爲家。」台北啓明書局四史本，一九五九年七月版，頁七四六。

⑫ 劉子《新論》卷六《傷讒》云：「揚蛾眉者，爲醜女之所妒；行貞潔者，爲讒邪之所嫉。」程榮校漢魏叢書本，台灣新興書店，一九五九年十二月版，頁一四九八。

⑫ 馮其庸《蔣鹿潭年譜考略》道光二十七年丁未（一八四七）三十歲條云：「《渡江雲》詞叙云：『春明再到，人事都非，崔護蕭郎，一時同感』。據此，則此數年中，鹿潭似曾兩度到都門。」又道光二十八年戊申（一八四八）三十歲條云：「鹿潭此時似已爲淮南鹽官。」頁二二、二三。

⑫ 周夢莊《蔣鹿潭水雲樓詞疏證·年譜》，道光二十五年乙巳（一八四五）二十八歲云：「是年，再遊都門，賦《渡江雲》詞。案，春霖自父死後，家道中落，曾奉母遊京師，且不只一次。旣連不得志，乃棄舉業，後赴揚州，就兩淮鹽官。」（頁一四九、一五○。）又卷一《渡江雲》疏證云：「《渡江雲》一詞當作於道光二十五年乙巳（一八四五）」，頁三七。

⑫ 唐·孟棨《本事詩》：「博陵崔護，姿質甚美，而孤潔寡合，舉進士下第。清明日，獨遊都城南，得居人莊，一畝之宮，而花木叢萃，寂若無人。扣門久之，有女子自門隙窺之，問曰：『誰邪？』以姓字對，曰：『尋春獨行，酒渴求飲。』女入，以杯水至，開門設牀命坐，獨倚小桃斜柯佇立，而意屬殊厚，妖姿媚態，綽有餘妍。崔以言挑之，不對，目注者久之。崔辭去，送至門，如不勝情而入，崔

亦睠盼而歸，嗣後絕不復至。及來歲清明日，忽思之，情不可抑，逕往尋之，門墻如故，而已鎖扃之。因題詩於左扉曰：『去年今日此門中，人面桃花相映紅；人面祇今何處去，桃花依舊笑春風。』後數日，偶至都城南，復往尋之，聞其中有哭聲，扣門問之，有老父出曰：『君非崔護耶！』曰：『是也』。又哭曰：『君殺吾女。』護驚起，莫知所答。老父曰：『吾女笄年知書，未適人，自去年以來，常恍惚若有所失，比日與之出，及歸，見左扉有字，讀之，入門而病，遂絕食數日而死。吾老矣，此女所以不嫁者，將求君子以託吾身。今不幸而殂，得非君殺之耶？』又特大哭。崔亦感動，請入哭之。尚儼然在牀，崔舉其首，枕其股，哭而祝曰：『某在斯，某在斯。』須臾開目，半日復活矣。父大喜，遂以女歸。」上海中華書局，一九五九年八月版，頁十二。

唐‧范攄《雲谿友議》卷上：「崔郊秀才者，寓居於漢上，蘊積文藝，而物產罄懸。無何，與姑婢通，每有阮咸之從。其婢端麗，饒彼音律之能，漢南之最也。姑貧，鬻婢於連帥。連帥愛之，以類無雙，給錢四十萬，寵眄彌深。郊思慕無已。即強親府署，願一見焉。其婢因寒食來從事家，值郊立於柳陰，馬上連泣，誓若山河。崔生贈之以詩曰：『公子王孫逐後塵，綠珠垂淚滴羅巾。侯門一入深如海，從此蕭郎是路人』，或有嫉郊者，寫詩於座，公睹詩，令召崔生，左右莫之測也。郊則憂悔而已，無處潛遁也。及見郊，握手曰：『侯門一入深如海，從此蕭郎是路人。便是公製作也！四百千，小哉，何靳一書，不早相示！』遂命婢同歸。」上海中華書局，一九五九年七月版，頁七。

⑫⑨　《晉書》卷三十一《后妃‧胡貴嬪傳》：「掖庭殆將萬人，而並寵者甚眾，帝莫知所適，當乘羊車，恣其所之，至便宴寢。宮人仍取竹葉插戶，以鹽汁灑地而引帝車。」二十五史本，台北開明書店鑄版，頁一一七三。

⑬⓪　李商隱《無題》四首之一。《玉谿生詩集》馮浩箋注本，上海古籍出版社，一九七九年十月版，頁三八六。

⑬①　晏幾道《清平樂》，《全宋詞》，一九六五年六月版，頁二三一。

⑬②　李商隱《燈詩》，《玉谿生詩集》，馮浩箋注本，同注⑬⓪，頁三二。

⑬③　溫庭筠《商山早行詩》，《溫飛卿詩集》曾益箋注本，上海古籍出版社，一九八〇年七月版，頁一五五。

⑭ 范成大《宿深溪驛去廣右界只一程詩》,《范石湖集》,中華書局香港分局,一九七四年二月版,頁一七二。

⑬ 溫庭筠《春日野行詩》,同注⑬,頁六九。

⑱ 王定安等纂修《兩淮鹽法志》,清光緒三十一年南京刊本,卷一三四《職官門‧職名表》。

⑰ 金武祥《蔣君春霖傳》載《續碑傳集》卷八十,台灣明文書局《清代傳記叢刊》本,頁五九八至六〇〇。

⑱ 詳見第一章《蔣春霖官祿考》。

⑲ 辛文房《唐才子傳》卷五《賈島條》:「每至除夕,必取一歲所作置几上,焚香再拜,將酒祝曰:『此吾終年苦心也。』痛飲長謠而罷。」上海古典文學出版社,一九五七年四月,頁八〇。

⑭ 白居易《醉歌》:「誰道使君不解歌,聽唱黃雞與白日。黃雞催曉丑時鳴,白日催年酉前沒。」《全唐詩》卷四百三十五,台北新興書局本。

⑭ 同注⑰。

⑭ 薛道衡《人日思歸》,丁福保《全漢三國晉南北朝詩‧全隋詩》卷二,台北藝文印書館,無出版年月,頁一九六四。

⑭ 《梁書》卷十三《沈約傳》:「百日數旬,革帶常應移孔」二十五史本,台北開明書局鑄版,頁一一四。

⑭ 曼陀羅華閣刻本。

⑭ 詳見第一章蔣春霖《婚姻及戀情》一節之考述。

⑭ 蕭娘，唐代對女子之泛稱。楊巨源《崔娘詩》：「風流才子多春思，腸斷蕭娘一紙書。」《全唐詩》，台北復興書局，無出版年月，頁一九六六 —— 六七。

⑭ 銀甲，指彈琴等用之假指甲。杜甫《陪鄭慶文遊何將軍山林詩》：「銀甲彈箏用。」仇兆鰲《杜詩詳注》本，北京中華書局，頁一五一。
又李商隱《無題詩》：「十三學彈琴，銀甲不曾卸。」馮浩注：「《梁書・羊侃傳》，『有彈箏人陸大喜，著鹿角爪，長七寸。』按《通典》：『彈箏用骨爪，長寸餘，以代指。』唐人每云銀甲，其用同也。」馮浩《玉谿生詩集箋注》同注⑬。頁二○。

⑭ 韓非子《十過》：「公曰：『清商固最悲乎？』師擴曰：『不如清徵。』……『音莫悲於清徵乎？』師曠曰：『不如清角。』」上海中華書局，一九五九年九月版，頁一七一 —— 一七二。
《文選》張衡《南都賦》：「清角發徵，聽者增哀。」注引許慎《淮南子》注云：「清角弦急，甚聲清也。」《文選》卷四，香港商務印書館，一九六○年八月，頁七八。

⑭ 辛棄疾《摸魚兒》（淳興己亥，自湖北漕移湖南，同官王正之置酒小山亭，爲賦。）《全宋詞》，北京中華書局，一九六五年六月版，頁一八六七。

⑮ 張炎《高陽臺・西湖春感》，同上，頁三四六三。

⑮ 譚獻《篋中詞》卷五，台灣鼎文書局，一九七一年九月版，頁二八二。

⑮ 孔平仲《春天詩》：「出門四望氣慘淡，寒色射人如潑水。」呂留良等編《宋詩鈔・平仲清江集鈔》，台灣世界書局，一九六二年二月版。

⑮ 《鮑參軍集》，錢仲聯增補集說校本，上海中華書局，一九五九年十一月版，頁一八五。

⑮ 《歐陽文忠公文集》卷十五，上海商務印書館四部叢刊初編縮元刊本。

⑮ 賀鑄《青玉案》：「月橋花院，瑣窗朱戶」，《全宋詞》同注⑭，頁五一三。

⑮ 張孝祥《西江月》，《全宋詞》，同注⑭，頁一七○八。

⑮⑦　杜甫《秋興》(其二)：「夔府孤城落日斜，每依南斗望京華。」杜詩錢謙益注本，
　　　北京中華書局一九六一年九月版，頁五〇五。案，南斗、北斗之別，詳葉嘉瑩
　　　《杜甫秋興八首集說》，台灣中華叢書編審委員會出版，一九六六年四月，頁一
　　　二五 —— 一三四。

⑮⑧　杜甫《茅屋爲秋風所破歌》，仇兆鰲詳注本北京中華書局，一九七九年十月版，
　　　頁八三一。

⑮⑨　白居易《琵琶行》，《全唐詩》，台北復興書局，頁二五六四。

⑯⑩　《劉禹錫集》卷二十四，上海人民出版社，一九七五年十一月版，頁二一九。

⑯①　李商隱《宿駱氏亭寄懷崔雍崔袞詩》：「秋陰不散霜飛晚，留得枯荷聽雨聲。」《李
　　　義山詩集》朱鶴齡箋注、何焯等評本，台灣學生書店，一九六七年五月版，頁一
　　　五一。

⑯②　歐陽修《臨江仙》，《全宋詞》，同注⑭⑨，頁一四。

⑯③　張炎《湘月》：「星散白鷗三四點，數筆橫塘秋意。」《全宋詞》，同上頁三四七六。

⑯④　張炎《水龍吟‧白蓮》，同上，頁三四六八。

⑯⑤　李賀《金銅仙人辭漢歌》，《李長吉歌詩》卷之二，王琦棠解《三家評注李長吉歌詩
　　　本》，上海中華書局，一九六〇年三月版，頁六〇七。

⑯⑥　唐珏《水龍吟‧浮翠山房擬賦白蓮》，《全宋詞》，頁三四二六。

⑯⑦　王沂孫《眉嫵‧新月》，同上，頁三三五四。

⑯⑧　韓愈《早春呈水部張十八員外》，《韓昌黎詩》錢仲聯繫年集釋本，上海古籍出版
　　　社，一九八四年三月版，頁一二五七。

⑯　任昉《述異記》卷上，程榮校漢魏叢書本，台灣新興書局，一九五九年十二月版，頁一五三八。

⑰　《後漢書・五行志》一，台北啓明書局四史本，一九五九年七月版，頁一〇二。

⑰　《誠齋荆溪集》，呂留良等《宋詩鈔》本，中冊，台北世界書局，一九六二年二月版，頁二十七。

⑰　蘇軾《水龍吟次章質夫楊花詞》，《東坡樂府》龍沐勛校箋本，卷二，上海商務印書館，一九三六年一月版，頁四十一。

⑰　牛希濟《生査子》，《花間集》卷五，台北藝文印書館影印宋刊本，一九六〇年四月版，頁一三。

⑭　秦觀《八六子》，《淮海居士長短句》，香港龍門書店影印米本，卷上，一九六六年四月版，頁九。

⑮　江淹《別賦》，《昭明文選》六臣注本，卷十六，台北廣文書局，一九六四年九月版，頁三〇五，三〇八。

⑯　《丘希範與陳伯之書》，同上，卷四十三，頁八一三。

⑰　辛棄疾《摸魚兒》，《全宋詞》，同注⑭，頁一八六七。

⑱　白居易《錢塘湖春行》，《全唐詩》，台灣新興書局，頁二六三六。

⑲　眞山民《西湖圖》，《宋詩鈔》下冊《山民詩鈔》，同注⑰，頁六。

⑱　吳兆《秦淮闘草篇》，《古今圖書集成・草木典》卷四，一九八五年十月中華巴蜀影印台灣文星書局本，頁六四九一五。

⑱　辛棄疾《摸魚兒》，同注⑰。

⑱　《史記・孟嘗君列傳》，台灣啓明書局四史本，頁七四八。

⑱　譚獻《篋中詞》卷五，台北鼎文書局，一九七一年九月版，頁二八五。

⑱　杜甫《對雪》：「亂雲低薄暮，急雪舞迴風。」《杜詩詳注》本，北京中華書局，一
九七九年十月版，頁三一八。

⑱　張相《詩詞曲語辭匯釋》卷五：「怕，用爲反設之辭。猶如其也；倘也。張炎《解
連環詞》(孤雁)：『暮雨相呼，怕驀地玉關重見，未羞他雙燕歸來，畫簾半卷。』
『怕驀地』云云：『言倘忽然見舊時伴侶也。』又《掃花游》詞：『山空翠老，步仙風
怕有朵芝人到。』『怕有』，『倘有也。』」北京中華書局，一九六三年二月版，頁五
二二。

⑱　蘇軾《和子由踏青詩》王文誥註引次公云：「子由《踏青詩》敍：『眉之東門十數
量，有山曰蟇頤，山上有亭樹松竹，山下臨大江，每正月人日，士女相與遊嬉
飲酒於其上，謂之踏青也。」《蘇軾詩集》王文誥注本，卷四，北京中華書局，一
九八二年二月版，頁一六一。

⑱　譚獻《篋中詞》卷五，頁二八八。

⑱　杜牧《揚州詩》：「煬帝雷塘土。」馮集梧注：「《隋書・煬帝紀》：『大業十二年幸
江都，義寧二年，上崩於溫室，葬吳公臺下，大唐平江南之後，改葬雷塘。』《唐
書・地理志》：『揚州江都東十一里，有雷塘。』」《樊川詩集注》，上海中華書局，
一九六二年九月版，頁一九三。

⑱　周夢莊《蔣鹿潭水雲樓詞疏證》，頁四四至四五。

⑲　徐凝《宿冽上人房》，《全唐詩》，復興書局，頁二八五七。

⑲　溫庭筠《更漏子》，張璋、黃畬編《全唐五代詞》卷二，上海古籍出版社，一九八
六年二月版，頁二一〇。

⑲　《昭明文選》卷二十九《雜詩》香港商務印書館，一九六〇年八月版，頁六三二至

六三三。

⑬ 《太平廣記》卷四《神仙類》：「蕭史，不知得道年代，貌如二十許人。善吹簫，作鸞風之響，而瓊姿煒爍，風神超邁，眞天人也，混迹於世，時莫能知之。秦穆公有女弄玉，善吹簫，公以弄玉妻之，遂敎弄玉作鳳鳴。居十數年，吹簫似鳳聲，鳳凰來止其屋，公爲作鳳臺，夫婦止其上。不飮不食，不下，數年，一旦弄玉乘鳳，蕭史乘龍，昇天而去。」台灣新興書局，一九六二年七月版，頁二九八。

⑭ 宗懍《荊楚歲時記》：「七月七日爲牽牛織女聚會之夜。是夕，人家婦女結綵縷，穿七孔鍼，或以金銀鍮石爲鍼，陳瓜果於庭中以乞巧。」譚麟譯注本，湖北人民出版社，一九八五年二月版，頁一〇六 —— 一〇九。

⑮ 周夢莊《蔣鹿潭水雲樓詞疏證》，頁四六、四七。

⑯ 宗源瀚《墮蘭館詞存》，上海圖書館藏湖北官報局印本。

⑰ 王建有《寄蜀中薛濤校書》，云：「萬里橋邊女校書，枇杷巷裏閉門居。」（《全唐詩》，復興書局，頁一八一三）。又後蜀何光遠《鑑戒錄》云：「大凡營妓，初無校書之稱，自韋南康鎭成都日，令入樂籍，呼爲女校書。」（學海類編本，台北文海出版社，一九八四年八月版，頁七九四）。又宋晁公武《郡齋讀書記》卷四中：「薛濤，洪度也，西川樂妓，工爲詩，當時人多與酬賦，武元衡奏校書郎。大和中卒。」（四部叢刊三編影宋淳祐本，頁二十三）。又陳振孫《直齋書錄解題》卷十九：「成都妓女薛濤，號薛校書。」台北廣文書局，一九六八年三月版，頁一二一三。

⑱ 吳文英《霜花腴·重陽前一日汎石湖》，《夢窗詞集》彊邨老人四校定本，台北世界書局，一九六七年五月版，頁五二。

⑲ 劉迎《張萱戲嬰圖》，《全金詩》卷十七，台灣新興書局，一九七二年八月版，頁二九八。

⑳ 蘇軾《題毛女眞詩》，《蘇東坡全集》後集卷四，台北世界書局，一九六四年二月

版，頁四九四。

⑳ 杜甫《詠懷古迹》，杜詩仇兆鰲詳註本，上海中華書局，一九七九年十月版，頁一五〇二。

⑳ 王安石《明妃曲》，《臨川先生文集》卷第四，上海中華書局，一九六四年一月版，頁一一二。

⑳ 周夢莊《蔣鹿潭水雲樓詞疏證》，頁七八引。

⑳ 丁福保《全漢三國晉南北朝詩・全晉詩》，台灣藝文出版社，頁七一六。

⑳ 《南史》卷十二《后妃》下《元帝徐妃傳》：「帝左右暨季江，有姿容，又與淫通。季江每歎曰：柏直狗，雖老能獵，蕭溧陽馬，雖老猶駿，徐娘雖老，猶尚多情。」二十五史本開明書店鑄版，無出版年月，頁三五。

⑳ 漢・伶玄《趙飛燕外傳》：「是夜，進合德(飛燕妹)，帝大悅，以輔屬體，無所不靡，謂爲溫柔鄉。」明・程榮校漢魏叢書本，台灣新興書局，一九五九年十二月版，頁一六四一。

⑳ 《莊子》卷一上《逍遙遊》，郭慶藩集釋本，北京中華書局，一九六一年七月版，頁二八。

⑳ 李清照《如夢令》：「試問捲簾人，卻道海棠依舊。知否？知否？應是綠肥紅瘦」。《全宋詞》，北京中華書局，一九六五年六月版，頁九二七。

⑳ 周夢莊《蔣鹿潭水雲樓詞疏證》，頁九四。

⑳ 見馮其庸《蔣鹿潭年譜考略》，頁五八及頁六〇。

⑳ 丁保菴《綠萍詞》卷三，曼陀羅華閣咸豐辛酉版，一八六一年，頁十四。

⑳ 參第一章蔣鹿潭之《婚姻與戀情》。

㉒ 李賀《江樓曲》:「眼前便有千里思,小玉開屏見山色。」王琦注:「元稹詩:『小玉上牀鋪夜衾。』路德延詩:『酒殢丹砂暖,茶催小玉煎。』疑唐時多以小玉爲侍女別稱。」《三家評注李長吉歌詩》,王琦棠解本,卷四,上海中華書局,一九六〇年三月版,頁一五九。

㉔ 此據周夢莊《水雲樓詞疏證》本,曼陀羅華閣本未刻入此詞。周氏云:「余於壬午年(一九四二)遊海陵,在尙古齋書店所見圖卷,爲許氏所藏出售者。鹿潭親筆書,字亦端秀。款署『小舫太守大人命題從軍紀舊圖』,大興蔣鹿潭春霖。」(《水雲樓詞疏證》,頁一四三)今不知落於何許矣。

㉕ 同上,《水雲樓詞疏證》,頁一四三。

㉖ 李賀《高軒過》,《三家評注李長吉歌詩》本,上海中華書局一九六〇年三月版,頁一五四。

㉗ 《晉書》卷三十四《杜預傳》:「預在尙七年,損益萬機,不可勝數,朝野稱美,號曰杜武庫,言其無所不有也。」二十五史本台灣開明書店鑄版,頁一〇五。

㉘ 《楊烱集》卷二,北京中華書局,一九八〇年十一月版,頁二六。

㉙ 杜文瀾曾爲兩淮鹽運使,於洪楊事時,曾參與軍事,著有《平定粵寇紀畧》一書,詳下章《交游考》。

㉚ 《後漢書》卷五十二《朱景王杜馬劉傅堅馬傳論》:「中興二十八將,前世以爲上應二十八宿,未之詳也,然咸能感會風雲,奮其智勇,稱其佐命,亦各志能之士也。……永年中,顯宗追感前世功臣,乃圖二十八將於南宮雲臺。」台灣啓明書局四史本,一九五九年七月版,頁一九六、一九七。
《大唐新語》卷十一:「貞觀十七年,太宗圖畫太原倡義及櫜府功臣趙公長孫無忌等二十四人於凌烟閣。太宗親爲之贊,褚遂良題閣,閻立本畫。」北京中華書局,一九八四年六月版,頁一六三。

㉛ 曹景宗《光華殿侍宴賦競病韻》:「去時兒女悲,歸來笳鼓競,借問行路人,何如

霍去病？」丁福保《全漢三國晉南北朝詩・全梁詩》，台北藝文印書館，無出版年月，頁一四八九。

㉒　王維《早朝詩》，《王摩詰全集》趙松谷箋注本，香港廣智書局，頁一二三。

㉓　《三國志・蜀志》卷二《先主紀》：「裴松之注：『九州春秋曰：備住荊州數年，嘗於表坐起至厠，見髀裏肉生，慨然流涕，還坐，表怪問備，備曰：吾常身不離鞍，髀肉皆消，今不復騎，髀裏肉生。日月若馳，老將至矣，而功業不建，是以悲耳。』」台灣啓明書局四史本，一九六〇年十月版，頁一八六。

㉔　《晉書》卷六十二《劉琨傳》：「與親故書曰：吾枕戈待旦，志梟逆虜，常恐祖生先吾著鞭。」同注㉗，頁一二四八。

㉕　《後漢書》卷五十三《竇憲傳》：「率衆降者前後二十餘萬人。憲秉遂登燕然山，去塞三千餘里，刻石勒功，紀漢威德，令班固作銘。」台灣啓明書局四史本，頁二〇一。

㉖　此詞爲周夢莊輯得之蔣鹿潭佚詞之一，未刻於曼陀羅華閣本，今乃據周氏《水雲樓詞疏證》本抄錄。

㉗　周夢莊《水雲樓詞疏證・年譜》，頁一六八。

㉘　屈原《離騷》，王逸章句，《楚辭四種》本，香港廣智書局，無出版年月，頁一七。

㉙　黃庭經《內景經》：「同服紫衣飛羅裳。」

㉚　同注㉘，頁一五。

㉛　李賀《天上謠》：「呼龍耕煙種瑤草。」王琦注：「瑤草，仙家所植玉芝之類。」同注㉔，頁五四。

㉜　《佛藏》：「遠公弟子慧安，以山中無刻漏，於水上置十二銅葉芙蓉，因波隨輪分別且夕。」

㉝　《離騷》：「倚閶闔而望予。」王逸注：「閶闔，天門也。」同注㉘，頁一七。

㉞　李昉《太平廣記》卷六十：「麻姑自說云：『接侍以來，已見東海三爲桑田。向到蓬萊，水又淺於往者會時略半也，豈將復還爲陵陸乎？』方平笑曰：『聖人皆言海中復揚塵也。』」台灣新興書局，一九六二年七月版，頁三九四。

㉟　《漢書》卷二十二《禮樂志》，啓明書局四史本，頁一八四。

㊱　《離騷》：「鸞皇爲余先戒兮，雷師告余以未具。」同注㉘，頁一六。

㊲　馮其庸《水雲樓詩詞輯校》，頁二四六及扉頁圖片。

㊳　見李存《俟菴集・題寒書亭詩》顧嗣立《元詩選》，台灣世界書局，一九六七年八月版。

㊴　劉向《別錄》：「方士傳言鄒衍在燕，燕有谷，地美而不生五穀，鄒子居之，吹律而溫氣至，而黍生。」嚴可均《全上古三代秦漢三國六朝文・全漢文》，卷三十八，台灣世界書局一九六三年五月版，頁五。
杜甫《小至》云：「天時人事日相催，冬至陽生春又來。刺繡五紋添弱線，吹葭六琯動飛灰。」仇兆鰲注云：「漢書：以葭莩灰實律管，候至則灰飛管通。」杜詩詳注本，北京中華書局頁一五六七。

㊵　《焦氏筆乘》卷三載有二十四番花信事，台灣商務印書館人人文庫本，一九七五年四月版。

㊶　王沂孫《無悶・雪意》，《花外集》，中華書局四部備要聚珍本，頁三。

㊷　宗懔《荊楚歲時記》：「正月一日，長幼悉正衣冠，以次拜賀，進椒柏酒，飲桃湯，進屠蘇酒。」又注引《四民月令》云：「過臘一日，謂之小歲（十二月八日爲臘日），拜賀君親，進椒酒從小起。椒是玉衡星精，服之令身輕却老，柏是仙藥。」又引《周處風土記》曰：「元旦造五辛盤。五辛，所以發五臟之氣，莊子所謂春月飲酒茹葱，以通五臟也。」香港商務印書館歷代小說筆記選本，一九五九年八月版，

頁一七七。

㉓　《東京夢華錄》卷之十《除夜》云：「是夜，士庶之家，圍爐而坐，達旦不寐，謂之
守歲。」鄧之誠注：「陳元靚《歲時廣記》四十引《歲時雜記》：癡兒騃女多達旦不
寐。俗語云：守冬，爺長命，守歲，娘長命。」香港商務印書館，一九六一年九
月版，頁二六一 —— 二六三。

㉔　馮其庸《蔣鹿潭年譜考略》云：「辛酉年(咸豐十一年，一八六一)所刻曼陀羅華閣
《水雲樓詞》卷二《慶春宮》叙云：『秋宵露坐，時婦亡四月矣』，據此則鹿潭夫人
亡，當在辛酉或辛酉以前。又按：金武祥《粟香室叢書》《水雲樓賸稿・束台雜詩》
第十四首云：『鬱勃禰衡鼓，單寒季子裘。杜門花避俗，因樹屋宜秋。筆退憐兒
貧，尊空與婦謀。純鱸期遠近，愁絕五湖舟。』《雜詩》共十六首，總題既曰《束
台雜詩》，則當皆作於束台無疑。按：鹿潭於咸豐七年丁巳(一八五七)丁母憂去
官之束台，於咸豐十年庚申(一八六〇)移居泰州。則《束台雜詩》當作於咸豐七
年到十年之間。而《雜詩》中猶及『尊空與婦謀』之句，則其夫人之亡，可能是在
移居泰州以後的本年。」頁六〇 —— 六二。

㉕　周夢莊《蔣鹿潭水雲樓詞疏證・年譜》，頁一六二。

㉖　杜甫《月夜》詩云：「香霧雲鬟濕，清輝玉臂寒。」仇兆鰲杜詩詳注本，北京中華
書局，一九七九年十月版，頁三〇九。

㉗　漢・班婕妤《怨詩》：「新裂齊紈素，皎潔如霜雪，裁爲合歡扇，團團似明月。出
入君懷袖，動搖微風發，常恐秋節至，涼飆奪炎熱，棄捐篋笥中，恩情中道絕。」
丁福保《全漢三國晉南北朝詩・全漢詩》卷三，台北藝文印書館，無出版年月，
頁一〇二。

㉘　李商隱《錦瑟詩》：「錦瑟無端五十弦，一弦一柱思華年。」《李義山詩集》卷上，
朱鶴齡箋注何焯等評本，台灣學生書店，一九六七年五月版，頁一〇五。

㉙　李肇《唐國史補》卷下：「蜀中雷氏斲琴，常自品第。第一者以玉徽，次者以瑟徽，
又次者以金徽，又次者螺蚌之徽。」上海古典文學出版社，一九五八年五月版，
頁五八。

㉕ 東方朔《海內十洲記》:「返魂樹,亦名却死香,香氣聞數里,死者在地,聞香氣乃活,不復亡也。」《歷代小說筆記選本》,香港商務印書館,無出版年月,頁十四。

㉑ 杜甫《詠懷古迹》:「畫圖省識春風面,環佩空歸月夜魂。」同注㉑,頁一四九九。

㉒ 蘇軾《江城子》:「夜來幽夢忽還鄉,小軒窗,正梳粧,相顧無言,惟有淚千行。」《全宋詞》,頁三〇〇。

㉓ 杜文瀾《長亭怨慢》悼顧鴛娘為鹿潭作,見《采香詞》,曼陀羅華閣咸豐辛酉(一八六一)刻本。並參本文第一章《婚姻與戀情》一節。

㉔ 周夢莊《水雲樓詞疏證》:「杜文瀾採香詞長亭怨慢悼顧鴛娘為鹿潭作乃庚申冬事。」頁九四、一〇〇。

㉕ 丁保庵《訴衷情》,見《萍綠詞》卷三,曼陀羅華閣咸豐辛酉(一八六一)刻本。並參本文第一章《婚姻與戀情》一節。

㉖ 宗源瀚《水雲樓詞續序》,上海漢文正楷印書局,一九三三年十二月。並參本章關於《水雲樓詞》之輯存。

㉗ 同上。並參上章《唐宋詩詞大家對蔣春霖之影響》。

㉘ 並見上海漢文正楷印書局民國二十二年(一九三三)十二月初版之《水雲樓詞全集》及《詞學季刊》創刊號,初刊於民國二十二年(一九三三)四月一日,由上海民智書局刊行。

㉙ 《蕙園詞話》卷三,台北廣文書局《詞話叢編》本,第九冊,頁三〇〇三。

㉚ 同上,卷四,頁三〇三三。

㉛ 馮其庸《蔣鹿潭年譜考略》,頁七三。

㉖　馮其庸《水雲樓詩詞輯校》，頁二三七 —— 二四一。

㉖　周夢莊《水雲樓詞疏證》，頁一三七 —— 一四一。

第四章　蔣春霖之《水雲樓剩稿》

　　蔣鹿潭之詩，於其自輯之《水雲樓詞》中並無選入，乃鹿潭一生專意於詩餘，對詩之創作，未有如其詞作之重視之故，中歲更曾自燬其詩稿以冀其詞之獨行於世，故現今經後人搜輯保存之鹿潭詩作，僅得九十四首，並命名爲《水雲樓剩稿》而予刊行。本章將對此九十餘首之古、近體詩分類析論，以見鹿潭詩作之風貌。於闡釋詩作內容之前，本文亦將探討《水雲樓剩稿》之輯存問題以見輯存所自。

一、《水雲樓剩稿》之輯存

　　鹿潭以詞名家，清末民初詞家如譚復堂、劉毓盤、吳梅、宣雨蒼等，對鹿潭詞皆一致推重，認爲乃有清一代詞家之冠冕。但對於鹿潭的詩，卻甚少人關注，推其原因，固然是由於鹿潭的詩名爲其詞名所掩，不過，最主要的因素，還是鹿潭自己不欲以詩傳世。據李肇增《水雲樓詞・敍》：

> 「吾獨異夫君爲詩，恢雄駫髒，若東淘雜詩二十首，不減少陵泰州之作。乃易其工力爲長短句，鑲情劇恨，轉豪於銖黍之間。」①

再據《續碑傳集》之金武祥《蔣君春霖傳》：

> 「君故力於詩，追源究流，靡不洞貫，積稿累數寸，中歲乃悉摧燒之，語所知曰：『吾能詩匪難，特窮老盡氣，無以薪勝於古人之外，作者衆矣，吾寧別取徑焉。』用是一意於詞，以終其身，然亦卒成大名。」②

可見鹿潭初本致力於詩，中歲乃將累積數寸之詩稿，悉數摧燒，以爲：「吾能詩匪難，特窮老盡氣，無以蘄勝於古人之外」，所以轉其功力爲長短句，晚年，又將其自作之詩刪削，只留數十首③，在其自定之選集中，又不載錄其詩作，所以鹿潭冀以傳世者，乃爲其詞。

鹿潭死後，於同治十二年(一八七三)首先由宗源瀚輯其未刻詞四十九首爲《水雲樓詞續》(詳見上章)與以付梓，但沒有輯刊其詩。至光緒十四年(一八八八)，即鹿潭死後之二十年，金武祥始於梧州刊蔣鹿潭古近體詩九十四首名《水雲樓剩稿》凡一卷④，並收於其《粟香叢書》中⑤，扉頁署「水雲樓剩稿」五個篆書，裏頁署「光緒十四年戊子冬十月刊於梧州」。卷首有金武祥《敍》，其次是金武祥寫的《蔣君春霖傳》，以下即爲詩。詩共九十四首。此外，金武祥的《粟香室文稿》內亦收有《蔣君春霖傳》和《水雲樓剩稿序》，此書約刊於光緒二十六年庚子(一九〇〇年)。

光緒二十五年(一八九九)九月，繆荃孫刻《水雲樓詞》二卷、《水雲樓詩剩稿》一卷、《水雲樓詞續》一卷收於其《雲自在龕叢書》中。民國二十二年，上海有正書局以鉛字排印《水雲樓詩詞稿合本》。邇來國內馮其庸氏開始輯校《水雲樓詩詞》，一九八三年完成輯校的工作⑥，一九八六年《水雲樓詩詞輯校》及《蔣鹿潭年譜考略》由山東齊魯書社出版，並附鹿潭墨跡及小傳，爲今日研究鹿潭之最完備專集。

馮氏所輯《水雲樓詩》，係以金武祥、繆荃孫刻本爲祖本。金、繆二氏爲江蘇江陰人，與蔣春霖同鄉，蔣氏詩作能得以傳世，堪可謂同鄉知遇了。

一九八九年十月，旅居台灣周夢莊氏之所作《水雲樓詞疏證》由台灣黎明文化事業股份有限公司出版(詳見上章)。此書只收詞作，無詩，但附蔣鹿潭年譜及周氏與友人所作之蔣鹿潭小象題詞。亦云完善。

二、詩作內容分析

(一)詠物之什

　　鹿潭的詠物詩，從《剩稿》中，《冬柳》四章，《秋柳》四章及《咏物》十首都可以歸入此類。

《冬柳》四章：

> 營門風勁冷悲笳，臨水堤空盡白沙。
> 淡日荒村猶繫馬，凍雲小苑欲棲鴉。
> 百端枯菀觀生事，一樹婆娑感歲華。
> 昔日青青今在否？江南回首已無家。

> 萬派商聲竟寂寥，石城落葉下寒潮。
> 天留枯樹鎖殘劫，雪作飛花送六朝。
> 南雁於今沉信息，東風何日舞苗條。
> 行人莫問長干路，太液荒涼恨未消。

> 廣陵重艤木蘭舟，刪盡濃陰古渡頭，
> 錦纜牙檣非昨夢，輕冰小雪換春游。
> 數聲羌笛吹寒月，一角荒城壓亂流。
> 何處相思許攀折，冷煙淒斷十三樓。

> 當時張緒減清狂，抱得冬心亦自傷。
> 古鏡暗憐殘鬢影，舞衣羞逐少年場。
> 燕鶯去後閑情懶，雨雪來思別路長。
> 轉綠回黃總無定，漂搖原不怨東皇。

從「廣陵重艤木蘭舟」(第三章)，「冷煙凄斷十三樓」(同上)，可知在揚州時作。廣陵本爲漢廣陵國，城在今江蘇江都縣東北，隋唐時曰揚州。十三樓在揚州，東坡有詞云：「遊人都上十三樓，道是竹西歌吹古揚州。」⑦即指此地。觀四章脈胳，當是一時所作。揚州自咸豐三年(一八五三年，太平天國三年)三失三復⑧，以當時政局混亂來看，鹿潭當於揚州完全光復後遊該地時所賦。第四章有云：「轉綠回黃總無定」，即爲揚州失失復復之比喻。干戈滿路時，鹿潭必不會在太平軍與清政府爭城略地之動蕩環境中來往揚州。同治三年(一八六四年，太平天國十四年)六月，洪秀全自盡⑨，天京陷落。十月，洪天貴福、洪仁玕等被殺，失地可謂完全恢復，時鹿潭四十七歲，居泰州，遊揚州作《多柳》詩者，當以此時爲合。詩云：「錦纜牙檣非昨夢，輕冰小雪換春游。」(第三章)亦可佐證。南京雖然收復，但江南劫後蒼涼，不言可喻。「昔日靑靑今在否？江南回首已無家。」(第一章)「天留枯樹鎖殘劫，雪作飛花送六朝。南雁於今沉信息，東風何日舞苗條。行人莫問長干路，太液荒涼恨未消。」(第二章)都是對江南的欷歔與懷戀。蔣氏世居江陰，雖然曾經追隨乃父來往京師及荆門等地，又復官於江北，但祖居所在，自不能無時或忘。太平軍後，江南殘破，自是意料中事，回首無家」，實是凄然傷懷之極至。第二章全爲劫後之南京而寫。「石城」、「六朝」、「長干」皆南京地。淸太液在北京西苑內，漢唐太液在長安，太液即喻國都之所在，南京爲六朝所都，明初亦建都於此。南明福王亦於此即位。連上文，太液當指南京而言。第三章之「荒城」，指揚州。詞集卷一《金縷曲》序云：「乙卯初春，將之揚州，或以蕪城爲言，悄然而止。」乙卯爲咸豐五年，太平天國五年(一八五五年)，前此兩年，即咸豐三年(太平天國三年，一八五三年)太平軍首次攻克揚州。揚州第一次陷落，已以蕪城爲譬，三克三復，其被破壞蹂躪之情況，不言可喻。以「荒城」言之，實未爲太過。

四章以多柳命題，詩中「婆娑」⑩(首章)、「枯樹」(次章)、「刪盡」、「冷煙」(三章)、「多心」(四章)都可以與多字連繫。「繫馬」⑪、「枯苑」⑫、「靑靑」⑬(首章)、「雪作飛花」⑭、「舞苗條」⑮(次章)、「攀折」⑯(三章)、「張緒」⑰、「雨雪來思」⑱(四章)都是柳的寫照。

要之，詩乃揚州亂後，作者即柳而賦，其中比興錯落其間，篇中哀時

傷事，去國懷鄉，皆寓其中。「抱得多心亦自傷」(第四章)，是鹿潭的自我寫照，《鎖寒詞》其三云：「獨抱多心似往年。」正可佐證。「漂搖原不怨東皇」(第四章)，是詩人的溫厚處。

《秋柳》四章：

> 疏陰缺處但斜暉，客燕枝空舊夢違。
> 嫁得西風總無賴，晚涼還自着羅衣。
>
> 脱葉淒涼糁玉塵，強扶殘醉藉苔茵。
> 煙條莫綰相思結，坐上青衫是酒人。
>
> 記共桃花隔水栽，流鶯曲路隱池台。
> 而今門巷空秋雨，不見青絲白馬來。
>
> 怕勸清尊唱柳枝，香山老去鬢成絲。
> 夕烽滿地江潭冷，搖落天涯共此時。

《秋柳》四章的寫作無論形式與要旨和《冬柳》完全不同。《冬柳》為七律，《秋柳》為七絕。《冬柳》沉鬱，《秋柳》輕淡；《冬柳》篇篇時事，《秋柳》篇篇自寫。「客燕枝空舊夢違」(首章)。「坐上青衫是酒人。」(次章)、「不見青絲白馬來」(三章)、「香山老去鬢成絲。」(四章)都可作自傷之寫照。又或比喻不能南返，或比喻相思之無着，或比喻故人之不來，或哀歎年事之已邁，雖心境痛楚，但用筆俊逸。「青絲白馬」，用庾信《楊柳歌》：「獨憶飛絮鵝毛下，非復青絲馬尾垂」⑲的典故。青絲馬尾，皆謂柳，取其形狀相似。時屆秋日，自然不見柳絲縷縷。門巷秋雨，自無故人造訪，邊賦邊比，用意遙深。柳枝，是白居易的姬妾⑳，此謂自己之妾。香山，乃自謂。「鬢成絲」，則年老。觀下文之「夕烽滿地江潭冷，搖落天涯共此時」，言「夕烽」，必是內憂外患之日。太平天國於咸豐元年(一八五一)起義，迄同治三年(一八六四)而止，前後十四年，遍及十八個行省。英法聯軍因亞羅船事，於咸豐六年(一八五六)十月攻廣州。十年(一八六〇年)八月占天津，十月，焚

圓明園，並脅清政府簽定條約，擾攘亦復四年。蔣氏於咸豐七年（一八五七）正式辭官，先後居東臺鎮及泰州。詩謂「鬢成絲」，又云「搖落」，則必是去官後衣食不能自給與政局動蕩之時所作。

《冬柳》、《秋柳》同以四章起結。《冬柳》作於同一時期，《秋柳》疑亦不分隸年月。但《冬柳》作於揚州，跡絲可尋，《秋柳》言詞未有可徵，只說「搖落天涯」，似或作於寄寓東臺或泰州時。「疏陰」（首章）、「脫葉」（次章）、「不見青絲」（三章）與「江潭冷」「搖落」㉑都是秋柳的特性。「疏陰缺處但斜暉」，「晚涼還自着羅衣」（首章）、「強扶殘醉藉苔茵。」（次章）、「流鶯曲路隱池台。」（三章）都是清麗蘊藉的佳句。

《詠物十首》：

> 爾亦聰明誤，生憎言語非。
> 漫矜吾舌在，知否托身微。
> 日暮憐紅豆，天寒賦綠衣。
> 年年鄉國夢，空見隴雲飛。
>
> ——鸚鵡

> 霰雪零已久，山茶紅自今。
> 破寒驚眾眼，與世抱冬心。
> 柯葉不改色，歲華如許深。
> 朱顏良可惜，短髮不勝簪。
>
> ——山茶

> 大有羽儀用，驚猜鳴驚行。
> 相呼來澤國，失影下寒塘。
> 關塞愁笳鼓，江湖拙稻梁。
> 無為避繒繳，葭荽夜蒼蒼。
>
> ——雁

秋氣結成實，夕陽黃滿枝。
圍樂知後落，霜雪已經時。
頌楚詞徒切，踰淮事未知。
江鄉千樹好，誰訂買山期。

——橘

歲晚知難飽，胡爲集遠汀。
亂群浮水白，孤羽破煙青。
浩蕩懷湘渚，淒涼對楚萍。
鶱鸞莫相惜，高立自亭亭。

——鷗

采采還相棄，涼秋腹已空。
在泥原潔白，出水太玲瓏。
草任前湖碧，花憐去日紅。
永懷非藕意，無語托江鴻。

——藕

中宵啼不住，知爾斷腸吟。
抱樹竟何益，入山胡不深。
秋風凋橡栗，寒雨濕楓林。
肯伴離人去，蕭條萬里心。

——猿

吉語世所喜，爾音胡不祥。
任鷹飢攫肉，有馬病生瘡。
古木聚寒影，高城背夕陽。
無枝飛又懶，星月正微茫。

——鴉

偶乘纖月落，都傍古簾棲。

葉底沾微露，墻陰弄小明。

避秋知夢短，近水鬭身輕。

莫謂西風烈，明年草又生。

——螢

蝴蝶多情思，輕狂近落花。

貪飛頻曉露，沉夢向天涯。

齏麥荒原老，莓苔小徑斜。

春風容易過，爲爾惜年華。

——蝶

　　此十首詠物分詠鸚鵡、山茶、雁、橘、鷗、藕、猿、鴉、螢、蝶等，
分別爲禽鳥、花木、植物、昆蟲及動物數類。詠物詩首重寄托，固然須要
句句與所詠之事物關連，又要句句不黏着，以不即不離爲最上乘，如：

詠鸚鵡，即曰：「漫矜吾舌在 ㉒，知否托身微。」

詠山茶，則曰：「破寒驚衆眼，與世抱多心㉓。」

詠雁，則曰：「大有羽儀用㉔，驚猜鶬鷺行㉕。」
　　　　　　「相呼來澤國，失影下寒塘。」

詠橘，則曰：「頌楚詞徒切㉖，踰淮事未知㉗。」

詠鷗，則曰：「鳧鷖莫相惜㉘，高立自亭亭。」

詠藕，則曰：「在泥原潔白，出水太玲瓏㉙。」

詠猿，則曰：「抱樹竟何益，入山胡不深㉚。」

詠鴉，則曰：「吉語世所喜，爾音胡不祥㉛。」

　　詠螢，則曰：「莫謂西風烈，明年草又生㉜。」

　　詠蝶，則曰：「貪飛頻曉露，沉夢向天涯㉝。」

句句都不離所詠之物，但句句都有寓意。聰明之人自有智慧言論，但人微言輕，何所造就？徒乞位高者之憎厭而已。紅豆綠衣，貼切鸚鵡紅嘴翠羽之特色，但，對家園之相思，對下僭上之可哀㉞，亦筆筆拈着。用「日暮」、用「天寒」，帶出身世之苦楚，加強「托身微」之描述。一結思歸，突出「空見」二字,使人酸鼻。(以上詠鸚鵡)雁以不失時節及行列之整齊見稱。羽儀之用，見稱聖哲，其行列與朝班無異。而失群在野，既拙稻粱之謀，復懼羅者之繳，鹿潭祿位衣食，全是照寫。(以上咏雁)詠猿悉皆自喻。鹿潭窮困，即有廉俸，悉以資人，去官貧居，乞食海陵㉟，中宵之腸斷可知。欲隱又不能如願，如猿之入山不深；無食無居，如猿之「凋橡栗」，「濕楓林」之可痛。自己不能去清流俗，離其本性，如猿之不能背林他往。此矛盾之心，其結果如何耶！「蕭條萬里心」而已！哀慘之極。(以上詠猿)，其他如詠山茶之：「破寒驚衆眼，與世抱多心。柯葉不改色，歲華如許深。」詠鷗之：「兒驚莫相惜，高立自亭亭。」是自己耿介脫俗性格的申述。詠鴉之：「吉語世所喜，爾音胡不祥。」譬自己之不懂阿諛媚惑。詠橘之：「頌楚詞徒切，踰淮事未知。」喻人以能經考驗爲可貴。詠藕之「在泥原潔白，出水太玲瓏。」則痛罵天下諂侫狡黠。詠螢之：「莫謂西風烈，明年草又生。」喻小人之剷滅不盡。詠蝶之「貪飛頻曉露，沉夢向天涯。」譏笑天下輕狂之人之醉生夢死。鹿潭《琵琶仙》序云：「五湖之志久矣。羈累江北，苦不得去，……望見煙水，益念鄉土。」㊱又《一萼紅》序云：「舟過小村，幽景殊勝，因動菰蘆之感。」㊲都不離隱居之思，大抵官場之紛雜，性情之耿介有以致之。再如「年年鄉國夢，空見隴雲飛」(鸚鵡)「江鄉千樹好，誰訂買山期。」(橘)悉皆可見。

　　詠物十首，皆以五律，雖有不甚工整之處㊳，然行氣勁健，齊梁多有，大醇小疵，亦無傷雅製。

(二)題畫之什

蔣春霖題畫詩凡六首，計爲《黃子鴻桃花》、《沈旭庭溪山亭子》、《徐東園藤花》、《姚仲海雁來紅》、《徐雲溪山水》，及《題萬卷書樓圖》。

沈旭庭不知何許人。黃子鴻，名儀，江蘇常熟人，工書法，曾以仿宋槧爲王士禎寫《漁洋續集》㉟。清畫家徐氏以東園爲字者有二，一名震甲（一八一七——一八八五），泰州人，山水花卉皆工；二爲徐森甲，揚州人，工花卉動物㊵。姚仲海名正鏞，今之遼寧蓋平人，治金石書畫，山水花鳥皆工㊶。徐雲溪（？——一八六四），名旭，字曉峰，雲溪，其號，東台人，曾官泰州，工山水花卉㊷。依可知之生卒年，除徐東園及徐雲溪之時代與鹿潭同時外，依詩句觀察，其他當亦與鹿潭爲同時代人，亦極可能與鹿潭相識。

《題黃子鴻桃花》云：

> 虹橋春去游蹤斷，野寺東風幾歲華。
> 淒絕揚州舊公子，雨窗和淚寫桃花。

全首無論命辭遣句，鹿潭都應與黃氏相識，且其行事多少亦爲鹿潭所知。

《題沈旭庭溪山亭子》云：

> 亂松亭子倚山椒，極目煙波十四橋。
> 夢到江南好風景，也應愁減沈郎腰。

後二句暗寓江南洪揚事，可知沈氏必與蔣氏同時。兩人相識與否，依「也應愁減沈郎腰」一句看，可能相識，但無徵不信耳。

《題徐東園藤花》云：

> 萬事淒涼付劫灰，故家喬木夕陽頹。
> 輸君尚有青藤屋，容得天池染翰來。

此首若爲森甲所寫，森甲生卒時代不可知，但全首寓洪楊事，則徐森甲與蔣氏必亦同時。森甲爲揚州人，詩中之「付劫灰」及「故家喬木」即爲實記其事。「輸君」一句吐屬，隱約見出二人可能相識。但此畫者爲震甲所作似更爲貼切。震甲爲泰州人，泰州於洪揚事，未被兵火，「輸君尚有青藤屋」一句與指鹿潭故家屢遭兵火之江陰爲一比對。且森甲年代無可考，而震甲生卒年代即與鹿潭同時，故《藤花》歸震甲爲合。抑二人皆號東園，震甲、森甲又只一字之異，泰州於清時屬揚州府，則二人可能爲一人之誤記。

《題姚仲海雁來紅》云：

> 翩翩風度才如海，作客江南且閉門。
> 萬里風沙故關月，雁來時節最銷魂。

依首二句看，則姚蔣二人自然相識，否則風度翩翩，其才如海，作客江南，閉門而居，鹿潭何能深知？

《題徐雲溪山水》云：

> 蘆荻蕭蕭戰壘秋，十年投筆事封侯。
> 江雲岸樹都非昔，忍對溪山作臥游。

「戰壘秋」、「都非昔」則亦洪揚之事之實寫。鹿潭知其「十年投筆事封侯。」則知蔣、徐二人交情必深。徐爲東台人，又曾官於泰州，卒於同治三年（一八六四）。徐卒時，蔣氏四十七歲，正寓居泰州，亦可證二人相識無疑也。要之，除沈旭庭未能得以明證外，其他四人皆當與鹿潭相識，且如姚仲海，及徐雲溪二人極可能爲深交。即黃子鴻與徐東園亦或並非泛泛之交而已。

題畫詩五首除《姚仲海雁來紅》一首外，其他四首都涉洪楊時事。「淒絕

揚州舊公子，雨窗和淚寫桃花。」(《黃子鴻桃花》)中之「淒絕揚州」、「和淚」
極為明顯。「夢到江南好風景，也應愁減沈郎腰。」(《沈旭庭溪山亭子》)，「萬
事淒涼付劫灰，故家喬木夕陽頹。」(《徐東園藤花》)，「劫灰」二字亦相當矚
目。「江雲岸樹都非昔」(《徐雲溪山水》)，「都非昔」亦可想見。何以「淒絕」
「和淚」？何以「夢到」則「愁減」？何謂「劫灰」？何以「江樹非昔」？悉皆有所
寓指。則知此四詩必作於太平天國之時。《姚仲海雁來紅》一首，如「作客江
南且閉門」一句，非暗寓時事而只為姚仲海孤獨，閉門杜客之描述，依蔣氏
題畫之例，則此詩必作於洪楊之前；若「作客江南」一句亦暗寓時事，則五
首皆為洪楊時所作無疑。

　　既言題畫則詩自然為畫而作。《題桃花》，則言「春」、言「東風」、言「桃
花」；《題溪山亭子》，則言「亭子」、言「煙波」、言「風景」；《題藤花》則言「青
藤」；《題雁來紅》，則言「雁來」、言「銷魂」；《題山水》，則言「江雲岸樹」、
言「溪山」，在在皆與畫合。且「青藤屋」，以明徐渭青藤老人之「青藤書屋」
及「沈郎」分別指東園與旭庭之姓氏；「才如海」指仲海；又以「江雲」「溪山」
指徐雲溪，又與作者相合。即如「舊公子」之「子」字，「虹橋」之「虹」字，取
字取音都可說與作者黃子鴻有着緊密之連繫。題畫如詠物詩，皆要不即不
離，若即若離始極其妙。杜甫之《題畫鷹》、《題壁上韋偃畫馬歌》、《丹青引
贈曹將軍霸》，無不如此。

　　至於《題萬卷書樓圖》：

> 從來物聚天能嫉，況復胸羅八斗才。
> 夢裏鄉園仍漢土，焚餘文字即秦灰。
> 蟫魚食古終何益，旅燕尋巢亦可哀。
> 莫道柴門秋色冷，吳宮花草半蒿萊。

此「萬卷書樓圖」之作者不可知，萬卷書樓為何人之書樓亦不可考。但以「夢
裏鄉園仍漢土，焚餘文字即秦灰」及「莫道柴門秋色冷，吳宮花草半蒿萊」觀
之，則此書樓當在江蘇或更切者在鹿潭之家園江陰，而此書樓又於洪楊間
時焚於兵燹。檢吳晗《江浙藏書家史略》，江蘇人而以萬卷樓名其藏書地者

有江寧之吳自新、吳縣之范必英、上海之鬱文博、靖江之陳傑⑬凡四人。四氏之藏書皆以「萬卷樓」爲名。而靖江之陳傑最近江陰，靖江在江北，江陰在大江南，南北幾乎對峙。吳自新爲明代隆慶年間人，官至南京刑部侍郎。范必英爲康熙年間人，曾纂修《明史》。鬱文博乃明代上海景泰間人，官至湖廣副使。陳傑爲元代人，生活年代不詳⑭。蔣氏所題之樓未知孰是，但亦可能四者皆非。圖之作者更無徵可考。詩之開頭云：「天嫉」已爲「焚餘」、「秦灰」引脈。「旅燕尋巢」上接「焚餘」。「吳宮花草」點明書樓之所在地。樓已焚燬，惟圖是存。天旣妒才，先焚書樓，則雖有八斗之才亦徒勞了。「蟫魚食古終何益」，復歎讀書人之無用，字裏行間，極有弦外之響。

(三)雜題之什

雜題詩可分三組，《種菜》、《種樹》、《種花》、《種藥》爲一組；《題沈氏酒壚》爲一組；《雜詠》爲一組。

《種菜》

> 南山寧可佃，風雨破籬侵。
> 聊有閉門樂，毋忘抱甕心。
> 故人中夜至，村味歲寒深。
> 微笑杜陵老，猶勞菜把吟。

《種樹》

> 長養待春暉，他年盡百圍。
> 疏行容遠岫，密意護柴扉。
> 衆鳥欣所托，暮鴉寒未歸。
> 枌榆故鄉物，相見更依依。

《種花》

美人未遲暮，生意與婆娑。
樹石小園在，春秋佳日多。
閒情陶令賦，畫品輞川歌。
艷色古今重，長吟懷薜蘿。

《種藥》

國手重窮途，醫經送老儒。
呻吟同此日，康濟剋吾徒。
細雨生瑤草，香風轉敝廬。
長鑱堪托命，未達敢嘗吾。

《種菜》等四首，皆以五律，除《種藥》一首微露哀傷外，其他都寫得極其閒適，無甚激憤氣，亦未涉及洪楊時事。依作者慣例，此一組作品大抵為鹿潭於洪楊事前，即作者三十四歲之前作。表志行，則「抱甕忘機」㊺；懷故國，則「故鄉枌楡」㊻；寫適意，則「輞川陶令」㊼；哀民物，「則康濟呻吟」。每一首都因所種而別具意旨。如上所說，四詩皆見閒適恬靜，「故人中夜至，村味歲寒深。」（《種菜》）「長養待春暉，他年盡百圍。疏行容遠岫，密意護柴扉。」（《種樹》）「樹石小園在，春秋佳日多。閒情陶令賦，畫品輞川歌。」（《種花》）「細雨生瑤草，香風轉敝廬。」（《種藥》）都能疏淡有致，真不減陶謝王孟韋儲諸作。四詩兩翻杜甫《同谷縣歌》：「長鑱長鑱白木柄，我生託子以為命。」㊽句意，於《種菜》，云：「微笑杜陵老，猶勞菜把吟。」於《種藥》云：「長鑱堪托命，未達敢嘗吾。」蔣氏此時生活絕未及杜陵之潦倒，故雖用老杜，而未見沉痛，杜甫於同興時則饑寒欲絕矣！蔣氏永懷隱居，詩詞多有，「長吟懷薜蘿」㊾，即此可見。

《題沈氏酒壚》

疏樹啼鴉欲閉門，青旂影淡月黃昏。
天寒翠袖無人問，自洗江南舊酒痕。

玉釵金縷都拋卻，烽火倉皇道路間。
自是何郎輕國事，教人愁聽念家山。

琴心何處托相如，瀟灑臨邛四壁居。
畫就遠山應自惜，西風涼已上芙蕖。

蘭陵秋冷隔江潮，鶯柳煙堤昔夢消。
解唱清眞舊詞句，天涯腸斷沈梅嬌。

　　《題沈氏酒壚》分四首，皆七字絕句，大概寫於江南戰爭之後。沈氏爲何許人，題中未有說及。但第四首末二句云：「解道清眞舊詞句，天涯腸斷沈梅嬌。」則沈梅嬌或即酒壚之主人，或主人之女兒。但梅嬌二字可能亦是借喻，或此沈姓女子亦以「梅」字爲名，要未可知。沈梅嬌，宋時妓女，能誦清眞詞者⑩。「自洗江南舊酒痕」，「烽火倉皇道路間」並四首觀之，則似沈梅嬌之酒壚原在今江蘇武進縣西北之蘭陵，因戰事倉卒離去，移居何處，詩無明文，或移居江北之揚州。戰事既平，沈梅嬌又回江南之蘭陵，再開酒壚，所謂「自洗江南舊酒痕」也。第四首云：「蘭陵秋冷隔江潮，鶯柳煙堤昔夢消。解唱清眞舊詞句，天涯腸斷沈梅嬌。」觀詩，鹿潭必與沈梅嬌深交，亦可能關係非常。戰後，鹿潭仍居江北，而沈氏則回江南，故云「隔江潮」。「昔夢消」，則鹿潭與沈氏往日之情已了。而「煙柳鶯堤」爲鹿潭與沈氏曾相會之地，而設此地爲揚州者，蔣氏於詞作中屢屢言揚州則與梅花並言。詞集卷一，《揚州慢》寫於咸豐三年癸丑（一八五三年）序云：「癸丑十一月二十七日，賊趨京口，報官軍收揚州。」詞有云：「但紅橋風雨，梅花開落空營。」又同卷《水龍吟》癸丑除夕下闋云：「還記敲冰官舸。鬧蛾兒，揚州燈火。舊嬉游處，而今何在，城闉空鎖。小市春聲，深門笑語，不聽猶可。怕天涯憶著，梅花有淚，向東風墮。」又同卷《金縷曲》乙卯初春，將之揚州，或以蕪城爲言，悄然而止，開頭即謂：「雪淨梅根土，被瓊簫暗將殘寒，一絲吹去。……驀地思量虹橋月，是年時，刻意傷春處，還夢到，竹西路。」對揚州之梅花用情特深，極可能與避亂江北之沈氏有關。末二句情事更爲明顯。「清眞」即自喻，沈氏時已南返，鹿潭新聲，沈氏未必可知，則沈氏能唱者其舊曲而已，況今已天涯相隔，其腸斷不言可喻。

　　戰後江南一切未復，經濟衰減，沈梅嬌重操當壚賣酒之業，而絕不如昔矣。「天寒翠袖無人問，自洗江南舊酒痕。」酒無人問，舊痕自洗，生意稀疏之至。第二首寫逃難，匆促而去，依依而別，「倉皇」「念家山」⑤可知。第三首關懷特深。首二句連讀連解，末二句真誠道款，謂年光一瞬，人老珠黃，當為自己終身打算。四詩清婉輕倩，文致雅潔，情感淡淡而出，然癯而實腴。酒壚滄桑之故事，作者與主人之交往，離鄉別社，戰後蕭條，一一在目，其穎雋清宕處，不讓牧之專美，而情致猶在其上也。

　　《雜詠》

　　　寒星搖白波，旌旗動江水。
　　　北風中夜來，鼓鼙聲未已。
　　　前年議選徒，戰船集如蟻。
　　　歲時耀兵仗，逍遙竟羅綺。
　　　矜言備捍禦，盜賊賴簪弭。
　　　無功非所安，不危差可喜。
　　　寧辭從軍久，縣官多祿米。

　　　射工利殺人，猛虎不擇肉。
　　　鷹隼快一擊，豈問覆巢酷。
　　　衰俗鮮務本，舍田干薄祿。
　　　繭絲豈非任，尸饔慮亦足。
　　　岩岩山蓋高，湜湜涇以濁。
　　　張弓多激弦，去莠及嘉穀。
　　　路窮黃金盡，罪輕不得贖。
　　　榮華安足論，曰歸恥邦族。
　　　曠哉志士懷，獨醒繼高蹈。
　　　委心任去留，知止信無辱。

　　　道旁誰家兒，落日荷鋤立。

面目同焦禾，問之惟掩泣。
先人有田盧，寡母知紡績。
豈曰乏蓋藏，人言非其實。
兵符促星火，徵糧先下邑。
長官重軍令，小人急所急。
前年賣大屋，去年傾宿積。
今年耕牛死，有田種無力。
昨聞道路言，復有北寇逼。
何時罷戰爭，貧窮得安息。

廣野散黃葉，其始幷高樹。
霜氣一以肅，委棄滿中路。
煌煌薦紳子，今在衡茅住。
敝衣尚綴錦，朝餐每夕晡。
親朋多要津，雄視騁高步。
軒車非不來，室遠重屢顧。
松柏知後凋，陰陽有根互。
春風發故枝，君子強自固。

海陵地卑濕，無山水色渾。
城西有高阜，云駐鄂王軍。
鴻名重千禩，遂令培塿尊。
仰矙極雲漢，俯視盡川原。
天風聚萬籟，時聞笳鼓喧。
東南久用武，豺虎今尚存。
千里接斥鹵，被野禾黍繁。
饋餉恃倉積，防禦非空論。
登臨望烽燧，眷言思故人。

《雜詠》詩凡五首，依第五首「海陵地卑濕」，大抵作於泰州，全作五言古體，亦皆述戰爭時事，其中兵種之徵調、戰爭之苦況、社會經濟之衰落、

人事之變遷、人民之心態，皆歷歷可見。

兵種之徵調：

> 前年議選徒，戰船集如蟻。（第一首）

戰爭之苦況：

> 射工利殺人，猛虎不擇肉。
> 鷹隼快一擊，豈問覆巢酷。（第二首）

社會經濟之衰退及人民之苦況：

> 兵符促星火，徵糧先下邑。
> 長官重軍令，小人急所急。
> 前年賣大屋，去年傾宿積。
> 今年耕牛死，有田種無力。（第三首）

人事之變遷：

> 煌煌薦紳子，今在衡茅住。（第四首）

人民之心態：

> 衰俗鮮務本，舍田干薄祿。（第二首）
> 寧辭從軍久，縣官多祿米。（第一首）
> 何時罷戰爭，貧窮得安息。（第三首）

以上情狀見諸五篇外，每首之主題亦各有不同。第一首首言戰爭之始，徵兵，加稅。第二首言戰爭之害，人民之捐官及自己之立場。第三首言徵糧之慘。第四首言富家之破落。第五首乃作者對防禦之建議。

　　自道光二十二年(一八四二年)南京條約之後，內憂外患，無時或息。
雲南回民，湖南天地會，湖南王宗、雷再浩，雲南彝族，貴州苗族，紛紛
起義。一八五一年一月，洪秀全金田起義，建號太平天國，三年之間(一八
五三年)輾轉北上，三月，定都天京，此三年間，天地會朱洪英起義於廣西；
胡有祿起於南寧，張樂行、龔得樹以捻軍名義發難於安徽。小刀會、紅線
會亦於是年五月起於福建。六月，蘇俄擅侵哈吉灣。太平軍自定都天京後，
西征北伐，李開芳，林鳳祥之北伐軍於幾月之間，西北略開封、懷慶，然
後東北逶迤於九月廿八日直達天津，穿越安徽、河南、山西及河北數省。
援軍秦日綱、羅大綱又於四年(一八五四)二月發於安慶，至山東而止。北
伐軍於四年二月敗退。西征軍亦自三年五月由胡以晃，賴漢英，石達開領
導西進，於湖南大敗湘軍，三克武昌，戰爭地區包括安徽、江西、湖南、
廣西、貴州、四川等省，至太平天國十三年(一八六三)六月，石達開至四
川大渡河南岸紫打地(今石棉縣安順場附近)，十數年間，戰爭頻仍，受影
響之省縣頗廣。於此期間，上海小刀會起義(一八五三年九月)；蘇俄進侵
黑龍江(一八五四年五月)；貴州白蓮教起義(一八五五年)；法國因教案事
發動戰爭(一八五六年二月)；英國發動亞羅船事件(同年十月)，先後侵入
廣州城及攻陷大沽，並簽訂天津條約(一八五八年六月)；蘇俄又強逼簽訂
中俄璦琿條約、中俄天津條約；英法軍艦以換約為名，炮轟大沽炮台(一八
五九年六月)，英法聯軍攻張家灣，八里橋，並侵北京，火燒圓明園(一八
六〇年十月)；山東濮縣、范縣等長搶會及幅軍等起義(一八六一年)，陝西
回民起義(一八六二年四月)；台灣戴潮春起義，新疆回族維吾爾族起義。
一八六四年七月，天京陷落，太平天國失敗，但東西捻軍擾攘湖北、河南、
陝西、山西、山東、江蘇、河北仍然未已，捻軍更於一八六八年(同治七年，
蔣氏此年冬去世)直抵北京近都之蘆溝橋，京師大震。

　　十數年動亂，國家之虛耗，人命之死傷，民生之凋殘，社會之聊落，
披閱舊章，撫襟拭涕。而親睹其事，身歷其世者慘痛何如之。細覽清史，
自知生民之多艱。

　　此五首《雜詠》皆為史詩，記當時史事甚簡括，如第一首有徵兵、徵稅

兩項。「前年議選徒㊷，戰船集如蟻。」自洪楊事發，清廷兵種不敷，無論水陸，皆徵士入伍。《清史稿》載：

「道咸間，粵匪事起，各省多募勇自衛，張國樑募潮州勇丁最多。咸豐二年，命曾國藩治湖南練勇，定湘軍營哨之制，為防軍營制所昉，迨國藩奉命東征，湘勇外，益以淮勇多至二百營，左宗棠平西陲所部楚軍亦百數十營。」㊸

又載：

「咸豐三年五月壬戌，詔以賊匪北竄，勸諭北地紳民練團自衛。如能殺賊出力，並與論功。」㊹

又載：

「咸豐二年八月：甲申，詔湖廣臂撫湖南之洞庭湖，湖北之大江，均有捕魚小船及經商大船，數千百艘，亟宜收集，免為賊用。其各船水手習於風濤，堪充水勇，其即留心招集。」㊺

又載：

「咸豐三年，調廣東外海水師拖罟戰船及快蟹大扒等船百艘，統以大員，由海道駛赴江寧助勦粵寇。……四年，令廣東貸用之紅單船二十三艘，並修治十九艘，凡四十一艘，統一武員駛入長江。是年，以粵寇竄擾東南，水師不敷勦堵、下游惟廣東紅單、拖罟等船漸集瓜州，上游惟曾國藩新造戰船自湖南順流而下，已達武昌。其九江安慶等處尚無戰艦，令張亮基、駱秉章購置江船及釣鉤等船。」㊻

其次是「矜言備捍禦，盜賊賴簪弭」。戰事四起，國庫不足。據羅玉東統計，康熙四十八年（一七〇九），戶部存銀為五千餘萬兩。康熙六十一年，降為八百餘萬兩。雍正年間（一七二三——一七三五年）又增至六千餘萬

両，乾隆四十六年(一七八一)最多，存銀爲七千餘萬両，自此一直下降。
至道光三十年(一八五〇)，只存八百餘萬両⑤。道光三十年，洪楊起事，
國庫之蓄存又降，戰爭三年，其耗餉銀二千九百六十三萬両，至咸豐三年
六月，僅餘二十二萬七千餘両⑱。由於洪楊起事，三年間幾有中國半壁，
以至地丁收入大減。而外抗英法，內救內患，兵費之多，不可勝數，以至：

> 「數年以來，竭兩江之財力，供億此軍，羅掘淨盡，而各營每年必欠
> 放三個月，積逋如山。」⑲

王闓運由是有釐金及捐輸二法之設議。咸豐四年三月，副都御史雷以諴，
以刑部侍郎在揚州幫辦軍務，爲練勇需餉，製定釐金之法，雷氏云：

> 「爲軍需緊急，試行商賈捐釐助餉。……竊自粵匪竄擾以來，地已十
> 省，時及四年，各處添兵，即各處需餉，兼之鹽引停運，關稅難徵，
> 地丁錢糧復間因兵荒而蠲免緩徵。國家經費有常，入少出多，勢必
> 日形支絀。而逆匪蔓延，又不知何時平定。……臣晝夜思維，求其
> 無損於民，有益於餉，並可經久而便民者，則莫如商賈捐釐一法。
> ……勸諭米行捐釐助餉。每米一石捐錢五十文，計一升僅捐半文，
> 於民生毫無關礙，而聚之則多。計自去歲九月至今，只此數鎮米行，
> 幾捐至二萬貫。既不擾民，又不累商，數月以來，商民相安，如同
> 無事。現在復將此法推之里下河各州縣米行，並各大行鋪戶，一律
> 照捐，大約每百分僅捐一分，甚有不及一分者。令各省州縣會同委
> 員斟酌妥議，稟明出示起捐。」⑳

釐金，實即商貨每百錢抽一錢(即一釐)，抽價本來不重。「本來軍事告終，
即行停止。後各省通設釐金，至清亡不改。且有鹽釐、肉釐、米穀釐、錦
花釐、棉布稅釐等，雖只抽一釐甚輕，然過卡即須上納。一釐成爲數分矣。」
㉑咸豐十一年十月，御史陳廷經曾奏云：

> 「近聞各省釐局，但有抽釐，實則抽分抽錢，有加無已。凡水陸通衢
> 以及鄉村小徑，皆設立奉憲抽釐旗號，所有行商坐賈於發貨之地抽

之，賣貨之地又抽之，以貨易錢之時，計其錢數抽之，以錢換銀之
時，又計其銀數抽之；或至資本微本之店鋪，肩挑步擔之生涯；或
行人之攜帶盤川；或女眷之隨身包裹，無不留難搜括，其弊不可勝
言。」⑥

此詩之所謂「盜賊賴簪弨」也。此種釐金本爲軍需而設，但，至清亡不改。
政府簡直有欺民之心，此詩所謂「矜言備捍禦」也。

第二首爲捐官，及戰爭時人命無故犧牲。《清史稿》云：

「捐例不外拯荒、河工、軍需三者。……咸豐九年，復推廣捐例。時
軍興餉絀，捐例繁多，無復限制，仕途蕪雜，日益甚。」⑥

計自咸豐二年二月至咸豐三年正月止，一年賣官所得爲五百五十餘萬兩
⑥。詩所謂：「衰俗鮮務本，舍田干薄祿。」也。《清史稿》記金陵城陷云：

「城中男女死者四萬餘，閹童子三千餘人，洩守城之忿。」

又記金陵之婦曰：

「金陵寇以乏糧，驅婦女之老而無色者出城，聽其自盡，取年十五以
上，五十以下之婦女指配給眾，不從者則殺之，守志者多自盡，死
者萬計。」

又記金陵城爲清人所破時曰：

「國荃令閉門封缺口，搜殺三日，斃寇十餘萬。凡僞王以下大小首目
約三千餘，最後城西北隅清涼山伏寇數千，出與官軍死戰，卒殲之。
其僞天王府婦女多自縊及溺城河而死。」⑥

黎東方說清兵攻南京時：

> 「城內十幾萬的太平天國軍民，在事實上已經饑餓疲勞，沒有作戰能力，然而仍然抵抗到底（傳說沒有一個願降）。清軍關了城門，大殺三日三夜，其殘酷不亞於民國二十六年十一月入佔南京的日軍。」⑥⑥

這些狀況，正是詩中說的：「射工利殺人，猛虎不擇肉。鷹隼快一擊，豈問覆巢酷」的來源，尤其是清兵反攻恢復南京時，屠殺更是可怖。詩中或即指此而言。

第三首全首通言一事，即重賦稅務，使人無法負荷。《清史稿》載曾國藩、李鴻章上疏云：

> 「自粵逆竄陷蘇常，焚燒殺掠，慘不可言，臣親歷新復州縣市鎮邱墟，人煙寥落，已復如此，未復可知。而欲責以數倍他處之重賦，向來暴徵之吏亦無骨可敲，無髓可吸矣。」⑥⑦

又郭嵩燾《因洪楊兵事疏》云：

> 「軍務初起，朝廷頒發帑金，動輒數百萬，或由戶部運解，或由鄰省協撥，軍營安坐以待支放，師久而財日匱，東南各省蹂躪無遺。」⑥⑧

賦役之重可知，此即詩所謂：「前年賣大屋，去年傾宿積」也。「由於戰爭的破壞和清軍燒殺劫掠的反動政策所帶來的後果，江浙皖贛等省，廣大地區人口大量死亡，土地荒蕪，糧食奇缺，耕作無着。」⑥⑨「何時罷戰爭，貧窮得安息」也。李鴻章描述戰後之江蘇變爲：

> 「一望平蕪，荊榛塞路，有數里無居民者，有二、三十里無居民者。」⑦⑩

江蘇之悽慘情況可知。

第四首主題在說明鉅家大戶，因戰爭而淪落鄉間。此戰時之多有。「煌煌荐紳子，今在衡茅住。」即是此意。自淪落以後，親朋無復見過，「親朋多要津，雄視騁高步。軒車非不來，室遠重屢顧。」即可證。「太平天國占南京後，宣布：『天下農民米穀，商賈貨本，皆歸天父所有，全應解歸聖庫。』根據這個原則，太平天國在南京把各種手工作坊和手工工場的工人，分類集中於各匠營和百衙中，取銷公私人手工業。與此同時，又停止了私營商業，人民日常用品由國家統一供給。家庭也予以拆散，把男女老少分別聚居於各館中，南京城實際上成了一個大兵營。」[71]天京亦尚如此，其他由太平軍佔領之地自然情況更甚。「太平天國對封建地主階段的打擊是非常嚴厲的，必欲弄得傾家蕩產而後罷手。《賊情匯纂》記載說：『賊數十百人住於村內，覓得此村此莊無賴之民，飲食而撫慰之，轉令勾通富戶奸佃劣僕，訪問窖藏所在，許掘得分給。更有官幕家眷寄住此村及紳衿爲誰某，一一采訪確切，即以奸人引路，於是率醜類逐戶搜虜。糧米錢貫，殘不易藏，每盡數劫去。賊罷既去，幸未發掘者亦間有之，然陷賊之處，賊來絡繹，十次八次，考究搜剔，安得更有遺金哉！』在太平軍和廣大貧苦農民反復打擊下，許多豪紳破滅了，或逃亡了。」[72]

第五首詩見出蔣氏對海陵之重視，以爲倉積豐裕，絕可作戰時糧食之供應。泰州，舊名海陵。漢武帝元狩六年始建，南唐升元元年始名泰州[73]。詩稱泰州云：「千里接斥鹵，被野禾黍繁。」馮煦云：「時赫寇穴建康，躪及廣陵，雷副憲以滅軍揚州東之萬福橋，盜糧扉縷，一儲海陵。」[74]鹿潭於《東臺雜詩》云：「十年勤委積，從古海陵倉。」泰州於戰時，可作附近城鎮之糧食供應，可以想見。同治三年諭：「近來軍務繁興，寇盜蠭起，所至地方輒以糧盡被陷。」[75]咸豐三年，「粵匪陷揚州，以滅自諸討賊募勇，屯萬福橋扼揚州東南，賊窺裏下河。以誠屢擊，走之。通泰十餘城賴以保全。」[76]咸豐六年，「賊撲東路萬福橋，意圖擾及裏下河，賴總辦糧臺江寧布政使今直隸總督文煜帶勇擊退。」[77]泰州於洪楊事中，兵事並未波及，萬福橋之守禦爲最要[78]，依史傳言，則倉儲之利賴亦必有以。

（四）哀悼之什

蔣氏《水雲樓剩稿》中明題「亡」字的只有「楊也村妾亡述感」一首。但此詩乃爲楊也村之妾亡而述其感慨，與己事並無關涉。詩云：

《楊也村妾亡述感》

仙城黯黯隔紅墻，聚散人天事渺茫。
獨引雛鶯歸月地，盡教雙燕怨春陽。
題詩密記環彄約，染翰愁臨寶鏡光。
海底星沈義馭短，招魂淚盡博山香。

謝孝苹氏疑此爲顧鶯，乃歿于楊也村者㉘，此似不合。依題目言，如己之妾亡於楊也村，當題曰：「妾亡於楊也村。」或「居楊也村妾亡」或「宿楊也村妾亡」諸如此類之文字。且「述感」二字亦不倫。自己之妾亡，必傷愴之至，自有感述，何必命之於題。如眞爲自己之妾亡於楊也村，則只題曰「楊也村妾亡」已足，題「述感」甚無謂也。旣書「述感」則必題別人之妾亡，己情因之以發，然後乃爾。此詩文字堆砌，眞情渺然，與詞集《鶯啼敍·哀顧鶯》之蜜意纏綿，淒涼雪涕者迥異。且詞明標「哀顧鶯」，詩則否。若此詩眞爲悼顧鶯而寫，則顧鶯之名，可以獨命詞題，而詩忽抹其名，何耶？斷無此理也。馮其庸氏《蔣鹿潭交游考》，楊也村此人正在其中，且標其名爲昌珠，字星蓮，「甘泉人，官浙江知縣。」㊿則馮氏亦自以爲詩中之妾乃楊也村之妾了。

此詩之外，見諸《剩稿》不明標哀悼而實有哀悼之思而又與作者有關的爲《壬戌中秋》四律及《記珍珠事》二律凡六首。

《壬戌中秋》

露席風燈亂，塵宵步屧香。
酒懷乘月散，游興得秋狂。

記贈支機石，親嘗白玉漿。
廣寒仙樂竟，無夢達巫陽。

風景前年異，傷心此夜多。
有人臨水榭，猶喜看星河。
涼信霓裳冷，秋聲月珮過。
瓊樓歸遠近，仙桂老岩阿。

莫信姮娥約，青霄與闢寒。
可憐重離別，長負此團欒。
我欲乘槎去，仙乎把袖難。
惟餘孤鏡影，霜鬢帶愁看。

碧落沉無信，朱顏去不留。
忽傳千古事，能悶一輪秋。
可許排雲下，相將跨鳳游。
長生靈藥在，攜手傲滄洲。

壬戌爲德宗同治元年(太平天國十二年，公元一八六二年)，時蔣氏四十五歲[81]，蔣夫人亡於咸豐十年庚申(太平天國十年，公元一八六〇年)時蔣氏四十三歲[82]。《壬戌中秋》第二首云：「風景前年異，傷心此夜多。」正可證作者寫此詩時之前年(庚申)乃其夫人仙逝之日。詩云：「碧落沉無信，朱顏去不留。」正是悼亡之口吻。詩又云：「惟餘孤鏡影，霜鬢帶愁看[83]。」正是悼思夫人之吐屬。

蔣春霖乃性情中人，樹木卉石，耳目所受，皆一往情深，所爲詩詞，隨處可睹。鹿潭於風塵女子中，與其有關係者不少，一一皆賦與眞情摯感，其對妻子之恩情不減。妻子逝世，因中秋而思悼，正是詩旨。

詩中之「記贈支機石，親嘗白玉漿。」[84](第一首)「有人臨水榭，猶喜看星河。」(第二首)「莫信姮娥約，青霄與闢寒。」(第三首)「我欲乘槎去，仙

乎挹袖難。」⑧(同上)「碧落沉無信」(第四首)都與作者中秋望月有關。作者
與妻子之感情，如「風景前年異，傷心此夜多。」(第二首)「可憐重離別，長
負此團欒。我欲乘槎去，仙乎挹袖難，惟餘孤鏡影，霜鬢帶愁看。」(第三
首)都可以看到。不過，事隔兩載，情感並非悽愴欲絕，而是淡淡道出，夫
婦恩情深厚，即在其中。涕泗滂沱固是哀傷之一體，但通過洗鍊而來之淡
雅感傷尤其難得，所謂痛定思痛，愈饒厚致。此四詩即屬此種。勞勞漠漠，
望月追思，當年情義，纏綿悱惻。今則已爾，嗚咽之懷，其可已乎！

《記珍珠事》

長恨微軀易，深緣小聚償。
雕籠閉翡翠，新冢隔鴛鴦。
綠字三年約，紅樓一水望。
相要復相決，何處詔西皇。

殘魄憑詩慰，初心酹酒盟。
湖山驚昨夢，牛女證他生。
芳草隨春遠，閒花落地輕。
夜台長寂寞，無益是深情。

此二首亦是哀悼之詩。詩云：「新冢隔鴛鴦」，「牛女證他生」，「夜臺長
寂寞」⑧皆可證爲珍珠已逝之詞。題云「記」「事」，則與普通哀悼有別，乃記
珍珠之事並爲之而傷悼也。

珍珠不似妓女，可能是某富家女。「雕籠閉翡翠」似微露消息。此女子
或愛上某一男子、而爲其家所阻，終至銜恨入冥。生則閉以雕籠，死則鴛
鴦自隔，「牛女證他生」正是他生結合的希冀。作者爲此哀傷而記其事，憫
之也。

（五）旅遊之什

　　作者此類篇什甚少，《九日登岳阜》、《車中》、《登泰州城樓》、《湖嘴泛舟》、《過小香岩》、《游光孝寺》及《友人招飲古寺》都屬此類。這裏先抄錄詩作，然後綜述。

　　《九日登岳阜》

　　　空城風肅雁聲來，故壘霜清曙色開。
　　　備敵尚餘全勝地，經時原仗出群才。
　　　游山軒蓋秋仍集，橫海樓船去不回。
　　　待摘茱萸寄鄉國，隔江雲樹正堪哀。

　　《車中》

　　　山回石壁引車過，架壑人家盡薜蘿。
　　　問道語頻驚地遠，投餐米賤喜時和。
　　　塞鴻逐侶當春少，野雀為群入暮多。
　　　樂土及今容稅駕，江關烽火近如何？

　　《登泰州城樓》

　　　四野霜晴海氣收，高城嘯侶共登樓。
　　　旌旗雜遝連三郡，鎖鑰矜嚴重一州。
　　　西望雲山成間阻，南飛烏鵲尚淹留。
　　　海陵自古雄爭地，煙樹蒼蒼起暮愁。

　　《湖嘴泛舟》

　　　強逐東風覆酒杯，湖陰路折小舟回。
　　　微茫葭荻浮春氣，寥落郊原見劫灰。

細柳暗藏鶯語密，長堤時聽馬聲來。
軍書久盼淮西捷，日暮漁竿亦可哀。

《過小香岩》

因樹園成遲客過，新箟細草亂坡陀。
舉頤明月揚州近，入眼春光海國多。
古堞悲笳連斥堠，高堂清酒共弦歌。
亂餘池館斯爲盛，日暮軒車奈樂何。

《游光孝寺》

招提臨石遲，突兀出高林。
古殿出空響，荒苔覆夕陰。
飛灰從彼說，拔火亦吾心。
願救沙蟲劫，金輪不可尋。

《友人招飲古寺》

深樹藏幽寺，晴天遲客來。
新寒疏落木，宿雨展青苔。
儒術逢時拙，禪心得酒開。
蟴蜙空入饌，誰薦長卿才。

將別翻知醉，孤吟亦近狂。
花開仍傳舍，酒罷即滄桑。
桔柚懸燈影，鍾魚入茗香。
悲秋聊爲解，端藉友生良。

　　蔣氏詩有詩史之稱，其詩除非作於洪楊之前，否則，如杜甫一飯不忘
家國。依鹿潭寫詩之例，對當時史事，必然提及。《雜詠》第五首云：「城西

有高阜，云駐鄂王軍。」《雜詠》作於居泰州之時，則《九日登岳阜》當亦爲居泰州時作，岳阜在何地，不可考得，依《雜詠》詩，則當在泰州城之西。「備敵尙餘全勝地，經時原仗出群才。」泰州未被兵燹，「全勝」正契此意。「待摘茱萸寄鄉國，隔江雲樹正堪哀。」蔣氏世家江陰，江南烽火遍野，故詩云如此。《車中》云：「江關烽火近如何？」亦是此意。《登泰州城樓》云：「旌旃雜遝連三郡，鎖鑰矜嚴重一州。西望雲山成間阻，南飛烏鵲尙淹留。」「旌旃雜遝」「烏鵲淹留」正是烽煙的描述。《湖嘴泛舟》云：「寥落郊原見劫灰」，「軍書久盼淮西捷。」《過小香岩》云：「古蝶悲笳連斥堠」，「亂餘池館斯爲盛。」《游光孝寺》云：「願救沙蟲劫。」皆是戰爭之描述。至「願救沙蟲劫」[87]，則簡直是菩薩心腸了。援此例而進，《友人招飲古寺》性情平和，當作於洪楊戰事未大張之前。

　　旅遊詩總是旅遊，與所遊之地分不開。如「九日登岳阜」，則「茱萸」點九日，「經時」句點「岳」，「遊山」點「登阜」，切題之至。《車中》：「山回石壁引車過」，《過小香岩》：「因樹園成遲客過」，《游光孝寺》：「招提臨石逕，突兀出高林[88]。」開首即已破題。《登泰州城樓》：「高城嘯侶共登樓」，《湖嘴泛舟》：「湖陰路折小舟回」則以第二句破題。

　　鹿潭《旅遊詩》除提及或反映戰爭外，復有對戰爭提出意見，或表露心迹的，如：「經時原仗出群才」《九日登岳阜》），「海陵自古爭雄地」（《登泰州城樓》），「軍書久盼淮西捷」（《湖嘴泛舟》），「飛灰從彼說，拔火亦吾心」「願救沙蟲劫，金輪不可尋」（《遊光孝寺》）。亦有全首反映戰爭之可厭及社會安穩之樂事者，如《車中》即是一例。車過山間，薜蘿爲戶，時和米賤，群鳥自適，江關之烽火，眞不知何爲而作也？此實乃全人民之心聲。

　　旅遊詩中，描寫景物亦甚可採者，如「空城風肅雁聲來，故壘霜淸曙色開。」（《九日登岳阜》），「架壑人家盡薜蘿」（《車中》）「湖陰路折小舟回」（《湖嘴泛舟》）「細柳暗藏鶯語密，長堤時聽馬聲來」（同上）「招提臨石逕，突兀出高林，古殿出空響，荒苔覆夕陰。」（《遊光孝寺》）皆能繪影繪聲。《九日登岳阜》、《車中》、《登泰州城樓》、《湖嘴泛舟》、《過小香岩》五首皆爲七律，只《遊光孝寺》爲五律。四首之七律有一共通點，此共通點爲結句，如「隔江

雲樹正堪哀」(《九日登岳皐》)、「江關烽火近如何？」(《車中》、「煙樹蒼蒼起暮愁」(《登泰州城樓》)、「日暮漁竿亦可哀」(《湖嘴泛舟》)、「日暮軒車奈樂何」(《過小香岩》)等，無論直寫如前四首，或曲筆如後一首，都以戰事哀傷、心境沉痛作結。《遊光孝寺》五律雖詩體不同，但其結句：「願救沙蟲劫，金輪不可尋⑧」對遭兵火禍患者之哀悼別無異致。詩中老杜，眞當之無愧。

《友人招飮古寺》二首，如前面說，當在未感兵燹之激烈或全未有戰爭時所作，故筆調雖然沉重而仍較輕爽。「儒術逢時拙，禪心得酒開」(首章)爲自己身世之哀鳴；「悲秋聊爲解，端藉友生良」(次章)正感激友人之招飮。「新寒疏落木，宿雨展靑苔」(首章)淸麗；「酒罷即滄桑」(次章)沉著；「桔柚懸燈影，鍾魚入茗香」(次章)高古。

（六） 無題之什

蔣鹿潭《水雲樓剩稿》收《無題》詩五首，一首獨見，其他四首置於同題下，放於《剩稿》最後。詩云：

無題

虬駒無聲下窅冥，璇宮織罷畫長扃。
莒蘭芳變寒誰遣，虎豹關嚴叫未靈。
承露玉盤秋皛皛，御風仙珮夜冷冷。
浮槎未辨支機石，漫說蓬萊路幾經。

無題

獵獵天風廣袖寒，雲多不過曲闌干。
燈莛射覆雙心合，月地投壺一笑看。
蘭芷秋深寒未變，蓬萊水淺見應難。
玉璫珠札從拋棄，莫遣文蕭誤采鸞。

二

闐苑書回意乍通，朱絲弦直感枯桐。
單棲彩鳳爲條易，對舞鵁鶄入鏡空。
應乞眞圖勞阿母，肯因上藥叩金童。
姮娥縱解憐孤寂，碧落霜高徹夜風。

三

受籙眞妃下拜齊，瓊窗坐久玉繩低。
迎仙曲慢垂簾聽，織恨詩長剪燭題。
午夜參差看斗宿，前塵離合憶雲泥。
黃金不值傾城顧，下蔡千家枉自迷。

四

罷直歸來綠鬢華，洞房何意飽胡麻。
溪桃自共春風笑，漢柳休隨夕照斜。
小閣新寒疏硯尺，嚴城細雨濕箏琶。
平生未盡憐才意，間挈珠燈照落花。

五首《無題》詩含意皆極其隱晦。但細味之，大抵都寫男女情事，而皆
在可望而不可即之無可奈何心意下。如：「浮槎未辨支機石，漫說蓬萊路幾
經。」「雲多不過曲闌干」「蓬萊水淺見應難。」「姮娥縱解憐孤寂，碧落霜高
徹夜風。」「黃金不值傾城顧，下蔡千家枉自迷。」都有此意。

此五首詩大抵非同一時期所作，對象亦可能並非一人，而鹿潭爲自己
而寫抑或爲人而作，亦抑或游戲弄墨之辭，均不可確知。如必是鹿潭所自
寫，則此等對象必非如詩詞集中明書姓氏之阿素、顧鶯等一類人物。詩中
每首都不離神仙事物，如「支機石」之織女，「蓬萊」之麻姑，「眞圖」之王母，
「金童」、「姮娥」、「受籙」之眞妃，及「胡麻」「溪桃」等，則似此類鹿潭所戀

者，可能是官宦或富有人家之人物，此富貴人家之人物，又不似下人而更似是家中女兒，如「燈筵射覆」、「月地投壺」、「閬苑書回」、「上藥叩金童」、「憶雲泥」、「傾城顧」之類，下女自不及此。最後一首辭旨更晦，若對象是婢女之類，則只此一首而已。獨見之《無題》詩，又似是自傷身世之作，鹿潭滿懷少陵愛世之熱情，但未能爲人賞識，抱負難以抒展，「茝蘭芳變牽誰遣，虎豹關嚴叫未靈」底呻吟，當是有感而發的。

總之，如李商隱《無題詩》之類，詩是好詩，獨恨無人作鄭箋而已。金武祥《蔣君春霖傳》以鹿潭詩爲燼餘，則所焚燬可能留有絲跡可以轉注，然今則已爾。無徵不信，姑置之。

（七） 東臺雜詩

《清史稿・文苑傳》記蔣鹿潭：「咸豐中，官東臺場大使。」《江陰縣續志》、宗源瀚《水雲樓詞續敍》皆云「權東臺場」，而金武祥《蔣君春霖傳》則謂：「咸豐壬子，權富安場大使。」⑨⑩東臺縣有十鹽場，東臺場及富安場即其中之二，又兩場各屬其鎮⑨①。金武祥《蔣君春霖傳》於：「咸豐壬子，權富安場大使。」之後云：「丁巳，遭母憂，始去官……坐是重困，貧不得歸，挈家揚州之東臺居焉。」竊以爲蔣氏先於東臺場作官，後移於富安場，至去官，即挈家回東臺鎮居。東臺鎮乃其最初之所官地，離富安返其第一次作官之地，於理極爲自然，若不先官東臺場，富安場罷官而移居陌生地，於理似不合也。又詞集卷二《少年游》云：

> 曲闌斜擁柳邊樓，人影漾帘鈎。銀燭光沉，檀槽語澀，拚醉不曾休。
> 十年夢似朝雲散，花落水空流。燕子歸來，淡煙微雨，寂寞畫春愁。

此詞必作於罷大使任後。蔣氏於丙辰（一八五六）已去官，時三十九歲，上數十年則爲丁未（一八四七）時年二十九歲。馮其庸《蔣鹿潭年譜》於戊申年（蔣氏三十一歲）云：「鹿潭此時似已爲淮南鹽官。」則蔣氏爲官前後九年，詞云：「十年夢」正此成數之十年也。詞又云：「燕子歸來。」指由富安場歸東臺場也，如初未官於東臺場，則「歸」字無着，此更可知蔣氏未爲富安場

大使前當曾爲東臺場鹽官。今去鹽官，返東臺鎮居，於理當無所疑異。前
《官祿考》已有評論，可參。金武祥《蔣君春霖傳》：「挈家揚州之東臺居焉。」
注家多於「挈家揚州，」斷句，「之東臺居焉。」斷句，此實不合。東臺縣，
其時屬揚州，富安場在東臺縣內，即在揚州府中，罷官時，只離富安，不
得云挈家揚州，又往東臺居，於文字之組織亦不合。前云：「權富安場大
使」，「始去官」，人不知富安鎮及東臺鎮之所在，金氏在此點明蔣氏去官後，
即往隸屬揚州之東臺縣中之東臺鎮居也。《東臺雜詩》寫於居東臺鎮時，《雜
詩》第十六首云：「漸懶折腰步，猶能抱膝吟。……西溪滿溪水，重爲浣塵
襟。」西溪在東臺鎮之西南二‧五公里，作者居東臺鎮，則西溪爲近⑨。詞
集卷二《拜星月慢》序云：「予事羈東淘，遇丙辰除夕。」東淘即安豐鎮，在
富安之北，東臺鎮之南（見附圖：清代兩淮鹽場略圖）。丙辰爲咸豐六年（一
八五六年），鹿潭於翌年之丁巳，丁母憂，去官⑨。丁巳爲咸豐七年（一八
五七年），序云：「事羈東淘，過丙辰除夕」，則丙辰歲杪，蔣氏已在東淘（安
豐鎮），前此，蔣氏在富安任，由富安往東臺鎮，則中間必經安豐鎮（見附
圖：清代兩淮鹽場略圖），若言「之東臺」爲東臺縣，則富安即在東臺縣，何
得言由富安往東臺縣也。故《東臺雜詩》者，當作於東臺鎮爲是。

　　前面已言蔣氏初權東臺場，後移富安，則此十六首詩是否可能作於初
權任時？答曰否！《東臺雜詩》第一首即言：「餘生依藥餌，左計誤樵漁。」
第十六首，即最後之一首結尾云：「西溪滿溪水，重爲浣塵襟。」如作於東
臺鎮初權任時，不足三十，不得言「餘生」，亦不可任官未久，何得言「塵襟」，
且中間各首都言去大使後生活境況及種種之感受。則此十六首當爲一時所
作，而第一首即爲統領全組詩什之章，如序文之類。十六首詩作全是五言
律詩，詩云：

　　　道路猶荒梗，乾坤此寓居。
　　　餘生依藥餌，左計誤樵漁。
　　　色動論兵會，憂來講易初。
　　　淒涼茂陵住，有賦愧相如。
　　　海近秋先至，城空客少過。
　　　滄桑新涕淚，雲物小槎阿。

樂土聊高枕，王師未止戈。
鷄聲催攬鏡，雙鬢已微皤。

好辯難為用，能狂亦累名。
酒杯雲葉亂，詩境月華清。
短劍悲歧路，空囊負友生。
歲殘吾更懶，無夢寄長征。

縣小水為郭，溪灣樹作橋。
西風吹古渡，夜夜長寒潮。
鴻雁多如此，沙鷗不可招。
秋心與蘆荻，相對益蕭蕭。

宦拙成今是，時衰厭古愚。
千金龜手藥，十樣畫眉圖。
身價矜題鳳，行藏笑嚇雛。
可憐頑頓蝘，不及飽侏儒。

隔溪人種菊，籬外好秋光。
買艇載花影，過橋尋酒香。
蟲聲侵菜圃，鴨語亂蒲塘。
生意禁衰謝，前山漫夕陽。

閒居無不適，扶杖過東籬。
野水少人渡，歸雲與我期。
燕遲秋社約，梅養歲寒姿。
嗟爾門前柳，青青復幾時。

水積湖陰重，田磽鹵氣兼。
小灘明蠣粉，唐肆侈魚鹽。
避地民知儉，矜時吏學廉。

希文有遺澤，尸祝在茅簷。

世法參新諦，人情賸舊恩。
燕巢欣去幕，雀網靜當門。
往日朱樓宴，春風繡蓋屯。
只今花寂寞，來伴月黃昏。

議戰多籌策，儲精幾歲年。
閭閻間架稅，商旅算緡錢。
澤國魚為飯，寒沙草即田。
羨餘知不惜，辛苦報皇天。

樓船臨北郭，元武鑿池寬。
競渡原兒戲，馮河亦壯觀。
魚龍驚沸水，鼓角助狂瀾。
百里烽猶遠，熙熙萬姓看。

患至群憂饉，師行急峙糧。
黃金隨土賤，紅粟帶沙量。
秉穗愁中野，車箱自遠方。
十年勤委積，從古海陵倉。

大有衣裳會，俄傳草木兵。
烽煙危隔縣，舟楫聚荒城。
野哭空皮骨，民窮一死生。
明堂誰獻頌，猶喜說時清。

鬱勃禰衡鼓，單寒季子裘。
杜門花避俗，因樹屋宜秋。
筆退憐兒病，尊空與婦謀。
蒓鱸期遠近，愁絕五湖舟。

地僻輕鋒鏑，人閒逐綺羅。

粗豪山北酒，宛轉竹西歌。

孤影仍哀雁，新妝忽翠蛾。

不須詢子姓，窮苦誤牽蘿。

漸懶折腰步，猶能抱膝吟。

艱虞嘗傲骨，齏米損文心。

野鶴恣孤翮，飛鴉是好音。

西溪滿溪水，重爲浣塵襟。

十六首《東臺雜詩》內容複雜，感慨遙深。今將此十六首詩以小目爲經，副以詩句，證其內容之多樣。

(1)紀述戰爭：

「道路猶荒梗」、「色動論兵會。」(第一)

「王師未止戈。」(第二)

「議戰多籌策，儲糈幾歲年。」(第十)

「百里烽猶遠。」(第十一)

「患至羣憂饉，師行急峙糧。」(第十二)

「大有衣裳在，俄傳草木兵，烽煙危隔縣，舟檝聚荒城。」(第十三)

「地僻輕鋒鏑。」(第十五)

如上所說，《東臺雜詩》作於丁巳去官居東臺鎮時，丁巳爲咸豐七年，太平

天國七年(一八五七年)，前此四年，即咸豐三年，太平天國三年(一八五三年)，天國定都南京，並於此年四月北伐西征，戰事頻仍之極，故所記如此。

　　(2)民生情況：

　　　「議戰多籌策，儲粻幾歲年。閭閻間架稅，商旅算緡錢。澤國魚爲飯，寒沙草即田。」(第十)

　　　「黃金隨土賤，紅粟帶沙量。」(第十二)

　　　「野哭空皮骨，民窮一死生。」(第十三)

「民窮一死生」可謂慘極，民不思生，其艱苦可知。

　　(3)習俗：

　　　「競渡原兒戲，馮河亦壯觀。魚龍驚沸水，鼓角助狂瀾。」(第十一)

　　　「地僻輕鋒鏑，人閒逐綺羅。粗豪山北酒，宛轉竹西歌。」(第十五)

東臺於太平軍時始終未遭戰火，故此地人民較爲安樂。

　　(4)風物：

　　　「縣小水爲郭，溪灣樹作橋。西風吹古渡，夜夜長寒潮。」(第四)

　　　「隔溪人種菊，籬外好秋光。」「蟲聲侵菜圃，鴨語亂蒲塘。」(第六)

　　　「水積湖陰重，田磽鹵氣兼。小灘明蠣粉，唐肆侈魚鹽。」(第八)

　　(5)思想：

「好辯難爲用，能狂亦累名。」(第三)

「世法參新諦，人情賤舊恩。」(第九)

「明堂誰献頌，猶喜説時清。」(第十三)

「艱虞賞傲骨，齏米損文心。」(第十六)

(6)家居生活：

「餘生依藥餌，左計誤樵漁。色動論兵會，憂來講易初。」(第一)

「滄桑新涕淚，雲物小棃阿。樂土聊高枕，王師未止戈。」(第二)

「酒懷雲葉亂，詩境月華清。短劍悲岐路，空囊負友生。歲殘吾更懶，無夢寄長征。」(第三)

「鴻雁多如此，沙鷗不可招。秋心與蘆荻，相對益蕭蕭。」(第四)

「千金龜手藥，十樣畫眉圖。身價矜題鳳，行藏笑嚇雛。可憐頑蠐螬，不及飽侏儒。」(第五)

「買艇載花影，過橋尋酒香。蟲聲侵菜圃，鴨語亂蒲塘。」(第六)

「閒居無不適，扶杖過東籬。野水少人渡，歸雲與我期。燕遲秋社約，梅養歲寒姿。」(第七)

「水積湖陰重，田硗鹵氣兼，小灘明蠣粉，唐肆侈魚鹽。」(第八)

「燕巢欣去幕，雀網靜當門。」「只今花寂寞，來伴月黃昏。」(第九)

「澤國魚爲飯，寒沙草即田。羨餘知不惜，辛苦報皇天。」（第十）

「鬱勃襧衡鼓，單寒季子裘。杜門花避俗，因樹屋宜秋。筆退憐兒病，尊空與婦謀。蒓鱸期遠近，愁絕五湖舟。」（第十四）

「孤影仍哀雁，新妝忽翠蛾。不須詢子姓，窮苦誤牽蘿。」（第十五）

「漸懶折腰步，猶能抱膝吟。艱虞嘗傲骨，齏米損文心。野鶴恣孤翮，飛鴉是好音。西溪滿溪水，重爲浣塵襟。」（第十六）

隱居生活見諸《東臺雜詩》者，除十一、十二、十三之三首外，其餘之十三首都有描述，第十四與第十六首更佔全篇，可見《東臺雜詩》爲鹿潭去大使任居東臺鎭時所寫，當無疑議。

　　金武祥《蔣君春霖傳》云：「生而環異。性倜儻，自標置。……嘗登黃鶴樓賦詩，老宿斂手，一時有乳虎之目。咸豐壬子，權富安場大使，綱政最稱。……伉直不諧俗，人多忮之；又勇施予，廉俸所入，菽水外悉以資人緩急。」[94]依此傳看，蔣春霖斷然不似是一個樂於閒居的人物，相反，正是豪傑的性格，但後來何以又能恬然隱息呢？傳稱：「遭母憂，始去官。」這是其中原因之一。傳又云：「庚辛之際，兵事方急，徐溝喬勤恪公松年，嘉善金運使安淸，先後爭致之，君抵掌陳當世利弊甚辨。……兩公旣去，君憂時念亂，益牢落寡合，浮湛下僚者六七載，而年且垂老矣。」[95]「牢落寡合」四字與李肇增序《水雲樓詞》：「負文學氣義，與世牴牾。官鹽曹十年，不合，以事去。」正同，此爲原因之首要[96]，則蔣氏辭官之移居東臺鎭爲不得已可知。蔣氏去官後，據上引，先稱讚於徐、金二人，二人並爭致之，則蔣氏必曾爲二人之幕僚。其後二人調任，又浮沉下僚者六、七載。蔣氏《剩稿》之《春日》詩云：「漸衰宜散地。」散地，即閒官[97]，是知蔣氏去富安場大使，並於丁母憂之後，斷斷續續爲一小吏以糊口[98]，雖非如陶潛之類的隱居，究與隱居無異。

李肇增叙《水雲樓詞》云：「東淘雜詩二十首，不減少陵秦州之作。」[99]
《秦州雜詩》二十首亦五言律，杜甫在秦州詠秦州景物及在此所生之憂思。
劉克莊稱《秦州雜詩》云：

> 「唐人遊邊之作，數十篇中間有三數篇，一篇間有一二聯可采。若此
> 二十篇，山川城郭之異，土地風氣所宜，開卷一覽，盡在是矣。網
> 山《送蘄師》云：『杜陵詩卷是圖經。』信然。以入秦起，以去秦終，
> 中皆言客秦景事。」[100]

若以此例，蔣氏《東臺雜詩》，則十六首亦於東臺鎮之山川城郭土地風氣等
等，亦盡在其中，結章雖非去東臺，但與第一首亦首尾相接。用辭清警，
使意慷慨，宜乎作者矣。

(八)　其他詩作

鹿潭存詩甚少，除在專題論述之外，餘下的並不多，只有十五首，此
十五首中，又可細分為雜詩、宮詞及酬酢幾種。《早起》、《鎖寒詞》、《即
席》、《春日》、《春夜》、《春雨》、《寄》、《聞鶯》、《曠士》，《思婦曲》、《卓
文君》，都可歸入雜詩。《宮詞》共兩首，酬酢詩共兩首凡四章。下面分別試
析。

先說雜詩：

《早起》

> 秋生殘夜驚心早，愁入中年熟睡難。
> 嗚咽角聲欹枕坐，微茫窗色掩燈看。
> 前村人語霜華白，遠樹霞明海氣寒。
> 聞道高堂初罷宴，錦衾紅燭夜漫漫。

開頭兩句即說明早起之原因及季候。「嗚咽」二句，晨曦之描述，使人

歷歷可睹。「微茫」二字早晨景色精神全出，復趁以「角聲」二字，眞是繪影繪聲。「前村」兩句言地。結二句寫富貴人家正宴罷而就寢，反趁「前村人語」，一富一貧，一起一睡，生活雲泥，相差之極。全詩淸曠疏宕，微帶沉鬱，有杜陵、放翁意味。

《春日》

> 花絮粉如此，春風爲底忙。
> 漸衰宜散地，多感避歡場。
> 殘月搴珠箔，愁波挹玉漿。
> 將雛餘一燕，寂寞住雕梁。

　首二句點題，三四句言年事已老，不便用情歡場。「散地」謂閒官。《舊唐書‧郭子儀傳》：「子儀有社稷大功，今殘孽未除，不宜置之散地。」[101]杜甫詩亦謂：「散地逾高枕，生涯脫要津。」[102]作者於咸豐六年（一八五六年）三十九歲時去富安場職，居東臺鎮（見前節），來往泰州間。觀此詩：「漸衰宜散地」一句，作者必於去富安職後曾作一極閒之小吏以糊口。「漸衰」言年老，「散地」是閒官，此必不謂富安場之大使，大使亦是小官，但不言「散地」，且去富安場職事，妻子仍在[103]，此詩結句「將雛餘一燕」[104]，則妻子已逝。散地所云而任職何官，無徵可考。詩感慨悽惻，生活爲無可奈何。

《春夜》

> 遙夜淒風入素弦，沉沉燈色感華顛。
> 淸鐘孤枕惟憑醉，細竹空窗不解眠。
> 有子伶俜資藥裹，無家飄泊信烽烟。
> 天翻海闊腸堪斷，猶耐靑春看月圓。

　此詩當亦作於妻子亡後。「孤枕」一詞可以作證。首二句點「夜」字。結句「靑春」「月圓」連點春夜。中四句述孤苦。用「烽烟」二字，當是洪楊之事未了。「猶耐靑春看月圓」望戰爭之止息亦可想見。亦是工部意格。

《春雨》

> 春雨無時歇，蓬門只自開。
> 溪聲喧野霧，城影動江雷。
> 蟻穴空庭樹，蝸緣小徑苔。
> 長安消息斷，乾鵲兩何來。

首四句確是春雨之象。「蟻穴」二句是春雨帶來之小景。結句突如其來，摻入時事，是工部慣例⑩。咸豐三年(一八五三年)四月太平軍李開芳、林鳳祥自揚州北伐，九月抵靜海。四年正月援軍自安慶出發。旋李林敗於靜海。五年正月林被執，四月，李送京師，皆死。八年，英法聯軍陷大沽，十年九月，侵北京。內亂外患，無日止息，京師消息斷絕，結得沉痛。

《寄》

> 冶葉倡條都揀盡，東坡原不合時宜。
> 無人更會先生意，獨對秋燈喚可兒。

此詩當爲寄某女子之詞。東坡乃作者自比，可兒，仍作者意中之人物，此人物自然是能「會先生意」的人。首句即東坡詞「揀盡寒枝不肯棲」⑩之意。東坡「坦腹問諸婢曰：『我此中何所有？』朝雲曰：『學士一肚皮不合時宜』東坡大笑。」⑩此「東坡原不合時宜」一句之來歷。寥寥四句，亦甚具情趣。

《聞鶯》

> 四月江城鶯亂啼，經花過柳復淒淒。
> 六宮春思幾曾盡，千樹綠陰何處棲。
> 莫以風高敎囀急，肯因雨濕故飛低？
> 天涯草長憑相警，寥落空齋夢易迷。

一篇之中警句在五六。立志高尚，不因貧賤而轉移。「相警」，以淸志相警也。李商隱《詠蟬》亦以「相警」[108]作結，饒有哲理。蔣氏與顧鶯交情甚篤，詞集卷二有《采桑子》、《贈顧鶯》，又有《鶯啼序‧哀顧鶯》。杜文瀾《采香詞》有《長亭怨慢》悼顧鶯娘爲鹿潭作一闋。此詩後四句可能與顧鶯有關。

《曠士》

> 曠士重投足，中年成坐忘。
> 秋來叢桂發，興動濁醪香。
> 白日誠堪惜，南山顧已荒。
> 偏師新乘勝，猶喜近吾鄉。

此詩不知孰指，但必有所詠。「偏師新乘勝」一句，當指淸軍，乘勝而近「吾鄉」，所以喜也。偏師謂一部份之淸軍，潘岳《關中詩》：「旗蓋相望，偏師作援。」李善注：「《左氏傳》韓獻子曰：『以偏師陷罪』。」[109]詩中坐忘，用莊子事[110]。

《思婦曲》

> 烽火連江國，高樓獨倚闌。
> 綠楊三月雨，千里覺春寒。

烽火遍地，高樓獨倚，暮春三月，楊柳如絲，戍人不歸，料峭難堪矣。纏綿淸麗，自是齊梁韻格。

《卓文君》

> 文君不爲琴心合，肯伴臨邛四壁居。
> 吟到白頭腸暗結，錯將意氣望相如。

此為文君不值。首二句一氣讚，意亦一貫。謂文君若不因相如琴挑，文君必不隨相如而返⑪。結二句用文君《白頭吟》：「男兒重意氣，何用錢刀為」事故⑫。文君悔之也。

《鎖寒詞》

> 霰雪將零客未歸，三年旅雁伴孤飛。
> 春風只有梅花覺，紅萼如椒漸漸肥。
>
> 城隅小住似深村，細撿殘書課子溫。
> 但得催租無俗客，一爐松火閉柴門。
>
> 手潔明湅供水仙，青瓷白石小窗妍。
> 分明清瘦詩人影，獨抱冬心似往年。
>
> 雪消有客過湖來，笑擘新詩飲舊醅。
> 我與胎禽正無賴，山茶開後放君回。

《鎖寒詞》凡四首，大抵為同時所作。味詩意，當是罷官後閒居時作。「客未歸」之「客」乃自指，鹿潭念念不忘江南家鄉，但礙於環境不能返。「三年旅雁」之「雁」，可能比喻黃婉君，意婉君來歸三年，若指妻子，則自不只「三年」也。詩云：「霰雪」、「春風」、「梅花」、「水仙」、「山茶」全是春意，而梅花為百花之首，則詩作於初春無疑。春寒料峭，梅花盛開，幽居課子，自可排遣。獻歲發春，水仙清供，花人共瘦，冬心獨自，又可傷矣。一朝有客，舉杯暢詠，其樂何之！「胎禽」，謂鶴。鮑照《舞鶴賦》：「偉胎化之仙禽。」此似亦暗用林逋事⑬。四詩清婉雅麗，直是中晚唐音。

《即席》

> 當筵愁見翠眉長，背面春風意暗將。
> 流水孤琴回素柣，畫帘殘燭夢明璫。

露桃葉密花無賴，湘竹枝深淚有光。

曉月如珠歸寂寂，故應楊柳怨蕭郎。

此與無題詩無疑，題為即席者，味詩意，乃於某地見一女郎，心許目成，別後生夢，夢醒渺然，不可得而近也。

《宮詞》

月扇雲衣靜玉臺，芙蓉殿閣閉蒼苔。

青春却過容光減，猶道君王妙選才。

秋月臨粧閣，春花閉殿門。

妾顏長似舊，玉鏡有明昏。

兩詩於《剩稿》中各自為篇，但章法無異。首二句都是宮殿之描述，次句詩眼都用「閉」字。兩詩後二句措辭亦無不同。前首言青春已過，顏色衰減，日甚一日，君無寵幸，而卒以一普通宮女始終，猶稱君王之妙選，竟無一語自惜，能不癡絕！次首言光陰已逝，玉顏自無似舊之理，而宮人自謂鏡之明昏不同，非顏色有變也。亦似自解，亦似自嗟，真是可憐可歎，用辭使意，甚有張籍王建意度。

酢酬詩二首，凡五篇。其一為《崇鶴山自袁浦來索餉》，詩云：

與子別未久，荒蘆吹晚花。

布帆下寒浦，客鬢惜蒼華。

閒佩橫磨劍，愁聽清夜笳。

時危勤遠畧，無事悵天涯。

異縣民椎魯，窮荒賦棄捐。

不聞卑濕地，猶有羨餘錢。

上戶收穫種，商人賣葦田。

小東詩不賦，知有大夫賢。

久客西風冷，到門寒水深。

河梁重攜手，霜雪與論心。

老鶻盤秋勢，僵猿抱樹吟。

平生蕭瑟意，飛動爲知音。

　　袁浦在江蘇松江縣東南。鹿潭既有餉可索，則當在富安場任官無疑。崇鶴山不知何許人，但詩云：「河梁重攜手，霜雪與論心。」(第二首)⑭又云：「平生蕭瑟意，飛動爲知音。」⑮(同前)交情必然不淺。詩又云：「時危勤遠略」(第一首)，「窮荒賊棄捐」(第二首)則崇來索餉者，必因洪楊之事所至。鹿潭所在之地，始終未被兵火，故糧餉無論如何較受戰火者爲足，故雖椎魯樸鈍，猶有餘錢可貸。首章言崇氏之戮力爲國，次章讚東臺縣治之美。「小東詩不賦」可以知之⑯。末章述己與鶴山之交情。三章始終未提借餉之成事與否，鹿潭職微，非力所逮也。或崇鶴山來向鹿潭之上司借餉，順便見過鹿潭，鹿潭記其事，兼述情意。三詩皆以五律出之，清邁俊爽，微帶悽愴之音。

　　次爲《喜褚仲衡至》，詩云：

蓬蒿滿地客停車，執手驚看兩鬢疏。

草草盤餐宜素好，堂堂春日此閒居。

文章投老君門遠，疾病思歸故里墟。

且喜今宵共燈燭，案頭猶有未燒書。

　　褚仲衡乃褚榮槐之字，仲衡又字二梅，亦字又梅。詞集卷二有《尉遲杯》、《八聲甘州》，皆贈仲衡之詞。詞集二卷之四篇序文中，第四篇即爲仲衡所寫，交情至深。

　　味詩意，當是去官後閒居時作。起首情致泉湧，蓬蒿用張仲蔚事⑰，第三句貧苦，無肴酒以待客，比少陵更甚⑱。第四句突出不平，於此堂堂

春日而閒居，執政者可謂棄才之至。五六言年事已老，即有文章，亦不能用也，暗用「君之門以九重」意⑪。洪楊之事，故里爲墟，疾病而思歸，亦不得已，總是舉步維艱。結得悲喜交集，又是少陵家法。

注　釋

① 李肇增《水雲樓詞叙》，曼陀羅華閣辛酉(咸豐十一年，一八六一)仲夏開雕本。

② 《續碑傳集》卷八十，台灣明文書局《清代傳記叢刊》本，頁五九九。

③ 金武祥《蔣君春霖傳》云：「(鹿潭)晚年刪存詩僅數十篇，而傳世者爲《水雲樓詞》二卷。」同上。

④ 金武祥《粟香二筆》云：「詩稿百首爲溧陽繆芷汀觀察德葇所刻。」繆刻似爲金武祥《水雲樓賸稿》的祖本。惟金撰《水雲樓賸稿敘》(載《水雲樓詩詞稿合本》，上海有正書局鉛字排印本，缺年月)未言及。繆刻傳世亦甚尠。《粟香二筆》載金氏《粟香室文稿》，清光緒三十年(一九○四)活字本。

⑤ 《蔣君春霖傳》云：「余(金武祥)嘗讀君詩，沉鬱蒼健，神似子美，因刻之《粟香叢書》。」(同注②)。《粟香叢書》，又稱《粟香室叢書》，其中之《水雲樓賸稿》，是鹿潭詩的最早本子。

⑥ 見馮其庸《水雲樓詩詞輯校‧後記》，山東齊魯書社，一九八六年九月版，頁三八二。

⑦ 《揚州府志》卷二十三《古蹟江都縣》(台北成文出版社，一九七五年四月版，頁三六八。)《東坡樂府》卷二《南歌子》，「道是」作「不羨」，彊村叢書本，台北廣文書局，一九七○年三月版，頁七六二。

⑧ 初失爲咸豐三年(一八五三年，太平天國三年)，次爲咸豐六年(一八五六年，太平天國六年)，三爲咸豐八年(一八五八年，太平天國八年)，均見《清史稿‧文宗本紀》，香港文學研究社鑄版，無出版年月，頁八六、八七、八九。

⑨　《清史稿》本紀二十一《穆宗紀》：「三年六月戊戌，官軍克復江寧，洪秀全先自盡。」又列傳二六二《洪秀全傳》：「洪秀全以金陵危急，服毒死。」

⑩　庾信《枯樹賦》：「此樹婆娑，生意盡矣。」《庾子山集》倪璠注本，北京中華書局，一九八〇年十月一版，頁四六。

⑪　《三齊畧記》：「臺城東南，有蒲臺，高八丈，始皇所頓處，在臺下繫馬。」案《爾雅》云：「楊，蒲柳。」見《藝文類聚》卷八十九《木部》下，上海古籍出版社，一九六五年十一月版，頁一五三一。

⑫　《詩・小雅・菀柳》：「有菀者柳，不尚息焉。」《毛傳》：「木茂也。」《毛詩正義》，台北啓明書局十三經本，頁二二四。

⑬　王維《送元二之安西》：「客舍青青柳色新。」（《全唐詩》第三册，台灣復興書局，頁七一六。）又韓翃詩：「章臺柳、章臺柳，往日青青今在否？」見唐・孟棨《本事詩》，上海中華書局，一九五九年八月一版，頁八。

⑭　伍輯之《柳花賦》：「垂柯葉而雲布，揚零花而雪飛。」（《藝文類聚》，同注⑪，頁一五三四。）又蘇軾《少年遊》：「去年相送，餘杭門外，飛雪似楊花。今年春盡，楊花似雪，猶不見還家。」《全宋詞》第一册，北京中華書局，一九六五年六月版，頁二八八。

⑮　《世說新語・玄語》：「太傅寒雪日內集，與兒女講於文義，俄而雪驟，公欣然曰：『白雪紛紛何所似。』兄子胡兒曰：『撒鹽空中差可擬。』兄女曰：『未若柳絮因風起。』」（余嘉錫箋疏本，北京中華書局，一九八三年八月版，頁一三一。）杜甫《漫興》(其五)：「顛狂柳絮隨風舞，輕薄桃花逐水流。」（杜詩仇兆鰲詳注本，北京中華書局，一九七九年十月版，頁七八九。）又姜夔《點絳脣》：「殘柳參差舞。」《全宋詞》第三册，頁二一七。

⑯　梁簡文帝《折楊柳詩》：「楊柳亂成絲，攀折上春時。」丁福保《全漢三國晉南北朝詩・全梁詩》，台北藝文印書館，無出版年月，頁一一〇〇。

⑰　《南史》卷三十一《張緒傳》：「緒吐納風流，聽者皆忘飢疲。劉悛之爲益州，獻蜀柳數株，枝條甚長，狀若絲縷。時舊宮芳林苑成，武帝以植於太昌靈和殿前，常玩咨嗟曰：『此楊柳風流可愛，似張緒當年。』」(台北藝文印書館本，無出版年月，頁三七八。) 又《南齊書》卷三十三《張緒傳》：「緒卒，從弟融曰：『阿兄風流。』」又《傳論》曰：「張緒凝衿素氣，自然標格，搢紳端委，朝宗民望。夫如緒之風流者，豈不謂之名臣。」台灣開明書局鑄版二十五史本，無出版年月，頁一七二三。

⑱　《詩・小雅・采薇》：「昔我往矣，楊柳依依，今我來思，雨雪霏霏。」台北啓明書局十三經本，頁四一四。

⑲　《庾子山集》卷五，倪璠注本，同注⑩，頁四一一。

⑳　柳枝即楊柳，本名樊蠻，亦稱小蠻。白居易有《別柳枝》詩：「兩枝楊柳小樓中，嫋嫋多年伴醉翁，明日放歸歸去後，世間應不要春風。」《全唐詩》第八冊，台灣復興書局，頁二七六四。

㉑　庾信《小園賦》：「昔時種柳，依依江南，即今搖落，悽愴江潭。樹猶如此，人何以堪。」《庾子山集》倪璠注本，同注⑩，頁五三。

㉒　《禮記・曲祀上》：「鸚鵡能言，不離飛鳥，猩猩能言，不離禽獸。」台北啓明書局十三經注疏本。

㉓　《本草綱目》卷三十六：「山茶，深多開花，紅瓣黃蕊。」(香港商務印書館，一九六五年版，第五冊，頁一二三。) 蘇軾和子由《柳湖久涸忽有水開元寺山茶舊時無花今歲盛開二首》其二：「長明燈下不欄干，長共松杉守歲寒。」《蘇軾詩集》，王文誥輯注本卷七，北京中華書局，一九八二年二月版，頁三三六。

㉔　《周易・漸卦》：「上九，鴻漸於陸，其羽可用爲儀，吉。」象曰：「其羽可用爲儀，吉，不可亂也。」王注曰：「進處高潔，不累於位，無物可以屈其心，而亂其志，峨峨清遠，儀可貴也。故其羽可用爲儀，吉。」疏曰：「處高而能不以位自累，則其羽可用爲物之儀表，可貴可法也。」又曰：「近處高潔，不累於位，無物可以亂其志也。」又《大有卦》：「大有，元亨。象曰：大有，柔得尊位大中，而上下應之，曰大有。其德剛健而文明，應乎天而時行，是以元亨。」王注：「處

尊以柔居中，以大體無二陰以分其應，上下應之，靡所不納，大有之義也。德
應於天則行不失時矣，剛健不滯，文明不犯，應天則大，時行無違，是以元亨。」
台北啓明書局十三經注疏本，頁六十三、三〇。

㉕ 《隋書‧音樂志》：「彤庭爛景，丹陛流光，懷黃綰白，鵷鷺成行。」（台北開明書
局二十五史本，無出版年月，頁三十八）。李嶠《爲水僚災異陳情表》：「顧處慚
惶，寢興誠惕，思解鵷鷴之服，願辭鵷鷺之行。」（《全唐文》卷二四六，台北滙
文書局，一九六一年十二月，頁三一五四）。鵷鷺行，謂朝官之行列，如鵷鷺之
整齊也。

㉖ 屈原《九章‧‧橘頌》有云：「深固難徙，更壹志兮。」王逸注云：「美橘之有是德，
故頌。」香港廣智書局《楚辭四種》本，無出版年月，頁九一。

㉗ 《晏子春秋》卷六：「王曰：縛者曷爲者也？對曰：齊人也。坐盜。王視晏子曰：
齊人固善盜乎？晏子避席對曰：嬰聞之，橘生淮南則爲橘，生於淮北則爲枳，
葉徒相似，其實味不同。所以然者何，水土異也。今民生長於齊不盜，入楚則
盜，得無楚之水土使民善盜耶？」北京中華書局吳則虞集釋本，一九六二年一
月版。

㉘ 《詩‧大雅‧鳧鷖》之《序》云：「鳧鷖，守成也。太平之君子能持盈守成。」釋文：
「鷖，鷗也。」《毛傳》云：「鳧，水鳥也；鷖，鳧屬。」《毛詩正義》本，台北啓明
書局十三經注疏本，頁二六九。

㉙ 《本草綱目》卷三十三《蓮藕》：「時珍曰：冬月至春，掘藕食之，藕白有孔有絲。
大者如肱臂。」（同注㉓，頁六十二）。又杜甫《佳人詩》：「在山泉水清，出山泉
水濁。」（仇兆鰲杜詩詳注本，同注⑮，頁五五四）。蔣氏之詠藕，即翻此意。

㉚ 韓愈《上宰相書》：「惟恐入山之不深，入林之不密。」《韓昌黎文集》，馬其昶校
注本，台北世界書局，民國四十九年（一九六〇）十一月版，頁九二。

㉛ 《本草綱目》卷四十九：「時珍曰：北人喜鴉惡鵲，南人喜鵲惡鴉。」見注㉓，第
六冊，頁九。

㉜　《禮記・月令》:「季夏之月,腐草爲螢。」台北啓明書局十三經本,頁一四二。

㉝　《莊子・齊物論》:「昔者莊周夢爲胡蝶,栩栩然胡蝶也,自喩適志與!不知周也。俄然覺,則蘧蘧然周也。不知周之夢爲胡蝶與,胡蝶之夢爲周與!周與胡蝶,則必有分矣。此之謂物化。」北京中華書局郭慶藩集釋本,一九六一年七月版,頁一一二。

㉞　《詩・衛風・綠衣序》:「綠衣,衛莊姜傷己也。妾上僣,夫人失位而作詩也。」台北啓明書局十三經本,頁二十九。

㉟　詳第一章蔣春霖之《官祿考》。

㊱　《水雲樓詞續》,上海漢文正楷印書局,一九三三年十二月版。

㊲　《水雲樓詞》卷二,曼陀羅華閣刻本。

㊳　如:「漫矜吾舌在,知否托身微。」(《鸚鵡》)之「漫矜吾」與「知否托」不工。「相呼來澤國,失影下寒塘。」(《雁》)之「相呼」與「失影」不工。「團欒知後落,霜雪已經時。」(《橘》)之「知後落」與「已經時」不工。

㊴　《書林紀事》,見兪劍華編《中國美術家人名辭典》,上海人民美術出版社,一九八一年十二月版,頁一一六二引。並參下章《蔣春霖之交遊》。

㊵　震甲見《揚州畫苑傳》(同上,頁七二五)。森甲見《心轂筆記》(同上,頁七一五)。並參下章《蔣春霖之交遊》。

㊶　《畫錄識餘》,同上,頁五八五。

㊷　《續揚州府誌》,同上,頁七〇三。

㊸　四氏分見於《江浙藏書家史略》,北京中華書局,一九八一年一月版,頁一四二、一五九、一六〇及一八六。

㊹ 同注㊸。

㊺ 《莊子‧天地篇》：「子貢南遊於楚，反於晉，過漢陰，見一丈人，方將為圃畦，鑿隧而入井，抱甕而出灌，搰搰然，用力甚多，而見功寡。子貢曰：『有械於此，一日浸百畦，用力甚寡而見功多，夫子不欲乎！』為圃者仰而視之，曰：『奈何？』曰：『鑿木為機，後重前輕，挈水若抽，數如泆湯。其名為槔。』為圃者忿然作色而笑，曰：『吾聞之吾師：有機械者，必有機事，有機事者，必有機心。機心存於胸中，則純白不備；純白不備，則神生不定，神生不定者，道之所不載也。吾非不知，羞而不為也。……汝方將忘汝神氣，墮汝形骸，而庶幾乎！』」香港中華書局王先謙莊子集解本，一九六〇年十二月，頁六十九。

㊻ 《漢書‧郊祀志》：「及高祖禱豐枌榆社。」注：「鄭氏曰：『枌榆，鄉名也，社在枌榆。』晉灼曰：『枌，白榆也。』師古曰：『以此樹為社神，因立名也。』」（北京中華書局點校本，一九六二年六月一版，頁一二一〇）。張衡《西京賦》：「豈伊不懷，歸于枌榆。」（《昭明文選》，香港商務印書館，一九六〇年八月重印一版，頁二八）。清‧厲荃《事物異名錄》卷五《郡邑下‧鄉里》：「枌榆，山堂肆考，後人用枌榆為鄉曲。」江蘇廣陵古籍刻印社，一九八九年十一月版，頁七七。

㊼ 陶潛有《閒情賦》，舊說王維有《山水論》、《山水訣》二書。見俞劍華編《中國畫論類編》，香港中華書局，一九七三年四月版，頁五九二至六〇〇。

㊽ 杜甫《乾元中寓居同谷縣作歌》七首其二。仇兆鰲注云：「命託長鑱，一語慘絕。」又云：「說文：鑱，銳也。吳人云犁鐵。」北京中華書局，一九七九年十月版，頁六九四。

㊾ 屈原《九歌‧山鬼》：「若有人兮山之阿，被薜荔兮帶女蘿。」（《楚辭四種》本，香港廣智書局，無出版年月，頁四六）。《晉書‧謝安傳論》：「褫薜蘿而襲朱綃，去衡泌而踐丹墀。」《晉書》卷七十九，台北藝文印書館，無出版年月，頁一三七九。

㊿ 張炎《國香序》：「沈梅嬌，杭妓也，能誦清真詞。」《全宋詞》，北京中華書局，一九六五年六月版，頁三四六五。詳第一章蔣春霖之《婚姻與戀情》。

(51) 唐·崔令欽《教坊記》有此曲著錄。任半塘箋曰：「此曲始義，……皆久羈邊圉，思念家國之情。世人因南唐後主曾用曲破，遂認此調爲亡國破家之唱，出於後主所製，而忘其有盛唐原音。」(任半塘《教坊記箋訂》，上海中華書局，一九六二年七月上海一版，頁八二。)案：馬令《南唐書》卷六云：「王妙於音律，舊曲有念家山，王親演爲念家山破。其聲焦殺，而其名不祥，乃敗徵也。」叢書集成初編本，一九三五年十二月版。

(52) 《詩小雅·車攻》：「之子于苗，選徒囂囂。」(《毛詩正義》)，台北啓明書局十三經注疏本，頁一六)。《史記》卷一百十七《司馬相如列傳》：「王駕車千乘，選徒萬騎。」台北啓明書局四史本，一九五九年七月初版，頁九六三。

(53) 《清史稿·兵志三》，香港文學研究社鑄版，無出版年月，頁四九〇。

(54) 同上《文宗紀》，頁八六。

(55) 同上《文宗紀》，頁八五。

(56) 同上《兵志八》，頁四九八。

(57) 羅玉東《中國釐金史》上册，上海商務印書館，一九三六年版，頁三。

(58) 戴逸《中國近代史稿》第一卷，北京人民出版社，一九六三年版，頁二一八——二一九。

(59) 《皇朝道咸同光奏議》卷五十三，台北文海出版社影印光緒壬寅秋上海久敬齋石印版。

(60) 葛士濬編《皇朝經世文續編》卷五六《戶政》二八《釐捐》，台北文海出版社，民國六十一年(一九七二)據清光緒辛丑(一九〇一)上海久敬齋鑄印本影印，頁十至十一。

(61) 鄧之誠《中華二千年史》卷五下册，香港太平書局，一九六四年八月版，頁三一九。

⑫　《遵議整理釐捐章程疏》(同治元年)，見《皇朝道咸同光奏議》卷三十七《戶政類‧釐捐‧戶部》，同注⑲。

⑬　《清史稿‧選舉七‧捐納》，同注㊾，頁四〇二、四〇三。

⑭　《中國財政簡史》，中央財政金融學院財政教研室編，中國財政經濟出版社，一九八〇年二月版，頁一六八。

⑮　《清史稿‧洪秀全傳》，同注㊾，頁一四三七、一四三八、一四五〇。

⑯　黎東方《細說清朝》，台北文星書店，一九六二年二月版，頁三八〇、三八一。

⑰　《清史稿‧食貨志‧賦役》，同注㊾，頁四三七。

⑱　郭嵩燾《評陳釐捐源流利弊疏》，見《皇朝道咸同光奏議》卷三十七《戶政類‧釐捐》，同注⑲。

⑲　劉耀《從長江中下游地道農村經濟的變化看太平天國革命的歷史作用》，見《太平天國史學術討論會論文選集》第一冊，北京中華書局，一九八一年十月第一版，頁一九六。

⑳　《李文忠公全集‧奏稿三》，香港中國古籍珍本供應社，一九六五，頁四十四。

㉑　同注⑲，頁一八八。

㉒　同注⑲，頁一九〇、一九一。

㉓　《通鑑》卷二百八十二《後晉紀三》胡三省注，台北啓明書局，一九六〇年五月版，頁一九五九、一九六三。

㉔　馮煦《宗源瀚〈頤情館詩鈔〉序》，民國八年岹園叢書刊本。

⑦　《清史稿‧食貨志二》，同注㊹，頁四四一。

⑦　《清史稿》列傳二〇九《雷以諴傳》，同注㊹，頁一三五五。

⑦　杜文瀾《平定粵寇紀畧》卷五，《太平天國資料滙編》第一册，太平天國歷史博物館編，北京中華書局，一九八〇年九月版，頁六九。

⑦　參第二章《太平天國及捻軍在蔣春霖創作思想中之歷史背景》有關萬福橋之考述。

⑦　謝孝苹《讀蔣鹿潭水雲樓詞札記》，《詞學》第五輯，華東師範大學出版，一九八六年十月版，頁一〇四。

⑧　馮其庸《蔣鹿潭年譜考略》，山東齊魯書社，一九八六年九月版，頁一一四。

⑧　據馮其庸《蔣鹿潭年譜考略》，同上，頁七三。

⑧　參第一章蔣春霖之《婚姻及戀情》。

⑧　范泰《鸞鳥詩‧序》云：「昔罽賓王結罝峻卯之山，獲一鸞鳥，王甚愛之，欲其鳴而不致也。仍飾以金樊，饗以珍羞，對之愈戚，三年不鳴，其夫人曰：『嘗聞鳥見其類而後鳴，何不縣鏡以映之。』王從其意，鸞覩形，悲鳴哀，沖霄一奮而絕。」丁福保《全漢三國晉南北朝詩‧全宋詩》卷五，台北藝文印書館，無出版年月，頁九〇一。

⑧　《荊楚歲時記》：「漢武帝令張騫使大夏，乘槎經月而至一處，見一女織，一丈夫牽牛飲河渚，織女取支機石與騫而還。」(見庾信《楊柳歌》倪璠注，北京中華書局，一九八五年五月版，頁四二。)又周捨《上雲樂》：「周帝迎以上席，王母贈以玉漿。」丁福保《全漢三國晉南北朝詩‧全梁詩》，卷十一，同上，頁一四九一。

⑧　張華《博物志》卷十：「舊說云天河與海通，近世有人居海渚者，年年八月有浮槎去來，不失期，人有奇志，立飛閣於槎上。多齎糧，乘槎而去，十餘日中觀星月日辰，自後茫茫忽忽，亦不覺晝夜。去十餘日，奄至一處，有城郭狀，屋舍

甚嚴。遙望宮中多織婦，見一丈夫牽牛渚次飲之。牽牛人乃驚問曰：『何由至此？』此人具說來意，並問此是何處。答曰：『君還至蜀郡，訪嚴君平則知之。』竟不上岸，因遂如期。後至蜀，問君平，曰：『某年月日有客星犯牽牛宿，計年月，正是此人到天河時也。』」范寧校注本，北京中華書局，一九八〇年一月版，頁一一一。

⑧⑥　陸機《挽歌》三首，其一：「按轡遵長薄，送子長夜臺。」李善注：「阮瑀《七哀》詩曰：冥冥九泉室，漫漫長夜臺。」李周翰注：「謂墳墓一閉，無復見明，故云長夜臺。」(《文選》六臣注本，卷二十八，台灣廣文書局，一九六四年九月版，頁五三五)。又李白《哭宣城善釀紀叟》詩：「夜臺無曉日，沽酒與何人？」《李太白全集》清・王琦注本，北京中華書局，一九七七年九月版，頁一二〇二。

⑧⑦　葛洪《抱朴子・釋滯篇》：「周穆王南征，一軍盡化，小人爲蟲沙。」(見《太平御覽》卷七十四，北京中華書局，一九六三年十二月版，頁三四八)。案：今本《內篇》卷八《釋滯篇》作：「三軍之衆，一朝盡化，君子爲鶴，小人成沙。」台北世界書局世界文庫四部刊要本，無出版年月，頁三六。

⑧⑧　丁福保《佛學大辭典》云：「『招提』全名爲拓鬭提舍，梵音 Caturdesa 之音譯。意謂四方之僧爲招提僧，四方僧之住處爲招提僧坊。魏武帝造伽藍，以招提名之，『招提』二字，遂爲寺院之異名。《涅槃經》十一曰：招提僧坊。《慧琳音義》二十六曰：招提僧坊，此之四方僧坊也。」北京文物出版社，一九八四年一月新一版，頁六八七。

⑧⑨　《首楞嚴經》云：「彼金寶者，明覺立堅，故有金輪保持國土。」金輪，即金輪寶，爲轉輪聖王所得七寶之一。轉輪聖王有金銀銅鐵四種之差別，最優者爲金輪王，亦稱金輪聖王或金輪聖帝。謂有金輪寶之聖帝，國土必可保持也。詳見丁福保之《佛學大辭典》同注⑧⑧，頁六七四。

⑨⑩　資料詳見第一章《蔣春霖官祿考》一節之引述。

⑨①　參第一章注⑧⑨。並參附錄三圖：清代兩淮鹽場略圖。

⑨②　並參清・尹會一、程夢星等纂修《揚州府志》卷之一《泰州四境圖》(台北成文出版

社據清雍正十一年刊本影印)。及《江蘇省泰州新志刊繆》,台北成文出版社,一
九七四年據道光十年刊本影印,頁三十八。

⑬　此據金武祥《蔣君春霖傳》之說法。其實,蔣氏於丙辰已去官,去官原因亦非僅
　　爲「丁母憂」,詳見第一章《官祿考》之考述。

⑭　《續碑傳集》卷八十,同注②,頁五九八。

⑮　同上,頁五九八——五九九。

⑯　參第一章《官祿考》及《思想與性格》。

⑰　詳下節《其他詩作》對《春日詩》的分析。

⑱　唐圭璋《蔣春霖評傳》亦以爲鹿潭於喬金調任後,曾「做小小的鹽官」(《詞學季刊》
　　第一卷第三號)。並詳《官祿考》一節。

⑲　見《水雲樓詞叙》,曼陀羅華閣刻本。

⑩　仇兆鰲《杜詩詳注》引,北京中華書局,一九七九年十月版,頁五八九。

⑩　《舊唐書》卷一二《郭子儀傳》,台北開明書局鑄版二十五史本,頁三六一。

⑩　杜甫《太歲日詩》,仇兆鰲《杜詩詳注》本,頁一八五五。

⑩　馮其庸《蔣鹿潭年譜考客》以鹿潭夫人亡於咸豐十年,是鹿潭已去富安場大使
　　任,居泰州。關於鹿潭夫人卒年,並參第一章《婚姻與戀情》。

⑩　《隴西行》:「鳳皇鳴啾啾,一母將九雛。」郭茂倩《樂府詩集》卷三十七,北京中
　　華書局,一九七九年十一月版,頁五四二。

⑩　杜甫《山館》:「南國晝多霧,北風天正寒。路危行木杪,身遠宿雲端。山鬼吹燈
　　滅,廚人語夜闌。雞鳴問前館,世亂敢求安。」(清,錢謙益箋注《錢注杜詩》本,

頁四五三）。又《西閣夜》：「恍惚寒山暮，逶迤白霧昏。山虛風落石，樓靜月侵
門。擊柝可憐子，無衣何處村。時危關百慮，盜賊爾猶存。」（同上，頁四八三）。
又《溪上》：「峽內淹留客，溪邊四五家。古苔生迮地，秋竹隱疏花。塞俗人無井，
山田飯有沙。西江使船至，時復問京華。」（同上，頁四八九）。又《遣愁》：「養
拙蓬爲戶，茫茫何所開。江通神女館，地隔望鄉臺。漸惜容顏老，無由弟妹來。
兵戈與人事，回首一悲哀。」（同上，頁五四五）。又《獨坐》：「竟日雨冥冥，雙
崖洗更靑。水花寒落岸，山鳥暮過庭。煖老須燕玉，充饑憶楚萍。胡笳在樓上，
哀怨不堪聽。」（同上，頁五四七）又《登岳陽樓》：「昔聞洞庭水，今上岳陽樓。
吳楚東南坼，乾坤日夜浮。親朋無一字，老病有孤舟。戎馬關山北，憑軒涕泗
流。」（同上，頁六一三）突入國家時事，如此之類。

⑩⑥ 蘇軾《卜算子‧黃州定慧院寓居作》，《東坡樂府》卷二，龍沐勛校箋本，上海商
務印書館，一九三六年一月版，頁十七。

⑩⑦ 費袞《梁溪漫志》：「東坡一日退朝，捫腹徐行，顧謂侍兒曰：『汝輩且道是中有
何物？』朝雲乃曰：『學士一肚皮，不入時宜。』（學海類編本，冊六，文海出版
社，一九六四年八月版，頁三六二八——二九）又《漢書‧哀帝紀》：「皆違經背
古，不合時宜。」台北啓明書局四史本，頁五十一。

⑩⑧ 李商隱《蟬》：「本以高難飽，徒勞恨費聲，五更疏欲斷，一樹碧無情。薄宦梗猶
泛，故園蕪已平。煩君最相警，我亦舉家清。」《玉谿生詩集》馮浩箋注本，上海
古籍出版社，一九七九年十月版，頁四四〇。

⑩⑨ 《昭明文選》卷二十，台北廣文書局，一九六四年九月版，頁三六六。

⑩⑩ 《莊子‧大宗師》：「仲尼曰：『何謂坐忘？』顏回曰：『墮肢體，黜聰明，離形去
知，同於大適，此謂坐忘。』王先謙《莊子集解本》，香港中華書局，一九六〇年
十二月版，頁四十五。

⑪⑪ 詳見《漢書》卷五十七《司馬相如傳》，台北啓明書局四史本，一九五九年七月版，
頁四一八。

⑪⑫ 卓文君《白頭吟》：「皚如山上雪，皎若雲間月，聞君有兩意，故來相決絕。今日

斗酒會，明日溝水頭，躑躅御溝上，溝水束流。凄凄復凄凄，嫁娶不須啼，願得一心人，白頭永不離。竹竿何嫋嫋，魚尾何簁簁。男兒重意氣，何用錢刀為。」郭茂倩云：「《西京雜記》曰：『司馬相如將聘茂陵女為妾，卓文君作白頭吟以自絕，相如乃止。』」郭茂倩《樂府詩集》，同注⑩，頁五九九、五六〇。

⑬　見《鮑參軍集》。黃節注云：「《博物志》云：鴻鵠千歲，皆胎生。」(北京中華書局，一九五九年十一月版，頁十五)。又陶宏景《瘞鶴銘》：「相此胎禽，浮丘著經。」(見嚴可均《全上古三代秦漢三國六朝文‧全梁文》卷四十七，台北世界書局，一九六三年五月版)。又《夢溪筆談》卷十：「林逋隱居杭州孤山，常畜兩鶴。逋常泛小艇遊西湖諸寺，有客至逋所居，則一童子出應門，延客坐，為開籠縱鶴，良久逋必棹小船而歸，蓋嘗以鶴飛為驗也。」北京文物出版社，一九七五年十二月版。

⑭　李陵《與蘇武詩》：「攜手上河梁，遊子暮何之。」又孔融《薦禰衡表》：「忠果正直，志懷霜雪。見善若驚，疾惡若讎。」《文選》，卷二十九，香港商務印書館，一九六〇年重印第一版，頁六三七、八〇六。

⑮　杜甫《詠懷古迹》：「庾信平生最蕭瑟，暮年詩賦動江關。」又《宗彭州高三十五使君適虢州岑二十七長史參三十韻》：「意愜關飛動，篇終接混茫。」仇兆鰲杜詩詳注本，北京中華書局，一九七九年十月版，頁一四九九及六四〇。

⑯　《詩小雅‧大東篇》：「小東大東，杼柚其空。」《毛傳》：「空，盡也。」箋云：「小也大也，謂賦斂之多少也。小亦於東，大亦於東，言其政偏失砥矢之道也。」《序》云：「大東，刺亂也，東國困於役而傷於財，譚大夫作是詩以告病焉。」十三經注疏本，台北啟明書局，無出版年月，頁四六〇。

⑰　晉‧皇甫謐《高士傳》卷中：「張仲尉隱身不仕，常居窮素，所處蓬蒿沒人，閉門養性，不治榮名。時人莫識，唯劉龔知之。」四部備要本，上海中華書局，頁十至十一。

⑱　杜甫《客至》：「盤飧市遠無兼味，樽酒家貧只舊醅。」同注⑮，頁七九三。

⑲　宋玉《九辯》：「豈不鬱陶而思君兮，君之門以九重。」《楚辭四種本》，香港廣智

書局，無出版年月，頁一一三。

第五章　蔣春霖之交遊

　　鹿潭詩詞集中，勝友如雲，其交遊之廣，可以想見。與鹿潭相交者，可歸納爲兩類人物，一爲文苑中之摯友良朋，二爲歡場中之紅顏知己。本章分三節考述鹿潭之交遊，首先探討鹿潭與當時文苑友人之交遊狀況，其次爲鹿潭與歌妓之交遊考述。最後，試從鹿潭之交遊，去觀察其生活情趣及思想態度，冀求對蔣鹿潭之處世與爲人，得以更深入、更確切之認識。

一、與當時文苑友人之交遊

　　鹿潭喜好交遊，重視友情，當時與其交遊之文士甚多。鹿潭在《水雲樓詩詞集》中所記述之文苑友人，即有五十多位，其交遊之廣，可見一斑，惟其友人大都爲志不得伸，終世沉居下僚之寒士，史籍文獻鮮有記載，考述方面十分困難。這裏盡量搜求有關之資料，逐一分別列述各人之生平行誼。先述作敍之四人，然後以《水雲樓詞》及《水雲樓賸稿》所提及人名之先後序次，考述如下。

徐鼐（一八一〇——一八六二）

　　《水雲樓詞》敍文四篇，第一篇敍爲徐鼐所撰。徐敍結尾云：「歲在丁巳冬杪，六合彝舟甫徐鼐敍於東臺舟次。」①丁巳爲清文宗咸豐七年，太平天國七年（一八五七），蔣鹿潭四十歲，時已罷官家居。

　　徐鼐，字彝舟，號亦才，江蘇六合人，道光進士，官至福建福寧知府，同治元年（一八六二）卒，年五十三②。生平著述多燬於兵，今存《務本論》

二卷、《周易舊注》十二卷、《四書廣義》若干卷、《小腆紀年》二十卷、《小腆紀傳》六十五卷、《明史藝文志補遺》一卷、《讀書雜釋》十四卷、《度支輯畧》十卷、《校勘雜記》若干卷③。又《販書偶記》著錄有《未灰齋文集》八卷、《外集》一卷、《詩鈔》四卷、《年譜》一卷，注云：「六合徐鼒撰，咸豐十一年至光緒年刊。」④徐鼒著述之豐，於爾得見。夏寅官曰：「徐先生遭遇聖世，身列承明，乃猶睠睠然，甄綜遺聞，發潛闡幽，以彰勝國誼士……讀其書，翔贍有法，別史之良也。」⑤

　　據金武祥《蔣君春霖傳》：「丁巳，遭母憂，始去官。」⑥徐鼒《敝帚齋主人年譜》四十八歲條云：

> 「丁巳，（徐鼒）年四十八。……十二月，以事赴東臺，與周發甫（騰虎）（原注：謹案：周君武進諸生，候選主事），蔣鹿潭（春霖）（原注：謹案：蔣君時官兩淮鹽大使）訂交。（原注：謹案：鹿潭爲府君書楹聯，署款曰：『受業』。蓋府君雖處之儔友，不以師道自居，而鹿潭終執弟子禮也。）除夕之前一日始歸家，旅次得詩數十首。」⑦

得見咸豐七年丁巳（一八五七），鹿潭識徐鼒，遂執弟子禮。徐鼒當時頗有文名，年長於鹿潭八歲（時徐氏四十八歲，鹿潭四十歲），鹿潭除以師長聲尊敬之外，更請他爲《水雲樓詞》作敍文。

　　又據《敝帚齋主人年譜補》，咸豐八年戊午（一八五八），四十九歲條云：

> 「是歲春正月，主人偕子承祖，門人王次安（達利）北上抵揚州。丁劍溪（士鴻）來執贄，迂道之東臺，訪周發甫（騰虎）、蔣鹿潭（春霖），作《吳孝子家梅樹重花記》。」

咸豐八年，他們相識後之第二年，亦即徐鼒替鹿潭詞集寫敍的第二年春天，徐鼒曾到東臺，並探訪鹿潭。

　　據上引有關資料，有兩點值得注意：(1)據《蔣君春霖傳》：「丁巳，遭母

憂，始去官。」即丁巳年鹿潭已去官，但《敝帚齋主人年譜》中原注云：「謹案：蔣君時官兩淮鹽大使。」卻說明鹿潭仍爲兩淮鹽大使。此乃一者，徐鼐未知鹿潭已辭官；其二則雖知之，但仍呼其舊日官銜。鹿潭於丙辰歲暮已由富安經東淘，未幾當抵東臺鎮，徐鼐訪鹿潭乃在丁巳之十二月，時鹿潭自然已在東臺鎮，故二人始交於此也。(2)又《敝帚齋主人年譜》原注云：「鹿潭爲府君書楹聯，署款曰受業。蓋府君雖處之儕友，不以師道自居，而鹿潭終執弟子禮也。」但據徐鼐《水雲樓詞敍》云：「蔣生鹿潭，承明不遇。」徐鼐固已自居師位。注者特爲此說以誇耀徐氏之謙讓而已，於事未確，故周夢莊先生《水雲樓詞疏證》以爲：「年譜注者之言，未爲確論。」⑧誠然。

何詠

咸豐八年戊午(一八五八年，鹿潭四十一歲)三月，何詠爲《水雲樓詞》撰敍。詞集何敍云：「咸豐八年，歲在戊午，三月旣望，江寧何詠撰於東亭慈雲禪社之散花室。」⑨

敍文有：

> 「漢上題襟，揚州聽鼓。十年短夢，付紅橋水上之簫；五月思家，譜黃鶴樓中之笛。而鹽鐵之論，未申於文學；銜官之寄，尚屈於幕僚。」⑩

又云：

> 「讀者徒知其才之豐，不知其遇之蹇也。」⑪可知何詠對鹿潭的遭遇及身世，均甚了解，而且寄以無限之同情。又據何敍：

> 「惟時薄游東亭，一燈僧榻，乃興索居之嘆，載詠伐木之什。夜漏二下，見有排闥入者，蔣君鹿潭也。……相與俯仰古今，斟酌損益，繹阮瞻之三語，研沈約之四聲。」⑫

東亭即東臺，咸豐八年，鹿潭已去官之第二年，居東臺，二人相聚於東臺，頗有「酒逢知己千杯少」之感。

《水雲樓詞》卷二，有《霓裳中敍第一》，即寄懷何詠（梅屋）之作。《霓裳中敍第一》小敍云：

> 「春事欲闌，故人江外，旅窗竟夕，索夢不得，書寄何梅屋。」

又詞云：

> 「天涯倦翼，趁墜紅，飛去無力。淒涼久，一燈夢覺，隱約夜窗白。」

> 「斷鴻歸太急，便忘卻，江南舊識。鄉程遠，何時孤棹，臥聽倚樓笛。」

可以見出鹿潭對何詠感情之深摯。王韜《瀛壖雜誌》云：

> 「何梅屋詠，上元人，工於詩詞，爲幕府上客。摛辭揆藻，名動諸侯，金陵既爲賊窟，避居吳門。湘鄉左青峄太守延之司筆扎。主賓契合，比於苔岑。旋劉松巖大令聘之至滬上，賭酒論詩，與予無日不相見。」⑬

何詠，字梅屋，江寧上元人，著有《思古堂集》，光緒《續纂江寧府志》有傳。⑭

李肇增

李肇增《水雲樓詞敍》除載於《水雲樓詞》外，又載於李著《琴語堂雜體文續》⑮。在曼陀羅華閣所刻之《水雲樓詞》本中，李敍列於第三⑯。

李肇增，字冰叔，揚州甘泉人。民國辛酉《甘泉縣續志》有傳⑰。著有《冰持庵詞》一卷、《琴語堂文述》二卷、《琴語堂雜體文續》一卷，又輯《淮海

秋笳集》。

《宣統泰州志》記冰叔云：

「李肇增，字冰叔，甘泉人。諸生，博學善屬文。家貧，客游吳中，鄧蔛甫司馬爲梓《琴語堂文述》，時以汪容甫述學爲擬。咸豐中避寇僑居泰州，尋又去東臺，流離轉徙，牢騷不平之氣，一寓於文。所著《琴語堂雜體文續稿》中，多沉鬱淒厲之作。後入戎幕，以軍功保知縣分發浙江。」⑱

又卞寶弟《琴語堂雜體文續・序》：

「冰叔前客吳門，鄧蔛甫司馬嘗爲梓《琴語文述》。」

李肇增今有《琴語堂行卷》及《琴語堂雜體文續》傳世。光緒年間，曾以二書合刊印行。

　　據李敍所署年月爲「咸豐辛酉年午月上旬」(咸豐十一年，一八六一)，時鹿潭四十四歲，當仍居東臺，生活應當十分窮困，因而李敍中形容鹿潭生活，甚多窮愁潦倒之句。例如：「羈泊海上時，有晏大夫其人者，慰卹孤窮，分粟以哺之，得免槁餓。」此等寫實之句，對後人研究鹿潭的生平行誼方面，提供了很大的線索。不過，序文寫成時，鹿潭仍在世，對鹿潭的面子心理，恐怕是有所打擊的。

　　鹿潭與李肇增的交情深淺，很難稽考，從敍中李對鹿潭際遇生活的了解程度，可見他們認識當有一段時日。李氏與杜文瀾亦當稔熟，因爲於李氏敍《水雲樓詞》的同一年同一月(即辛酉年五月)，李又爲杜文瀾《采香詞》作敍。曼陀羅華閣所刻《采香詞》二卷，僅李肇增一篇敍文。李敍《水雲樓詞》寫於五月上旬，叙《采香詞》則於同月的下旬。時杜文瀾官兩淮鹽運使署東臺鹽運分司，兩人際遇迥異，故在李氏之兩篇敍文中，其敍述之實情，清楚可見⑲。

褚榮槐(一八二六——一八七八)

爲《水雲樓》集第四篇作序的是褚榮槐。榮槐，字仲衡，又字二梅、又梅，浙江秀水人。褚序作於咸豐辛酉年(十一年，一八六一年)，在此之前，鹿潭已有《尉遲杯》(詞集卷二)記與褚榮槐、金麗生的交遊；又於咸豐九年己未(一八五九)譜《八聲甘州》(詞集卷二)贈褚氏。據此，鹿潭與褚榮槐於咸豐十一年之前已交遊甚密。

又據《尉遲杯》詞云：

> 「還記水曲吹笙，頻呼酒江船，勝友星聚。」

及《八聲甘州》詞：

> 「飄泊可憐淮海，風雨醉殊鄉。長鋏歸來未，燕子空梁。」
> 「更烟蘿池館，彈淚説滄桑。」

《賸稿》又有《喜褚仲衡至》：

> 「蓬蒿滿地客停車，執手驚看兩鬢疏。」
> 「且喜今宵共燈燭，案頭猶有未燒書。」

從這些詩詞看，鹿潭與褚榮愧的交情自當不淺，所以褚敍《水雲樓詞》，頗能洞悉鹿潭的處境及其內心感受，全文以四六駢體寫出，爲諸序中最見精警者。敍文有云：

> 「榮槐以丁、戊之歲，客游淮海間。秦人視越，肥瘠何關。網兩問景，蹤跡適合。雲喬晏起，終朝而伴休文；范縝寡交，舉足輒尋王亮。每當抽豪發詠，托旨騁妍。賞王筠之一篇，定虞松之五字。未嘗不抉別瘢垢，洒滌性靈。相視而笑，莫逆於心。落落焉，渺千古之一

瞬，羅萬象於寸紙。槐雖舌強腕辣，而於蔣子所作，無間然矣。烏
呼！弦歌應節，流水可以移情；河梁小別，停雲因而增慨。君如效
塞主吟，何減黃葉碧雲之句。我知有井水處，能唱曉風殘月之詞。
⑳

文情並茂，肝膽相照。觀詞意，二人之遭遇與心迹均極為接近，謂之知交，
當無異議。褚榮槐於詞敘署名為秀水二梅，鹿潭譜《八聲甘州》及《尉遲杯》
詞小敘時稱褚又梅、二梅，又梅當同為褚氏的別字。褚榮槐於《光緒嘉興縣
志》有傳，徐世昌編《清詩匯》，亦輯有褚氏的詩作。

光緒《嘉興縣志》載褚榮槐事蹟，云：

褚榮槐，字二梅，年十三舉茂才。詩古文翔躚虛無，一稿出，人爭
傳之。試輒冠其曹。尤工奕棋，善飲博。遊淮上，士大夫爭與為交。
咸豐九年舉於鄉，佐曾文正徐州幕府。選龍遊教諭。越八年卒。著
有《田硯齋文集》、《田硯齋詩集》、《煙花小劫詞》、《田硯齋詩韻蒙
求》。弟紹義，字少梅，名與之齊，先卒。」㉑

《清詩匯》卷一百五十七有云：

「褚榮槐，字二梅，嘉興人。咸豐己未舉人，官龍游訓導。有《田硯
齋集》。㉒

又周夢莊《水雲樓詞疏證》對褚榮槐之生平，考述頗詳，引述如下：

褚榮槐，字二梅，秀水人。少時銳意為六朝駢麗之文，散篇澹雅，
亦近於柳子厚杜牧之。顧舐弛於世少可，食貧力學，有失職之嘆。
咸豐丙辰(一八五六年)渡江而北，游淮海間。先大父瀟碧公與訂交
焉。已而舉已未鄉試，仍不得志於公車。橐筆游公鄉間，與杜小舫
文瀾同里，故尤相契。二梅為小舫舅氏，而又為其兄有山之女夫。
小舫以母黨尊之，二梅則以妻黨事小舫。咸豐十一年辛酉客伍佑，

依場大使錢塘王如金式墨幕，後選授龍游教諭，遂卒於學舍。著有
《田硯齋詩文集》，集中多伍祐事。卒後其友趙桐蓀搜輯刻印，有薛
時雨、杜小舫序。在伍祐時，曾集萍社與地方人士倡和。二梅生於
道光六年丙戌(一八二六年)，卒於光緒四年戊寅(一八七八)，年五
十三歲。」㉓

劉梅史

鹿潭《甘州》詞小序云：

> 「余少識劉梅史於武昌，不見且二十年。辛亥余爲淮南鹽官，梅史自
> 吳來訪。秋窗話舊，清淚盈睫，其飄泊更不余若也。」

據此，鹿潭與劉梅史，自是舊相知。辛亥爲咸豐元年(一八五一)，鹿潭年
三十四歲。從「不見且二十年」句看，鹿潭與劉梅史相識，約在道光十年至
道光十三年(一八三〇至一八三三)間，時鹿潭父親官任湖北荆門州，鹿潭
隨父居於武昌。

又據《甘州》詞：

> 「共飄零千里，燕子尚無家。且休賣珊瑚寶玦，看青衫寫恨入琵琶。」

幾句看，劉梅史或初爲富貴人家，但經二十年之滄桑後，一身飄零，此與
鹿潭之身世與遭遇幾同。鹿潭少年隨父居荆門時，家境優裕，所交亦多爲
官宦富家子弟㉔，劉梅史當爲其中一人。咸豐元年(一八五一)，鹿潭爲淮
南鹽官，任富安場課鹽司大使㉕。此時鹿潭父親已經去世，家道中落，加
上科場失利，幾經辛苦，才由「監生」的身份遴選而獲得此一差事，官賤人
微。此年，太平軍攻佔永安，建號太平天國，兵力直趨淮南，所向岌岌可
危。鹿潭雖任官，但位卑人微，國事不得而與，且社會困窮，鹿潭何由能
免。此《甘州》小序云：「秋窗話舊，清淚盈睫，其飄泊更不余若也。」則梅
史之飄泊更糟於鹿潭了。

劉梅史生卒及其生平大抵無文獻可考，然居於下僚，當為意料中事㉖。

周學濂（蓮伯）

周學濂，字蓮伯，以蓮伯見於鹿潭詞集中者三。詞集卷一《一萼紅》小序云：

> 「清明前一日，偕周蓮伯散步城北。紅日已西，乃至虹橋。復買小舟過桃花庵、蓮性寺。烟水淒然，游人絕少，共溯洄者漁船三兩而已。」

詞集同卷《木蘭花慢》小序云：

> 「中秋日，周桐實自浙西歸，得周蓮伯字。」

又卷二《法曲獻仙音》：

> 「天氣乍秋，微涼生夕，懷周蓮伯。」

二人之交情深至，想為必然。

同治《湖州府志》云：

> 周學濂，字元緒，號蓮伯，（浙江）烏程人，道光廿六年舉人。同治元年，湖城圍急，城陷自縊死。」㉗

這記述十分簡畧，也是有關周蓮伯的惟一有關的文獻資料。記載中特別注重周蓮伯之死，他的死可以說是清末國家內亂中的典型不幸者，相信周氏之死於城陷，一如高荼庵婦之死於兵亂（見詞續《慶春宮》詞），均給予鹿潭對戰爭帶來的禍患得以更深入更真實的感受，這對於他詞作中反映戰禍的描述，影響自是不小。

在鹿潭現存的詞作中，周蓮伯可以說是鹿潭詞小序中提及最多的朋友之一（見上文），則二人之交誼，於此可見消息。所以在這三首詞的字句中，表達想念之情懷也特別深厚，如：「念極浦，人歸後，西風片帆遠。」（《法曲獻仙音》），「萬感烟鴻，寄相思、梧葉怕剪。」（同上），「雁外心傳錦字，鷗邊夢閣離愁。」（《木蘭花慢》）及「折得蘆花懶寄，絮雲吹滿芳洲。」（同上）等。

據周夢莊：「蔣鹿潭約在道光二十七年自北都南返。翌年在揚州逗留了大半年。《一萼紅》詞當作於道光二十八年戊申（一八四八）。是年，鹿翁在揚州識周蓮伯。」㉘周氏此記當為憶測，道光二十七年（丁未，一八四七），揚州未遭兵火，何理有「蕪城」二字？（《一萼紅》詞尾句云：「剩取淒烟楚雨，愁畫蕪城。」）㉙周蓮伯與鹿潭相識於何時，已無法稽考。大抵在道光、咸豐年間，二人交往已很密切，則當可確信。

王蔭昌（午橋）

詞集卷一《甘州》（記疏林霜墮薊門秋）小序云：

> 「王午橋，常山人，詞筆清麗似吳夢窗。渡滹沱時相見，庚午復遇於南中，云自越絕返都門也，歌而送之。」

庚午為庚戌之誤，庚戌為道光三十年（一八五〇）㉚。道光二十八或二十九年於渡滹沱河時相見，三十年，遇於南中。咸豐十年（一八六〇），又調寄《渡江雲》，感燕京遊跡，書寄王午橋㉛。

王午橋的詞，丁紹儀《國朝詞綜補》及葉恭綽的《清詞鈔》皆有選錄。《國朝詞綜補》卷五十五云：

> 「王蔭昌，字五橋，正定人，有《尺壺詞》。」㉜

《清詞鈔》卷二十二有云：

> 「王蔭昌，字子言，號五橋，直隸正定人。道光舉人，官武定府知府。」
> ㉝

正定即常山，故鹿潭詞小序記王午橋為常山人。詞集既兩見，其感情當不淺淺。丁、葉皆作五，而鹿潭作午，午即五，見孫詒讓《周禮正義》則五橋午橋無異。

周桐實

周桐實名字見於詞集卷一《木蘭花慢》(亂霞晴隔浦)一首。該詞小序云：「中秋日，周桐實自浙西歸，得周蓮伯字。」

周蓮伯於同治《湖州府志》有傳，而周桐實事蹟，文獻未見有所記載，故生平無從稽考。想周氏或與周蓮伯為兄弟行，亦為烏程人也。

陳寶(百生)(一八三七──一八七八)

詞集卷一有《垂楊‧送陳百生北游》詞㉞，陳百生的《狂奴詞》亦載有鹿潭的《木蘭花慢‧贈陳百生》。另《陳百生遺集》卷四有《哭蔣鹿潭詩》四首，為記鹿潭之死及哀悼其死事之作。又《水雲樓詞續》宗源瀚鈙云：

> 「鹿潭卒為婉君而死，婉君亦以死殉鹿潭。瀕死，向陳百生再拜乞佳傳，從容就絕。」㉟

吳眉孫《與龍楡生言蔣鹿潭遺事》更有這樣的記載：

> 「昨書談黃婉君向陳百生再拜乞佳傳事，今日在老友秦嬰盦處，談水雲樓詞，因論及之。嬰盦云：宗序所謂乞佳傳事，蓋曲筆耳，初百生與鹿潭摯好。鹿潭既為婉君而死，百生語婉君曰：君能以死殉鹿

潭，我必爲君請旌表。時百生已入詞館，力固能辦此也。婉君既死，
旌表事請而被駁，百生無以自踐其諾言。未幾出都，車行北道中，
恆有旋風揚沙走其前，羣甓見婉君冤憤狀。倉皇抵家，自是棄官不
復入都，蓋負疚於心也。」㊱

從以上所輯之資料，得見陳百生與鹿潭的私交甚篤，與鹿潭晚年的交往尤
密。鹿潭姬人黃婉君的殉節，更與陳百生有很密切的關係，後人甚至有陳
百生迫死黃婉君的說法㊲。這種推論未必屬實，不過，陳百生在蔣春霖一
生的交朋中，所佔的地位極爲重要。

今上海圖書館藏，著易堂仿聚珍版印之《陳百生遺集》前有泰興朱銘盤
之《陳百生遺集敍》及《翰林院檢討陳君墓表》㊳。據朱銘盤《翰林院檢討陳君
墓表》：

「君諱寶，字百生，江南東臺人也。同治丁卯科舉人。明年入朝。……
同治辛未科貢士，改庶吉士。十三年，授翰林院檢討。……光緒元
年八月丁母憂歸家，服闋入都。尋以四年八月十七日卒於京師館舍，
年四十有二。」㊴

據墓表載陳百生死於光緒四年戊寅（一八七八）推算，陳百生當生於道光十
七年丁酉（一八三七年）㊵。鹿潭生於嘉慶二十三年戊寅（一八一八），即較
陳百生長二十歲，自然是陳百生的長輩。

陳百生《哭蔣鹿潭》詩有云：

「一身成長物，無處著扁舟。
湖海幾人識，水雲餘此樓。」

對蔣鹿潭的文才十分傾慕，並對其際遇寄以無限的同情。竊以爲陳百生在
詞學方面仰慕的人爲陳維崧及蔣鹿潭。陳維崧號迦陵，著有《湖海樓集》，
陳百生稱其文集爲《小迦陵室文集》。李肇增敍《水雲樓詞》稱鹿潭「佯狂」，

陳百生名其詞集爲「狂奴詞」。此處又云：「湖海幾人識，水雲餘此樓」，「湖海」、「水雲」連用，可知消息，其傾慕亦可想見。

現有《小迦陵室文集》、《狂奴詞》、《童角集》及《陳百生遺集》等傳世。

趙熙文（敬甫）（一八三〇 —— ？）

詞集卷一有《甘州》（又東風喚醒一分春），小序云：「甲寅元日，趙敬甫見過。」甲寅爲淸文宗咸豐四年，太平天國四年（一八五四），時鹿潭三十七歲。

趙敬甫，名熙文，江蘇陽湖人。繆荃孫《國朝常州詞錄》云：

> 「趙熙文，字敬甫，陽湖人，官至安徽候補直隸州。」④

戴望《謫麟堂遺集》又云：

> 「惠甫（趙烈文）與其兄敬甫（趙熙文）恪守先人遺訓，益篤學務實，富於文詞而嫺於典則，於古今大政因革得失，皆能言其故，世所稱聰明特達，通知時事者。」④

則趙敬甫除文詞外，亦爲嫺熟政典的人。

敬甫弟惠甫（趙烈文）號能靜居士。歷參曾國藩、曾國荃幕，親歷鎭壓太平軍事，當時官職名位皆顯著。所作《能靜居日記》六十四册，其中涉及太平天國史事者頗多，爲後世研究太平天國及湘軍史事之重要日記資料之一④。陳乃乾《（陽湖）趙惠甫先生年譜》云：

> 「道光十二年壬辰，先生（指趙烈文）生。次兄熙文字貞明，號敬甫，時年三歲。」④

依此推算，趙敬甫當生於道光十年庚寅（一八三〇年），較鹿潭小十三歲。又據該年譜載：「四姊適同邑周弢甫（騰虎）。」周弢甫名字亦見《水雲樓詞集》，亦爲鹿潭的摯友之一。詳見下條。

周騰虎（弢甫）（一八一六——一八六二）

詞集卷一有《齊天樂》，「送周弢甫、趙敬甫之杭州。」一首㊺，陳乃乾編《（陽湖）趙惠甫先生年譜》云：「四姊適同邑周弢甫。」㊻趙烈文《周先生墓表》亦云：「烈之仲姊諱慧媛，作配韜甫」㊼，故趙敬甫乃周弢甫之內弟，二人有親戚之關係。

周弢甫行事，除趙烈文《周先生墓表》外，金安清有《周徵君傳》，王韜《瀛壖雜志》及光緒《武進陽湖縣志》卷二十亦有記述。繆荃孫《國朝常州詞錄》亦選其詞。

趙烈文《周先生墓表》云：

「先生諱瑛，後諱騰虎。」㊽

繆荃孫《國朝常州詞錄》云：

「周騰虎，字韜甫，陽湖人，儀暐子，邑庠生（後官分部員外郎），有《蕉心詞》一卷。」㊾

金安清《周徵君傳》云：

「君生於嘉慶二十一年九月初七日，卒於同治元年七月二十三日。」㊿

王韜《瀛壖雜志》卷四載：

「周發甫比部，名騰虎，陽湖人，生平以經濟才自負，嘗署其門曰：
有王來取法，無佛處稱尊。亦可覘其概矣。」[51]

　　據上引資料，周發甫之生卒年月、生平性格，大抵可見。又據趙烈文
之《周先生墓表》，清季釐金之稅，實周發甫所倡議。墓表曰：

　　　「韜甫言：病農不可，征商可。首建策居貨及一金者取其釐一，軍為
　　　饒裕。於是數十年間，名臣巨公，咸踵行之不變，度支增入以億萬
　　　計，卒平大亂。而始謀者乃一寒士，莫能知之焉。」[52]

又《曾文正公日記》辛酉(一八六一)十月載：

　　　「周韜甫頗習夷務，所言亦曉暢事理。」

壬戌(一八六二)八月又載：

　　　「周韜甫在滬滄逝，老年一贋荐牘，遽被參劾，抑鬱潦倒以死。悠悠
　　　毀譽，竟足殺人，良可哀傷。」[53]

於此，周發甫曾以習夷務而為曾國藩所器重者，然亦不得志，潦倒以終。

黃文涵(子湘)(？——一八六九)

　　詞集卷一《三姝媚》題云：「送別黃子湘」。子湘，字文涵。楊鍾羲《雪橋
詩話》云：

　　　「黃文涵子湘，澧州人。童時嘗讀書於秣陵張靖逆侯故第之安園。宰
　　　邳宿，能完城殄賊。去官後從戎粵西。庚申避地海上。己巳卒於揚
　　　州。」[54]

己巳為同治八年，一八六九年，此為子湘卒年，但生年無考。黃子湘死時，

鹿潭已去世一年。杜文瀾《憩園詞話》記黃子湘云：

> 「昔在海陵時，黃子湘太守字文涵，言丹徒嚴問樵太史保庸，由道光
> 已丑庶常，改官知縣。放情詩酒，詞曲至精。口述小令並書扇長調
> 各一闋。……二詞風流蘊藉，一往情深乃。太史後竟無可蹤跡。子
> 湘亦侘傺以終，同可傷已。」㊶

則子湘與杜文瀾善，曾為太守，後以侘傺終。陳百生《小迦陵館文集》載有
《黃子湘太守詩序》，序中說及二人交情云：

> 「曩與太守飲酒，燭既跋，星光墮席上，太守據方几，為竇談天下大
> 勢，自述平生，從戎粵西，歷吳楚間萬餘里，嘗戰揚子橋，且捷。」
> ㊷

又說及子湘之詩，曰：

> 「詩之為道，不積，不溢，不勃。」㊸

子湘與陳百生之交情，當亦不淺。

郭麐（堯卿）

　　詞集卷一《角招》有一長序，記他與摯友郭堯卿復過慈慧寺，感興而作
此詞者，序云：

> 壬子正月，游慈慧寺。舟穿梅花林，曲折數里而至。石峯峭碧，沙
> 水明潔，佛樓藏松數中，清涼悅人。十年後與郭堯卿復過其地，則
> 夕烽不遠，寺門闃然閉，梅樹半摧為薪，存者亦憔悴如不欲花。堯
> 卿謂白石正角招譜後，罕有和者，曶倚新聲，紀今日事。余既命筆
> 硯，堯卿舉蘆而歌，蓋淒然不可卒聽也。

此序記當時作詞的背景及感想，十分詳盡。從序文中對郭堯卿「謂白石正角招譜後，罕有和者」及「擊蘆而歌」的描述中，郭堯卿對宋詞的稔熟與愛好及其性格的瀟灑磊落，可以得見。這樣的性格，與鹿潭十分接近，他們的交往想必緊密。

丁紹儀《國朝詞綜補》卷五十二於郭氏《印山堂詞》有所選錄。《國朝詞綜補》載：

> 「郭夑，字堯卿，江都人，諸生，有《印山堂詞》。」⑱

民國《江都縣續志》記郭夑生平較詳細，傳云：

> 「郭夑，字堯卿。未冠，補諸生，甚負才名。甘泉黃錫慶妻以女。錫慶至筠子，兩淮巨商也。夑以翩翩少年與當時諸老宿爲文酒之會，興酣落筆，恆蓋其座人。未幾遭洪楊之亂，流離轉徙，而黃氏亦漸式微。夑不善治家人生產，亂後歸里，貧無聊賴，妻亦旋沒，處境愈窮，傲物愈甚。夑即與世落落，其胸中之奇，無所發洩，往往寓之詩歌，然輒隨手散去，夑不自惜，人亦無爲夑惜之者。工草書，謂其品格在梅植之吳讓之間。以不輕作，故名不著。卒年六十餘。子汝成，諸生，坎壈以死，夑遂無後。」⑲

該傳對郭夑性格的描寫十分該括。這種「與世落落，其胸中之奇，無所發洩，往往寓之詩歌」的稟性及際遇，正與蔣鹿潭同。再如「夑不善治家人生產，亂後歸里，貧無聊賴，妻亦旋沒，處境愈窮，傲物愈甚。」簡直就是蔣鹿潭的影子，所以他們在感情的溝通上，必然是十分契合的。

《續志》謂夑「工草書」，又品格在梅吳之間，其書法，想亦不凡，惜今不能見了。李肇增《淮海秋笳集》輯有《印山堂詞》六首，其《琵琶仙》云：「何世人間，信惟有，杜牧傷春傷別。」又《湘春夜月》云：「怎化得，那沙鷗海畔，朝朝訴與，天末離愁。」⑳抑鬱悽愴，堯卿亦傷心人也。

洪承敏（彥先）

洪承敏，字彥先。詞集卷二《甘州》(悔年時刻意學傷春)乃爲洪彥先而賦。該詞小序云：「洪彥先與秦淮女子有桃葉渡江之約，未果，而金陵陷，不可尋問矣。彥先哀之，爲賦此解。」

洪彥先的生平事蹟不可考，惟一有關洪氏的資料，除了上述鹿潭《甘州》詞的小序外，周弢甫的《餐芍華館詩集》有《贈洪彥先承敏詩》，詩云：

> 洪生名哲後，年弱氣已健。
> 束髮爲詩歌，光彩絕華艷。
> 我時恃行草，儔衆夙稱薦。
> 天涯走飢軀，漂轉各奔電。
> 日落潯陽城，酒酣忽相見。
> 夜闌述蹤迹，令我涕欲泫。
> 奔命離波濤，謀食去廬苫。
> 素衣尚爲客，言出心先戰。
> 艱難恃堅忍，氣骨要磨練。
> 困苦子勿悲，吾輩分貧賤。
> 我行亦狼狽，羈贅歲華宴。
> 客久羸瘵成，心迫神魂眩。
> 宵寢盈千愁，晨興馳百怨。
> 鳴呼天水公，厚德世同戀。
> 扁舟共歸殯，歲暮尚江甸。
> 道喪氣類孤，人亡邦國殄。
> 茫茫感人事，咄咄聊相唁。
> 還當各勉勵，拂拭有長劍。
> 努力恐後時，矢心無失念。
> 大梁洪河急，海國煙塵亂。
> 徘徊望中原，顧瞻感鄉縣。
> 撫身心如淘，感思淚似霰。

高歌望蒼蒼，一夕華髮變。㉖

　　此詩於其家世、詩歌、品格、際遇皆有敍述而於亂世中之漂泊更歷歷
詳盡，似乎洪彥先的際遇也相當蹭蹬，相信他也是漂泊亂世中，留連於歌
坊酒肆以麻醉自己的人，也因此而與秦淮女子「有桃葉渡江之約」的。詞中
描畫纏綿，彥先亦自為性情中人矣。

但明倫

　　金武祥《蔣君春霖傳》：「咸豐壬子，權富安場大使，綱政稱最。蒲圻但
運使明倫器之，久任不調。」則但明倫為鹿潭之上司，又為一識才之人。明
倫廣西人，號雲湖。《兩淮鹽法志》謂其：「道光二十二年任官。」㉖

　　但明倫有《詁謀隨筆》。其兄文恭序云：

> 「(明倫)才氣恢宏，遇事果決。道光間，海氛甚惡，擾及泗州，君時
> 都轉維揚，力籌防禦，全淮得安堵無恐。受宣宗特達之知，賞按察
> 使銜，准專摺奏事，駸駸嚮用矣。其後，洪楊亂起，東南糜爛，君
> 已解官居揚州，猶條陳時務數千言，皆切中利害。……著書甚富，
> 所為詩古文辭奏疏並批閱史鑑諸書已刻未刻者，兵燹後，大半散失，
> 僅存隨筆稿及奏疏詩文十數篇。」㉖

但明倫於洪楊時已去官，鹿潭於明倫去官後，亦因「不合，以事去•」(李肇
增《水雲樓詞敍》)。但明倫在任時，想與鹿潭洽協，明倫去後，料鹿潭已無
諧協合作之人，既無人可合，而己亦去矣。

金澍(麗生)

　　金麗生之名，兩見於鹿潭詞集。一為卷二之《尉遲杯》，二為同卷之《臺
城路》。《尉遲杯》小序云：

　　「春暮別諸又梅、金麗生。秋始相見，余又將出遊，用美成韻留別。」

《臺城路》序云：

　　「金麗生自金陵圍城出，爲述沙洲避雨光景，感成此解。」

謝介鶴《金陵癸甲紀事略》對此事亦有所記述。王韜序之云：

　　「介鶴於癸丑春爲賊虜至金陵，置糧館中。曾與金陵張炳元、樵李金
　　麗生及同志數百人，謀爲內應。卒不成，炳元死之。介鶴乃以計逸
　　出。」⑭

金麗生當係與謝介鶴同時逃出者。由此觀之，金麗生亦曾參與反抗太平軍
的人物。樵李，在浙江嘉慶縣西南，秀水在嘉興縣北，大抵金麗生本籍杭
州，後居於嘉慶府之秀水與樵李之間。

　　金麗生名澍，生卒已難稽考。據杜文瀾《憩園詞話》：

　　「余表妹倩金麗生澍，本籍隸杭州，幼隨其尊人寄居秀水。弱冠遊楚
　　北，與余同硯席十餘年。有詩癖，而詞不耐循律。」⑮

則見金麗生除有勇略外，又好爲詩，而不善於倚聲。

馬壽齡(鶴船)

　　詞集卷二《聲聲慢》(荒城補壁)詞乃爲題「春飲馬鶴船書舍」之作。民國
《東臺縣志稿》載：「咸豐十年，喬松年聘馬鶴船主東臺西溪書院，凡八年。」
⑯，鹿潭的「春飲馬鶴船書舍」，當指東臺西溪書院而言。

　　馬鶴船，名壽齡，安徽當塗人，撰《說文段注撰要》，光緒續纂《江寧府
志》有傳。王夢樄輯《民國東臺縣志稿》與馮桂芬《懷靑山館制藝序》中並有記

載馬鶴船的事蹟。陳寶《陳百生遺集》中有《奉贈馬丈鶴船壽齡》、《鶴船見和前作走筆奉答倒用元韻》及《讚馬鶴船程蘭畦二子近詩卻贈》等詩⑥。

光緒續纂《江寧府志》云:

「馬壽齡,字鶴船,當塗人,候選教職,豪宕尚義氣,面折人過,退無私毀。家候駕橋尾,紙屏竹籬,蕭然出塵表。不喜酬酢人,而逢良友至,必出家醞,市肴饌,擷園蔬留飲,談笑不知倦。每偕楊雅輪、江梅村聯步冶城山,後雖霜風淒緊,三人者,皆忘其窮困之至極也。喜為詩,宗法小倉山房,與二人之好韓杜者不契,而亦無乖忤。所作詩文律賦,純以氣行,縱橫溢洪,有萬馬蹴陣,同雲蔽空之象,雄厚弗可及也。已所刊行者曰懷青山稿,蓋君主講東臺書院所刊,吉光片羽爾。君後佐安徽通志局,遂卒於皖城。」⑥

對馬壽齡之生平行誼所記頗見翔實。馮桂芬《懷青山館制藝序》對馬壽齡的記述如下:

「道光戊申之歲,余主江寧惜陰書院,以詩古文辭識當塗馬生鶴船。生之被難也,倉卒失父,多方迹得之,始竊負而逃。又有孫生文川者,與生事畧同。又有蔡生琳者,甫達公車,聞警馳回,城已陷。老母未出。作乞兒裝入城,竟贖歸,皆惜陰上舍生也。余嘗為惜陰三生行紀其事。」⑥

可知馬壽齡為江寧惜陰書院上舍生,「豪宕尚義氣,面折人過,退無私毀。」又「不喜酬酢人,而逢良友至,必出家醞,市肴饌,擷園蔬留飲,談笑不知倦」與鹿潭「伉直不諧俗……又勇施予,廉俸所入,薪水外悉以資人緩急。」⑦的性格極相似,二人交情想亦深厚。

李閏生

詞集卷二《渡江雲》詞小序云:

「燕臺遊迹，阻隔十年，感事懷人，書寄王午橋，李閏生諸友。」

李閏生的生平籍貫，無法考得。譚獻繫此詞於庚申⑦，則李閏生於咸豐十年庚申(一八六〇年)仍在世。

丁至和(保庵)

詞集卷二《一絡索》題云：「江村夜泊懷丁保庵」。同卷又有《踏莎行》「贈丁保庵用王碧山韻。」

譚獻以爲：「萍綠與水雲齊名，胸襟未必盡同，塡詞甚有工力。」⑫《萍綠詞》又名《十三樓吹笛譜》，爲丁保庵的詞集。除譚獻對丁保庵推崇外，杜文瀾、李肇增等對丁詞亦十分稱讚。杜文瀾更將《萍綠詞》刻入《曼陀羅華閣叢書》中，李肇增亦爲其撰敘。杜文瀾、黃之馴、馬書城、周作鎔、張遠霖、吳慶曾、蔣春霖、夏仲水、沈鴻、芮應達、郭堯卿、李肇增等亦均作題辭。《水雲樓詞》卷二的《踏莎行》(贈丁保庵用王碧山韻)便是鹿潭對《萍綠詞》集的題贈。

丁保庵，民國《江都縣續志》有傳：

「丁至和，字保盒，諸生，以筆耕餬口。儀徵晏副憲端書主講梅花書院，賞其才。適兩淮鹽運使方濬頤續修《揚州府志》，因聘爲分纂，副憲游揚力也。平生於詞學最深，著有《萍綠詞》二卷，於夢窗草窗，兼有其勝。秀水杜文瀾爲刊板行世。」⑬

杜文瀾的《憩園詞話》，對丁保庵的生平行誼，有很詳盡的記載：

「丁保庵明經至龢，一字萍綠，江蘇江都人。幼即工詞，老而益進，垂四十年，昕夕無間。初幕游大江南北，後至六十外，預修揚州志，歸住邗江。家本素封，疊被兵災，夙業蕩盡。鰥居半世，僅留一子，

今已年近七旬，患頭風疾，不耐構思，然詞興猶未減。所著《萍綠詞》，
一名《十三樓吹笛譜》，初刻於袁公路浦，後在余泰州僉判東臺縣幕，
重爲校刊。迨客興化及回邗，又有再續補遺之刻，載入揚州府新志。
其爲詞寢饋南宋，吸白石之神髓，而又得力於草窗，其佳處有玉田
所不及者。協律極細，每拍一解，或十數日而後定，斤斤然蘄與古
人相吻合，志亦專矣。」⑭

李肇增《萍綠詞敍》云：

「保盦少爲詩，清綺有致。」

又云：

「回憶童年與君作白桃華秋水詩，君方金玉紈綺，有王謝子弟風流意
態，余亦跌宕自喜，不審衣食奔走爲何事也。」⑮

可以見出丁保庵的詩才及性格。丁、李二氏與蔣鹿潭年少時的風流意態，
跌宕自喜而又不審衣食的豁達行誼，極爲相似。《萍綠詞》有《訴衷情・和水
雲樓主人悼舊歡顧鷖》一首，更可見丁、蔣二人交往之深契。

　　丁保庵的《萍綠詞》享有很高的盛名，與他寫作態度的嚴謹甚有關係。
這可以從《萍綠詞・自敍》見得。序云：

「詞至南宋歎觀止矣，余頗好爲長短句，每拍一解或十數日而後定，
或十數月而後定，斤斤然蘄與古人相吻合，而猶未敢自信也。」⑯

由此得見。其《慶清朝・春草》末尾自注云：「閱八寒暑，稿數十易。」塡詞
之嚴謹可知。杜文瀾交游甚廣，所刻詞中除鹿潭外，丁詞亦在刻刊之列。
今讀其詞，如杜所謂兼有二窗意態者，杜之刊刻，固其宜也。

周閑(存伯)(一八二〇——一八七五)

　　詞集卷二《換巢鸞鳳》小序云：「嘉禾周存伯，工塡詞，移居杭州橫河橋，未幾避兵過江，爲述舊事，時復淒絕。」同卷又有《西溪子·墅軒爲周存伯賦》一首。

　　周存伯著有《范湖草堂詞》三卷。葉恭焯《全淸詞鈔》卷二十三選其詞。並云：

　　　「周閑，字小圍，又字存伯，別號范湖居士，浙江秀水人，官新陽金山知縣，有《范湖草堂詞》三卷。」⑦

杜文瀾《憩園詞話》卷五《周存伯大令詞》云：

　　　「周存伯大令閑，與余同里閈。少負才藝，載筆遨遊，後從其族叔鎭軍督艇，師駐金焦間，以戰功歷保知縣。留江蘇，曾任金山縣。罣誤後，僑居吳郡，以筆墨自娛。繪事極工，能爲大幅，運以奇氣，魄力雄渾，人爭寶之。舊居秀水南門內范蠡湖畔，因繪范湖草堂圖長卷，自號范湖居士。」⑱

又杜文瀾《采香詞》有《換巢鸞鳳·題周存伯橫河移居圖》詞一首。周閑詞集中有《南歌子·杜文瀾扶夷草檄》，則杜文瀾亦爲存伯之友好。

　　周存伯，光緒《嘉興府志》有傳，載其事蹟云：

　　　「周閑，字存伯，居范蠡湖。先世皆武秩，閑援例知江蘇新陽縣事。性簡傲、罷官。後、賣畫餬口，不干要人。壯歲留心掌故，府廳州縣志書，搜羅過半。諮詢遺獻，爭造其門。垂老無聊，託詩見志，著《范湖草堂詩文錄》。」⑲

《范湖草堂詩文錄》及《范湖草堂詞》均輯入《范湖草堂遺稿》中，《遺稿》前收有金猷琛爲存伯撰的《傳》，對存伯生平性格學養才藝等，敍述皆詳：

「存伯先生，姓周氏，諱閑，字小園，別號范湖居士，世居吾鄉之鳳
池坊。先生少孤力學，於書無所不覽。弱冠就郡縣試，列前茅，會
封翁攝協鎮篆遘劇疾，不及應院試，馳赴任所，視湯藥，卒不起，
哀毀逾恆。由是摒擋家事，事寡母，以孝撫諸弟，以友人無間言。
未幾，家益落，遂雲擎遊甬，大府羅致之幕下，時英夷寇邊，磨盾
草檄，皆出先生手，一時推爲不凡器。欵既成，先生偕弟僦居虎林，
與諸名士遊學，日益淬厲。顧念遭際終窮，遂棄舉子業，益肆力於
詩古文詞，書法遒勁，兼及丹青，所作花鳥，皆超逸有致。道光季
年，遊楚北，所過名山大川，輒記以詩，惜不自收拾，稿多散佚。
不二年，復客吳門，佐戎幕隨軍剿逆匪，以功得六品官，旋保知縣，
分發江蘇，以直隸州升用，加同知銜疊辦要差，措置裕如，上游深
器重之。同治三年，檄權新陽縣事，因事與大吏齟齬，挂冠去，隱
居吳市，假筆墨以自娛，與名士觴詠，流連無虛日。……光緒紀元，
先生卒，年五十有六。」⑧

光緒紀元爲一八七五年，據此上推，周存伯當生於嘉慶二十五年(一八二
〇)，小鹿潭兩歲。周氏品格孤高，畫筆挺秀，氣味深厚，尤善花卉，曾繪
「范湖草堂圖」以寄故鄉之思，又曾與當時畫家包子梁、馬湘艇合作「秋卉
圖」，甚知名。同治年間所繪之「歲寒圖」，亦爲周氏佳作，題者甚夥。《寒
松閣談藝瑣錄》、《海上墨林》、《清畫家詩史》、《藝林悼友錄》、《吳門畫史》、
《金石家書畫集》皆記其事，則存伯不僅爲清代詩家詞家，亦爲清咸同間一
大書畫家也。

杜文瀾(小舫)(一八一五 —— 一八八一)

蔣春霖在他的潦倒生涯中，他的摯友杜文瀾對他的影響最大。《水雲樓
詞》的最早刻本爲《曼陀羅華閣》刻本，即爲杜文瀾所刻。又鹿潭之死，據《江
陰縣續志》與杜文瀾有關，《續志》記云：

「故人嘉興杜文瀾開藩蘇州，詣之門，弗欲通。欲往浙，舟過吳江東

門外垂虹橋，上有鱸鄉亭，爲白石塡詞地，春霖抑鬱侘傺，暴卒舟
中，人多美其材而傷其遇。⑧

因此後世學者多以鹿潭之死責於杜氏，這一點詳第一章之考述，這裏不贅。

　　杜文瀾，字小舫，浙江秀水人，官至直隸州知府，曾參予平定太平軍
戰役，其生平事蹟，詳具繆荃孫《續碑傳集》卷三十八俞樾撰《江蘇候補道杜
君墓志銘》，又據《歷代名人年里碑傳總表》，杜氏生卒年爲嘉慶二〇年（一
八一五）至光緒七年（一八八一），卒年六十七歲⑧。杜氏在當時頗有名氣，
他曾刻吳夢窗、周夢窗二家詞，撰《曼陀羅閣瑣記》四卷，《采香詞》三卷，
《憩園詞話》六卷，《萬紅友詞律校勘記》二卷，《古謠諺》一百卷，《平定粵寇
紀畧》若干卷，《曾爵相平粵逆節略》及《江南北大營紀事》若干卷⑧。

　　杜文瀾與蔣鹿潭的相識，是在署東臺鹽運分司任上，當時兩淮鹽運使
但明倫任蔣鹿潭爲富安場鹽大使。富安在東臺南四十里，兩地極相近。其
時二人於官場的地位並無軒輊，遂訂文字交，《水雲樓集》卷二，有《霜葉飛》
（岸雲湖草秋無際）一闋，即爲鹿潭和杜文瀾庚申重九西岐登高之作，此外，
又有《憶舊游·小舫太守命題從軍記舊圖》一首見於馮其庸氏之《水雲樓詞輯
佚》中。杜氏《采香詞》有關鹿潭者共四闋，爲《憶舊游·與蔣鹿潭話黃鶴舊
游》（卷一）、《三姝媚·贈蔣鹿潭》（卷一）、《無悶·鹿潭病疷譜此以代七發》
（卷一）和《長亭怨慢·悼顧鶯娘爲鹿潭作》（卷二）。

　　張孟劬《近代詞人逸事》云：「小舫之詞多出其（蔣鹿潭）手定。」⑧杜文
瀾《采香詞》除上述四首爲鹿潭作外，其《憩園詞話》卷三《姚子箴九秋社詞》
及卷四《蔣鹿潭餹參軍詞》亦記鹿潭事，可見當時蔣杜之間交誼之深及杜文
瀾對鹿潭的敬重。咸豐十一年（一八六一），杜文瀾刻《曼陀羅華閣叢書》，
除自撰的《采香詞》外，《水雲樓詞》亦同時彙刻。

　　咸豐十一年後，杜文瀾在仕途上頗見得意，官職屢獲升遷，反之，鹿
潭去富安場鹽大使職後，無正式覓得一官半職，僅能以散官及依附鹽商過
活（見前章《官祿考》），二人的社會地位差距彌大，二人的交情，可能也因

此而見疏。

　　謝章鋌《賭棋山莊詞話》云：「秀水杜小舫文瀾詞清筆婉，言外殊多感慨。」⑧今讀其詞，信然。

董苔石、董惟演(竹沙)

　　詞集卷二《齊天樂》(千帆影里斜陽墮)小序云：

　　「董竹沙亡兄苔石，嘗寓焦山松寮閣，竹沙追賦焦山夜話詩。」

這裏說的董苔石、董竹沙兄弟都是鹿潭的好友。董苔石早逝，其弟因亡兄曾寓居焦山，故追賦焦山夜話詩，鹿潭亦感成《齊天樂》詞一闋。

　　董苔石生平，不可考得。依小序意可能與鹿潭並不相識。董竹沙事跡，文獻亦鮮有記述。今國內學者謝孝苹曾藏有董竹沙所書條幅四屏⑧。據謝氏所記，董竹沙，名惟演，東台縣安豐場人，工書法，擅醫術⑧。又據周夢莊《水雲樓詞疏證》中對董竹沙的考述云：

　　「董惟演，字竹沙，東臺縣安豐場人，工書法，又善以醫救活人，遠近號爲董半仙。」⑧

　　又《陳百生遺集》中有《送董惟演竹沙之四明》、《竹沙返自慈溪卻寄》、《題竹沙聽瀑圖》等詩，可見董竹沙與陳百生的交情也不淺。

　　詞集同卷又有《祝英臺近》(嶺霞明)，序云：「竹沙爲苔石請賦樓霞曉發詩，倚聲應之。」則鹿潭又因竹沙之故，爲其兄苔石所作。合前《齊天樂》序，知鹿潭與竹沙交情頗深，而與其兄或不相識者，即相識，交情亦極淺。

高繼珩(寄泉)

詞集卷二有《臺城路》之「易州寄高寄泉」一首。譚獻《篋中詞》對此詞評之曰：「豪竹哀絲，一時並奏，馬足句千古。」詞中對友情的描寫，十分精要，如：「兩年心上西窗雨，闌干背燈敲遍。」「忘卻華巔，昔時顏色夢中見。」「對萬樹垂楊，故人青眼」等句，均表達了鹿潭對高寄泉的誠摯思念。

高寄泉，著有《海天琴趣詞》，葉恭綽《全清詞鈔》選錄其詞，並云：

> 「高繼珩，字寄泉，直隸遷安人，嘉慶二十三年舉人，官廣東鹽大使，有《海天琴趣詞》一卷。」⑧⑨

楊鍾羲《雪橋詩話》對高寄泉事跡亦有簡畧的記載：

> 「竇抵高寄泉，任邱邊袖石，天津華枚宗稱畿南三子。」⑨⓪

高寄泉曾任河間大名兩邑教諭，嘗撰《蜨階外史》四卷，《續編》二卷，記江湖游俠逸事，以文筆之妙，爲當時學者所稱許。何慶熙序《蜨階外史》云：

> 「外史著作等身，膾炙人口，六詩三筆，四達八窗。好客如鄭當時，不夷不惠；清談勝王夷甫，亦莊亦諧。爰於課士之閒，偶仿稗官之體，自成一家。」⑨①

龔莊評跋云：

> 「故今稗官凡數十種，能與《閱微草堂筆記》、《聊齋志異》驂靳者，其屬寥寥。斯著卷帙無多，足微博雅，而筆力運掉，可挽千鈞，方之《草堂》《聊齋》，尤堪幷美。」⑨②

楊小樓、郝壽臣、侯喜瑞等演《落馬湖》、《連環套》等諸劇，即取材其書。

鄧蘸甫

　　詞集卷二《徵招》(維舟聽慣松江雨)詞小序云：「李冰叔與鄧蒒甫善，客南匯數年。」宣統《泰州志》云：

> 「李肇增，博學善屬文，家貧，客游吳中，鄧蒒甫司馬為梓《琴語堂文述》。」⑬

　卞寶第序《琴語堂雜體文續》云：

> 「冰叔前客吳門，鄧蒒甫司馬嘗為梓《琴語堂文述》，冰叔寄示同好。」⑭

　則鄧蒒甫曾為司馬之官，蒒甫何名，與生平皆不可考。其與鹿潭之交情如何，又不可得而知。

周作鎔(瀟碧)(一八一三——一八六〇)

　　詞集卷二有《暗香》「寄周瀟碧」一首。周瀟碧乃蔣鹿潭渡江以來早期認識的文友。《水雲樓詞》卷一有《探春》(墮葉紅腴)詞，題序曰：「己酉秋暮，飲於珠溪，奉觴人頗似阿素，霧鬢風鬟，飄零亦相若也，感成此解。」己酉為道光廿九年(一八四九)，珠溪即今江蘇省鹽城市伍祐鎮，時鹿潭年三十二歲。鹿潭往來珠谿時，多下榻於周瀟碧在珠溪所築的「繭園」中。周瀟碧為《蔣鹿潭年譜》及《蔣鹿潭水雲樓詞疏證》撰著者周夢莊先生的先大父。周夢莊記之甚詳，文曰：

> 「鹿潭嘗往來珠谿，下榻余家繭園中，園多花木，蒼茂如雲，修竹深藏，三徑皆綠，老柏虬挐，孫枝翠挹，亭堂軒榭，均擾以芳。憑欄俯瞰，帆影溪光，如列几案，心目曠然。先大父瀟碧公，業醵好客，工詩詞，與蔣鹿潭及秀水諸二梅尤善。《水雲樓詞》之《暗香》一闋，即贈先大父者。鹿潭游珠谿，曾繪有小象留存，今尚藏余家海紅精舍。阿素當指曹素雲。《水雲樓詞》有悼曹素雲《西河》一闋。先大父

譚文同字瀟碧，原籍蘇州木瀆，隨祖父盛章公業艖至伍佑，遂家焉。
先大父生於嘉慶十八年癸酉（一八一三年），卒於咸豐十年庚申（一八
六〇年）。鹿潭己酉飲於珠谿，先大父時年三十七歲。」⑨⑤

鹿潭寄周瀟碧的《暗香》詞：「知否休文病起，渾怕憶，西園花藥。」句中的
「西園」，即言周瀟碧在珠溪的「繭園」。鹿潭在繭園客居時曾爲人繪畫小像，
此像現仍爲周夢莊先生所珍藏，於周氏所撰的《蔣鹿潭水雲樓詞疏證》及馮
其庸氏所撰的《蔣鹿潭年譜考畧・水雲樓詩詞輯校》二書中，均附有此畫像。

周瀟碧，名作鎔，一名在鎔，瀟碧爲其字，又一字陶齋，烏程人。其
事蹟見張鳴珂《寒松閣談藝瑣錄》：

> 「周陶齋作鎔，烏程人（今浙江湖州），官江蘇知縣。書法仿董文敏，
> 秀韻天成，畫花竹果，品茗甌蒲盎之屬，皆修潔可愛。」⑨⑥

《畫錄識餘》亦載其事。又杜文瀾《憩園詞話》卷四云：

> 「周陶齋大令作鎔。一字瀟碧，湖州人。幼歲游庠，食廩餼，納粟，
> 官南河，擢江蘇知縣，一署丹徒，卸篆後，因案被劾，人皆惜之。
> 素工書畫，尤擅長於詞，與丁保庵，蔣鹿潭游，深究格律。」⑨⑦

周瀟碧有《瀟碧詞》，又名《蕢月詞》存世。葉恭綽《全清詞鈔》卷二十三
選錄其詞，譚獻《篋中詞》卷五亦選錄其詞二首，並以「秀絕」二字評其《祝英
臺》詞，可謂作手。

汪琨（西林）

詞集卷二《一枝春》題云：「憶蘭曲爲汪西林賦」。憶蘭爲汪西林之號，
本名琨，字宜伯。黃韻甫《國朝詞綜續篇》卷十一：

> 「汪琨，字宜伯，號憶蘭，錢塘人，太學生，官秀山典史，有《懷蘭

室詞》四卷。」⑱

汪西林以憶蘭爲號，其詞集又名《懷蘭室詞》，意西林於「蘭」字必有屬意者，鹿潭或知之，因以製《憶蘭曲》寫其事云。

高荼盦《荼夢盦爐餘詞》《一枝春》詞序云：「郭堯卿屬題《憶蘭圖》爲悼亡作也，用蔣鹿潭韻。」⑲，竊以爲汪西林使人畫《憶蘭圖》以悼亡，鹿潭爲作《憶蘭曲》，郭堯卿復請荼盦題之，則西林除與鹿潭相善外，又與郭堯卿爲友，可能亦與荼盦相識。

何增（芰眉）

詞集卷二有《西子妝》一闋，題序曰：「贈鈃黌葉素蘭，爲何芰眉賦。」

《陳百生遺集》中有《何增芰湄見贈過別四十韻》及《吳陵舟中逢芰眉》等詩⑩，據此，可知何芰眉名增，至其居里，則不可考得。依《西子妝》序，知何增與年青妓女葉素蘭相好，而鹿潭詞乃爲何芰眉賦與素蘭者。

金鷺卿

詞集卷二有《西子妝・爲金鷺卿記海陵縏纏本事》一首。金鷺卿不知何許人，無徵可考。詞云：「喚桃根桃葉，江頭歸去。」可知鷺卿爲一男子，其名爲何，不可考得。縏纏者，謂鷺卿宿妓也。觀詞意可知。

宗源瀚（湘文）（一八三四──一八九七）

宋名臣宗澤之後，上元宗源瀚湘文、宗得福載之昆仲，與蔣鹿潭的交誼頗深。鹿潭死後之第六年，于漢卿所藏水雲遺作幷載之向所札致者，共四十九首，宗湘文爲之刊於嚴州任所，並爲之序，即今傳世之《水雲樓詞續》本是也。⑩

　　宗源瀚事蹟，詳見《續碑傳集》卷三十九譚廷獻《二品銜浙江候補道署溫處兵備道宗公墓志銘》。趙爾巽《清史稿》有《宗源瀚傳》；杜文瀾《憩園詞話》卷四《宗湘文太守詞》亦對其行誼有簡畧的載述。葉恭綽《全清詞鈔》、丁紹儀《清詞綜補續編》皆錄其詞。宗源瀚生於宣宗道光十四年（一八三四），卒於德宗光緒二三年（一八九七）⑩，歷守杭湖嘉嚴衢溫諸郡，著有《頤情館集》、《金石書畫題跋》、《名賢碑傳集》、《聞過集》、《右文掌錄》等。

　　鹿潭與宗源瀚之相識，當在泰州。杜文瀾《憩園詞話》載：「泰州設籌餉局，時金眉生廉訪延宗湘文總理度支。」⑩蔣鹿潭與金眉生在泰州相識（見下金眉生條），與宗源瀚的相識，大抵亦在此時⑩。鹿潭與宗源瀚，有平生知己之感，曾有常熟結鄰之約⑩。《水雲樓詞續》有《角招》一闋，序云：「送宗湘文入都，即之官杭州。」宗湘文以同治四年秋入都陛見，《角招》一詞當作於是年。又有《玲瓏四犯》，是宗湘文之官杭州後，鹿潭寄懷之作。同治七年，鹿潭生計困迫，擬詣浙依附湘文，時湘文在衢州任溫處兵備道，可惜未抵衢州，鹿潭已卒於吳江。

　　宗源瀚序《水雲樓詞續》，對鹿潭之死及黃婉君之殉，均有言及。此叙作時，僅距鹿潭之死五年，宗氏又爲鹿潭知友，鹿潭又死於訪宗途中，故此叙所記述之鹿潭死事，雖有隱晦難解之處，當皆可信⑩。後人如吳眉孫、張孟劬、龍楡生等對蔣鹿潭、黃婉君死事的考述，主要乃依宗序而闡揚之。又宗序對鹿潭罷官後的生活境況，亦有確切的記述⑩，對研究蔣鹿潭的生平事蹟，宗源瀚的這篇《水雲樓詞續序》，可說是第一手的珍貴資料。

　　湘文文才博贍，詩學湛深，其初刻《冶春詞》十二絕，傳誦當時⑩。

宗得福（載之）

　　宗載之爲宗源瀚之弟，與鹿潭也有很深的交情。《詞續》有《青房並蒂蓮》一闋，乃爲送別宗載之的作品。《陳百生遺集》有《蒲濤惜別詞爲載之賦》古體詩一首，想亦同時所作。

宗載之，名得福，官浙江知縣，擢任湖北知府。宗氏之生平，並見丁紹儀《清詞綜補》卷五十一及葉恭綽《全清詞鈔》卷二十七。

宗載之著有《墮蘭館詞存》一卷，有吳唐林序，其詞云：

> 「君詞筆天成，昔在俊髦，已推巨擘，中從佐幕，更涉宦途，激揚身世，體會物情。」[109]

今讀《墮蘭館詞》，情文並茂，載之亦自為一性情中人。

鹿潭罷官後，生計困甚，曾仰食於湘文載之兄弟。鹿潭死後，載之以其所藏之鹿潭詞，合于漢卿所藏，交其兄湘文刊刻於嚴州。宗氏兄弟，亦可說是鹿潭之至交矣。

胡爾坤（厚堂）

宗載之《墮蘭館詞存》《東風第一枝・辛巳人日冶春第一集分韻得上字》一闋，詞後有小記云：

> 「同治乙丑，偕蔣鹿潭、李冰叔、胡厚堂在蜀岡挑菜。越日，鹿潭詞成，付女校書阿素按而歌之。回首十六年，已同塵夢，而鹿潭、冰叔均已下世，追維陳迹，能不憮然。」[110]

則胡厚堂亦惟鹿潭相識之人。

厚堂名爾坤，順天大興人，《全清詞鈔》卷二十五鈔錄其《石湖仙・題丁保庵〈萍綠詞〉》一闋。[111]

金安清（眉生）（一八一六——一八七八）

《水雲樓詞續》有《揚州慢・兵後金眉生還居揚州賦詩索和》、《徵招・銷

英居士新作小軒有花光雲影愉愉之狀》、《玉蝴蝶・金眉生歸鳳曲用吳夢窗韻》三闋，都是蔣鹿潭爲金眉生所賦。「銷英居士」爲金眉生之號，眉生又號銷英道人，用姜白石「仗酒祓淸愁，花銷英氣」的詞意⑫。

金眉生，名安淸，又字梅生，是太平天國時期有名的鹽務專家，歷任兩淮鹽運使。他是蔣鹿潭朋友中一個傳奇性的人物。

金眉生，光緒壬辰《嘉善志》及王蘧常《續許氏嘉興府經籍志》均有傳。光緒壬辰《嘉善志》於《人物志・宦業》一章云：

> 「金安淸，字眉生，號作齊，國子生。由泰州州同攉海安通判，調宿南，歷升至湖南督糧道，晉階鹽運使，提奏按察使。……咸豐十年奉諱里居，適東西事棘，大吏令奏請以墨絰綜理南北糧台。，嗣因建議忤袁吳兩漕師，被劾罷歸。年六十三卒，有《空同蘇館全集》八十二卷。」⑬

據《嘉善志》，金眉生生於嘉慶二十一年丙子(一八一六)，卒於光緒四年戊寅(一八七八)，年六十三。王蘧常《續許氏嘉興府經籍志》云：

> 「金安淸，嘉善人，字梅生，天資儁拔，一覽不忘，遠近服其記誦。咸豐間以才諝得官，記名鹽運使，論政之官，最中肯綮。在淸江時，得罪於孝貞后，譴官不盡其用，時論惜之。」⑭

又杜文瀾《憩園詞話》載述：

> 「眉生知太史名脩府，江蘇嘉定人，丁未翰林，今又於吳平齋觀察。」

> 「泰州設籌餉局，時金眉生廉訪，延宗湘文太守總理度支，出納詳愼。

劉禺生《世載堂雜憶》記：

「沈葆楨督兩江，整理兩淮鹽務，求大才無如眉生者，不敢用其人，
以重金延至金陵，縱其開宴秦淮，沈溺佳麗，乃以改革兩淮鹽政商
之。眉生曰：易事耳。令集久於鹽務能文之吏十餘人，日隨眉生，
眉生高坐口講，吏握筆疾書，有錯誤者，曰翻某卷、某案，不一旬
而條例辦法皆具，厚幾盈尺，居然鹽政全書矣。數十年來淮鹽法案，
皆眉生所訂也。」[116]

據此，金眉生當是理財能手和鹽務專家。他天資儁拔，恃才傲物，不拘小
節，爲世所忌。同治四年，官兩淮都轉時、爲御史朱學篤所劾，奉旨解押
回籍，交地方官嚴加管束。從此金眉生的仕途亦一蹶不振，抑鬱以終。金
眉生的罷官原因，歷來說法不一：

(1)一說是「因建議忤袁吳兩漕師。」(光緒壬辰《嘉善志》)

(2)一說是「在清江時得罪孝貞后謫官。」(王蘧常 《續許氏嘉興府經籍
    志》)

(3)一說是「馳騁花酒之場，揮金如土，毫無顧惜，故任兩淮鹽運使，虧
    空無算，問罪發往軍台，輾轉赦歸。」(劉禺生《世載堂雜憶》)

(4)一說是金眉生與太平軍勾結，罪當犯斬。劉禺生云：「楊秀清據南
    京，眉生挾策往謁，談論天下大事凡三四日。秀清不能用，折翼返
    滬，間與太平天國通聲氣。洪楊軍敗，眉生早匿迹。」(《世載堂雜憶》)

此四說未知孰是，要之，金眉生的行徑，時人懼避，視眉生爲危險人物，
雖有大才亦不敢聘用。

蔣鹿潭與金眉生善，眉生在泰州新作小軒，鹿潭爲賦《徵招》，眉生還
居揚州，鹿潭又爲賦《揚州慢》，此外，鹿潭又賦《玉蝴蝶》以和金眉生《歸鳳
曲》，二人交誼於此可見。又據金武祥《蔣君春霖傳》：「庚辛之際，兵事方
急，徐溝喬勤恪公松年，嘉善金運使安清，先後爭致之。」金眉生對鹿潭的

辦事才幹，是十分賞識的，可惜金眉生不久也因上述的事故而仕途困頓，未能對鹿潭加以扶持。

金眉生著有《空同蘇館全集》八十二卷，《清詩匯》卷一百五十八選錄其詩。劉禺生謂：

> 「眉生讀書宏富，才氣縱橫，處理難事，千頭萬緒，提綱挈領，辦法無遺漏，當代大吏，多爲低首。」[117]

則眉生奇才，世所不用，已是可哀，王闓運更以漢奸稱之[118]，義不可解之至。清乃滿人所建，眉生欲助洪楊，而洪楊乃漢人，眉生若反清當以滿奸稱之，而謂之漢奸，眞不知王氏意旨。

錢桂森（辛白）

《水雲樓詞續》有《徵招》（星宮夜啓蒼官事）一闋，詞序曰：「錢辛白侍御以言事回翰林，築一松軒以居。」

錢辛白，名桂森，泰州人，其事跡見宣統《泰州志》。《泰州志》載：

> 「錢桂森，字樨盫，少警敏，擅詞賦。魏觀察茂林見而器之，妻以女孫。年弱冠，應郡試，太守某贈以五經無雙扁額。旋遊庠。道光二十八年舉於鄉，明年成進士，入翰林。文章雍容典貴，得承平臺閣體。累遷內閣學士，兼禮部侍郎銜。典試貴州，湖南，廣東，浙江，督學安徽，達官名流，多出其門，海內奉爲文章宗匠。晚年引疾歸里，以詩酒自娛。……歷主江寧鐘山書院、揚州安定書院、泰州胡公書院講席。年七十三，重遊泮山。著有《松軒詩集》。」[119]

宗源瀚《頤情館詩鈔》有《錢辛白編修新葺一松軒賦古松》詩云：

> 何祗百年物，孤根綠到天。

歲寒耿無語，高節孰爲傳。

太史移家日，幽軒得汝妍。

新顏一松額，生氣吐荒煙。⑫

錢辛白善於文，雅於質，與鹿潭之交往，亦可謂志趣相投者。

黃涇祥（琴川）

詞續有《角招》，其序云：「陳小翠揚妓也，居南水灘，門外多楊柳樹，春來一碧，如煙如潮。江西黃琴川爲賦南灘春柳詩數十章。小翠每謂之曰：『青青若此，忍使有隨風報秋之感耶。』」

黃琴川是同治壬戌以後，因避兵亂而流寓泰州者⑫，與鹿潭在泰州時往還。

黃琴川，名涇祥，江西樂平人，官太守。《宣統泰州志》，丁紹儀《清詞綜補續編》及葉恭綽《全清詞鈔》均載其事。《全清詞鈔》卷二十四云：

「黃涇祥，字琴川，江西樂平人，諸生，有《豆蔻詞》一卷。」⑫

李肇增輯《淮海秋笳集》錄其《豆蔻詞》五首。宗源瀚《頤情館詩鈔》有《南浦題黃琴川南灘春柳圖》，姚正鏞《江上維舟詞》亦有《題黃琴川南灘春柳圖》，陳百生《陳百生遺集》有《酌船詩爲黃琴川作》，趙漁亭《晉甎室詩存》更有多首與琴川唱和之詞⑫，則琴川與鹿潭的友人，亦有密切交往。琴川好交遊，於上述各詩集詞集中亦可得見。

石似梅

《詞續》有《徵招·石似梅書來，賦此寄之》一首。

石似梅，不知何名，爲金眉生之甥，宗源瀚《頤情館詩鈔》：

「乙亥，金儋齋之甥石似梅轉漕赴津，乘輪船過黑水洋，船覆遇難，
儋齋有詩哭之甚哀：眼底方標映，神鋒照彩毫。胡爲元贄影，瞬葬
黑波濤。無忌空如舅，封倫枉冠曹。可憐傾老淚，欲並海潮高。」[124]

金眉生與鹿潭交往，而似梅爲眉生之甥，合鹿潭《徵招》：「石郎磊落今
年少」，觀之，則似梅與鹿潭或爲忘年交也。

趙瑜（漁亭）

《詞續》有《甘州‧題趙漁亭詩集》（恨西風吹滄白鷗心）一首。

據宣統《泰州志》云：

「趙瑜，字漁亭，歲貢生，少有雋才，弱冠知名，晚年絕意場屋，值
赭冠亂揚郡，詩人多流寓泰州，瑜與詩酒唱和無虛日。詩多憂時憫
亂之作。著有《晉甎室詩存》。」[125]

則漁亭當亦爲鹿潭流寓泰州時所相識者。《晉甎室詩存》有黃琴川、宗湘文、
錢桂森、郭夒等人題辭，集中有《和金眉生（安清）都轉移居揚州詩元韻》四
首，懷《黃琴川》、《李冰叔》、《姚仲海》各一首，《和湘文三十述懷元韻》四
首，及《同錢辛白徐東園等雅集二首》[126]則黃氏等人亦漁亭好友矣。

程宇光敍《漁亭集》云：「君詩氣清韻古，無蕉萃沾憩之音。」[127]今讀之，
信然。

于昌遂（漢卿）

宗源瀚敍《水雲樓詞續》云：「于漢卿裒其未刻之詞畀予，予弟載之，復
於篋中得鄉所札致者都爲四十九首，並以付梓。」《水雲樓詞續》能刊刻面世
于漢卿實出力不少。《詞續》有《生查子》（畫橋楊柳枝）一闋，乃鹿潭爲于漢

卿「楊花飛去圖」而賦。詞續《琵琶仙》(江表春寒)亦爲送于氏北上之作。

于漢卿，名昌遂，山東文登人。民國辛酉《揚州甘泉縣續志》有傳，云：

> 「養志園在司徒廟北里許。文登于漢卿太守昌遂奉母居此。太守有養
> 志園賦。遺命歿後即葬園中，並自爲墓銘。園建於同治初年，今仍
> 屬于氏。」⑫

又謝孝苹謂：

> 「戊子春末在金陵，曾於冒鶴亭本師座中，識于漢卿裔孫于去疾。今
> 其後卜居在美國。」⑫

高望曾(茶庵)

《詞續》有《慶春宮》一闋，題云：「高茶庵婦死於兵，作空江吊月圖。」
這首詞，可說是反映太平天國亂事對人民禍害的一篇史詞，其中如：「戍笳
吹斷，嘆釵鈿，倉皇路塵。驚飆亂起，滿地青楓，彌望秋燐」，就是戰爭的
實況。《茶夢盦燼餘詞》《定風波》有「寄鹿潭」⑬之作，則二人亦時有唱酬者。

高茶庵，名望曾，號稊顏，仁和人，與其配陳嘉子淑夫人均工詞。杜
文瀾《憩園詞話》記其夫婦唱和事甚詳：

> 「高稊顏同知望曾，一字茶庵，仁和人，以名諸生援例爲司馬，發福
> 建，曾攝將樂令，與其配陳子淑夫人均工詩，時人比之娜嬛仙眷，
> 惜夫人於咸豐辛酉殉杭城之難，司馬刻《茶夢盦燼餘詞劫後稿》，附
> 寫《縻樓遺詞》，即夫人作也。余此錄無閨秀詞，未摘抄。今讀司馬
> 詞，有與蔣鹿潭、郭堯卿諸君唱和，固屬同調，其詞筆致幽秀，出
> 顯入微，洵推作手。」⑬

徐乃昌《小檀欒室閨秀詞》有選錄高茶庵夫人陳子淑詞，並載其死事：

> 「陳嘉字子淑，仁和人，同邑高望曾室。咸豐辛酉冬，杭城再圍，食
> 且盡。嘉購粟進姑，而自食糠糧。城陷，奉姑出城。既渡江，會天
> 雪餒甚，乃屬姑於姻婭而死。」(132)

於此可見高茶庵夫人文德俱備，死於國家內亂，誠屬可哀。於此社會動亂
對人材之影響，自是不言可喻。又據今學者謝孝苹《讚蔣鹿潭〈水雲樓詞〉札
記》：

> 《空江吊月圖》乃吾邑朱寶善櫻船大令所繪。大令能詩擅畫，有鄭虔
> 三絕之譽。著《紅粟山莊詩集》，與高茶庵交厚。」(133)

則畫之作者又為畫中主人之摯友。既為知己，則畫必深於情，惜無由見之
耳！

錢劻(揆初)

民國二十二年(一九三三)出版之《詞學季刊》創刊號輯有蔣鹿潭之《軍
中九秋詞》，據杜文瀾《憩園詞話》所載，同治癸亥，大開詞壇，「軍中九秋
詞社」為秋角秋碟等題同作，同作九人除蔣鹿潭外，有金眉生、錢揆初、黃
子香、黃琴川、姚子箴、張子和、宗湘文及杜文瀾等八人(134)，則此「軍中九
秋詞社」人物，自為鹿潭友人。金眉生、黃子香、黃琴川、宗湘文及杜文瀾
於前節已有考述。錢揆初、姚子箴及張子和，則在《水雲樓詞》中未見提及，
今作考述如下：

> 錢揆初，名劻，江蘇金匱人。《全清詞鈔》，記其生平云：

> > 「錢劻，字揆初，一字葵初，江蘇無錫人，咸豐五年舉人，官內閣中
> > 書，有《雙影盦詞》。」(135)

錢揆初與鹿潭同為詞社人物，兩人必為相識，但交情究竟如何，則不可考

得。

姚子箴

姚子箴亦爲「軍中九秋詞社」人物，與鹿潭等同作秋角、秋堞等題。姚子箴之事蹟居里，無可徵證。杜文瀾錄其《疏影‧詠秋堞》一闋，杜氏云：

> 「昨見子箴《菊壽盦詞》中有《疏影》調詠秋堞一闋，正社中作也，錄之，以存故事。詞云：驚環雄堞。認丹樓碧瓦，那處城闕。一角愁紅，飛鴉數點明滅。秋心綠遍天涯草，向望里，千關百折。待譙門，夜火懸星，又聽斷笳淒咽。客路鞭絲漫指，女墻掩映處，煙樹重疊。野菊叢邊，蝶瘦蠻憔，孤負登高時節。十年夢繞居庸翠，記冷挂，秦時明月。甚西風，響遍寒砧，卷下半天黃葉。」[136]

則知姚子箴有《菊壽盦詞》，乃風格清秀者。

張熙(子和)

張子和亦爲「軍中九秋詞社」人物，《憩園詞話》卷四有《張子和大令詞》條，記其事蹟頗詳：

> 「子和，名熙，一字籽荷。山陰人，以父祖先後官江蘇，僑寓白門，於城北築園，曰陶谷，爲一時觴詠勝地，有《六朝梅一樹詞》，人爭賦之。粵逆久踞，遂付劫灰。子和以納粟，官江蘇歷署溧陽寶山興化丹徒各邑。幼即好爲倚聲之學，其友爲刊《主客圖》，後與丁萍綠諸君游，慕兩宋風味，乃盡棄舊學，併素所得意句而摧燒之，別成精句，爲《扁舟草》數十闋。丁卯秋，余權江甯藩篆，子和自吳門至，窮愁抑塞，各無暇談風月，旋以感時疾亡，傷哉！其詞稿均散失，今以友人所留，搜集之，僅得六闋。」[137]

子和幼即好倚聲，佳作必多，可惜均已散失，誠屬憾事。

喬松年(健侯)(一八一五——一八七五)

金武祥《蔣君春霖傳》云：

> 「庚辛之際，兵事方急。徐溝喬勤恪公松年，嘉善金運使安清，先後
> 爭致之。君抵掌陳當世利弊甚辨，謇侃奮發，不以屬吏自橈，上官
> 亦禮遇之，不爲悟也。兩公既去，君憂時念亂，益牢落寡合，浮湛
> 下僚者六七載，而年且垂垂老矣。」

鹿潭在辦理鹽務之才幹上，曾得到金眉生及喬松年之賞識，可惜二公未能
進一步對他提攜，致使鹿潭仕途未有好轉，沉鬱終生。

鹿潭與金眉生之交情，已如上述。但鹿潭與喬松年之交誼，在鹿潭詩
詞，及在喬松年文集與詩集中，都由於沒有隻字提及，所以頗難考見。據
二人當時的社會名位及職官差異等各方面推想，相信鹿潭與喬松年當只是
認識，而未成至交，乃由二人之背景及生活圈子有其很大分歧之故。

喬松年，字健侯，號鶴儕，山西徐溝人，官至東河總督。民國《江都縣
續志》卷十九《名宦傳》有載其事蹟，洪楊事時，江南大營潰劊，江南避難者
北上，松年

> 「於泰靖各港口設巡船防竄賊渡難民。並於泰州設局收養，病者施
> 藥，沒者施棺，行者予貲，居者予食。」[138]

又爲陝西巡撫時，捻黨攻陝時，

> 「城中無一可恃之兵，人情洶洶，公激勵疲卒登埤固守。招集散亡，
> 以圖復振。奏調劉松山、郭寶昌兩軍入秦，連敗賊於咸陽岐山富平
> 朝邑，捻不得休息。……捻未能窺河東，繫公之力也。」[139]

松年生於清仁宗嘉慶二十年(一八一五)，卒於清德宗光緒元年(一八七五)，享年六十一歲。贈太子少保公。著有《薜蘿亭札記》、《緯囊》、及詩古文辭等⑭。

崇鶴山

剩稿《有崇鶴山自袁浦來索餉》五律三首。崇鶴山名與身世無可考，但詩云：「河梁重携手，霜雪與論心。」「平生蕭瑟意，飛動爲知音。」(其三)兩人交情必然不淺。鶴山因洪楊兵事，由江蘇袁浦遠來借餉，鹿潭詩以記之。

黃儀(子鴻)

黃子鴻，名儀，常熟人，工書法，有《棲雲山館詞集》⑭。鹿潭曾爲其《桃花》畫題詩，詩云：

> 虹橋春去游踪斷，野寺東風幾歲華。
> 淒絕揚州舊公子，雨窗和淚寫桃花。

沈旭庭

沈旭庭，其《溪山亭子》曾爲鹿潭所題，沈氏與鹿潭亦可能相識⑭。鹿潭題云：

> 亂松亭子倚山椒，極目烟波十四橋。
> 夢到江南好風景，也應愁減沈郎腰。

徐東園(一八一七 —— 一八八五)

徐東園，名震甲(一八一七 —— 一八八五)，揚州人，工花鳥動物⑭。鹿潭曾爲其《藤花》題詩，詩云：

萬事淒涼付劫灰，故家喬木夕陽頹。

輸君尚有青藤屋，容得天池染翰來。

姚正鏞(仲海)

　　姚正鏞，字仲海，遼寧蓋平人，冶金石書畫、山水花鳥，亦工詩詞。
《全清詞鈔》云：

「姚正鏞，字仲海，奉天蓋平人，有《江上維舟詞》一卷。」⑭

其《江上維舟詞》輯入李肇增編《淮海秋笳集》中⑮。趙漁亭《晉瓴室詩存》有
題《姚仲海》一詩，詩云：

翩翩濁世佳公子，到處詩篇籠碧紗。

夜半滄江虹貫月，秋空淚瀣客浮楂。

紫垣璀璨郎官宿，丹桂芬芳藥榜花。

千萬買鄰吾計得，也依北斗望京華。⑭

詩有注，云：「君航海入都」，或記仲海入京赴任也。此詩對仲海爲人及其
文才，均極稱許，則仲海爲書畫家外，亦爲詩詞之作手。鹿潭曾爲其《雁來
紅》題詩，詩云：

翩翩風度才如海，作客江南且閉門。

萬里風沙故關月，雁來時節最銷魂。

以「才如海」形容姚氏，對姚氏亦推崇備至⑭。

徐旭(雲溪)(? —— 一八六四)

　　徐雲溪，名旭(? —— 一八六四)，字曉峰，號雲溪。東臺人，曾官泰

州，工山水花卉⑭。鹿潭曾爲其山水題詩，詩云：

> 蘆荻蕭蕭戰墨秋，十年投筆事封侯。
> 江雲岸樹都非昔，忍對溪山作臥游。

楊星蓮(也村)

鹿潭有《楊也村妾亡述感》詩。楊也村，名昌珠，又字星蓮，甘泉人，官浙江知縣。《甘泉縣續志》記其事⑭。《陳百生遺集》有《雯窗夢影辭爲楊昌珠(星蓮)大令賦》，賦云：

> 銅荷細花聽夜風，閬苑路長天濛濛。
> 美人秋衣跨秋蝶，轉閣翻簾墮虛葉。
> 太陰凍損胭脂暈，雙淚痕銷孤淚冰，
> 龍鬐宛轉遲霏霜，香縷吹魂棲不定。
> 紅雲搖搖難可呼，紫皇之宮雙錦株。
> 上有鳳母將離雛，斜月西陵敲玉盔，
> 油壁不歸薺花晚。⑮

許石聲

馮其庸氏輯佚詞中有《踏莎行・題石聲太守屬題即請顧誤。》一闋。馮氏書中插圖爲鹿潭此闋之手筆。上欵題作「石聲大兄大人屬題，請即顧誤。」下欵題曰：「鹿潭蔣春霖倚聲」七字。馮氏於詞後識之曰：「原件由吳白匋師所藏，現白匋師已轉贈給我。」⑮周夢莊以「壬午(一九四二)在海陵尙古齋又見《東皋送別圖》手卷，亦有鹿潭題詞，調寄《踏莎行》。款署『石聲太守屬題，大興蔣春霖』。余所見手卷與吳白匋先生藏今贈其門人馮其庸者，題字款識各異，當別是一件。又據泰州沈本淵見告，許石聲，皖人，同治間曾任知府，罷官後寓居海陵。」⑮周氏錄此詞則題之曰：「石聲太守屬題東皋送別圖。」據其引，則周氏依海陵尙古齋本立題。許石聲，其名不可曉，石聲自爲其字。鹿潭爲石聲題辭，則石聲亦當爲鹿潭所認識。

二、與當時歌妓之交遊

在討論蔣春霖的生平一章中，曾分析了傳統中的文人喜愛狎妓的原因。蔣春霖與歡場女子交往之密，在其詞集即可見到。據《水雲樓詞》，與鹿潭交遊的女子計有沈珠、阿素、高蕊、顧鸎、曹素雲（或即阿素）、葉素蘭、陳小翠、黃婉君。據《水雲樓剩稿》，則有沈氏（梅嬌），珍珠。

以上女子的名字，都可在蔣鹿潭的作品中見到，但由於鹿潭往往只在其詞作的小序中提及女子的名字，而未有說及關於該女子的背景，所以這些女子的身世，都無法稽考，僅據詞意的推測，這些女子大抵都是歡場中的歌妓。鹿潭與友人常常周旋歌樓酒市中，自己與這些歌妓交往密切。在鹿潭的詞作、詩作及生平考述中又可得見，鹿潭與這些女子中的曹素雲、顧鸎、黃婉君及沈氏，關係最見緊密。曹素雲年紀頗輕，與鹿潭感情極濃。顧鸎則有以爲鹿潭之妾⑮，沈氏爲鹿潭所鍾愛的女子之一，故其詩詞作品中大量引用了沈氏名字中的「梅」字⑭。至於黃婉君，最後成爲鹿潭之姬妾，而且在鹿潭晚年時，一直陪伴左右，最後更以死殉節。鹿潭婉君之死，當時曾一度爲社會熱衷談論的才子佳人的悲劇，這在鹿潭之死的一節裏，已有詳細闡述，這裏不再重複。

由於集中與鹿潭交遊的女子都不能考得身世，以下僅順次抄錄在《水雲樓詞》及《水雲樓剩稿》提及過的女子，略作簡介：

沈珠

詞集卷一有《水龍吟》，題云：「沈珠傳奇，好似落花胡蝶泥人賦詩，爲填此闋。」沈珠之身世不可曉。依詞意的：「絳娥吹墮瑣京，可憐艷骨多塵土。幾番夢醒，仙衣重試，冶遊愁數。……記共踏青歸路。鬬盈盈，瘦腰紅舞……枝老春空，水流香在，綠陰千樹。但銷魂歌板，年年彈淚，憶花

開處。」沈珠似一早殤歌妓，曾與鹿潭有過一段密切的交情。

阿素

即曹素雲，詞集卷一《探春》(墮葉紅腴)及卷二《西河》(芳信斷)即寫其事⑮。《西河》云：「籠鸚生小忒聰明，妒春命短。」則素雲可能逝去時年紀頗輕，但與鹿潭感情，除黃婉君及顧鶯外，已非其他女子可比。

高蕊

詞集卷一有《虞美人》一首，序云：「金陵失，秦淮女子高蕊，陷賊中數月。今春見於東淘，愁蛾蓬鬢，不似舊時矣。」從詞中看⑯，高蕊與鹿潭感情如何，未見特別描述，想為普通交往。

顧鶯

詞集卷二有《采桑子·贈顧鶯》及《鶯啼叙·哀顧鶯》二闋。《哀顧鶯》一曲纏綿悱惻，哀傷之極。其感情之深摯可知。顧鶯玉殞，杜文瀾與丁保庵皆有悼詞⑰。詞集卷二於哀顧鶯之前又有《四字令》一首，不知是否亦與顧鶯有關⑱，要之，鹿潭與顧鶯之情，非其他女子可比。《水雲樓詞》二卷為鹿潭自定，初刻於咸豐十一年辛酉(一八六一)而述顧鶯二詞皆在其中，杜詞作於庚申(一八六〇)，則顧鶯於辛酉前已殞。顧鶯、婉君二人與鹿潭感情孰重，一時未可確知。

葉素蘭

詞集卷二有《西子妝·贈雛鬟葉素蘭為何芰眉賦》一首。葉素蘭不可考得，但為芰眉所狎，則此歡場女子為鹿潭所識者，亦當無異議。序云「雛鬟」，詞又云：「倚稗鶯慭」，則此年青妓矣。

陳小翠

　　詞續有《角招》一首，序云：「陳小翠，楊妓也，居南水灘，門外多楊柳樹，春來一碧，如烟如潮。江西黃琴川爲賦南灘春柳詩數十章，小翠每謂之曰：『靑靑若此，忍使有隨風報秋之感耶！』」小翠爲鹿潭友黃琴川所贈詩，則鹿潭當亦與之相識。

黃婉君

　　詞續有《琵琶仙》一闋，序云：「五湖之志久矣，羈累江北，苦不得去。歲乙丑，偕婉君泛舟黃橋，望見烟水，益念五土。譜白石自度曲一章，以箜篌按之，婉君曾經喪亂，歌聲甚哀。」婉君爲鹿潭姬人，與鹿潭相處前後十載，其歸鹿潭大抵在鹿潭夫人逝後⑮。鹿潭晚年，亦賴婉君侍從。鹿潭死，婉君亦爲鹿潭殉節，其中事理，甚屬糾葛⑯，此處不贅。

沈氏女子

　　《剩稿》有《題沈氏酒壚》四絕。其四之結句有「天涯腸斷沈梅嬌」句，沈梅嬌爲宋代杭州妓女，能誦淸眞詞以知名。沈氏酒壚中當有一女子爲鹿潭所屬意者，或亦以「梅」字爲名。依詩，鹿潭與沈氏女子感情當亦極深，鹿潭對之，亦相當關懷愛護。竊以爲此女子設酒壚於江南，洪楊事徙居揚州，其後又回江南操業，但身世如何，不可考矣⑯。

珍珠

　　《剩稿》有《記珍珠事》五律兩首，珍珠，不似妓女，可能爲某富家女，而此女子或愛上某家男子而爲其父母所阻，終於齎恨而死的⑯。

　　此外，又有爲酒肆或妓館的題辭，在集中得見者有三：一爲「款紅軒」（詞集卷一《瑣窗寒》），二爲「眉月樓」（詞集卷一《月下笛》），三爲「洗紅仙館」（詞集卷二《聲聲慢》）⑯，於此，更可見蔣氏與歌妓的關係密切。又據章石承《詞史蔣鹿潭的生平及其詞作》，鹿潭與當時揚州名妓小劉，也有一段姻

緣，章氏云：

> 「他（鹿潭）有一個兒子，名叫子璠，在他死後，生活非常之窮困，落
> 拓淮上，無以爲生，幸虧揚州一個名妓小劉，顧念鹿潭的知遇之情，
> 特別幫助他。因爲在同治初年曾有一個鹺商預備用大量金錢納小劉
> 爲妾，可是她卻心鄙其俗，加以拒絕了。鹿潭對於小劉有這樣的眼
> 光，認爲是難得的，於是贈了一首詩給她，其中有『不嫁商人空老大，
> 吳陵疏雨怨琵琶』兩句，一時傳誦人口，增加了小劉不少的聲譽，小
> 劉就非常的感激鹿潭。這時小劉已退爲房老，養女又成爲名妓，收
> 入很豐。她因爲和鹿潭有這段姻緣，知道子璠窮困，就着人把他找
> 去，花錢替他捐了一個職務。」[164]

據此，得知小劉爲揚州名妓，但確實的名字及其身世，又不得而知。《詞續》
《卜算子》（丹嶺鳳皇兒）一首寫清高之妓女品格，小劉即其人歟！

　　蔣鹿潭仕途失意，憤世嫉俗，一生充滿憂患，思緒抑鬱，他的流連歌
坊，及與歌妓之至誠交往，相信是他發洩內心苦痛的最佳途徑。所以，這
些無法稽考身世的歌妓，在蔣鹿潭悲苦的一生裏，確實應該佔着很重要的
地位。

三、從蔣春霖之交遊看其生活情趣
和思想態度

　　從上述蔣春霖所交的朋友中，可以見出他們大都是堅守氣節，始終不
屈於俗世的落難文人；或是對家國之難，社稷之亂抱有無可奈何，借酒佯
狂的耿介之士。這些人物，自然難於迎合俗世，也難於得志於仕宦之途。
然而，他們在苦難、貧困、抑鬱中體驗了人世間悲劇生涯之後，又往往能
夠愈加向着隱逸、超曠的生活情趣和藝術興味之方向發展，蔣春霖的交遊
詩詞，多少能反映了這種生活寫照，而在這種生活的體味中，又更能深入
的看到蔣春霖的思想與爲人。

　　首先，在蔣氏的交遊生活中，可以見出他「瀟洒風流」的生活品味。泛舟、飲酒、聽歌、閒遊的情趣盡表現在他底交遊之詩詞中。即使在其去官之後，江湖落拓之際，這種已經凝鑄成品味的生活情趣卻也并沒有完全停止。

　　《水雲樓集》的交遊作品，顏題泛湖飲酒的幾乎首首皆是，反映了蔣春霖與友人的相聚談欵，或抵節話舊，多在泛舟酒市中渡過，這可以說是他生活中的最大情趣，也可說是不得已而產生的情趣。飲酒為古代文人用以尋歡和排愁最常見的雅興，歷代騷人墨客均有大量的題詠「飲酒」的詩句。這在蔣詞中也佔有相當重要的篇幅。在鹿潭的交遊詞作中，首首都有吟詠飲酒的興作，但有一點特色，就是鹿潭每好誇張歡叙飲酒之狂態，並以此襯托出歡飲別離後之落寞與緬懷過去之情思。下面數例，是眾多例子中較為顯明的：

> 記疏林霜墮薊門秋，高談四筵驚。擊珊瑚欲碎，長歌裂石，分取狂名。
>
> 　　　　　　　　　　　　　　　　　—— 卷一《甘州》

> 猶記題詩舊邸，染京洛暗塵，醉春游騎。……何時一笛山樓，杯共洗。
>
> 　　　　　　　　　　　　　　　　　—— 卷一《垂楊》

> 春風燕市酒，旗亭賭醉，花壓帽檐香。
>
> 　　　　　　　　　　　　　　　　　—— 卷二《渡江雲》

> 南湖抛卻喚西湖，廿年往來，天涯酒徒。
>
> 　　　　　　　　　　　　　　　　　—— 卷二《換巢鸞鳳》

> 將別翻知醉，孤吟亦近狂。
>
> 　　　　　　　　　　　　　　　　　—— 剩稿《友人招飲古寺》

酒懷乘月散，游興得秋狂。

——《壬戌中秋》

鹿潭與友人相聚飲酒，又每多在舟船之上，泛舟暢飲，可說是鹿潭最大的人生享受了。交遊作品中題詠「泛舟」的，多不勝舉，可以說是鹿潭交遊詩詞的最大特色，試看下列幾首：

趁春晴，步前汀未晚，舟小蹙波行。

—— 卷一《一萼紅》

相思堤上柳，喚漁童樵青，繫船沽酒。

—— 卷一《三姝媚》

正嘹空斷雁，趁船斜去，酒邊愁聽。……重省，歡游境。記借舫移花，試泉分茗。

—— 卷二《瑣寒窗》

還記水曲吹笙，頻呼酒江船，勝友星聚。

—— 卷二《尉遲杯》

琴尊雙鶴管，風月一船租。

—— 卷二《換巢鸞鳳》

強逐東風覆酒杯，湖陽路折小舟回。

—— 剩稿《友人招飲古寺》

鹿潭的「瀟洒風流」，在湖海泛舟，聚友暢飲中處處窺見。酒能給人刺激，兼有興奮提神、麻醉理智的功效，能使人擺脫世俗的束縛，展開想象的翅膀，能使人吐所欲吐之言，怒所欲怒之事，抒所欲抒之情。聚同知己數人，杯酒盡傾心中鬱結，確是人生一大樂事。蔣春霖在其悲劇性的一生中，這

方面給予他的慰藉與趣味，當是最大的。

　　其次，鹿潭的交遊生活，得見其「瀟洒風流」的一面外，又可見出鹿潭在與友人們一同經歷體驗了人間的種種挫折、飄零、失落、貧賤的悲劇後，均共同有着一種嚮往隱逸、超曠的生活情趣，他的《友人招飲古寺》詩云：

　　　　儒術逢時拙，禪心得酒開。

《詞續》《齊天樂》又云：

　　　「笛怨枯桵，書殘蠹簡，過眼烟雲一笑。霜清睡早，但許聽秋聲，醉
　　　醒都好。水葉風枝，畫禪參未了。」

都是嚮往曠達生活的心迹，他的《琵琶仙‧天際歸舟》序更明言：

　　　「五湖之志久矣，羈累江北，苦不得去。」

鹿潭的追求超曠，主要乃是由於其身經落魄，對俗世失望所致。鹿潭所交之友，大抵多是橫遭貶放，或是主動歸隱，又或是沉於下僚，志不得伸的落拓文人。在他們的交游和行誼裏，卻可以清楚看出他們在貧困的境況下，仍能保持清剛凌厲之氣，所以鹿潭之交，可說全是「趣味相投」之莫逆。鹿潭與其友人之耿介與氣節，其詩詞中之用字使意及有關其友人的行事兩方面，均可清楚看到。鹿潭詞喜以「青眼」等形容其友人的，例如：

　　　　問春風，眼向誰青。

　　　　　　　　　　　　　　　　　　　　　　　　　　── 卷二《聲聲慢》

　　　　對萬樹垂楊，故人青眼。

　　　　　　　　　　　　　　　　　　　　　　　　　　── 卷二《疊城路》

　　　　恣意作龍吟，有清聲千古。

《晉書》載阮籍不拘禮教，能爲青白眼。見凡俗之士，以白眼對之，及至知音來訪，則以青眼相看⑯。阮籍傲然處世，鄙視濁俗。蔣鹿潭的「眼向誰青」及「故人青眼」也表現了這方面的風骨。

再從鹿潭所結交的朋友如郭堯卿、周弢甫、馬鶴船、丁保庵、周存伯、金眉生、褚仲衡及錢辛白等人的行誼觀之，蔣氏的爲人及其思想，當更清楚見出。如：

郭堯卿，民國《江都縣續志》中如此記載：

「愛不善治家人生產，亂後歸里，貧無聊賴，妻亦旋沒，處境愈窮，傲物愈甚。愛既與世落落，其胸中之奇，無所發洩，往往寓之詩歌。」⑯

周弢甫，王韜《瀛壖雜志》云：

「生平以經濟才自負，嘗署其門曰：有王來取法，無佛處稱尊。亦可覘其概矣。」⑯

馬鶴船，光緒續纂《江寧府志》云：

「豪岩尚義氣，面折人過，退無私毀。家候篤橋尾，紙屏竹籬，蕭然出塵表。不喜酬酢人，而逢良友至，必出家醞，市肴饌，擷園蔬留飲，談笑不知倦。」⑯

又如丁保庵之詩才及稟性，李肇增《萍綠詞序》云：

「回憶童年與君作白桃華秋水詩，君方金玉紈綺，有王謝子弟風流意態，余亦跌宕自喜，不審衣食。」⑯

周存伯爲人，見光緒《嘉興府志》，云：

> 「性簡傲，罷官後，賣盡餬口，不干要人。」[170]

更如金眉生賦性豪邁，劉禺生《世載堂雜憶》記金氏，晚年自號銷英翁，乃：

> 「由姜白石詞『仗酒祓清愁，花銷英氣』故號銷英道人。」[171]

又云：

> 「才氣縱橫，處理難事，千頭萬緒，提綱挈領，辦法無遺漏，當代大吏，多爲低首。馳騁花酒之場，揮金如土。」[172]

錢辛白，性清傲，宣統《泰州志》載他：

> 「晚年引疾歸里，以詩酒自娛。」[173]

　　這些朋友，都有着一種不屈的高邁爽朗，耿介傲兀的氣格，鹿潭與他們的交往，與子桑戶、孟之反、子琴張之莫逆，又有何異！鹿潭等同爲耿介之落拓文人，則是可以肯定的。

　　鹿潭至情，其對友人之熱誠眞摯，在他交遊作品中的送別詩詞、敍舊詩詞及哀悼詩詞裏，處處可見。這方面在上章的《詞作內容分析》內也有闡述，這裏不贅，只抄錄數則以見一斑：

> 銷魂事，第一送君南浦。
>
> —— 卷一《南浦》

> 寄相思，梧葉怕剪。
>
> —— 卷二《法曲獻仙音》

嘆絮語衾邊，淚痕盞底，同訴飄蓬。

——卷二《憶舊游》

相逢知更甚處，鷗鵡啼不斷，都是煙雨。

——卷一《齊天樂》

維舟聽慣松江雨，離琴更覬良友。

——卷二《徵招》

鹿潭對友情的重視，在字裏行間，是表露無遺的。又這些交遊詩裏，滲透着一份極其濃摯的「感同身受」的情懷，一來是鹿潭慨嘆其友人的坎坷身世，二來是反襯自己身世的同樣悲哀。處於當時亂世文人之「無奈心情」與「滄桑際遇」，是清楚可見的，如：

共飄零千里，燕子尚無家。

——卷一《甘州》

同懷感，把悲秋淚，彈上蘆花。

——同上

背亂山無語，共君招手。……眼底滄桑，休更疊哀蟬淒奏。

——卷一《三姝媚》

飄泊可憐淮海，風雨醉殊鄉，長鋏歸來未，燕子空梁。

——卷二《八聲甘州》

南湖拋卻換西湖，廿年往來，天涯酒徒。

——卷二《換巢鸞鳳》

有子伶仃資藥裏，無家飄泊信烽煙。

天翻海闊腸堪斷，無耐青春看月圓。

———剩稿《春夜》

花開仍傳舍，酒罷即滄桑。

———剩稿《友人招飲古寺》

分明清瘦詩人影，獨抱冬心似往年。

———剩稿《鎖寒詞》

昔日青青今在否？江南回首已無家。

———剩稿《冬柳》

這一種感傷的情懷，大抵普遍地存在於清代中葉至末期家國的風雨飄搖時代的知識分子心坎內。要了解十九世紀中葉中國文人的心態，像蔣鹿潭的這一類誠摯之作，該是最好的研究資料。

鹿潭又爲堅守氣節的讀書人，自始至終，維持着自己之道德與情操。由於對自己的要求太高，不得不另求於山水花鳥的藝術意境，以求心理之平衡⑭，所以他的詩詞，亦如以往大多數文人的一貫底作風，着意於描繪山水花鳥的動態，以融合於人事的情懷之中，使人與物之情，得到更深的抒發。

要之，鹿潭生長於烽火連年，流離失所之時代，自身又屢遭變幻，平生志氣鬱鬱難伸，偶然遇到幾位比較知己的朋友，聚會在海隅的小城市裏，喝酒、唱和、泛舟、或冶遊訪艷，倒也未嘗不是苦中的樂事。可惜爲了生活，有些志同道合的朋友不得不離開鄉里或原居之處，轉到他方謀生。而鹿潭自己也往往爲了生計，東奔西跑，所以友好別離、懷人之痛的詩詞便大量的在《水雲樓集》中出現了，而這些詩詞，正是深深地反映出他的思想與人格的最好資料。

此外，鹿潭的交遊詩詞，還有一點最重要的，就是這些作品，絕不只

是傷離別痛的個人呻吟。而是在別恨離愁之外，正潛藏着當時整個社會的背景，例如卷二的書寄王午橋、李閏生諸友的《渡江雲》一首，除懷人外，其中的：

> 流鶯別後，問可曾，添種垂楊。但聽得哀蟬曲破，樹樹總斜陽。堪傷，秋生淮海，霜冷關河，縱青衫無恙，換了二分明月，一角滄桑。雁書夜寄相思淚，莫更談，天寶淒涼。殘夢醒，長安落葉啼螿。

和卷一《一萼紅》記與周蓮伯散步城北，云：

> 自湖上，游仙事杳，問桃花，又過幾清明。剩取淒煙楚雨，愁盡蕪城。

此等句子，便充分的反映了當時的政局，感時傷世，其內心痛楚真是到了極點。這些詩詞，當是研究清季中葉的內憂外患對當時知識分子心態的影響的第一手切要資料。⑰

注　釋

① 曼陀羅華閣咸豐辛酉(咸豐十一年)刻本。

② 徐鼒自編，徐承禧等補注《敝帚齋主人年譜》，清同治十三年刊本。並參夏寅官《徐鼒傳》，載閔爾昌編《碑傳集補》卷廿四，台灣文獻叢刊本，台北台灣銀行經濟研究室，民國五十五年(一九六六)版。

③ 同上。

④ 孫殿起《販書偶記・別集類》，上海古籍出版社，一九八二年版。

⑤ 同注②。

⑥ 《續碑傳集》卷八十，台灣明文書局《清代傳記叢刊》本。

⑦　徐鼒自定，徐承熙等注《敝帚齋主人年譜》，台北文海出版社，一九六八年版，頁二十八。

⑧　周夢莊《水雲樓詞疏證》，台灣黎明文化事業，一九八九年十月版，頁二四。

⑨　曼陀羅華閣刻本，同注①。

⑩　同上。

⑪　同上。

⑫　同上。

⑬　王韜《瀛壖雜誌》卷四，近代中國史料叢刊第三十九輯，台北文海出版社，無出版年月，頁一九〇。

⑭　清·蔣啟勛主纂《(光緒)續纂江寧府志》卷十四，台北成文出版社民國五十七年（一九七〇）據光緒六年（一八八〇）刊本影印。

⑮　見《琴語堂行卷·琴語堂雜體文續》上海圖書館藏清光緒合刊本，頁四十至四十二。

⑯　周夢莊《水雲樓詞疏證》云：「咸豐十一年五月上旬，李冰叔爲蔣詞作敍。杜小舫在東臺爲蔣鹿潭刻水雲樓詞，開雕於是年仲夏，李敍已不及闌入。故曼陀羅華閣刻本缺李敍。光緒湖南思賢書局刻本及民國丁志偉重刊曼陀羅華閣本並因之。有正書局民國刊《水雲樓詩詞稿合本》方收入李冰叔敍。」（台北黎明文化事業，同注⑧，頁九六）。周氏以爲杜刻《水雲樓詞》將李敍刪去，今檢上海圖書館所藏之杜刻本仍載李敍，列於徐、何二敍之後，褚敍之前，周氏未知何本也。

⑰　錢祥保續修《(民國辛酉)甘泉縣續志》卷二十四《列傳六》，民國十年辛酉多十月開雕。

⑱　佚名纂修《宣統泰州志》卷二十八《流寓》，據民國間修《續纂泰州志》十八卷本增改謄清本。

⑲　李肇增《采香詞敘》有云：「仕優則學，無妨並邁，公以簿領之暇，敦悅詩書，天情流煥，時命豪牘。」見《采香詞》，曼陀羅華閣咸豐辛酉刻本。

⑳　曼陀羅華閣咸豐辛酉刻本。

㉑　清・趙惟崡重輯《(光緒)嘉興縣志》卷二十五《列傳五》，清光緒三十四年(一九〇八)刊本。

㉒　徐世昌編《清詩匯》(《晚晴簃詩匯》)，台北世界書局，民國五十年(一九六一)三月版。

㉓　周夢莊《水雲樓詞疏證》，同注⑧，頁二九至三〇。

㉔　詳見第一章《蔣鹿潭身世的考述》。

㉕　詳見第一章《官祿考》。

㉖　詳第三章《詞作內容分析・交遊之什》。

㉗　宗源瀚等修，周學濬等纂《(同治)湖州府志》卷七十六《人物傳・文學三》，台北成文出版社民國五十九年(一九七〇)據同治十三年刊本影印。

㉘　《水雲樓詞疏證》，同注⑧，頁三三。

㉙　詳第三章《詞作內容分析・交遊之什》。

㉚　詳見第三章《詞作內容分析・交遊之什》對《甘州》(記疏林霜墮薊門秋)一詞寫作年份之考述。

㉛　詞集卷二《渡江雲》序：「燕台遊跡，阻隔十年，感事懷人，書寄王午橋、李閏生

諸友人。」曼陀羅華閣刻本。

㉜ 《國朝詞綜補》(今易爲《清詞綜補》)，北京中華書局，一九八六年二月版，頁一
四〇五。

㉝ 葉恭綽編《全淸詞鈔》，香港中華書局，一九七五年三月版，頁一〇八一。

㉞ 《陳百生遺集》(著易堂仿聚珍版印)中有《出門》詩八章，《郯城道上》、《巒陽道
上》、《過黃河有感》、《進山辭》、《出山辭》、《過先賢仲子止宿處》及《北道竹枝
詞》十九首，皆北游紀事詩。料陳百生北游當不止一次。故《垂楊‧送陳百生北
游》作於何年，不可考得。

㉟ 《水雲樓詞全集》，上海漢文正楷印書局印本，民國二十二年(一九三三)十二月
初版。

㊱ 吳眉孫《與龍楡生言蔣鹿潭遺事》，載《同聲月刊》一卷五號，北京大學圖書館藏
本，頁一八〇 —— 一八一。

㊲ 詳第一章《蔣春霖之死》。

㊳ 《陳百生遺集敍》，朱銘盤《桂之華軒遺集》亦有載錄，現有文海出版社版。《翰林
院檢討陳君墓表》一文亦見於《小迦陵館文集》，宣統庚戌(一九一〇)季多浙江官
報兼印刷局排印本。

㊴ 《陳百生遺集》，著易堂仿聚珍版印。

㊵ 馮其庸《蔣鹿潭年譜考畧》(山東齊魯書社，一九八六年九月版，頁二一)謂陳寶
生於道光十四年(一八三四)生，想計算有誤。

㊶ 繆荃孫輯《國朝常州詞錄》卷二十六，光緒丙申雲自在龕刊本。

㊷ 戴望《謫麐堂遺集‧趙氏七世畫象圖册跋尾》，宣統三年歸安陸氏依會稽趙氏本
刻本。

㊸　參《能靜居日記》，今有台北學生書局民國五十三年(一九六四)版。

㊹　《太平天國叢刊》本，一九五二年上海神州國光社鉛印《中國近代史資料叢刊》第
　　二種第八冊。又《上海圖書館館藏年譜目》著錄陳編趙譜二種：㈠《陽湖趙惠甫先
　　生年譜》一卷，近代鉛印；㈡民國三十三年上海中國聯合出版公司鉛印本。另杭
　　州大學圖書館《中國歷代人物年譜集目》亦有著錄。是譜以《能靜居日記》爲主要
　　依據，於重要紀事下均附引日記資料，頗便參考。六十四冊日記除《庚申避亂日
　　記》曾刊《小說月報》第八卷第一至二號外，原稿現在台灣。譜中所引日記資料，
　　爲現今研究太平天國史及湘軍史之重要史料，尤足重視。

㊺　《齊天樂》之寫作年代與背景，參第三章《詞作內容分析・交遊之什。》

㊻　陳乃乾《(陽湖)趙惠甫先生年譜》，《太平天國叢刊》本，同注㊹。

㊼　趙烈文《周先生墓表》引見自周夢莊《水雲樓詞疏證》，頁五九。

㊽　同上。

㊾　同注㊶。

㊿　金眉生《空同蘇館全集・周微君傳》，引見自周夢莊《水雲樓詞疏證》，頁五九。
　　關於周弢甫的生卒，姜亮夫《歷代名人年里碑傳總表》(台灣商務印書館，一九六
　　五年四月版，頁四六八)亦有記載，年份與金眉生所載相同。

51　王韜《瀛壖雜志》，《近代中國史料叢刊》第三十九輯，台北文海出版社，無出版
　　年月，頁二〇二。

52　同注㊼。

53　《曾文正公日記》，上海大達圖書供應社，一九三四年版。

54　楊鍾羲《雪橋詩話》，台北文海出版社，民國六四年(一九七五)據一九一三年南

林劉氏求恕齋刊本影印本。

(55) 杜文瀾《憩園詞話》卷四,《詞話叢編》本,第九册,台灣廣文書局,民國五十六年(一九六七)五月版,頁三〇二七 — 三〇二八。

(56) 陳寶《小迦陵館文集》,宣統庚戌(一九一〇)季冬浙江官報兼印刷局排印本。

(57) 同上。

(58) 丁紹儀編《清詞綜補》卷五十二,同注㉜,頁一〇〇二。

(59) 錢祥保等主修,桂邦傑總纂《(民國)江都縣續志》卷二十四下,集賢齋民國十五年(一九二六)刊本。

(60) 李肇增編《淮海秋笳集》,咸豐庚申(一八六〇)冬遲雲山館刻本。

(61) 周弢甫《餐芍華館詩集》,清光緒十九年(一八九三)木活字印本。

(62) 王安定等纂修《兩淮鹽法志》卷一三四《職官門・職名表》,清光緒三十一年南京刊本。

(63) 但明倫《詒謀隨筆》,光緒四年(一八七八)仲夏刊本但氏家藏本,上海圖書館藏。

(64) 鄧之誠、謝興堯所編《太平天國資料》(台北文海出版社)輯有謝介鶴《金陵癸甲紀事畧》一書,有此序。

(65) 同注(55),頁三〇二五。

(66) 王璋輯《(民國)東臺縣志稿》卷二《流寓》,清光緒十九年修傳抄本。

(67) 《陳百生遺集》卷三,著易堂仿聚珍版印,上海圖書館藏本。

(68) 蔣啓勛、趙佑宸主纂,汪士鐸總纂《(光緒續纂)江寧府志》卷十四,台北成文出

版社，民國五十九年（一九七〇）據清光緒六年（一八八〇）刊本影印。

㊉　馮桂芬《懷青山館制藝序》，載《顯志堂稿》卷二，清光緒二年校邠盧刻本。

㊀　金武祥《蔣君春霖傳》。

㊁　詳第三章《詞作內容分析・戰爭之什》。

㊂　譚獻《篋中詞》卷五，台北鼎文書局，民國六十年（一九七一）九月版，頁二九三。

㊃　錢祥保等主修，桂邦傑總纂《（民國）江都縣續志》卷二十四上，集賢齋民國十五年（一九二六）本。

㊄　杜文瀾《憩園詞話》卷四，同注㊺，頁三〇三六至三〇三七。

㊅　李肇增《萍綠詞敍》，曼陀羅華閣咸豐辛酉刻本。

㊆　丁至和《萍綠詞敍》，同上。

㊇　葉恭焯《全清詞鈔》，同注㉝，頁一一六六。

㊈　杜文瀾《憩園詞話》卷五，同注㊺，頁三〇九五。

㊉　清・許瑤光總修、吳仰賢總纂《（光緒）嘉興府志》卷五十三，台北成文出版社，民國五十九年（一九七〇）據光緒五年刊本影印。

㊀　金猷琛《周存伯先生傳》，載周閑《范湖草堂遺稿》，上海圖書館藏本。

㊁　陳思主修、繆荃孫總纂《江陰縣續志》卷十五《文苑傳》，台北成文出版社，民國五十九年（一九七〇）版。參第一章《蔣春霖之死》。

㊂　姜亮夫《歷代名人年里碑傳總表》，台灣商務印書館，民國五十四年（一九六五）版，頁四六七。

⑧ 俞樾《江蘇候補道杜君墓志銘》，載繆荃孫《續碑傳集》卷三十八，台北四庫善本叢書館，民國四十九(一九六〇)年刊本。

⑧ 張孟劬《近代詞人逸事·蔣春霖逸事》，載《詞學季刊》第二卷第四號，上海民智書局發行，民國二十四(一九三五)年。

⑧ 謝章鋌《賭棋山莊詞話》，載《賭棋山莊全集》，台北文海出版社，民國六十四年(一九七五)影印光緒十年南昌使館刊本。

⑧ 謝孝苹《讀蔣鹿潭〈水雲樓詞〉札記》中云：「余家舊藏有竹沙所書條幅四屏。」《詞學》第五輯，華東師範大學出版社，一九八六年，頁一〇三。

⑧ 同上，頁一〇二。

⑧ 同注⑧，頁九二。

⑧ 葉恭綽編《全清詞鈔》卷十八，同注㉝，頁八八〇。

⑨ 楊鍾羲《雪橋詩話》，同注㊹。

⑨ 何慶熙《蜨陪外史序》，載高繼珩《蜨陪外史》，咸豐庚申(一八六〇)年重刊香火因緣室藏板本。

⑨ 龔莊《蜨陪外史評跋》，同上。

⑨ 佚名纂修《宣統泰州志》卷二十八，據民國間修《續纂泰州志》本增改謄清本。

⑨ 《琴語堂雜體文續》，清光緒刻本，上海圖書館藏本，同注⑮。

⑨ 周夢莊《水雲樓詞疏證》，同注⑧，頁四六至四七。

⑨ 張鳴珂《寒松閣談藝瑣錄》，載《樵李叢書》第一、二集，杭州古舊書店，一九八

三年線裝本，第六冊。

⑰ 杜文瀾《憩園詞話》卷四，同注㊺，頁三〇四七。

⑱ 黃燮清《國朝詞綜續篇》，台灣中華書局，一九六六年三月版，頁五。

⑲ 高茶庵《茶夢盦燼餘詞》，同治庚午（一八七〇）福州刻本，上海圖書館藏本。

⑩⑩ 陳寶《陳百生遺集》卷一，著易堂仿聚珍版印本。

⑩① 詳見第三章《水雲樓詞之輯本與流傳》。

⑩② 《清史稿·宗源瀚傳》、《續碑傳集》卷三十九、姜亮夫《歷代名人年里碑傳總表》頁四九七。

⑩③ 杜文瀾《憩園詞話》卷四，同注㊺，頁三〇五五。

⑩④ 宗源瀚序《水雲樓詞續》云：「同治壬戌以後，多居泰州數年。兵戈方盛，人才流離，渡江而來，率多才傑，一時往過，如王雨嵐……皆以詩名，而蔣鹿潭之詞尤著。」《水雲樓詞全集》，同注㉟。

⑩⑤ 詞續《玲瓏四犯》題序曰：「湘文旣之浙，余亦東游，江空歲寒，念湘文當過常熟，結鄰之約，幾時可遂。」《水雲樓詞全集》，上海漢文正楷印書局印本。

⑩⑥ 詳見第一章《蔣鹿潭之死》。

⑩⑦ 宗序云：「（蔣鹿潭）嘗權東臺場，……人咸德之。罷官後，猶供食數年。」說明鹿潭罷官後，生活主要賴舊時鹽商，分食供養。同注⑩④。

⑩⑧ 杜文瀾《憩園詞話》卷四，同注⑩③。

⑩⑨ 吳唐林《墮蘭館詞存序》，宣統乙酉初夏禺山羅維翰署排印本。

⑩ 宗載之《墮蘭館詞存》，同上。

⑪ 葉恭焯《全清詞鈔》卷二十五，同注㉝，頁一九二二。

⑫ 劉禺生《世載堂雜憶》：「銷英翁，爲浙人金眉生，字安卿，晚年自號銷英翁，銷英二字，由姜白石詞『仗酒祓淸愁，花銷英氣』，故號銷英道人。」北京中華書局，一九六〇年十二月版，頁七九。

⑬ 淸·江峰靑修，顧福仁纂《(光緒重修)嘉善志》人物志一，淸光緒二十年(一八九四)刻本。

⑭ 王蘧常《續許氏嘉興府經籍志·金安淸傳》，淸光緒十八年(一八九二)刊本。北京大學圖書館藏民國修謄淸稿本。

⑮ 杜文瀾《憩園詞話》卷四，同注㊽，頁三〇五三、三〇五五。

⑯ 劉禺生《世載堂雜憶》，同注⑫。

⑰ 同上。

⑱ 劉禺生謂：「得王翁(王闓運)死後殘稿云：『笠臣盛時，廣致賓客，不能致李篁仙，篁仙亦非淸流，中有漢奸銷英翁及匏叟書，最爲難得，餘皆一時之彥。』」同上，頁七八。

⑲ 《(宣統)泰州志》卷十四《選舉》，同注⑱。

⑳ 宗源瀚《頤情館詩鈔》，民國八年咫園叢書刊本。

㉑ 見宗源瀚《水雲樓詞續絞》，同注⑩。

㉒ 葉恭綽《全淸詞鈔》，同注㉝，頁一二三五。

㉓ 趙瑜《晉甎室詩存》(同治丙寅〈一八六六〉春月刻本)有《黃琴川招同范菁菴、康伯山、吳讓之、程弢菴、鄧齋雅集即事二首》，《琴川從古以五月十五日爲大端陽

是日招同馬石樵、陳六舟、吳讓之、康伯山、沈旭庭、李冰叔城西草堂雅集二首〉及〈黃琴川〉等詩。

⑫④　同注⑫⓪。

⑫⑤　《(宣統)泰州志》卷二十五《文苑》，同注⑱。

⑫⑥　趙瑜《晉甎室詩存》，同治丙寅(一八六六)春月刻本，上海圖書館藏本。

⑫⑦　程宇光《晉甎室詩存敍》，同上。

⑫⑧　錢祥保等主修，桂邦傑總纂《(民國辛酉)甘泉縣續志》卷十三《名蹟考》，同注⑰。

⑫⑨　見周夢莊《水雲樓疏證》引，同注⑧，頁一三〇。

⑬⓪　《定風波》小序云：「此解寄鹿潭、凱卿。」《荼夢盦燼餘詞》，同治福州刻本，上海圖書館藏本。

⑬①　《憩園詞話》卷五，同注�555，頁三〇九〇至三〇九一。

⑬②　徐乃昌《小檀欒室閨秀詞‧陳子淑詞》，清光緒二十四年(一八九八)自刊本。

⑬③　同注㊱，頁一〇九。

⑬④　《憩園詞話》卷三，同注�555，頁三〇〇三。

⑬⑤　葉恭綽《全清詞鈔》卷二十四，同注㉝，頁一二二一。

⑬⑥　《憩園詞話》卷三，同注�555，頁三〇〇三至三〇〇四。

⑬⑦　同上，頁三〇四〇至三〇四一。

⑬⑧　方濬頤《太子少保東河總督喬公墓志銘》，《續碑傳集》卷二七。

⑬ 同上。

⑭ 同上。

⑭ 詳前章《詩作內容分析‧題畫詩什》。

⑭ 詳前章《詩作內容分析‧題畫詩什》。

⑭ 詳前章《詩作內容分析‧題畫詩什》。

⑭ 葉恭綽《全清詞鈔》卷二十四，同注㉝，頁一二三六。

⑭ 見《淮海秋笳集》，咸豐庚申（一八六〇）冬邅雲山館刻本。

⑭ 同注⑫，頁二十六。

⑭ 參前章《詩作內容分析‧題畫詩什》。

⑭ 詳前章《詩作內容分析，題畫詩什》。

⑭ 錢祥保等主修，桂邦傑總纂《（民國辛酉）甘泉縣續志》卷十八，同注⑰。

⑮ 《陳百生遺集》卷三，同注⑩。

⑮ 馮其庸《蔣鹿潭年譜考畧‧水雲樓詩詞輯校》，山東齊魯書社，一九八六年九月版，頁二四六。

⑮ 周夢莊《水雲樓詞疏證》，同注⑧，頁一四四。

⑮ 謝孝苹云：「鹿潭友朋皆為顧鶯之死，同灑悲慟之淚，顧鶯與鹿潭當非一般關係。作者疑歿於楊也村之妾，有可能就是顧鶯。」《讀蔣鹿潭〈水雲樓詞〉札記》，《詞學》第五輯，同注⑯，頁一〇四。案楊也村妾辨已見前，今不復述。

⑭　參見第一章《蔣春霖之婚姻及戀情》對這方面的論述。

⑮　詳第三章《詞作內容分析》之《艷情之什》及《哀悼之什》。

⑯　詳第三章《詞作內容分析》之《戰爭之什》。並參第一章《蔣春霖之婚姻及戀情》。

⑰　詳《詞作內容分析》之《艷情之什》。並參第一章《蔣春霖之婚姻及戀情》。

⑱　詳《詞作內容分析》之《哀悼之什》。

⑲　詳第一章《蔣春霖之婚姻及戀情》。

⑯⑩　詳第一章《蔣春霖之死》。

⑯①　詳《蔣春霖之婚姻及戀情》、《詩作內容分析·雜題之什》。

⑯②　詳第四章《詩作內容分析·哀悼之什》。

⑯③　詳《詞作內容分析·艷情之什》。

⑯④　章石承《詞史蔣鹿潭的生平及其詞作》，載《南京中央日報》，一九四七年八月二
　　　十五日。

⑯⑤　《晉書》卷四九《列傳》一九《阮籍傳》，台灣開明書店鑄版，頁一二一四。

⑯⑥　同注⑲。

⑯⑦　同注⑪。

⑯⑧　同注⑱。

⑯⑨　同注⑮。

⑰ 同注⑲。

⑰ 同注⑫。

⑰ 劉禺生《世載堂雜憶》，同注⑫，頁七九。

⑰ 同注⑲。

⑰ 錢穆曾說：「在中國人的文化傳統下，道德觀念，一向很看重，他要負『修身齊家治國平天下』一番大責任，他要講『忠孝仁義廉恥節操』一番大道理，這好像一條條的道德繩子，把每個人綑得緊緊，轉身不得似的。在西方則並沒有這麼多的一大套，他們只說『自由』、『平等』、『獨立』何等乾脆痛快。中國人則像被種種道德觀念，重重束縛了，中國人生可說是道德的人生，你若做了官，便有做官的責任，又不許你兼做生意，謀發財。做官生活，照理論，也全是道德的、責任的。正因中國社會偏重這一面，因此不得不有另一面來期求其平衡。中國人的詩文字畫，一般文學藝術，則正盡了此職能，使你暫時拋開一切責任，重回到幽閒的心情，自然的欣賞上，好像『採菊東籬下，悠然見南山』這種情景。」《國史新論》，台北正中書局，民國四十四年(一九五五)，頁一三四。

⑰ 鹿潭詩詞中對當時政局的描寫及反映當時文人心態的申述已散見各章，為免重複，恕不疣贅。

第六章　蔣春霖及其水雲樓詩詞之評價

　　在時代戰亂的影響之下，蔣春霖之思想及其著述，都可以說是「一個時代的見證」。《水雲樓詩詞》的創作，不僅處處表現了作者的心血與靈魂，更透露了作者本人與同時人的心理動機和反應，而且包羅着那一時代政治社會經濟文化景象的直接描述，其價值益見珍貴。本章爲對蔣氏作品之價值，及其文學地位與歷史地位之綜合敍述，試從蔣春霖的創作精神中，再加以探討其《水雲樓集》之史料價值及藝術價值，並參照前人的研究成果，以作更深一步之研究，冀求對蔣春霖之行誼及成就，得以客觀而確切的論評。

一、水雲樓詩詞之史料價值

　　蔣春霖詞既有「詞史」之稱，則其詞作必甚多有關當時史事之記述。上面說過，蔣氏可說生活於中國的大動亂時期：外則有英法之入侵，蘇俄之吞併；內則有太平天國之起義、稔黨回民、天地會等相繼而作。太平天國之十四年中，正是蔣氏由三十四歲至四十七歲的盛年。太平天國之後的四年是蔣氏生命最後的幾年，太平天國雖被打敗，但國家元氣可說完全未復，反之，只有民生凋殘，政事日乖，一蹶已不可復振。蔣氏所居之泰州、東臺等地，雖未被太平軍直接侵援，但波濤所及，仍是經濟衰退、民生苦艱，社會仍未復元。蔣氏雖未直接居於戰火之地，但戰地去其所居最近。因此蔣氏以其所聞諸友人及其所切感者記述，雖未及切膚之痛，而其反映戰爭之慘酷及民生之凋殘者，並無大異。

　　蔣氏精神，放於倚聲，故其詞作之反映者自比詩作爲甚。於討論蔣氏詞作時，已有另篇分析，今合詩詞之作，稍提綱挈領，述其大旨如下。

（一）寫地方殘破者，如：

> 剩取淒烟楚雨，愁盡蕪城。
>
> —— 卷一《一萼紅》

此言揚州戰爭之後。

> 看莽莽南徐，蒼蒼北固，如此山川。鉤連，更無鐵鎖，任排空，
> 檣艣自回旋。
>
> —— 卷一《木蘭花慢》

此爲鴉片戰爭而作。詳詞部戰爭之什。

> 烽火連江，河山滿眼，那處登臨。回首東園舊路，剩幾分流水，
> 幾樹寒岑。冷雨宮垣，斜陽喬木，還聽笳鼓沈沈。
>
> —— 卷一《一萼紅》

> 野幕巢烏，旗門噪鵲，譙樓吹斷笳聲。過滄桑一霎，又舊日蕪
> 城。
> 劫灰到處，便司空見慣都驚。
>
> —— 卷一《揚州慢》

> 舊嬉遊處，而今何在，城闉空鎖。
>
> —— 卷一《水龍吟》

> 繞空江，鷗鴣聲聲，亂烟無數。歌管樓台斜陽冷，換了城西戍
> 鼓。
> 十里深蕪陰燐碧，哭青山、誰喚春魂語。
>
> —— 卷一《金縷曲》

一片石頭城上月，渾怕照，舊江山。

—— 卷二《唐多令》

十里寒香何在，剩千萬樹梅魂，伴銅仙垂淚。

—— 卷一《角招》

寫遍殘山剩水，都是春風杜鵑血。

—— 卷二《淡黃柳》

此詞之序云：

　揚州兵後，平山諸園林皆成榛莽。

柳影低門，杏橋深巷，花落可憐焦土。

—— 卷二《換巢鸞鳳》

更烟蕪池館，彈淚説滄桑。

—— 卷二《八聲甘州》

梅花冢在，文選樓荒。

—— 詞續《揚州慢》

關河戰罷餘蕭瑟。

—— 詞續《玲瓏四犯》

莫道柴門秋色冷，吳宮花草半蒿萊。

—— 剩稿《題萬卷書樓圖》

道路猶荒梗，乾坤此寓居。

—— 剩稿《東臺雜詩一》

天留枯樹鎖殘劫，雪作飛花送六朝。
行人莫問長干路，太液荒涼恨未消。

數聲羌笛吹寒月，一角荒城壓亂流。

—— 剩稿《冬柳》

微茫葭芰浮春氣，寥落郊原見劫灰。

—— 剩稿《湖嘴泛舟》

(二)寫戰爭境況者如：

東風一夜轉平蕪，可憐愁滿江南北。

—— 卷一《踏莎行》

此詞全記南京陷事，此二句最爲明顯。

正鐵鎖橫江，長旗樹壘，半壁塵埃。

—— 卷一《木蘭花慢》

大有衣裳會，俄傳草木兵。
烽烟危隔縣，舟楫聚荒城。

—— 剩稿《東臺雜詩十三》

旌旃離遝連三郡，鎖鑰矜嚴重一州。

—— 剩稿《登泰州城樓》

烽火連江國。

—— 剩稿《思婦曲》

寒星搖白波，旌旗動江水。
北風中夜來，鼓鼙聲未已。
前年議選徒，戰船集如蟻。

—— 剩稿《雜詠一》

射工利殺人，猛虎不擇肉。

鷹隼快一擊，豈問覆巢酷。

—— 剩稿《雜詠二》

(三)寫民生凋殘者，如：

十載江鄉烽火，到樓閣五雲中，憶哀鴻音苦。

—— 詞續《角招》

患至群慢鑵，師行急峙糧。

黃金隨土賤，紅粟帶沙量。

—— 剩稿《東臺雜詩十二》

野哭空皮骨，民窮一死生。

—— 剩稿《東臺雜詩十三》

兵符促星火，征糧先下邑。

長官重軍令，小人急所急。

前年賣大屋，去年傾宿積。

今年耕牛死，有田種無力。

—— 剩稿《雜詠三》

(四)寫交通阻隔者，如：

淚點關河，軍聲草木，愁殺江南行旅。

—— 卷一《齊天樂》

酒邊休唱念家山，還是兵戈滿眼路漫漫。

—— 卷一《虞美人》

烽火倉皇道路間。

—— 剩稿《題沈氏酒壚》

昨聞道路言，復有北寇逼。

—— 剩稿《雜詠三》

(五)寫民心厭亂者，如：

待銷盡，華鬘小劫，洗冰淚，招客說傷心。

—— 卷一《一萼紅》

歌管樓臺斜陽冷，換了城西戍鼓。

—— 卷一《金縷曲》

戍角聲聲，當年無此。

—— 卷一《角招》

夢到江南好風景，也應愁減沈郎腰。

—— 剩稿《題畫》

江雲岸樹都非昔，忍對溪山作臥游。

—— 剩稿《題畫》

軍書久盼淮西捷，日暮漁竿亦可哀。

—— 剩稿《湖嘴泛舟》

天翻海闊腸堪斷，猶耐青春看月圓。

—— 剩稿《春夜》

長安消息斷，乾鵲爾何來。

—— 剩稿《春雨》

飛灰從彼說，拔火亦吾心。

願救沙蟲劫，金輪不可尋。

—— 剩稿《游光孝寺》

南雁于今沈信息，東風何日舞苗條。

—— 剩稿《冬柳》

偏師新乘勝，猶喜近吾鄉。

—— 剩稿《曠士》

何時罷戰爭，貧窮得安息。

—— 剩稿《雜詠三》

（六）寫人民離亂者，如：

風前忽墮驚飛燕，贅影春雲亂。而今翻說羨楊花，縱解飄零猶
不到天涯。

—— 卷一《虞美人》

又此詞序云：

金陵失，秦淮女子高慈，陷賊中數月。今春見於東淘，愁蛾蓬
贅，不似舊時矣。

待低拜、青溪夜月，問何時、重爲玉人圓。長懷感、有相思血，
都化啼鵑。

—— 卷二《甘州》

此詞序云：

洪彥先與秦淮女子有桃葉渡江之約，未果，而金陵陷，不可尋
問矣。

南屏鐘，亂鄉愁，滿地秋雨。

—— 卷二《換巢鸞鳳》

此詞序云：

> 嘉禾周存伯，工填詞，移居杭州橫河橋，未幾避兵過江，爲述
> 舊事，時復淒絕。

戍笳吹斷，嘆釵鈿、倉皇路塵。
幽壑難呼，空彈怨瑟，珮環何處歸魂。

—— 詞續《慶春宮》

此詞序云：

> 高茶庵婦死於兵，作空江吊月圖。

玉釵金縷都拋却，烽火倉皇道路間。

—— 剩稿《題沈氏酒壚》

淒絕揚州舊公子，雨窗和淚寫桃花。

—— 剩稿《題畫》

旅燕尋巢亦可哀。

—— 剩稿《題萬卷書樓圖》

室家飄泊逐野鶩，干戈擾攘羈來鴻。

—— 剩稿《中秋夜步》

煌煌荐紳子，今在衡茅住。

—— 剩稿《雜詠四》

　　以上所舉，或由自己之聽聞，或由朋友之講述，或自身之感受，或殘迹之親覩，都能使讀者從鹿潭詞中想象得當時戰亂之可怕及人民對戰亂之厭惡。雖然鴉片之役，英法之侵，洪楊之事記載於史籍或筆記者不勝枚舉，但詩人所親感者，自然另有一番，雖於戰亂之大體，在記載方面，無甚軒輊，但小民在戰亂時之感受、生活之困窮、去國懷鄉之悲哀、厭戰之心聲、當時知識分子對社會家國之意識及所蒙受無辜之死喪禍患，自有其價值所在，地方之志，稗史之篇，當不以其詩詞之記而疏忽之也。

二、水雲樓詩詞之藝術與風格

　　宋詞以豪放、婉約二派並稱。南宋周清眞以純熟的藝術技巧，在婉約派中再發展出格律一派，此派又以張炎「清空」之特色，另樹一熾。元明二朝，詞的發展未見突出，至清代，詞藝再創高峯。康熙前期，朱彝尊主婉約，陳維崧主豪放，納蘭性德則純任性靈。其後浙西、常州、陽羨等派，多囿於格律形式。項蓮生出，情辭婉約，蔣鹿潭繼起，兼姜、張而有之，宋詞的光輝，再一次在蔣鹿潭之詞作中得以重見。

　　蔣鹿潭的詩詞，均能兼採前人之長，創立自己的風格。要詳細分析鹿潭在創作上的藝術特色，實非易易。這裏，我們試從多方面去探索。鹿潭《水雲樓詞》能尖銳表現當時國家民族的憂患與矛盾，而又寫得特別深刻、細緻，使人讀後，意味無窮。小詞精警蘊藉，清新秀麗；詩則恢雄沈厚，意深情摯。水雲樓的一百七十多首詞及九十多首詩中，我們可就其藝術特點，內容特色及寫作風格三方面論述。

　　首先，其藝術特色，可以分以下幾點：

　　(一)精於煉句，善於融化唐宋名家詩詞 —— 鹿潭詞受姜夔與張炎詞的影響最深，杜詔說：

「(詞至南宋)姜夔堯章最爲傑出，宗之者史達祖、高觀國、盧祖皋、吳文英、蔣捷、周密、陳允平諸名家，皆具夔之一體，而張炎叔夏庶幾全體具矣。」①

陳撰也說：

「每謂詞莫尚於南宋，景淳，德祐間，要以白石爲宗主；其嗣白石起者，無逾於玉田。」②

姜白石詞，就以它「句琢字鍊，歸於醇雅」③的語言特色著稱於詞壇。張炎的詞，深得此種琢字鍊句的技巧，其《詞源》更就此發表論述：

「詞中句法，要平妥精粹。一曲之中，安能句句高妙？只要拍搭襯副得去，於好發揮筆力處，極要用工，不可輕易放過，讀之使人擊節可也。如東坡《楊花詞》云：『似花還似非花，也無人惜從敎墜』……此皆平易中有句法。」
「句法中有字面，蓋一個生硬字用不得，須是深加鍛煉，字字敲打得響，歌誦妥溜，方爲本色語。如賀方回、吳夢窗皆善於煉字面，多於溫庭筠、李長吉詩中來。字面亦詞中之起眼處，不可不留意也。」④

蔣鹿潭亦能總而有之。先以《甘州》(怪西風)爲例：

怪西風，偏聚斷腸人，相逢又天涯。似晴空墮葉，偶隨寒雁，吹集平沙。塵世幾番蕉鹿，春夢冷窗紗。一夜巴山雨，雙鬢都華。　笑指江邊黃鶴，問樓頭明月，今爲誰斜。共飄零千里，燕子尚無家。且休賣珊瑚寶玦，看青衫寫恨入琵琶。同懷感、把悲秋淚，彈上蘆花。

此詞讀來，旣有跌宕之妙，又有流暢之美，眞所謂一氣呵成而其波瀾起伏，

又令人有回腸蕩氣之感。

再看《蝶戀花》(北游道上)：

> 沙外斜陽車影淡，紅杏深深，人語黃茅店。陌上馬塵吹又暗，柳花
> 風裏征衣減。　屋後箏弦鶯語艷，濁酒孤琴，門對春寒掩。鴉背殘
> 霜侵短劍，紙窗夢破疏燈颭。

凡是優秀的藝術家，大都有不同常人的感受能力和表現能力。蔣春霖這首
詞即是這方面的具體表現。靈敏的感覺，加上精練的句法，在以下的幾句
中清楚可見：

> 「沙外斜陽車影淡」，着一「淡」字。
> 「紅杏深深」，着一「深」字。
> 「陌上馬塵吹又暗」，着一「暗」字。
> 「屋後箏弦鶯語艷」，着一「艷」字。

字句的精練外，這首詞又融和了李商隱《詠燈詩》：「冷暗黃茅驛。」溫庭筠
《春日野行》：「蝶翎朝粉盡，鴉背夕陽多。」的意境。「濁酒孤琴，門對春寒
掩」又揉合了《淮海詞》：「可堪孤館閉春寒。」「夢破鼠窺燈，霜送曉寒侵被」
中同樣的羈旅情懷。再如《虞美人》記秦淮女子高蕊陷賊中事，一開始首句
即用「風前忽墮驚飛燕」，不僅切題，而且音節響亮，可見鹿潭煉字的功力。

　　陳廷焯以爲鹿潭「深於樂笑翁，故措語多清響，最豁人目。」⑤譚獻更
推頌鹿潭詞「屈曲洞達，齊梁書體。」⑥對《水雲樓詞》在煉字達意方面的成
就，都是一致讚許的。

　　(二)靈秀挺拔，別鑄新境，頗得玉田「清空」之美 —— 張玉田論詞，獨
標「清空」，以爲：「詞要清空，不要質實。清空則古雅峭拔，質實則凝澀晦
昧。」⑦　清，在於不濁俗⑧，且要雅正。所謂雅正，則必須要去除詞的淫
麗、矯揉、軟媚、綺麗之氣。空，作爲藝術上的美學境界，乃是受到佛教

的影響所致。司空圖《詩品》對含蓄提出:「不著一字,盡得風流」,又舉「絕
佇靈素,少迴清眞。如覓水影,如寫陽春。」⑨皆能體現了詩歌表現上的空
靈美感。姜白石在《白石詩說》中直言:「文以文而工,不以文而妙。然捨文
無妙,聖處要自悟。」⑩　說明了「空」的追求,是要經過內心悟感的功夫,
在文字的表達上,則要蘊藉,以得言外之意。總括而言,「清空」表達在詩
詞的美學意義上,內容有四:

(1)氣格要高正,所謂「樂而不淫」,志不爲情所役。

(2)表現要蘊藉,反對豪氣外露。

(3)追求表現的含蓄,文字上不露痕迹,以得言外之意。

(4)反對詩詞感情表現的直露無遺。在性靈的直抒上,更進一步追求「寫
　情的無迹」,使人一唱三歎。換言之,即追求一種「情景交煉,得言
　外意」的境界。

這四種內容,在《水雲樓詞》中均可得到。鹿潭措詞遣句,格高韻正,已爲
公論,不必再舉例說明。至於其集中佳句如:

誰識天涯倦客,野橋外,寒雀驚呼。還惆悵,霜前瘦影,人似柳蕭
疏。

——　卷一《滿庭芳》

淚點關河,軍聲草木,愁殺江南行旅。絲闌漫譜,怕怨笛吹殘,落
花難數。門掩春寒,日斜聞戍鼓。

——　卷一《齊天樂》

哀角起重關,霜深楚水寒。背西風歸雁聲酸。一片石頭城上月,渾
怕照,舊江山。

——　卷二《唐多令》

都是沉鬱婉約、深情蘊藉的作品。

　　再如「病來身似瘦梧桐，覺道一枝一葉怕秋風。」(《虞美人》)，「一片春愁，漸吹漸起，恰似春雲。」(《柳梢青》)等句，可謂「不著一字，盡得風流」，亦能體現了「清空」的美意。

　　(三)長於比興手法，意內言外，顯與隱之手法皆高 —— 鹿潭詩詞處處反映社會景況，他善於描寫戰禍，其中寫太平天國戰事與外患的詩詞，有直書的，也有暗喻的，手法都同樣高明。直書者如：

　　　劫灰到處，便司空見慣都驚。問障扇遮塵，圍棋賭墅，可奈蒼生，月黑流螢何處？西風黯鬼火星星。更傷心南望，隔江無數峰青。

—— 卷一《揚州慢》

　　　室家飄泊逐野鶩，干戈擾攘羈來鴻。

—— 剩稿《中秋夜步》

隱喻的寫法，更見高明，如：

　　　東風一夜轉平蕪，可憐愁滿江南北。

—— 卷一《踏莎行》

　　　又斜陽，過盡西樓，都是昏鴉。

—— 卷一《高陽台》

　　　昔日青青今在否？江南回首已無家。

—— 剩稿《冬柳》

鹿潭又善於以特別的名詞暗示家國大事，例如卷二《渡江雲》的：

　　　流鶯別後，問可曾，添種垂楊。但聽得、哀蟬曲破，樹樹總斜陽。

以「流鶯」譬喻英法聯軍，並暗示一八六〇年英法軍入北京後，國家景物凋

零。「問可曾，添種垂楊」，乃質疑國家在兵事後，有否重新建設呢！

　　《水雲樓剩稿》裏用比興手法最成功的是《詠物十首》。鹿潭以詠鸚鵡的「漫矜吾舌在，知否托身微」比喻自己的身世；以詠山茶的「破寒驚眾眼，與世抱多心」比喻自己的氣節；以詠藕的「在泥原潔白，出水太玲瓏」比喻凡世俗人；以詠猿的「抱樹竟何益，入山胡不深」比喻自己的心志，在含蓄的文字中抒發深遠的言外之意，技巧高超，這方面在上章討論鹿潭詩的時候亦已有過說明了。

　　(四)筆觸細膩，能深切刻劃人生 —— 鹿潭筆觸細膩，例如他善於用「眉」的活動來描寫愁緒：

　　　屏間山壓眉心翠。

—— 卷一《鷓鴣天》

　　　愁來始覺眉尖窄。

—— 卷一《高陽台》

　　　睡起卻驚天影暗，眉尖，愁似春陽向晚添。

—— 卷一《南鄉子》

　　　怕春風，又妒畫眉長。

—— 卷二《八聲甘州》

又如：

　　　更休怨，傷別傷春，怕垂老心期漸非昨。

—— 詞續《琵琶仙》

　　　任相逢一笑，不是吾廬。

—— 卷一《滿庭芳》

　　秋生殘夜驚心早，愁入中年熟睡難。

—— 剩稿《早起》

都是以細膩的筆觸去體畫人生。

　　（五）婉約豪放兼蓄，使行文疏宕 —— 譚獻以鹿潭詞「婉約深至，時造虛渾」⑪而推崇之。陳廷焯則以鹿潭詞「才氣甚雄」⑫而加以稱許。要之，《水雲樓詞》兼豪放婉約於一家，觀其《唐多令》一詞，即知集蘇辛之悲壯，周姜之婉約於一詞中。在闡論《水雲樓詞》寫作師承及分析《水雲樓詞》時已對這特點詳細論述，這裏不再贅述。

　　以上是蔣鹿潭詩詞創作藝術特色的畧述。此類特色使蔣鹿潭在近代文壇上有其重要之地位。此外，《水雲樓詩詞》之內容，又有兩點極其特殊者：第一，多記述與自己人格及遭遇差同的人物。第二，十分透徹地表露出鹿潭對當時所處的國家社會之極度不滿，以致作者對其現況產生一種極濃烈之「無可奈何」的感傷。以下再舉例說明。

　　鹿潭詞中記述的人物，遭遇人格都與鹿潭相若，亦可以確實的在歷史文獻中得到證明。鹿潭所交遊者，非達官貴人，而適得其反，多是命蹇時乖之輩，但在才識品格上，亦非尋常人物。其中大部份為清代中期知識分子的表表者，他們的際遇與心態，足可反映出當時的政局與落難文士之關係，這在上一章蔣鹿潭的交遊考中已有詳述。更重要的，是《水雲樓詩詞》的內容，幾乎首首皆涉及當時太平天國亂事及英法聯軍之役，尤其能夠反映當時這些內憂外患所帶來生靈塗炭之實況。《雜詠》諸詩，更直接敘述了當時老百姓的生活苦況，並且表達了作者對太平盛世、安居樂業底生活的祈望⑬。這些作品，誠為研究清代太平天國時期，中國社會民生的第一手材料。

　　蔣鹿潭對家國的禍患是關切的，對家國的重建，更是熱情的，可惜終其一生，所見者皆是戰禍帶來之痛苦，雖然於其去世之幾年前，太平天國

已遭清軍覆滅，但處於長期內憂外患的社會，仍然無法好轉，加上滿清政府一直以來之腐敗無能與昏庸之統治，社會經濟一蹶不振，官吏腐竄，民不聊生。這種殘酷現實，給予蔣鹿潭極大之打擊。他由熱切的祈望變爲「無可奈何」之感嘆，所以在他的創作中，便深深的反映了這一份沉重的心境。又由於對現實生活不滿，蔣鹿潭多以緬懷過去的生活以爲自己感情的麻木與抒發。所以其詩詞內容，便出現了極多的懷舊之作。「回首」、「還記」、「猶記」、「休記」等字句，成爲《水雲樓詩詞》慣用的詞語⑭，這些緬懷過去生活的句子，都充滿了深切的情思，反襯出對現在生活之極度不滿。由不滿產生的「無可奈何」之心態，使蔣鹿潭把人生實況幻想爲虛幻的夢境，藉以減輕痛苦，他的「夢醒還疑夢，此恨綿綿」（《甘州》〈悔年時刻意學傷春〉），實在令人不忍卒讀。蔣鹿潭不但看人生如夢幻，而且此不可憑之夢幻，又是絕難得到美好之結果。人生最痛苦的無過於失去信心與一己之鬪志，鹿潭徘徊於如此之心境下，我們又怎能冀望他在生活中尋到樂趣呢！因此，鹿潭詩詞內容的基調，盡是一片無可奈何的感傷情懷，那是肯定的。

鹿潭詞的寫作風格，從文學欣賞方面言之，可以見其雜以淒清、熱烈、纏綿、眞摯的情味。鹿潭的淒清，其感傷較之一般詩詞所流露者更甚⑮，這相信是與其閱世者有關。《水雲樓詞》二卷爲鹿潭之自選詞，據他曾於中年燬掉詩稿之一事看，其少年之詞，相信沒有多首選入，因此集中所見現存之鹿潭詞作，多爲其飽嘗風霜後之中歲以後作品。其時心境之淒酸，較之少年時之悲愁，自然更要濃烈得多。譬如當一個人初次遇見一椿打擊時，他會因極度的不如意而失望沮喪，這種猛烈的不快便是感傷。在這時候，情感高於理智之上，言語行動容易偏激。不過，待事情過去久了，或是受了多次挫折之後，對冷酷之現實適應過來，腦筋冷靜，理智漸漸抬頭，看透了人間世上原是苦悶的，他這種悲哀放大了，籠罩着整個的宇宙和人生，雖然某件事情上不再那麼執着，但眼前的景物是沒有不帶着淒清的。這時，傷感激動的情緒是冲淡了，代之而起的是一份無可奈何、欲哭無淚的淒清感受。而我相信在文學裏，這份冲淡了而淨化下來的情味反更耐人咀嚼，文學的精粹處在於痛定思痛，英國詩人華滋華斯（Wordsworth）曾說：「詩起於經過在沉靜中回味來的情緒。」（Emotions recollected in tranquility）⑯正說出其中甘苦。《水雲樓詞》令人一彈三歎，愛不釋手，就因爲這種

情味能帶給讀者引發遐思的緣故。

其次是熱烈，這是指鹿潭對社稷的熱切關懷及對文學創作的熱切實踐而言。試看其：

看莽莽南徐，蒼蒼北固，如此山川。

—— 卷一《木蘭花慢》

烽火連江，河山滿眼，那處登臨。

—— 卷一《一萼紅》

若非對國家充滿熱烈的情感，無論如何也寫不出如此悲壯沉鬱，滿腔熱血之句語。可是因為理想和現實是絕難融合的。詩人失望於現實的生活之後，因為天生的豐厚感情，加上讀書人的脆弱心靈，使他更強烈地感受到抑鬱苦悶的壓迫，而文學便是他發洩內心鬱結之媒介。譬如杜甫一生窮愁潦倒，生活不免於飢寒，但詩作潛藏着天地元氣，魄力至大，這就是因為他心中對人對事都充滿着熱烈的情感所致。鹿潭際遇如此，感情亦是如此，所以其詩詞在淒冷之中，仍不乏熱烈腔調，「雪擁驚沙，星寒大野，馬足關河同賤。」（《臺城路》），「秋生淮海，霜冷關河，縱青衫無恙。換了二分明月，一角滄桑。」（《渡江雲》），悲壯慷慨，低徊往復，變徵之聲，躍然紙上。

復次，鹿潭詞真摯誠懇，在感情的吐屬方面，婉約深至，極纏綿之能事。就以詞集卷二之《無悶》及卷一之《鷓鴣天》為例：

花外東風，吹過斷橋，香到春山袖底。甚晚徑餘寒，晝閒猶倚。應是憐春欲去，看萬點、飛紅斜陽裏。冶游散後，深深胡蝶，綠烟垂地。　憔悴，更無計。聚鏡角愁痕，遠山眉意。教燕子休歸，小窗須閉。只有楊花未醒，化一縷春痕隨流水。怕片雲、殘夢溪西，又聽倦鶯啼起。

楊柳東塘細水流。紅窗睡起喚晴鳩。屏間山壓眉心翠，鏡裏波生鬢

　　角秋。　　臨玉管，試瓊甌。醒時題恨醉時休。明朝花落歸鴻盡，細
雨春寒閉小樓。

鹿潭濃情善感，生當國家危難之際，生靈塗炭。其真摯追求生活的美好、
人性的良善，卻一生的陷於和他理想隔絕得太遠的環境之中，因而集中也
特多纏綿悽愴之句，此實爲其直抒性靈之肺腑之語。

　　概括以上三點，鹿潭詞之風格特色，與其生活背景，生活感受，及性
情學養等有關。蔣鹿潭之生活年代，距今僅百年餘。此百多年間，並未有
一人對蔣鹿潭其人及其作品作過深入之研究，清末民初詩話詞話對鹿潭《水
雲樓詩詞》的評論，又僅爲寥寥，不過，這些評價，大抵都是稱譽的，迄今
似仍未有人對蔣鹿潭詩詞作過其他方面的批評。本文既專題研究蔣鹿潭及
其作品，並希望能盡量客觀、公正地對蔣氏做出比較恰當之評價，所以在
闡析了其寫作優點及貢獻外，亦同時對其缺點方面略作論述。若說《水雲樓
詩詞》有缺陷的，大致表現在兩方面：

(一)題材的狹窄

　　蔣鹿潭的詩詞，雖然在抒發個人感情中夾寓了詞人的家國身世之
感，因而顯露出當時國家社會的憂患；但從總體而言，卻仍脫不
開傳統傷離恨別，懷人怨己的色彩；在描寫國家戰禍方面，由於
蔣鹿潭未曾親身的接觸或體驗過太平軍及英法聯軍的戰禍，所以
他對戰爭的刻劃，只是基於一位文人之憂國憂民而道聽途說的描
述，與他同時而親自經歷戰爭的詩人金和，所謂「兵刃死亡，非徒
聞見而已，蓋身親之。」⑰之親身經歷，無論如何是不同的，因此
金和的《秋蟪吟館詩鈔》在記述太平軍與清軍對峙及其造成的對老
百姓的浩劫，就比較翔實深入多了⑱。不過，此只就題材而言，
若論寫作技巧、藝術創作方面，金和仍是遠遜⑲。

(二)意境傷於淺弱

　　蔣鹿潭意境渾厚之作自然很多，但傷於淺弱單薄內容的作品亦復
不少，這都有着落拓文人一貫的寒酸氣。《水雲樓詩詞》大量引用

了如寒、病、殘、瘦、恨、愁等字眼，如：

《淡黃柳》的「寒枝病葉。」
《憶舊遊》的「一林殘葉，瘦馬西風。」
《聲聲慢》的「蒼藤古屋。」

及詞中常引用的「相思血」、「杜鵑血」、「曲徑」、「冷泉」、「斜陽」、
「蕪城」等，意境雖清麗，但由於過份的傷感，使元氣創傷，未見
渾厚。鹿潭又喜歡寫愁寫病，於是集中又出現了極多的「詠病」詩
詞，如：

多愁更添舊病。

—— 詞續《玲瓏四犯》

病來身似瘦梧桐，覺道一枝一葉怕秋風。

—— 卷二《虞美人》

病起西風，眉印淺褪宮黃。

—— 卷二《聲聲慢》

病餘十日羞鸞鏡。

—— 卷二《采桑子》

玉病禁秋，花嬌媚晚，燭底贅添涼霧。

—— 卷一《探春》

此等吟咏，都不能脫離傳統文人軟弱、消沉的自我形象之申述。
又其《詞續》，諸如《蕃女怨》、《南歌子》、《河傳》、《卜算子》、《調
笑令》等，雖有美人芳草之意，然意境稍嫌單薄，內容流於淺弱。
不過總括言之，蔣鹿潭之詞作技巧總較其詩作為高，後世傳誦者
亦多為其詞，但以內容觀之，鹿潭詩作的內容似較詞作寬廣。

　　以上兩點對蔣鹿潭詩詞的批評，可以說是在大醇中找小疵，其實一部詞集或詩集的創作，自然不可能首首皆精。以整體而言，蔣鹿潭的詩詞，既浸染着深沉的家國之感，又有着極高的藝術造詣，實在是近世詞作中的傑構，雖有小疵，仍是瑕不掩瑜的。

　　要之，蔣鹿潭有獨造的文學藝術技巧，有熾熱的感情，因爲不得志於仕途而徹底寄情於文學的創作方面，因此產生了不少優秀的詩詞作品。這些詩詞，旣是文學中之瑰寶，同時又是研究當時社會況狀的原始史料。上節我們已討論了鹿潭詩詞之史學價值，下節我們將概括鹿潭及其著述在近代文壇上的地位與貢獻。

三、蔣春霖及其水雲樓詩詞之地位與貢獻

　　譚獻以爲蔣春霖詞，「與成容若、項蓮生，二百年中，分鼎三足。」又謂其：「婉約深至，時造虛渾，要爲第一流矣。」[20]　吳梅更以蔣氏爲有清一代之冠[21]，推許備至，要亦極爲中肯。評蔣氏詞者，篇什屢見，何詠謂其：「天機開闔，六情諧暢；別具工倕，自成馨逸。」[22]　杜文瀾謂其：「專主清空，摹神兩宋。」「性倜儻，有豪俠氣，爲詞專取神韻。」[23]　陳廷焯以爲：「深得南宋之妙，於諸家尤近樂笑翁。」又云：「才氣甚雄，亦鐵中錚錚者。」又云：「鹿潭深於樂笑翁，故措語多清警。最豁人目。」又云：「鹿潭窮愁潦倒，抑鬱以終，悲憤慷慨，一發於詞。」[24]徐珂云：「鹿潭婉約深至。」[25]　冒廣生云：「以舞劍扛鼎之雄，出輕攏緩撥之調，哀感頑艷，窮而愈工。」[26]賢平子云：「鹿潭倚聲，清邁冠時。」[27]　劉毓盤云：「其言情之作，皆感事之篇。唐宋名家，合爲一手。詞至蔣氏，集大成矣。」[28]

　　宗源瀚述鹿潭語謂：「欲以騷經爲骨，類情指事，意內言外，造詞人之極致，譬以南唐兩宋，意弗滿也。」[29]依蔣氏之意，其詞作以楚騷爲骨幹，意內言外[30]，絕非唐宋規模可比。昔淮南王安作《離騷傳》，以爲：

「國風好色而不淫，小雅怨悱而不亂，若離騷者，可謂兼之矣。」㉛

劉勰稱屈原辭賦「驚采絕艷」㉜裴子野謂其「悱惻芳芬。」㉝令狐德棻又謂其「宏才艷發，有惻隱之美。」㉞大抵屈原之文，除諫勸之內容外，其辭句之修練，以驚采絕艷，悱惻芳芬爲本，今觀蔣氏之詞，清警哀艷，亦自楚騷中來，何詠謂其「自成馨逸」者，正是指此。

蔣氏詞之淵源，已見前面申述，因其時代去今尙近，其間百餘年中，影響如何，尙未明顯，但其價值亦可略言如次：

清代詞人，自朱彝尊、張惠言之後，浙西常州兩大詞派大致確立，詞人風格，因其好尙而各有所歸，惟蔣氏無門戶之見，取長捨短，不名一格，雖詞集之中偏於所謂浙西派者，而婉約絕艷如常州之詞風，集中亦多在，即如花間小令之篇什於續集之中，開卷即逾廿餘闋之衆，可知只要作者心有所儀，則筆墨無施不可，不規規然爲晚唐兩宋所囿，而又能金聲玉振者，於清詞人中，並不多見。陳廷焯謂蔣氏「深得南宋之妙，于諸家中尤近樂笑翁，竹垞自謂學玉田，恐去鹿潭尙隔一層。」㉟　披閱清人詞集而得張炎神髓者，蔣氏自是第一人，而其詞又絕非步趨之作，細味《水雲樓詞》，則知晚唐五代兩宋，皆驅駕於筆端，雖豪放如辛棄疾者未見，但其英邁之氣，屢見於字裏行間，至若東坡詞之清曠雄秀，英氣挺拔，則所在多有。陳廷焯稱鹿潭：「才氣甚雄，亦鐵中錚錚者。」㊱　冒廣生亦稱其：「以舞劍扛鼎之雄，出輕攏緩撥之調。」㊲甚是知言。

蔣氏無散文傳世，然其詞中小序清新雅健，娓娓可誦。姜夔小序，悽惻使人哀切，然略有屋上架屋之感，蔣氏小序無此瑕疵，可見鹿潭能存精去粗，革其弊病。

蔣氏之世，適爲太平天國之時，國步維艱，民生窮困，文人所作，如其友杜文瀾、丁保菴之類，勢必染乎世情，然詞作描述當時動態者，未有如蔣氏之衆，雖有，亦未必有如此之深切。故譚獻稱：「咸豐兵事，天挺此

才，爲倚聲家杜老。」[38]實有其理。今讀其詞集，一種處於十九世紀中末葉時期的大動亂狀態，外人侵凌之驚懼與憤怒，國家動亂之傷痛與民族意識之矛盾，知識分子對政事之無能爲力，末路文人生活之窮困，朋友故舊之生死哀傷，皆可於詞集中見到。公私生活，鉅細靡遺，史識文采，紛被楮墨。研究此期思想史、社會史者，此當是首要資料。檔案、實錄只記其事，但士大夫的心態及感情的表現，始終以士人之文集爲最深切，「詞史」之目，蔣氏自是當之無愧。周夢莊云：

> 「蔣鹿潭繼承了中國詩歌、騷、賦的優良傳統，疏通了現實主義的前
> 進道路。……他反映的社會生活是多層次的，反映的社會動亂圖卷
> 又是眞實的。他渴望有一個安寧的社會環境，過太平的日子。他對
> 生活的憧憬是樸素而又是積極的，因而也是可以理解的。蔣鹿潭用
> 他自己的詞筆反映戰爭，也就是反映了時代，不是無病呻吟。蔣鹿
> 潭在詞的發展上有貢獻。人們承認他在中國詞史上的地位，不是沒
> 有根據的。」[39]

專研近代史之史學家沈雲龍主編《近代中國史料叢刊》，《水雲樓》詩詞即被收入，鹿潭詩詞的史料價值，可以想見。

　　蔣氏之詩，金武祥以爲乃其「詞之餘」[40]。大概其一爲非蔣氏所力作，二爲存者過少之故[41]。蔣氏曾謂：「吾能詩匪難，特窮老盡氣，無以蘄勝於古人之外，作者衆矣，吾寧別取徑焉。」[42]　金氏又謂蔣氏：「故力於詩，追源究流，靡不洞貫，積稿累數寸，中歲乃悉摧燒之。」[43]從此即可想見。李冰叔謂蔣鹿潭詩：「恢雄骯髒，若東淘雜詩二十首，不減少陵秦州之作。」[44]金武祥亦謂其古近體詩「恢雄沈厚」[45]，「詩格甚高」[46]。以蔣氏今所存者論之，大抵所言非虛。《東臺雜詩》固「恢雄骯髒」，其《雜詠》、《詠物》等詩何獨不然。至其《冬柳》詩沉重抑壓中又雜以劉長卿、劉禹錫之韻格。其《秋柳》詩又得晚唐韻味，至若《無題》，又欲直逼李商隱。大概蔣氏爲詩，以三唐爲本，間因時代影響而稍出以遺山之哀怨[47]，而其峭拔剛健處，則又似染有江西風格。大抵性情倜儻，才氣俊邁，筆墨無施而不可也。

　　蔣春霖詩，其對後世之影響者，當亦以記當時之歷史爲首要。十九世

紀中末葉時朝中國社會之憂患、民生之困苦、士大夫之境遇、民心之冀盼等等，亦可通過其詩作之一斑以推見全豹。《東臺雜詩》雖多自記，但民生亦多旁及。《雜詠》諸篇如詩史，杜甫《三吏》《三別》仿若重見。其他隱述自己之身世，如《東臺雜詩》、《種菜》諸什，《壬戌中秋》、《春日》、《春夜》諸篇；艷情之描畫，如《記珍珠事》；感傷國事，如《多柳》；刻畫物情，如《詠物》，皆可以通過其詩作而對作者心態作進一步之探討。至於《無題》數首，則又綺羅薌澤之語了。

要而論之，蔣鹿潭是一個把生活經驗、心靈感受融匯於詩詞裏的眞實作家，其抑鬱、憤慨，正好說明了咸同年間我漢族知識分子之心理狀態。與蔣氏同期之文人彭玉麐(一八一六 —— 一八九〇)在其家書中這樣說：

> 「兄(彭玉麐)不學無術，不平欲鳴，抑恨難吐，其如憤火中燒何？小人道長，國家堪憂，殊喘餘生，安得即賦歸去遁跡深山不閒世事耶！」㊽

彭氏此種因時代悲哀帶來之怨憤及無奈，與鹿潭之水雲樓詩詞中所表達者同出一轍。中國文人，以國家爲己任，以社會憂樂爲一己之憂樂，自古皆然，蔣鹿潭可說是中國傳統知識分子之一個典型例子，其一生及發自其肺腑之詩詞，使人可以直接了解十九世紀中末葉時期有血性之文士之悲哀。中國自十九世紀以來，經百數十年之內憂外患，元氣虛耗、人命死傷、社會摧殘等等，幾至土崩瓦解。生活於十九世紀之中國知識分子，蒿目時艱，萬方多難，其內心之沉痛，自可想見。時至今日，身在國內或海外之中國知識分子，雖然處身於較安穩的時局，但披閱舊章，回顧祖國此百多年來之大小災劫，無不使人撫襟雪涕。蔣鹿潭之「飛灰從彼說，拔火亦吾心」底愛國血誠，必然亦同時存在於今日的每一個有血性之中國人底內心的。

注　　釋

① 杜詔《曹刻山中白雲詞序》，曹巢南《城書室》刻本，轉引自吳則虞校輯本《山中白

雲詞》，北京中華書局，一九八三年十月版，頁一七〇。

② 陳撰《山中白雲詞疏證稿序》，見《四部備要‧集部》，中華書局據彊村叢書江氏
　疏證本校刊。

③ 汪森《詞綜序》，中華書局香港分局，一九七七年五月版，頁二。

④ 張炎《詞源》，夏承燾校注本，北京人民文學出版社，一九八一年一月版，頁十
　四、十五。

⑤ 陳廷焯《白雨齋詞話》卷五，北京人民文學出版社，一九五九年十月版，頁一〇
　九。

⑥ 譚獻《篋中詞》卷五，台北鼎文書局，民國六十年(一九七一)九月初版，頁二九二。

⑦ 張炎《詞源》，同注④，頁十六。

⑧ 孫聯奎《詩品臆說‧清奇》，《司空圖〈詩品〉解說二種》本，山東齊魯書社，一九
　八〇年八月版，頁三三。

⑨ 司空圖《詩品‧形容》，郭紹虞集解本，香港商務印書館，一九六五年七月版，
　頁二一、三六。

⑩ 姜夔《白石詩詞集‧白石道人詩說》，夏承燾校輯本，北京人民文學出版社，一
　九五九年一月版，頁六六。

⑪ 譚獻《復堂詞話》，北京人民文學出版社，一九八四年十月，頁二九。

⑫ 同注⑤。

⑬ 詳上兩章詞作及詩作之內容析論。

⑭ 例如「還記玉釵曾經」(《一萼紅》清明前一日)，「記共踏青歸路」(《水龍吟》絳娥吹

墮瑤京)、「回首竹西路」(《探芳訊》大江暮)、「回首垂虹夜」(《淒涼犯》短檣鐵馬)、「猶記題詩舊邸」(《垂楊》偷彈老淚)、「還記敲冰官舸」(《水龍吟》一年似夢光陰)、「還記荷亭露坐」(《綠意》春原草宿)、「休記銀屏朱閣，便江山如畫，今落誰邊」(《甘州》悔年時刻意學傷春)、「曾記、梳雲窗眼，迎月簾腰，國香親試」(《瑞鶴山》蘭花美人)等，鹿潭都用了「回首」、「休記」等的字句。

⑮ 《水雲樓詩詞》大部份都爲濃厚的淒清氣氛所籠罩。例如：「還惆悵、霜前瘦影，人似柳蕭疏」(《滿庭芳》黃葉人家)、「濁酒孤琴，門對春寒掩」(蝶戀花・北游道上)、「長懷感，有相思血，都化啼鵑。」(《甘州》悔年時刻意學傷春)、「今夜冷，蓬窗倦倚，爲月明，強起梳掠。」(《琵琶仙》天際歸舟)等充滿淒清傷感的句子，在集中是俯拾皆是的。

⑯ 轉引自朱光潛《詩論》，台北正中書局，民國五十一年(一九六二)九月版，頁六一。

⑰ 譚獻《來雲閣詩鈔序》，載金和撰《來雲閣詩》，清光緒十八年(一八九二)丹陽束氏刻本。

⑱ 例如《初五日紀事》詩，寫戰禍實況，歷歷在目，詩云：「前日之戰未見賊，將軍欲赦赦不得，或語將軍難盡誅，姑使再戰當何如。昨日黃昏忽傳令，謂不汝誅貸汝命。今夜攻下東北城，城不可下無從生。三軍拜謝呼刀去，又到前回酣睡處。空中鳥烏狂風來，沈沈雲陰轟轟雷。將謂士曰雨且至，士謂將曰此可避。回鞭十里夜復晴，急見將軍天未明。將軍已知夜色晦，此非汝罪汝其退。我聞在楚因天寒，龜手而戰難乎難。近來烈日惡作夏，故兵之出必以夜。此後又非進兵時，月明如畫賊易知。乃於片刻星雲變，可以一戰亦不戰。吁嗟乎。將軍作計必萬全，非不滅賊皆由天。安得青天不寒亦不暑，日月不出不風雨。」又如《兵問》、《鄰婦悲》、《五月七日母命出城逃賦》等詩，皆爲太平天國亂況之實寫。詳見其《秋蟪吟館詩鈔》，民國三年(一九一四)年刊，吳昌碩題簽排印本。

⑲ 詳第二章《太平天國及捻軍在蔣春霖詩詞中之歷史背景》一節。

⑳ 譚獻《篋中詞》卷五，台灣鼎文書局，一九七一年版，頁二九二。

㉑　吳梅《詞學通論》，台灣太平書局，一九六四年三月版，頁一七七。

㉒　何詠《水雲樓詞序》，曼陀羅華閣刻本。

㉓　杜文瀾《憩園詞話》卷四，台灣廣文書局《詞話叢編》本，一九六七年五月版，頁三〇三〇至三〇三二。

㉔　陳廷焯《白雨齋詞話》卷五，北京人民文學出版社，一九五九年十月版，頁一〇七、一〇八、一〇九。

㉕　徐珂《近詞叢話》，台灣廣文書局《詞話叢編》本，一九六七年五月版，頁四二三二。

㉖　冒廣生《小三吾亭詞話》，同上，頁四二八七。

㉗　賢平子《平等閣詩話》卷二，民國上海有正書局鉛印本。

㉘　劉毓盤《詞史》，台北學生書局，一九七二年四月版，頁一六七。

㉙　宗源瀚《水雲樓詞續序》，上海漢文正楷印書局印本，民國二十二年(一九三三)十二月初版。

㉚　《說文解字》司部：「詞，意內而言外也。」段注曰：「有是意於內，因有是言於外謂之詞。」段玉裁注本，上海古籍出版社，一九八一年十月版，頁四二九。

㉛　班固《離騷序》引，《楚辭四種》本，香港廣智書局，無出版年月，頁二九。

㉜　《文心雕龍·辨騷篇》，范文瀾注本，北京商務印書館，一九六〇年七月版，頁四七。

㉝　裴子野《雕蟲論》，嚴可均《全上古三代秦漢三國六朝文·全梁文》卷五十三，台灣世界書局，一九六三年五月版。

㉞　令狐德棻《周書》卷四十一《王褒庾信傳論》，台北開明書局鑄版，頁二三二六。

㉟　同注㉔，頁一〇七。

㊱　同注㉔，頁一〇八。

㊲　同注㉖。

㊳　同注⑳，頁二九二。

㊴　周夢莊《蔣鹿潭水雲樓詞疏證》，台北黎明文化事業有限公司，一九八九年十月版，頁九、十、十四。

㊵　金武祥《水雲樓賸稿序》，《水雲樓詩詞稿合本》，上海有正書局鉛字排印本，缺出版年月。

㊶　金武祥云：「鹿潭詩存者過少」(同上)，今本《水雲樓賸稿》共存古、近體詩九十四首，較《水雲樓詞》一百七十一首爲少。

㊷　金武祥《蔣君春霖傳》，《續碑傳集》卷八十，台灣明文書局《清代傳記叢刊》本《綜錄類》四，頁五九九。

㊸　同上。

㊹　李肇增《水雲樓詞序》，曼陀羅華閣刻本。

㊺　同注㊵。

㊻　金武祥《粟香二筆》，載《粟香室文稿》，清光緒三十年(一九〇四)活字本。

㊼　《水雲樓賸稿》《九日登岳阜》詩云：「待摘茱萸寄鄉國，隔江雲樹正堪哀。」《題萬卷書樓圖》云：「夢裏鄉園仍漢土，焚餘文字即粢灰。」《冬柳》詩云：「行人莫問長干路，太液荒涼恨未消。」《湖嘴泛舟》云：「微茫葭菼浮春氣，寥落郊原見劫

灰。」之類，皆有遺山風格。

㊽　彭玉麔《與蕙生三弟書》（按其原件信封上書「帶交安慶高大人」），此手札現藏東
　　京湯島孔子聖堂古籍流通會。這裏轉引自吳相湘《趙烈文〈能靜居日記〉的史料價
　　值》，載《能靜居日記》第一册，台灣學生書局影印，國立中央圖書館珍藏手寫本，
　　民國五十三年（一九六四）十二月版，頁二〇。

附錄：一、蔣春霖(鹿潭)年歷簡表*

清仁宗嘉慶二十三年戊寅(公元一八一八年)蔣鹿潭春霖生　　一歲

項蓮生鴻祚二十一歲，周蓮伯學濂十一歲，徐彝舟鼐九歲，周蘠碧文同六歲，喬健侯松年四歲，杜小舫文瀾四歲，金眉生安清三歲，周弢甫騰虎三歲。

仁宗嘉慶二十四年己卯(公元一八一九年)　　二歲

仁宗嘉慶二十五年庚辰(公元一八二〇年)　　三歲

是年，周存伯閑生

時事：七月，仁宗崩於熱河避暑山莊。八月宣宗即帝位。

宣宗道光元年辛巳(公元一八二一年)　　四歲

宣宗道光二年壬午(公元一八二二年)　　五歲

時事：清廷命海口各關津嚴拿夾帶鴉片。

宣宗道光三年癸未(公元一八二三年)　　六歲

時事：清廷定失察鴉片條例。

宣宗道光四年甲申(公元一八二四年)　　七歲

宣宗道光五年乙酉(公元一八二五年)　　八歲

宣宗道光六年丙戌(公元一八二六年)　　九歲

是年，褚仲衡榮槐生。

時事：張格爾於新疆叛亂。

宣宗道光七年丁亥(公元一八二七年)　　十歲

十月，父擢典官荊門直隸州知州，鹿潭隨父居於任所。

時事：十二月，俘張格爾。

宣宗道光八年戊子(公元一八二八年)　　十一歲

八月，父去官，似仍居荊門。

宣宗道光九年己丑(公元一八二九年)　　十二歲

周夢莊繫隨父登黃鶴樓賦詩，老宿斂手，時有乳虎之目於是年。馮其庸則繫於道光十五年乙未，時鹿潭十八歲。謹案：古人以十六為成年，既號乳虎，當在十六歲以前，不當在十八歲時也。但登樓之年無考，惟必在十六歲前，今姑從周氏說。

宣宗道光十年庚寅(公元一八三〇年)　　十三歲

趙貞明熙文生

時事：是年，英人輸入鴉片一萬四千餘箱，清廷命兩廣總督禁止鴉片輸入。

宣宗道光十一年辛卯(公元一八三一年)　　十四歲

是年，郭祥伯麐卒，五十二歲。

時事：十二月，湖南江華錦田瑤民趙金龍起義。

宣宗道光十二年壬辰(公元一八三二年)　　十五歲

似仍居荊門。識劉梅史於武昌。

是年，趙惠甫烈文生。

時事：是年，廣東連州八排瑤、台灣天地會起義。

宣宗道光十三年癸巳(公元一八三三年)　　十六歲

時事：是年，四川越巂廳彝人起義。

宣宗道光十四年甲午(公元一八三四年)　　十七歲

似仍居荊門。

宗湘文源瀚生。教士馬禮遜卒於廣州，年五十五歲。

時事：是年，英人律勞卑違例赴廣州，不許，旋砲轟虎門。時鴉片輸入增至每年二萬餘箱。

宣宗道光十五年乙未（公元一八三五年）　　十八歲

似仍居荆門

是年，項蓮生鴻祚卒，年三十八歲。

時事：是年，山西趙城縣曹順起義。英船抵山東劉公島，未能登岸而去。

宣宗道光十六年丙申（公元一八三六年）　　十九歲

宣宗道光十七年丁酉（公元一八三七年）　　二十歲

是年，陳百生寶生。

時事：是年，清廷規定廣州對外貿易商行限爲十三家。

宣宗道光十八年戊戌（公元一八三八年）　　二十一歲

時事：是年，鴻臚寺卿黃爵滋疏陳鴉片之爲害，主張嚴禁。湖廣總督林則徐奏告湖北湖南禁烟之效。直隸總督琦善奏於大沽口船上查獲鴉片十三餘萬兩。清廷命林則徐爲欽差大臣赴廣東查辦海口事件，節制全省水師。

宣宗道光十九年己亥（公元一八三九年）　　二十二歲

是年，周濟卒，年五十九歲。

時事：四月，林則徐燒鴉片二萬二百八十三箱（每箱一百二十斤）於虎門。英艦在虎門口外挑釁。林則徐受任兩廣總督，停止與英人貿易。

宣宗道光二十年庚子（公元一八四〇年）　　二十三歲

詞集卷一有《木蘭花慢》（泊秦淮雨霽），似言鴉片戰爭後事，詞或作於是年以後太平軍入南京前。

時事：六月，鴉片戰爭爆發。

宣宗道光二十一年辛丑(公元一八四一年)　　二十四歲

　　　是年，龔自珍卒，年五十歲。李兆洛卒，年七十三歲。

時事：五月，林則徐被革職並謫戍伊犁。

宣宗道光二十二年壬寅(公元一八四二年)　　二十五歲

時事：是年，清與英簽訂江寧條約。開五口通商；割香港；賠欵二千一百
　　　萬元。

宣宗道光二十三年癸卯(公元一八四三年)　　二十六歲

時事：是年，洪秀全在廣州應府試第四次落第，與馮雲山在花縣創拜上帝
　　　會。清與英簽訂中英五口通商章程及虎門條約。

宣宗道光二十四年甲辰(公元一八四四年)　　二十七歲

時事：是年，耆英為兩廣總督；洪秀全、馮雲山在珠江三角洲傳教；清與
　　　美簽訂中美望廈條約。

宣宗道光二十五年乙巳(公元一八四五年)　　二十八歲

　　　父歿，鹿潭奉母遊京師，約在此二、三年中。

時事：是年，洪秀全作《原道救世歌》、《原道醒世訓》。雲南永昌回民起義；
　　　清與英駐上海第一任領事巴富爾簽訂上海租地章程。

宣宗道光二十六年丙午(公元一八四六年)　　二十九歲

宣宗道光二十七年丁未(公元一八四七年)　　三十歲

　　　此年乃鹿潭最後一次入京，詞集卷二《台城路》(易州寄高寄泉)或作
　　　於此年北上途中。

　　　鹿潭焚棄詩稿或在此年。

　　　詞集卷一《渡江雲》(燕泥銜杏雨)或於此年作。

時事：是年，洪秀全作《原道覺世訓》。

宣宗道光二十八年戊申(公元一八四八年)　　三十一歲

作兩淮鹽官似在此年間。

周夢莊氏以爲詞集卷一《壽樓春》(過垂楊春城)作於是年。《木蘭花慢》(亂霞晴隔浦)亦謂此年中秋作。詞集卷一又有《淒涼犯・夜泊萬福橋》，謝孝萍以爲作於是年。

宣宗道光二十九年己酉(公元一八四九年)　　三十二歲

在淮南鹽官任。秋暮，飲於珠溪。有《探春》(墮葉紅腴)詞。

時事：是年，俄國侵庫頁島及黑龍江口；洪秀全拜上帝會奉上帝爲天父；湖南新寧天地會李元發、雲南騰越廳彝族、貴州黃平苗族等起義；葡萄牙占澳門。

宣宗道光三十年庚戌(公元一八五〇年)　　三十三歲

在淮南鹽官任。與王午橋遇於南中，賦《甘州》(記疏林)一闋送之。

時事：正月，帝崩。文宗即帝位。十月，林則徐卒於廣東，年六十六歲。十二月，洪秀全於金田村起義，建號太平天國。

文宗咸豐元年辛亥(太平天國元年，公元一八五一年)　　三十四歲

任富安場大使。劉梅史自吳來訪，作《甘州》(怪西風)一詞。杜文瀾僉刺兩淮。

時事：九月，太平軍攻陷永安。

文宗咸豐二年壬子(太平天國二年，公元一八五二年)　　三十五歲

在富安場大使任。正月，游揚州慈慧寺。

時事：四月，太平天國馮雲山卒。八月，廣西天地會朱洪英起義於南寧。十一月太平軍攻下岳州。安徽、湖南、山東、江蘇等地捻軍起義。

文宗咸豐三年癸丑(太平天國三年，公元一八五三年)　　三十六歲

在富安場大使任。

杜文瀾任淮北監掣。

一月，金麗生自金陵圍城出，爲鹿潭述沙洲避雨光景，鹿潭作《臺城路》(驚飛燕子魂無定)。

二月，爲洪彥先與秦淮女子賦《甘州》(悔年時)。

二月，太平軍攻陷南京，以爲首都，鹿潭爲作《踏莎行》(疊砌苔深)以喻其事。

十一月，太平軍越京口，報官軍收揚州，鹿潭作《揚州慢》(野幕巢烏)。

除夕，作《水龍吟》(一年似夢光陰)。

時事：二月，太平軍陷揚州；二十日，以南京爲首都。四月，自揚州西征北伐；十二月，清復揚州。

是年，太平天國開科取士；福建上海小刀會起義。

文宗咸豐四年甲寅(太平天國四年，公元一八五四年)　　三十七歲

在富安場大使任。

元日，趙熙文來訪，鹿潭爲作《甘州》(又東風)以記其事。

春，在東淘爲秦淮女子高蕊賦《虞美人》(風前忽墮驚飛燕)。

二、三月間，送周發甫、趙敬甫之杭州，詞集卷一《齊天樂》(天涯只恨溪山少)即記其事。

四月，有客自金陵來，爲賦《木蘭花慢》(破驚濤一葉)。

時事：正月，曾國藩建立湘軍，二月，曾國藩發《討粵匪檄》，五月，廣東天地會起義。俄穆拉維約夫侵黑龍江。

文宗咸豐五年己卯(太平天國五年，公元一八五五年)　　三十八歲

在富安場大使任。

初春，擬往揚州，未果，賦《金縷曲》(雪淨梅根土)以記其事。

未刊稿有《木蘭花慢・贈陳百生》，當在此年作。

時事：是年，趙熙文入江南大營幕。林鳳祥、李開芳被俘，死。廣東天地會起義，建立大成國；貴州白蓮教起義。

文宗咸豐六年丙辰(太平天國六年，公元一八五六年)　　三十九歲

在富安場大使任。

除夕，自富安北返東台鎮，羈留東淘。詞集卷二《拜星月慢》(臘酒餘寒)即記其事。

是年，杜文瀾任海州分司。

時事：二月，太平軍二陷揚州，四月退去。太平軍內部分化，韋昌輝殺楊
秀清，並屠殺楊秀清所部。石達開自安慶渡江東討韋昌輝。韋昌輝
與秦日綱在南京被誅。

英法製造亞羅船事件，攻珠海砲臺，及炮轟廣州城。

是年，江北大旱，蝗禍，大饑。

文宗咸豐七年丁巳（太平天國七年，公元一八五七年）　　四十歲

去官，移居東臺鎮。來往於東臺、泰州間。元夜獨遊，作《燭影搖紅》
（天半樓臺）詞。

十二月，識徐鼐，執弟子禮。鼐為《水雲樓詞》作序。

詞集卷一有《垂楊》詞送陳百生北游，周夢莊以為作於是年。

是年喬松年任兩淮都轉鹽運使，至同治二年止。魏源卒，年六十四
歲。

時事：七月，清軍進逼南京。十一月，英法軍占廣州。

文宗咸豐八年戊午（太平天國八年，公元一八五八年）　　四十一歲

居東臺鎮。

褚榮槐於丁巳、戊午之歲，客游淮海間，鹿潭作《尉遲杯》（河堤路）
及《八聲甘州》（甚天涯）以記其事。是年春，徐鼐來訪；杜文瀾任通
州分司。

三月，何詠為《水雲樓詞》撰序。

時事：四月，英法聯軍陷大沽；俄逼清廷簽訂《璦琿條約》。五月，清與英、
法、俄簽訂《天津條約》。五、六月間，香港、澳門工人反對英法聯
軍占廣州，罷工。九月，太平軍三陷揚州，已而退去。十月，太平
軍陳玉成、李秀成及捻軍大敗湘軍於安徽三河鎮。

文宗咸豐九年己未（太平天國九年，公元一八五九年）　　四十二歲

居東臺鎮。

時事：五月，僧格林沁大敗英法聯軍於大沽。六月，兩廣總督黃宗漢與英
法議定廣州沙面租界。

文宗咸豐十年庚申（太平天國十年，公元一八六○年）　　四十三歲

居東臺鎮，此時或暫寓泰州。《剩稿》有關泰州者如《九日登岳阜》、
《登泰州城樓》、《游光孝寺》等當亦寓泰州時作。

是年秋，秋水時至，海陵諸村落，輒成湖蕩，作《滿庭芳》（黃葉人家）
以記其事。九日，游虎墩大聖寺，和杜文瀾西岐登高，作《霜葉飛》
（岸雲湖草）詞。

詞集卷二《渡江雲》（春風燕市酒）當作於此年。又《采桑子》贈顧鶯最
遲不過此年作。

是年，與喬松年、金安清等議政事。鹿潭夫人似逝世於此年春夏之
際。詞集卷二《慶春宮》（蚓曲依墻）或作於此年秋日。《東臺雜詩》當
作於婦亡之前，約於咸豐七年至十年之三、四年間。

時事：二月，太平軍陷杭州，已而退去。四月，太平軍陷蘇州。七月，英
法聯軍占天津，八月侵北京，焚燒圓明園。清廷與英、法訂定《中法
北京條約》。是年在天津設立英法租界。

文宗咸豐十一年辛酉（太平天國十一年，公元一八六一年）　　四十四歲

居東臺鎮。

杜文瀾為刻《水雲樓詞》，李肇增、褚榮槐為作序於是年。

冬，杭州城陷，高茶庵婦陳嘉奉姑出城，死於兵，鹿潭為作《慶宮春》
（慘月啼鵑）記其事。是年與郭鑋同游慈慧寺，作《角招》（暮寒際）。
顧鶯當卒於此年前，《鶯啼序》哀顧鶯當作於是年。

詞集卷一有《一萼紅》（趁春晴）一闋記揚州事，揚州三失三復，不知
詞作於何時，但必不過此年之後。

時事：正月，捻軍破朱仙鎮，直逼開封。六月，帝崩於避暑山莊。八月，
曾國荃復安慶。十月，穆宗同治即皇帝位；慈安、慈禧垂簾聽政。
十一月，杭州再陷。

是年，山東長槍會及習文教起義。

穆宗同治元年壬戌（太平天國十二年，公元一八六二年）　　四十五歲

居東臺鎮。

中秋，作詩四首。時大興詞會，鹿潭與金安清、杜文瀾等組「軍中九秋詞社」，並作《軍中九秋詞》九首。

秋，周弢甫騰虎卒。

是年，金安清奉旨革職查辦。徐鼒卒，年五十三歲。周之琦卒，年八十一歲。吳藻卒，年六十四歲。

時事：二月，清改洋槍隊爲常勝軍。四月，陳玉成被執，死。清三度圍南京。九月，左宗棠與法人組成常捷軍。

是年，陝西回民、山東淄川、台灣等地起義。

穆宗同治二年癸亥（太平天國十三年，公元一八六三年）　　四十六歲

居東臺鎮。

時事：正月，僧格林沁與捻軍大戰於雉河集。五月，石達開在四川大渡河紫打地降清，石達開被殺。六月，在上海設立美租界。

穆宗同治三年甲子（太平天國十四年，公元一八六四年）　　四十七歲

居東臺鎮。

未刊稿有《憶舊遊・杜小舫從軍紀舊圖》，周夢莊以爲或作於是年。

是年，周閑任新陽知縣，與大吏齟齬，旋挂冠去，隱於吳市。杜文瀾任湖北督銷。黃燮清卒，年六十歲。

時事：四月，洪秀全暴卒於南京，年五十二歲。以長子洪天貴福嗣位，時年十六歲。六月，曾國荃攻南京，城破，李秀成、洪天貴福先後被俘死。太平天國亡。

穆宗同治四年乙丑（公元一八六五年）　　四十八歲

居東臺鎮。

秋，與姬人黃婉君泛舟黃橋，橋在江蘇泰興縣北。續集《琵琶仙》（天際歸舟）即記其事。

八月，金安清爲御史宋學篤所劾，奉旨押解回籍，離揚州。《詞續》《揚州慢》記金眉生遷居揚州，當作於此年之前。

是年，杜文瀾開藩蘇州；宗源瀚之官杭州，《詞續》《角招》（勸君去）即記其事。又《詞續》之《玲瓏四犯》（曳櫓夢輕）及《甘州》（恨西風）似

亦在此時作。

時事：是年中亞浩罕侵入新疆。

穆宗同治五年丙寅（公元一八六六年）　　四十九歲

居東臺鎮

《詞續》有《青房並蒂蓮》送別宗載之，周夢莊以爲作於此年。

時事：是年，孫中山先生生於廣東香山縣翠亨村。

穆宗同治六年丁卯（公元一八六七年）　　五十歲

居東臺鎮。

此六、七年中，鹿潭境遇甚困，憂時念亂，牢落寡合，浮沉下僚，以至於終。

是年，陳寶中舉人，時年二十一歲。未刊稿《甘州·題陳百生闈風紲馬圖》當作於是年。

時事：是年，東西捻分別活動於湖北、西安一帶。

穆宗同治七年戊辰（公元一八六八年）　　五十一歲

是年多，宗源瀚守衢州，鹿潭偕姬人黃婉君將赴衢州訪源瀚，道經吳江，艤舟垂虹橋，暴卒。

鹿潭有子，名子璠，亦牢落；侄名玉棱，能詞，著有《冰紅詞》十卷及《南北宮詞》八卷。

時事：正月，西捻軍逼近直隸易州，北京大震。三月，西捻軍逼天津。七月，西捻軍於黃河、運河與徒駭河間爲清所覆沒。捻軍亡。

鹿潭卒後五年（同治十二年癸酉，一八七三年），宗源瀚爲刻《水雲樓詞續》；又十五年（光緒十四年戊子，一八八八年），金武祥爲刊《水雲樓賸稿》。其後，周夢莊爲鹿潭作《蔣鹿潭年譜》並輯鹿潭佚詞刊於一九八六年八月華東師範大學出版之《詞學》第四輯中，馮其庸於一九八六年九月由山東齊魯書社出版之《水雲樓詩詞輯校》亦轉載周氏所輯佚詞。

*內文之考證，散見本論文中，此表不贅。

附錄：二、蔣春霖行跡地名圖略

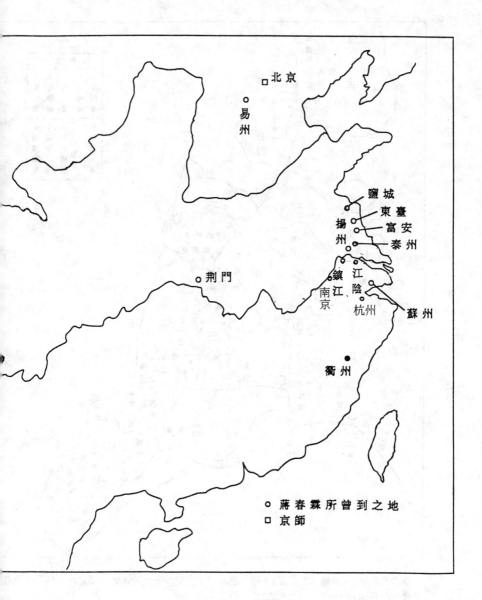

附錄：三、清代兩淮鹽場略圖

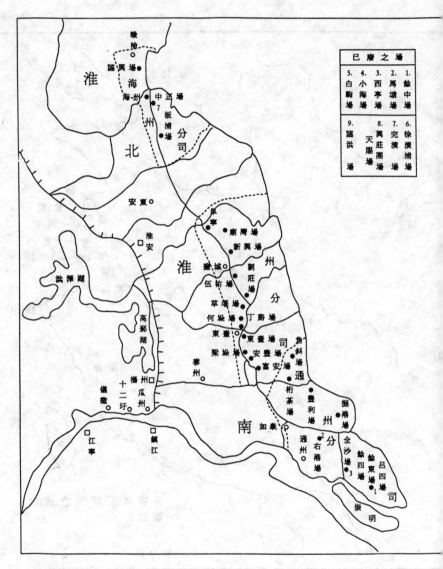

據徐泓《清代兩淮鹽場的研究》，國立台灣大學歷史學研究所，台北嘉新水泥公司文化基
金會，民國六十一年(一九七二)版，頁九。

附錄：四、水雲樓詩詞版本錄要

《水雲樓詞》二卷　　(清)蔣春霖撰，曼陀羅華閣咸豐辛酉(一八六一)仲夏開雕本。北京大學圖書館、上海圖書館藏。
本論文主要所據二卷之詞集即此本。

《水雲樓詞續》　　(清)蔣春霖撰，清同治十二年癸酉(一八七三)刻本。上海師範大學圖書館藏。

《水雲樓詞》二卷續一卷詩賸稿一卷　　(清)蔣春霖撰，《雲自在龕叢書》第四集名家詞，光緒十七年辛卯(一八九一)本。香港大學圖書館、華東師範大學圖書館、上海復旦大學圖書館藏。

《水雲樓剩稿》　　(清)蔣春霖撰，《粟香室叢書》本，清光緒二十六年(一九○○)活字版印。上海圖書館藏。

《水雲樓詞集》二卷續一卷　　(清)蔣春霖撰，光緒戊申(一九○八)春三月重刊本。

《水雲樓詞》二卷續一卷　　(清)蔣春霖撰，民國十五年(一九二六)吳中丁氏適存廬重刊本。華東師範大學圖書館、上海大學圖書館藏。

《水雲樓詩詞稿合本》　　(清)蔣春霖撰，上海有正書局鉛印本，未署出版年月。上海圖書館、華東師範大學圖書館藏。
本論文《剩稿》所據即此本。

《水雲樓詞全集》　　(清)蔣春霖撰，上海漢文正楷印書局，民國二十二年(一九三三)十二月印本。上海圖書館藏。
本論文《詞續》所據即此本。

《水雲樓詞》 （清）蔣春霖撰，《詞學叢書》本，台北世界書局，民國四十八年(一九五九)本。香港大學圖書館、台灣大學圖書館藏。

《水雲樓詞》 （清）蔣春霖撰，台北世界書局，民國五十一年(一九六二)本。香港中文大學圖書館、台灣大學圖書館藏。

《水雲樓詞》 （清）蔣春霖撰，台北世界書局，民國五十五年(一九六六)本。香港中文大學圖書館藏。

《水雲樓詩詞稿合本》 （清）蔣春霖撰，台北文海出版社，民國五十八年(一九六九)本。台灣大學圖書館、香港大學圖書館、香港中文大學圖書館藏。

《水雲樓詞》 （清）蔣春霖撰，湖南思賢書局重刊本，未署出版年月。邵祖平先生藏。

《水雲樓詩詞》 （清）蔣春霖撰，馮其庸輯校本，山東齊魯書社，一九八六年九月第一版。

《水雲樓詞》 （清）蔣春霖撰，周夢莊疏證本，台北黎明文化事業股份有限公司，民國七十八年(一九八九)十月第一版。

參考及引用書目

甲、專著部分　（依書名筆劃爲序，並畧依同類者編次）

二畫
《二老堂詩話》　宋・周必大撰，台灣商務印書館《叢書集成初編》本。

《人間詞話》　清・王國維撰，香港商務印書館，一九六一年八月版。

三畫
《三國志》　晉・陳壽撰，台灣啓明書局四史本，一九六〇年十月版。

《山中白雲詞》　宋・張炎撰，《彊村叢書》江氏疏證本。

《山中白雲詞》　宋・張炎撰，今人吳則虞校輯本，北京中華書局，一九八
　　三年十月版。

《小迦陵館文集》　清・陳寶撰，宣統庚戌（一九一〇）季多浙江官報兼印刷
　　局排印本。

《小檀欒室閨秀詞》　清・徐乃昌撰，清光緒二十四年（一八九八）自刊本。

《小三吾亭詞話》　清・冒廣生撰，台灣廣文書局《詞話叢編》本，民國五十
　　六年（一九六七）五月版。

四畫
《毛詩正義》　唐・孔穎達撰，台北啓明書局十三經注疏本。

《水經注》　北魏・酈道元撰，台灣世界出版社，一九六二年十一月版。

《文心雕龍》　梁・劉勰撰，近人范文瀾注本，香港商務印書館，一九六〇
　　年七月版。

《元稹集》　唐・元稹撰，北京中華書局，一九八二年八月版。

《王摩詰全集》　唐・王維撰，清・趙松谷箋注本，香港廣智書局。

《元遺山詩集》　金・元好問撰，清・施國祁箋注本，台灣世界書局，一九
　　六四年二月版。

《元詩選》　清・顧嗣立編，台灣世界書局，一九六七年八月版。

《水雲樓詞》　清・蔣春霖撰，曼陀羅華閣咸豐辛酉（一八六一）仲夏開雕本。

《水雲樓詞》 清·蔣春霖撰,《雲自在龕叢書》第四集,光緒十七年辛卯(一八九一)本。

《水雲樓賸稿》 清·蔣春霖撰,《粟香室叢書》本,清光緒二十六年(一九〇〇)活字版印。

《水雲樓詞全集》 清·蔣春霖撰,上海漢文正楷印書局,民國二十二年(一九三三)十二月印本。

《水雲樓詩詞稿合本》 清·蔣春霖撰,上海有正書局鉛印本,缺出版年月。

《水雲樓詩詞輯校》 今人馮其庸撰,山東齊魯書社,一九八六年九月版。

《水雲樓詞疏證》 今人周夢莊撰,台北黎明文化事業公司,民國七十八年(一九八九)十月版。

《大唐新語》 唐·劉肅撰,北京中華書局,一九八四年六月版。

《升庵詩話》 明·楊慎撰,日本重刊明嘉靖辛丑(一五〇一)程啓充本。

《五雜俎》 明·謝肇淛撰,明萬曆年間德聚堂本。

《介存齋論詞雜著》 清·周濟撰,北京人民文學出版社,一九八四年五月版。

《中國詩詞演進史》 近人嵇哲撰,香港光僑出版社,民國四十三年(一九五四)版。

《太平廣記》 宋·李昉編,台灣新興書局,一九六二年七月版。

《太平御覽》 宋·李昉撰,北京中華書局,一九六三年十二月版。

《天放樓書錄》 清·趙烈文撰,今人封思毅編註,台北商務印書館,民國七十年(一九八一)版。

《文藝史話和批評》 近人左舜生撰,台北文星書店,一九六六年版。

《中華二千年史》 近人鄧之誠撰,香港太平書局,一九六四年八月版。

《中國政治思想史》 近人蕭公權撰,台北聯經出版事業公司,民國七十一年(一九八二)版。

《中國政黨史》 近人楊幼炯撰,上海商務印書館,民國廿六年(一九三七)版。

《中國政治思想史》 近人薩孟武撰,台北三民書局,一九六八年九月版。

《中國政治思想史》 近人呂振羽撰,北京三聯書店,一九五五年版。

《中國近代思想史論文集》 近人馮友蘭等撰,上海人民出版社,一九五八年版。

《中國哲學史新編》　近人馮友蘭撰，北京人民出版社，一九八二年版。

《中國近代學術思想變遷史》　今人黃公偉撰，台北幼獅文化事業公司，一九七六年版。

《中國族譜研究》　近人羅香林撰，香港中國學社，民國六十年(一九七一)版。

《中國文學家列傳》　近人楊蔭深撰，香港光華書店，一九六二年十一月版。

《中國美術家名人辭典》　近人俞劍華編，上海人民美術出版社，一九八一年十二月版。

《中國畫論類編》　近人俞劍華編，香港中華書局，一九七三年四月版。

《中國釐金史》　近人羅玉東撰，上海商務印書館，一九三六年版。

《中國鹽政史》　近人曾仰豐著，上海商務印書館，民國二十五年(一九三六)十二月版。

《中國財政簡史》　中央財政金融學院財政敎硏室編，安徽中國財政經濟出版社，一九八〇年二月版。

《中國通史參考資料·近代部份》　近人翦伯贊、鄭天挺編，北京中華書局，一九八〇年六月版。

《中國近代史稿》　近人戴逸撰，北京人民出版社，一九六三年版。

《中國近代史資料叢刊》　中國史學會主編，上海神光出版社，一九五二年二月版。

《中國近代史事記》　吉林師範大學中國近代史敎硏室編，上海人民出版社，一九五九年十二月版。

《中國近現代史大事記》　無撰人，上海知識出版社，一九八二年十一月版。

《中國歷史大事年表》　今人沈起煒編著，上海辭書出版社，一九八三年十二月版。

《中國歷史大事紀年表》　今人徐師歷編，澳門爾雅社出版，一九七九年二月版。

《中國大事年表》　今人陳慶麒編，台灣商務印書館，民國五十二年(一九六三)版。

《中國古今地名大辭典》　近人臧勵龢等編，上海商務印書館，一九三三年五月版。

《中國近代史稿地圖集》　今人張海鵬編著，河北中國地圖出版社，一九八

七年二月版。

《中國歷史地圖集》 今人譚其驤編，河北中國地圖出版社，一九八七年四
月版。

《中國歷史地理》 今人王恢著，台灣學生書局，民國六十七年(一九七八)
二月版。

《中國歷代人物年譜集目》 杭州大學圖書館編印，上海圖書館藏本。

《中國近代文學史事編年》 今人鄭方譯撰，吉林人民出版社，一九八三年
十一月版。

《中國近代文學研究集》 社科院文研所近代文學研究組編，北京中國文聯
出版公司，一九八六年四月版。

《中國文化與悲劇意識》 今人張法撰，北京中國人民大學出版社，一九八
九年一月版。

《中國近代思潮及其演進》 今人吳劍杰撰，武漢大學出版社，一九八九年
十二月。

《太平天國》 中國史學會主編，上海神州國光社出版，一九五二年七月版。

《太平天國全史》 近人簡又文撰，香港簡氏猛進書屋，民國五十一年(一九
六二)版。

《太平天國與中國文化》 近人簡又文撰，香港南天書業公司，一九六八年
八月版。

《太平天國革命運動》 近人范文瀾撰，瀋陽東北人民出版社，一九五一年
修訂本。

《太平天國革命運動》 近人范文瀾撰，香港新民主出版社，一九四八年版。

《太平天國革命性質問題討論集》 今人景珩、林言椒合編，北京三聯書店，
一九六二年版。

《太平天國史事日誌》 今人郭廷以著，台北商務印書館，民國五十二年(一
九六三)版。

《太平天國史綱》 今人羅爾綱撰，《新中學文庫》第四二八冊。

《太平天國》 今人牟安世撰，上海人民出版社，一九七九年二月版。

《太平天國史新探》 南京大學歷史系太平天國史研究室編，南京江蘇人民
出版社，一九八二年版。

《太平天國的社會政治思想》 近人謝興堯撰，上海商務印書館，民國二十

四年(一九三五)版。

《太平天國的歷史和思想》　今人王慶成撰，北京中華書局，一九八五年一月版。

《太平天國制度初探》　今人酈純撰，北京中華書局，一九六三年版。

《太平天國史料》　近人金毓黻等編，北京大學文科研究所編印，台北文海出版社，民國六十五年(一九七六)版。

《太平天國史料叢編簡輯》　北京中華書局，一九六一年十二月版。

《太平天國史料專輯》　上海古籍出版社，一九七九年十月版。

《太平天國資料滙編》　太平天國歷史博物館編，北京中華書局，一九八〇年九月版。

《太平天國研究論集》　今人周康燮主編，香港崇文書局，一九七二年版。

《太平天國史學術討論會論文選集》　北京中華書局編印，一九八一年十月版。

《太平天國文選》　今人羅爾綱編註，香港南國出版社，一九六九年十二月版。

《太平天國文書》　北平故宮博物院編印，民國二十二年(一九三三)版。

《太平天國文書彙編》　太平天國歷史博物館編，北京中華書局，一九七九年版。

《太平天國文獻史料集》　中國社會科學院近代史研究所近代史資料編輯室編，北京中國社會科學出版社，一九八二年版。

《太平天國在蘇州》　今人董蔡時撰，江蘇人民出版社，一九八一年四月版。

《太平天國歷史與地理》　今人郭毅生主編，河北中國地圖出版社，一九八九年六月版。

《太平天國社會風情》　今人李文海、劉仰東撰，北京中國人民大學出版社，一九八九年五月版。

五畫

《左傳》　周・左丘明撰，台灣啓明書局十三經注疏本。

《史記》　漢・司馬遷撰，台灣啓明書局四史本，民國四十八年(一九五九)七月版。

《玉谿生詩集》　唐・李商隱撰，清・馮浩箋注本，上海古籍出版社，一九

七九年十月版。

《司空圖詩品》　唐·司空圖撰，今人郭紹虞集解本，香港商務印書館，一
　　九六五年七月版。

《白石詩詞集》　宋·姜夔撰，近人夏承燾輯校，北京人民文學出版社，一
　　九五九年一月版。

《本事詩》　唐·孟棨撰，上海中華書局，一九五九年八月版。

《本事詩》　唐·孟棨撰，《津逮秘書》第一一六冊。

《白雨齋詞話》　清·陳廷焯撰，今人杜未末校點，北京人民文學出版社，
　　一九五九年十月版。

《白雨齋詞話》　清·陳廷焯撰，今人屈興園校注，山東齊魯書社，一九八
　　三年十一月版。

《古今詩話》　明·秫留山樵編，台北廣文書局，民國六二年(一九七三)據
　　明末刊本影印。

《平等閣詩話》　近人賢平子撰，民國上海有正書局鉛印本。

《石遺室詩話》　清·陳衍著，台北商務印書館，民國五十年(一九六一)版。

《世說新語》　宋·劉義慶撰，今人余嘉錫箋疏本，北京中華書局，一九八
　　三年八月版。

《玉壺野史》　宋·釋文瑩撰，《守山閣叢書》本。

《世載堂雜憶》　近人劉禺生撰，北京中華書局，一九六〇年十二月版。

《四庫全書總目》　清·紀昀總纂，台灣藝文印書館，民國五十三年(一九六
　　四)十月版。

《古今圖書集成》　清·陳夢雷等纂，台灣文星書局，民國五十三年(一九六
　　四)十月版。

《本草綱目》　明·李時珍撰，香港商務印書館，一九六五年四月版。

《(民國)東臺縣志稿》　清·王璋纂，清光緒十九年傳抄本。

《(民國)江都縣續志》　近人錢祥保等主修、桂邦傑總纂，《集賢齋》民國十
　　五年(一九二六)刊本。

《(民國辛酉)甘泉縣續志》　近人錢祥保續修，出版地缺，序署民國十五年
　　(一九二六)。

六畫

《列子》　周・列禦寇撰，今人嚴北溟、嚴捷譯注本，上海古籍出版社，一九八六年九月版。

《白居易集》　唐・白居易撰，《全唐詩》本，台北復興書局，缺出版年月。

《全唐詩》　清・彭定求等編，台北新興書局本，缺出版年月。

《全金詩》　金・元好問原本，清・郭元錫補輯，台北新興書局，一九七二年八月版。

《全宋詞》　近人唐圭璋編，北京中華書局，一九六五年六月版。

《全清詞鈔》　近人葉恭綽編，中華書局香港分局，一九七五年三月版。

《全唐五代詞》　今人張璋、黃畬編，上海古籍出版社，一九八六年二月版。

《全漢三國晉南北朝詩》　清・丁福保編，台北藝文印書館，缺出版年月。

《全唐文》　清・董浩、阮元等編，台北滙文書局，一九六一年十二月版。

《全上古三代秦漢三國六朝文》　清・嚴可均編，台灣世界書局，一九六三年五月版。

《江陰縣志》　清・盧思誠等修、季念詒等纂，清光緒四年(一八七八)刻本。

《江陰縣續志》　清・陳思主修、繆荃孫總纂，民國十年(一九二一)刻本。

《江陰縣續志》　清・陳思主修、繆荃孫總纂，台北成文出版社，民國五十九年(一九七〇)版。

《(光緒續纂)江寧府志》　清・蔣啓勛、趙佑宸主纂，汪士鐸總纂，台北成文出版社，民國五十九年(一九七〇)據清光緒六年(一八八〇)刊本影印。

《(光緒)嘉興府志》　清・許瑤光總修、吳仰賢總纂，台北成文出版社，民國五十九年(一九七〇)據光緒五年(一八七九)刊本影印。

《江蘇省泰州新志刊繆》　清・任鈺等纂，台北成文出版社，一九七四年據道光十年(一八三〇)刊本影印。

《(同治)湖州府志》　清・宗源瀚等修、周學濬等纂，台北成文出版社，民國五十九年(一九七〇)據同治十三年(一八七四)刊本影印。

《(光緒重修)嘉善志》　清・江峰靑修、顧福仁纂，清光緒二十年(一八九四)刻本。

《(光緒)嘉興縣志》　清・趙惟崌重輯，清光緒十八年(一八九二)刊本。

《江蘇省通志稿》　清・繆荃孫等纂，民國三十四年(一九四五)鉛印本。

《江都縣續志》　清・趙邦彥修，民國廿六年(一九三七)重印本，據民國十

　　年辛酉(一九二一)冬十月開雕板存旌忠寺梁昭明太子文選樓本影印。

《江浙藏書家史略》　近人吳晗撰，北京中華書局，一九八一年一月版。

七畫

《吳越春秋》　漢・趙曄撰，上海商務印書館《萬有文庫》本，民國二十六年
　　·(一九三七)三月版。

《李太白全集》　唐・李白撰，清・王琦注本，北京中華書局，一九七七年
　　九月版。

《杜詩詳注》　唐・杜甫撰，清・仇兆鰲校注，北京中華書局，一九七九年
　　十月版。

《杜甫秋興八首集說》　今人葉嘉瑩撰，台灣中華叢書編審委員會，一九六
　　六年四月版。

《李長吉歌詩》　唐・李賀撰，清・王琦彙解本，上海中華書局，一九六〇
　　年三月版。

《李義山詩集》　唐・李商隱撰，清・朱鶴齡箋注、何焯等評本，台灣學生
　　書局，一九六七年五月版。

《宋詩鈔》　清・呂留良等編，台灣世界書局，一九六二年二月版。

《宋四家詞選》　清・周濟撰，上海中華書局《四部備要》本。

《李文忠公全集》　清・李鴻章撰，香港中國古籍珍本供應社，一九六五年
　　版。

《赤溪雜志》　清・金武祥撰，清光緒十七年(一八九一)《粟香室叢書》刊本。

《佛學大辭典》　清・丁福保撰，北京文物出版社，一九八四年一月版。

八畫

《周易》　台北啓明書局十三經注疏本。

《周書》　唐・令狐德棻撰，台北開明書局鑄版。

《抱朴子》　晉・葛洪撰，台北世界書局《世界文庫四部刊要》本，缺出版年
　　月。

《屈原賦校注》　周・屈原撰，近人姜亮夫校注，台北世界書局，民國五十
　　年(一九六一)七月版。

《花間集》　五代・趙崇祚編，台北藝文印書館影印宋刊本，一九六〇年四

月版。

《東坡樂府》　宋·蘇軾撰，台北廣文書局《彊村叢書》本，一九七〇年三月
　　版。

《東坡樂府》　宋·蘇軾撰，近人龍沐勛校箋，上海商務印書館，民國二十
　　五年(一九三六)一月版。

《周邦彥清眞集箋》　宋·周邦彥撰，今人羅師忼烈箋注，三聯書店香港分
　　店，一九八五年二月版。

《花外集》　宋·王沂孫撰，中華書局《四部備要》聚珍本。

《朵香詞》　清·杜文瀾撰，曼陀羅華閣咸豐辛酉(一八六一年)仲夏開雕刻
　　本。

《芙蓉江上草堂詩集》　清·金武祥撰，台北文海出版社，民國六十四年(一
　　九七五)據清同治間諸家評選底本影印。

《來雲閣詩鈔》　清·金和撰，清光緒十八年(一八九二)丹陽束氏刻本。

《近三百年名家詞選》　近人龍楡生編選，上海中華書局，一九六二年十一
　　月版。

《近代十家詩述評》　今人潘兆賢撰，香港新亞圖書公司，民國五十九年(一
　　九七〇)十二月版。

《金元明清詞鑒賞辭典》　南京大學出版社，一九八九年四月版。

《金元明清詞鑒賞辭典》　江蘇古籍出版社，一九八九年五月版。

《近詞叢話》　清·徐珂撰，台北廣文書局《詞話叢編》本，一九六七年五月
　　版。

《芬陀利室詞話》　清·蔣敦復撰，廣文書局《詞話叢編》本，一九六七年五
　　月版。

《牧齋有學集》　清·錢謙益撰，台灣商務印書館《四部叢刊》本。

《范湖草堂遺稿》　清·周閑撰，上海圖書館藏清刻本。

《東京夢華錄》　宋·孟元老撰，近人鄧之誠注本，香港商務印書館，一九
　　六一年九月版。

《邵氏聞見錄》　宋·邵伯溫撰，北京中華書局，一九八三年八月版。

《捫掌錄》　元·無撰人名，台灣新興書局《筆記小說大觀六編》本，一九七
　　五年二月版。

《直齋書錄解題》　宋·陳振孫撰，台北廣文書局，民國五十七年(一九六八)

三月版。

《法苑珠林》　唐‧釋道世撰，上海商務印書館縮印明萬曆刊本。

《東臺縣志》　清‧周右主修、蔡復午等纂，清嘉慶二十二年(一八一七)刻本。

《東臺縣志》　清‧周右主修、蔡復午等纂，台灣學生書局，民國五十七年(一九六八)據清嘉慶二十二年(一八一七)刊本影印。

《兩淮鹽法志》　清‧王安定等纂修，清光緒三十一年南京刊本。

《事物異名錄》　清‧厲荃撰，江蘇廣陵古籍刻印社，一九八九年十一月版。

《近代中國思想學說史》　今人侯外廬撰，上海生活出版社，一九四七年版。

《明清政治制度》　今人陶希聖、沈任遠撰，台北商務印書館，一九七七年版。

《明清時代江南市鎮研究》　今人劉石吉撰，中國社會科學出版社，一九八七年六月版。

九畫

《春秋公羊傳》　台灣啓明書局十三經注疏本。

《後漢書》　宋‧范曄撰，台灣啓明書局四史本，一九五九年七月版。

《南齊書》　梁‧蕭子顯撰，台灣開明書局鑄版二十五史本。

《南史》　唐‧李延壽撰，台灣開明書局鑄版二十五史本。

《南唐書》　宋‧陸游撰，台灣商務印書館《叢書集成初編》本。

《昭明文選》　梁‧蕭統編，唐‧李善注，香港商務印書館，一九六〇年八月版。

《昭明文選》　梁‧蕭統編，唐‧李周翰等注，台北廣文書局，一九六四年九月版。

《范石湖集》　宋‧范成大撰，中華書局香港分局，一九七四年二月版。

《姜白石詞編年箋校》　宋‧姜夔撰，近人夏承燾箋校，上海中華書局，一九六一年十二月版。

《姜夔張炎詞選》　宋‧姜夔、張炎撰，今人劉斯奮選注，三聯書局香港分店，一九八二年十二月版。

《秋蟪吟館詩鈔》　清‧金和撰，民國三年(一九一四)刊，吳昌碩題簽排印本。

《苕溪漁隱叢話》　宋・胡仔撰，台灣商務印書館《萬有文庫》本，民國二十
　　六年(一九三七)二月版。

《述異記》　梁・任昉撰，明・程榮校，《漢魏叢書》本，台灣新興書局，一
　　九五九年十二月版。

《陔餘叢考》　清・趙翼撰，台北世界書局，民國五十四年(一九六五)三月
　　版。

《皇朝道咸同光奏議》　台北文海出版社影印光緒壬寅(一九〇二)秋上海久
　　敬齋石印版。

《皇朝通典》　清・嵇璜等纂，台灣《九通》本。

《皇朝通志》　清・嵇璜等纂，台灣《十通》本。

《皇朝文獻通考》　清・嵇璜等纂，台灣《十通》本。

《皇朝經世文稿》　清・賀長齡、魏源合編，台北國風出版社，民國五十二
　　年(一九六三)據光緒十二年(一八八六)思補樓重刊本影印。

《皇朝經世文續編》　清・葛士濬輯，台北文海出版社，民國六十一年(一九
　　七二)據清光緒辛丑(一九〇一)上海久敬齋鑄印本影印。

《宣統泰州志》　清・佚名纂修，據民國間修《續纂泰州志》十八卷本增改謄
　　清本。

十畫

《晉書》　唐・房喬等撰，台灣開明書局鑄版二十五史本。

《晏子春秋》　周・晏嬰撰，北京中華書局吳則虞集釋本，一九六二年一月
　　版。

《高士傳》　晉・皇甫謐撰，上海中華書局《四部備要》本。

《唐國史補》　唐・李肇撰，上海古典文學出版社，一九五八年五月版。

《唐摭言》　五代・王定保撰，上海古典文學出版社，一九五七年四月版。

《唐才子傳》　元・辛文房撰，上海古典文學出版社，一九五七年四月。

《晉甎室詩存》　清・趙瑜撰，清同治丙寅(一八六六)春月刻本。

《桂之華軒遺集》　清・朱銘盤撰，台北文海出版社，缺出版年月。

《原詩》　清・葉燮撰，霍松林校注本，北京人民文學出版社，一九七九年
　　版。

《海綃說詞》　清・陳洵撰，台灣廣文書局《詞話叢編》本，一九六七年五月

版。

《能靜居日記》　清·趙烈文撰，台北學生書局影印國立中央圖書館珍藏手
　　寫本，民國五十三年(一九六四)十二月版。

《荊楚歲時記》　北齊·宗懍撰，香港商務印書館《歷代小說筆記選》本，一
　　九五九年八月版。

《荊楚歲時記》　北齊·宗懍撰、今人譚麟釋注，湖北人民出版社，一九八
　　五年二月版。

《郡齋讀書記》　宋·晁公武撰，台灣商務印書館《四部叢刊三編》影宋淳祐
　　本。

《泰州志》　清·王有慶等總輯，台灣學生書局，民國五十七年(一九六八)
　　據道光七年修光緒三十四年(一九〇八)刊本影印。

《荊州府志》　清·倪文蔚主編，台北成文書店，民國五十九年(一九七〇)
　　刊本。

《書林紀事》　近人馬宗霍編，台灣商務印書館，民國二十四年(一九三五)
　　版。

十一畫

《梁書》　唐·姚思廉撰，台北開明書局鑄版二十五史本。

《清史稿》　近人趙爾巽撰，香港文學研究社鑄版。

《清實錄》　北京中華書局影印本，一九八六年十一月版。

《清代史》　近人孟森撰，台北正中書局，一九六二年版。

《清史》　近人蕭一山撰，台北中華文化出版事業委員會，一九五七年版。

《清史》　清史編纂委員會編纂，台北國防研究院出版，民國五十年(一九六
　　一)元月版。

《清代通史》　近人蕭一山撰，台北商務印書館，民國五十一至五十二年(一
　　九六二 —— 一九六三)修訂本。

《清史大綱》　近人金兆豐撰，香港太平書局，一九六三年六月版。

《細說清朝》　近人黎東方撰，台北文星書店，一九六二年二月版。

《莊子集釋》　周·莊周撰，清·郭慶藩集釋，北京中華書局，一九六一年
　　七月版。

《莊子集解》　周·莊周撰，清·王先謙集解，香港中華書局，一九六〇年

十二月版。

《淮海居士長短句》　宋‧秦觀撰，香港龍門書店影印宋刻本，一九六六年
　　四月版。

《通志堂集》　清‧納蘭性德撰，上海古籍出版社，一九七九年二月據上海
　　圖書館藏清康熙刻本影印原書版。

《陳百生遺集》　清‧陳寶撰，《著易堂》仿聚珍版印，上海圖書館藏本。

《國朝詞綜補》　清‧丁紹儀輯，北京中華書局，一九八六年二月版。

《國朝詞綜續篇》　清‧黃燮清編，台灣中華書局，一九六六年三月版。

《國朝常州詞錄》　清‧繆荃孫輯，光緒二十二年丙申(一八九六)繆氏《雲自
　　在龕》刊本。

《茶夢盦燼餘詞》　清‧高望曾撰，同治庚午(一八七〇)福州刻本。

《淮海秋笳集》　清‧李肇增編，咸豐庚申(一八六〇)冬遲雲山館刻本。

《清詩匯》　清‧徐世昌編，台北世界書局，民國五十年(一九六一)三月版。

《清名家詞》　近人陳乃乾編，香港太平書局，一九六三年十一月版。

《清十一家詞鈔》　清‧王煜編注，民國三十六年(一九四七)上海正中書局
　　鉛印本。

《清詞選集評》　清‧徐珂選輯，上海商務印書館，民國十五年(一九二六)
　　版。

《清詞金荃》　今人汪中撰，台北學生書局，民國五十四年(一九六五)版。

《清詩話》　台灣藝文印書館本，缺出版年月。

《清代詞學概論》　清‧徐珂撰，台灣廣文書局，民國六十八年(一九七九)
　　版。

《清詩紀事初編》　近人鄧之誠撰，北京中華書局，一九六五年十一月版。

《清詩紀事》　今人錢仲聯主編，江蘇古籍出版社，一九八七年六月版。

《清代詩學初探》　今人吳宏一撰，台北牧童出版社，民國六十六年(一九七
　　七)二月版。

《梁溪漫志》　宋‧費袞撰，台北文海出版社《學海類編》本，一九六四年八
　　月版。

《雪橋詩話》　清‧楊鐘羲撰，台北文海出版社，民國六十四年(一九七五)
　　據一九一三年南林劉氏求恕齋刊本影印。

《教坊記》　唐‧崔令欽撰，今人任半塘箋訂本，上海中華書局，一九六二

年七月版。

《梅村詩話》　清·吳偉業撰，台灣藝文印書館《清詩話》本。

《清稗類鈔》　清·徐珂撰，北京中華書局，一九八四年據民國六年(一九一七)商務本點校重印。

《張炎詞研究》　今人楊海明撰，山東齊魯書社，一九八九年十月版。

《常州派詞學研究》　今人吳宏一撰，台灣嘉新水泥公司文化基金會，民國五十九年(一九七〇)六月版。

《國朝先正事略》　清·李元度編，台灣中華書局《四部備要》本。

《張繼庚遺稿》　清·張繼庚撰，上海神州國光出版社《中國近代史資料叢刊》本，缺出版年月。

《從政錄》　清，汪喜孫撰，清刻本《汪氏叢書》之十二。

《清一統志》　清乾隆督修，台灣商務印書館《四部叢刊續編》本。

《清儒學案》　清·徐世昌撰，台北世界書局，民國五十五年(一九六六)版。

《清朝續文獻通考》　近人劉錦藻撰，台灣商務印書館版。

《清朝野史大觀》　上海書店一九八一年據中華書局一九三六年版影印。

《清代兩淮鹽場的研究》　今人徐泓撰，台北嘉新水泥公司文化基金會，民國六十一年(一九七二)版。

《清代鹽政與鹽稅》　今人陳鋒著，河南中州古籍出版社，一九八八年十二月版。

《晚清宮廷與人物》　近人吳相湘撰，台北文星書店，一九六五年版。

《捻軍史論叢》　今人江地撰，北京人民出版社，一九八一年九月版。

《國史新論》　近人錢穆撰，台北正中書局，民國四十四年(一九五五)版。

《販書偶記》　近人孫殿起撰，上海古籍出版社，一九八二年版。

十二畫

《隋書》　唐·魏徵撰，台北開明書局鑄版二十五史本。

《庾子山集》　北周·庾信撰，清·倪璠注，北京中華書局，一九八〇年十月版。

《琴語堂行卷·琴語堂雜體文續》　清·李肇增撰，上海圖書館藏清光緒合刊本。

《湋綠詞》　清·丁保菴撰，曼陀羅華閣咸豐辛酉(一八六一年)仲夏開雕刻

本。

《粟香室文稿》　清・金武祥撰，清光緒三十年(一九〇四)活字印本。

《詞源》　宋・張炎撰，北京人民文學出版社，一九八一年一月版。

《詞綜》　清・朱彝尊撰，中華書局香港分局，一九七七年五月版。

《詞選》　清・張惠言編，台北世界書局影印同治丁卯(一八六七)重刊本。

《詞荔》　清・朱孝臧原編，張爾田補錄，台北世界書局，民國五十一年(一九六二)元月版。

《詞律》　清・萬樹撰，上海古籍出版社，一九八四年據清光緒二年(一八七六)本影印原書版。

《詞學通論》　清・吳梅撰，香港太平書局，一九六四年三月版。

《詞史》　近人劉毓盤撰，台北學生書局，一九七二年四月版。

《詞學論叢》　近人唐圭璋撰，上海古籍出版社，一九八六年六月版。

《詞學論稿》　華東師範大學中文系編，華東大學出版社，一九八六年九月版。

《詞籍考》　今人饒師宗頤撰，香港大學出版社，一九六三年版。

《詞學研究論文集》　上海古籍出版社，一九八二年三月版。

《詞學研究論文集(一九一一 —— 一九四九)》　上海古籍出版社，一九八八年三月版。

《詞林紀事》　清・張宗櫹撰，北京中華書局，一九五九年六月版。

《曾文正公文集》　清・曾國藩撰，台灣商務印書館《四部叢刊》本。

《曾文正公全集》　清・曾國藩撰，台北世界書局，民國七十四年(一九八五)版。

《曾國藩全集》　清・曾國藩撰，湖南長沙岳麓書社，一九八九年五月版。

《曾文正公日記》　清・曾國藩撰，上海大遠圖書供應社，一九三四年版。

《博物志》　晉・張華撰，今人范寧校注本，北京中華書局，一九八〇年一月版。

《搜神記》　晉・干寶撰，今人汪紹楹校注本，北京中華書局，一九七九年九月版。

《雲谿友議》　唐・范攄撰，上海中華書局，一九五九年七月版。

《雲仙雜記》　無撰人，台灣新興書局《筆記小說大觀十編》本，一九七五年十二月版。

《開元天寶遺事》 五代・王仁裕撰，台灣新興書局《顧氏文房小說》本，一九六〇年六月版。

《焦氏筆乘》 明・焦竑撰，台灣商務印書館《人人文庫》本，一九七五年四月版。

《揚州畫舫錄》 清・李斗撰，北京中華書局，一九六〇年四月版。

《粟香隨筆》 清・金武祥撰，清光緒七年至十一年(一八八一——一八八五)廣州刊本。

《詒謀隨筆》 清・但明倫撰，光緒四年(一八七八)仲夏刊本但氏家藏本，上海圖書館藏。

《寒松閣談藝瑣錄》 清・張鳴珂撰，杭州古舊書店《樵李叢書》本。

《湖州府志》 清・宗源瀚等修，台北成文出版社，民國五十九年(一九七〇)據同治十三年(一八七四)刊本影印。

《湖北通志》 近人張仲炘、楊承禧等編，台北京華書店，民國五十六年(一九六七)據民國十年(一九二一)重刊本影印。

《(揚州)甘泉縣續志》 清・錢祥保等主修、桂邦傑總纂，出版地缺，序為民國十五(一九二六)年，上海圖書館藏本。

《揚州府志》 清・尹合一、程夢星等纂修，台北成文出版社，一九七五年四月據清雍正十一年刊本影印。

《湘軍誌》 清・王定安撰、今人朱純點校本，長沙岳麓書社，一九八三年版。

《復堂日記》 清・譚獻撰，《半厂叢書初編》第十一冊。

《欽定大清會典事例》 上海圖書館藏本。

《(陽湖)趙惠甫先生年譜》 近人陳乃乾編，民國三十三年(一九四四)上海聯合出版公司鉛印本。

《敝帚齋主人年譜》 清・徐鼎自定、徐承烙等注，台北文海出版社，一九六八年版。

十三畫

《詩經》 台灣啓明書局十三經注疏本。

《資治通鑑》 宋・司馬光撰，台北啓明書局，一九六〇年五月版。

《新論》 北齊・劉晝(舊題劉勰)撰，明・程榮校，台灣新興書局《漢魏叢書》

本，一九五九年十二月版。

《楚辭》　漢・劉向編，漢・王逸注，香港廣智書局《楚辭四種》本，無出版
　　年月。

《楊烱集》　唐・楊烱撰，北京中華書局，一九八〇年十一月版。

《溫飛卿詩集》　唐・溫庭筠撰，清・曾益箋注本，上海古籍出版社，一九
　　八〇年七月版。

《詩品臆說》　清・孫聯奎撰，山東齊魯書社，一九八〇年八月版。

《詩比興箋》　清・陳沆撰，北京中華書局，一九六〇年二月版。

《詩論》　近人朱光潛撰，台北正中書局，民國五十一年(一九六二)九月版。

《詩史本色與妙悟》　今人龔鵬程撰，台灣學生書局，民國七十五年(一九八
　　六)四月版。

《道咸同光四朝詩史》　近人孫雄撰，台北鼎文書局，缺出版年月。

《感知集》　清・劉炳照撰，清光緒三十一年(一九〇五)潯溪劉氏刻本。

《詩詞曲語辭滙釋》　近人張相撰，北京中華書局，一九六三年二月版。

《碑傳集補》　清・閔爾昌編，台灣銀行經濟研究室《台灣文獻叢刊》本，民
　　國五五年(一九六六)版。

《道咸同光四朝奏議》　台灣商務印書館影印本，一九七〇年版。

十四畫

《說文解字》　漢・許愼撰，清・段玉裁注本，上海古籍出版社，一九八一
　　年十月版。

《漢書》　漢・班固撰，台北啓明書局四史本，一九五九年七月版。

《夢窗詞集》　宋・吳文英撰，彊邨老人四校定本，台北世界書局，一九六
　　七年五月版。

《趙飛燕外傳》　漢・伶玄撰，明・程榮校，台灣新興書局《漢魏叢書》本，
　　一九五九年十二月版。

《碧雞漫志》　宋・王灼撰，上海古典文學出版社，一九五七年四月版。

《夢溪筆談》　宋・沈括撰，北京文物出版社，一九七五年十二月版。

《蟲階外史》　清・高繼珩撰，咸豐庚申(一八六〇)年重刊香火因緣室藏板
　　本。

十五畫

《劉禹錫集》　唐·劉禹錫撰，北京中華書局，一九七五年十一月版。

《樊川詩集注》　唐·杜牧撰，清·馮集梧注，上海中華書局，一九六二年
　　九月版。

《歐陽文忠公文集》　宋·歐陽修撰，上海商務印書館《四部叢刊初編》本。

《增訂湖山類稿》　宋·汪元量撰，今人孔凡禮輯校，北京中華書局，一九
　　八四年六月版。

《樂府詩集》　宋·郭茂倩撰，北京中華書局，一九七九年十一月版。

《墮蘭館詞存》　清·宗載之撰，清宣統元年(一九〇九)湖北官報局排印本。

《頤情館詩鈔》　清·宗源瀚撰，民國八年(一九一九)《咫園叢書》刊本。

《頤情館詩外集》　清·宗源瀚撰，民國八年《咫園叢書》刊本。

《篋中詞》　清·譚獻編，台北鼎文書局，民國六十年(一九七一)九月版。

《蓮子居詞話》　清·吳衡照撰，台北廣文書局《詞話叢編》本，一九六七
　　年五月版。

《論詞隨筆》　近人沈祥龍撰，台北廣文書局《詞話叢編》本，一九六七年五
　　月版。

《論清詞》　近人賀光中撰，星加坡東方學會，民國四十七年(一九五八)四
　　月版。

《蔣鹿潭年譜攷畧·水雲樓詩詞輯校》　今人馮其庸撰，山東齊魯書社，一
　　九八六年九月版。

十六畫

《鮑參軍集》　宋·鮑照撰，近人黃節注本，北京中華書局，一九五九年十
　　一月版。

《錢注杜詩》　唐·杜甫撰，清·錢謙益注，北京中華書局，一九六一年九
　　月版。

《豫章黃先生文集》　宋·黃庭堅撰，上海商務印書館《四部叢刊初編》縮本。

《餐苣華館詩集》　清·周騰虎撰，清光緒十九年(一八九三)木活字印本。

《餐苣華館遺文》　清·周騰虎撰，清光緒三十一年(一九〇五)刊本。

《憩園詞話》　清·杜文瀾撰，台北廣文書局《詞話叢編》本，一九六七年五
　　月版。

《賭棋山莊詞話》　清・謝章鋌撰，台北文海出版社，民國六十四年(一九七
　　五)據光緒十年(一八八四)南昌使館刊本影印。

《蕙風詞話》　清・況周頤撰，香港商務印書館，一九六一年八月版。

《歷代詩話詞話選》　武漢大學中文系編，武漢大學出版社，一九八四年十
　　一月版。

《歷代名人生卒年表》　清・梁廷燦編，上海商務印書館，民國十九年(一九
　　三〇)十月初版。

《歷代名人年里碑傳總表》　近人姜亮夫編，台灣商務印書館，一九六五年
　　四月版。

十七畫

《韓非子》　周・韓非撰，陳奇猷集釋本，上海中華書局，一九五九年九月
　　版。

《韓昌黎文集》　唐・韓愈撰，近人馬其昶校注本，台北世界書局，民國四
　　十九年(一九六〇)十一月版。

《韓昌黎詩》　唐・韓愈撰，今人錢仲聯集釋本，上海古籍出版社，一九八
　　四年三月版。

《臨川先生文集》　宋・王安石撰，上海中華書局，一九六四年一月版。

《薑齋詩話》　清・王夫之撰，台北藝文印書館《清詩話》本，無出版年月。

《避寇日記》　清・沈梓撰，北京中華書局《太平天國史料叢編簡輯》本，北
　　京中華書局，一九六一年十二月。

十八畫

《禮記》　台灣啓明書局十三經注疏本。

《禮記章句》　清・王夫之撰，台灣廣文書局，一九六七年七月版。

《舊唐書》　五代・劉昫撰，台北開明書局鑄版二十五史本。

《謫麐堂遺集》　清・戴望撰，清宣統三年(一九一一)歸安陸氏依會稽趙氏
　　刻本。

《瞿髯論詞絕句》　近人夏承燾撰，今人吳無聞注，北京中華書局，一九七
　　九年三月版。

十九畫

《離騷》 周·屈原撰，香港廣智書局《楚辭四種》本，無出版年月。

《藝文類聚》 唐·歐陽詢等撰，上海古籍出版社，一九六五年十一月版。

《瀛壖雜誌》 清·王韜撰，台北文海出版社《近代中國史料叢刊》本，無出版年月。

二十畫

《蘇軾詩集》 宋·蘇軾撰，清·王文誥輯注，北京中華書局《中國古典文學基本叢書》本，一九八二年二月版。

《蘇東坡全集》 宋·蘇軾撰，台北世界書局，一九六四年二月版。

《蘇州府志》 清·李銘皖修、馮桂芬纂，清光緒九年(一八八三)江蘇書局刻本。

《蘇北鹽墾史初稿》 今人孫家山著，北京農業出版社，一九八四年九月版。

二十一畫

《續歷代詩話》 清·丁福保輯，台灣藝文印書館印行，無出版年月。

《續碑傳集》 清·繆荃孫撰，台灣明文書局《清代傳記叢刊》本。

《續碑傳集》 清，繆荃孫撰，台北四庫善本叢書館，民國四十九年(一九六〇)刊本。

《續纂泰州志》 佚名纂修，民國間修卷清稿本。

二十二畫

《鑑戒錄》 後蜀·何光遠撰，台北文海出版社《學海類編》本，民國七十三年(一九八四)八月版。

《讀史方輿紀要》 清·顧祖禹撰，台北新興書局，民國五十六年(一九六七)六月版。

二十三畫

《欒城集》 宋·蘇轍撰，明·王執禮與顧天叙校，清夢軒刊本。

《顯志堂稿》 清·馮桂芬撰，清光緒二年校邠盧刻本。

二十四畫

《鹽法通志》　清・周慶雲纂，揚州廣陵古籍，一九八七年據文明書局鑄印
　　夢坡室藏版影印。

《鹽政辭典》　今人林振翰撰，河南中州古籍出版社，一九八八年十二月版。

乙、雜誌論文部份　（依論文筆劃爲序）

《水心樓詞話》　鄭水心撰，香港《聯合書院學報》第二期，一九六三年六月。

《太平天國史解釋舉隅》　王德昭撰，香港《新亞書院歷史學系系刊》第二
　　期，一九七二年九月。

《太平天國文學的評價問題》　趙愼修撰，《中國近代文學研究集》，北京中
　　國文聯出版公司，一九八六年四月。

《太平天國推行神權政治說質疑》　朱東安撰，《歷史研究》，一九九〇年第
　　五期。

《太平軍與反帝隊伍的關係》　謝興堯撰，《中華文史論叢》第十二輯，上海
　　古籍出版社，一九七九年十月。

《中國近代貨幣之變動》　譚彼岸撰，《中國近三百年社會經濟史論集》第三
　　集，香港崇文書局，一九七四年。

《中國近百年來社會變遷與經濟問題》　吳幹撰，《大陸雜誌》第三卷第五
　　期，民國四十年(一九五一)九月。

《中國歷代人物之地理的分佈》　朱君毅撰，《廈門大學學報》第一卷第一
　　期。

《宋元之際詞學的理論建設及其意義》　謝桃坊撰，《文學遺產》，一九九〇
　　年一月。

《近代學風之地理的分佈》　清・梁啓超撰，北平《清華學報》第一卷第一期，
　　民國十三年(一九二四)六月。

《近代詞人逸事・蔣春霖遺事》　張孟劬撰，《詞學季刊》第二卷第四號，民
　　國二十四年(一九三五)七月。

《倚聲家老杜 ── 蔣春霖》　冷彬撰，《人生雜誌》十六卷第一期，一九四七
　　年五月。

《納蘭容若評傳》　唐圭璋撰，《詞學論叢》，上海古籍出版社，一九八六年
　　六月版。

《浙西、陽羨、常州三派詞略論》　何須顯撰，《暢流月刊》第三十六卷，第
　　十、十一期。

《張炎〈清空〉說的美學意義》　陳曉芬撰，《古代文學理論研究》第十三輯，
　　上海古籍出版社，一九八五年十月。

《從水雲樓詩賸稿論蔣春霖其人》　方瑜撰，《幼獅學誌》第七卷第二期，民
　　國五十七年(一九六八)四月。

《從長江中下游地道農村經濟的變化看太平天國革命的歷史作用》　劉耀
　　撰，《太平天國史學術討論會論文選集》，北京中華書局，一九八一年
　　十月。

《略論清代的學風與士氣及其文化政策》　鄧初民撰，《中華論壇》一卷三
　　期，一九四五年三月。

《清眞詞與少陵詩》　羅師忼烈撰，《詞學》第四輯，華東師範大學出版社，
　　一九八六年八月。

《清初第一詞人納蘭性德》　盛多鈴撰，《中國古典文學論叢》第四輯，北京
　　人民文學出版社，一九八六年十月。

《清詞年表》　饒師宗頤撰，新加坡《新社學報》第四期。

《清季詞家述聞》　夏緯明撰，《同聲月刊》第一卷第七號，一九四一年七
　　月。

《清詞壇點將錄》　覺諦山人遺稿，香港大學《東方文化》第六卷第一、三
　　期。

《清代學者地理分佈概述》　陳鐵凡撰，《東海大學圖書館學報》第八期。

《清人蔣鹿潭佚詞二首》　徐元撰，國務院古籍整理出版規劃小組編《古籍
　　整理出版情況簡報》第二四二期，北京中華書局，一九九一年五月。

《晚清史詞》　吳征鑄撰，《詞學研究論文集》，上海古籍出版社，一九八八
　　年三月。

《詞史蔣鹿潭的生平及其詞作》　章石承撰，南京《中央日報》，一九四七年
　　八月二十日、二十二日、二十四日、二十五日、二十七日及二十九
　　日。

《詞林要籍解題 —— 水雲樓詞》　龍沐勛撰，《同聲月刊》第一卷第四號，一
　　九四一年三月。

《詞話論詞的藝術性》　萬雲駿撰，《詞學研究論文集》，上海古籍出版社，一九八二年三月。

《項鴻祚年譜》　黃兆顯撰，香港《華僑日報》，一九七九年六月十一日。

《試論咸同時期清政府的應變力》　賈熟村撰，《近代史研究》，一九八九年第三期。

《道光時期的銀貴問題》　湯象龍撰，《社會科學雜誌》第一卷第三期。

《意識型態與中國思想》　余英時撰，台灣《中國時報》，民國七十一年(一九八二)八月十一日。

《與龍榆生言蔣鹿潭遺事》　吳眉孫撰，《同聲月刊》第一卷第五號，一九四一年五月。

《蔣鹿潭在泰州》　謝孝苹撰，《泰州文史資料》第一輯，一九八三年。

《蔣鹿潭評傳》　唐圭璋撰，《詞學季刊》第一卷第三號，民國二十二年(一九三三)十二月。

《蔣鹿潭年譜》　周夢莊撰，《詞學》第四輯，上海華東師範大學出版社，一九八六年八月。

《蔣鹿潭詞》　痴雲撰，《詞學》第一輯，上海華東師範大學出版社，一九八一年十一月。

《論姜白石及其詞》　唐圭璋、潘君昭撰，《南京師範學院學報》，一九六二年第三期。

《論陳維崧的〈湖海樓詞〉》　錢仲聯撰，《詞學研究論文集》，上海古籍出版社，一九八二年三月。

《論清儒》　錢穆撰，《中央週刊》九卷三期，一九四七年一月。

《論金和及其太平天國時期的詩》　王颺撰，《中國近代文學研究集》，北京中國文聯出版公司，一九八六年四月。

《儒家思想與中國宗教之間的功能關係》　楊慶堃著、段昌國譯，《中國思想制度論集》，台北聯經出版公司，民六十八年(一九七九)年。

《關於婉約派和豪放派》　金丹元撰，《邊疆文藝》，一九八二年第四期。

《讀蔣鹿潭〈水雲樓詞〉札記》　謝孝苹撰，《詞學》第五輯，華東師範大學出版社，一九八六年十月。

羅忼烈教授跋

歐陽六一敍《梅宛陵詩集》有云：「非詩之能窮人，殆窮而後工也。」雖然，苟不能博涉百家之書以沃其辭章，不能放懷得失以高尙其志，雖窮愁極厄，亦無以工也。余觀鹿潭之詩，無大過人處，得非胸袠學問猶有窘束與？而李冰叔盛稱其東淘襍詩，不減少陵秦州之作，毋乃過乎。倚聲之道，仰給於袠度學術者不似詩之深切，故鹿潭終以詞鳴。彊邨翁曰：「水雲詞，盡人能誦其雋快之句，嘉道間名家，可稱巨擘。顧其氣格駁而不純，比之蓮生差近之，正惟其才僅足爲詞耳。」蓋知言也。

　　鹿潭生丁叔世，優瘁下吏，生理殊不自振，可謂窮矣，讀其撫時傷事感懷身世之什，可謂詞之窮而後工者矣。復堂譚氏亟稱之云：「水雲樓詞，固淸商變徵之聲，而流別甚正，家數頗大，與成容若、項蓮生，二百年中，分鼎三足。」夫三人之詞，固足以名家，而以冠冕一代，則淸無詞矣！吳瞿安進而推爲有淸第一，唐圭璋先生復然其師說，夫如是則淸更無詞矣！譚氏又云：「咸豐兵事，天挺此才，爲倚聲家老杜。」按鹿潭傷時悼亂諸篇，不過抒其區區東南一隅十餘年間今昔之感，無涉一代興衰，廟謨綱紀，安得儗老杜詩史哉？抑復堂亦生逢板蕩，有同感而阿其所好乎？要不足爲論定也。

　　即詞以論詞，鹿潭佳構固多，然氣格大率不踰姜張之閫，能入而不能出，殆亦胸襟學問不足以將之歟？至若《揚州慢》云：「劫灰到處，便司空見慣都驚」；《高陽臺》云：「十載荷衣，吟鬢蒼華」之類，且不免鋪衍湊句矣。又集中用淸眞、白石、夢窗之調頗多，平側每不悉協，亦白璧微瑕也。

　　嫣梨推其閔人之心，尙友古詞人之不幸者，旣爲朱淑眞論譔二十餘萬言，今又著斯編，踵李冰叔、譚復堂、吳瞿安、唐圭璋諸先生之後，條分縷析《水雲樓詞》及《賸稿》，崇美甚至，亦情所當然者。嫣梨宿治史學，故特詳於鹿潭之時代、生平、交游，廣蒐軼材，細意攷論，多發人所未發，冶文史於一爐，殆非近時專注鹿潭者所能及云。

癸酉上已羅忼烈識。